JN214715

在日朝鮮人資料叢書13

龍田光司編

朝鮮人強制動員韓国調査報告
2

韓国現地調査報告

2005〜2014

緑蔭書房

凡　例

一、本文及び附属資料中、氏名の一部を削除した箇所は、〇印又は●印で表示した。
一、第2巻の解説は本巻の巻頭に収録した。

第 2 巻解説

龍田光司

1　調査の背景と目的

　本資料集第 2 巻は常磐炭田に戦時期強制動員された朝鮮人被害者及び死亡者の遺族からの聞き取りの記録である。調査は福島県いわき市の地域サークル「平和を語る集い」で、その一員である龍田が中心となり、2005 年の第 1 回目から 2015 年の第 10 回目までほぼ毎年韓国を訪問し、現地調査を重ね現在も継続中である。本資料集は 10 年を一区切りとして第 9 回 (2014 年) までの記録を報告書としてまとめたものである。

　かつて常磐炭田は 4 大炭田の一つとして京浜工業地帯のエネルギーの基地として重視されて来た。戦時期、日本人の基幹労働者が兵員と軍需産業要員に動員され、これに替わって植民地農村労働者や戦争捕虜が大量に動員された。中でも朝鮮人はその数 70 万人に上り、常磐炭田では 2 万人を超す。彼らは「徴用」や「募集」などの名の下に、遠く朝鮮の地から強制的に炭砿の労働力として連れて来られた人達であった。戦時期の危険で劣悪な労働条件や生活条件に加え民族差別に耐えながら、戦時期日本の基幹エネルギーである石炭の生産を支えていた。終戦後多くの朝鮮人は再び故郷の地を踏むことが出来たが、少なからぬ人達（その数 300 人を超える）が異郷の地で災害死、病死により帰ることがかなわなかった。その中には未だにいわき市内のお寺に安置されたままになっている人もいる。

　その後の石油、原子力へのエネルギー政策の転換により、2 万人を超す常磐炭田の朝鮮人戦時動員の記憶は忘れ去られていった。しかし、1990 年代に韓国社会の民主化の波の中で抑えられていた戦時動員被害者の声が噴出した。日本ではそれに応えたアジアの人達への戦後補償支援の動きが活発化した。いわき市内の戦争体験を発掘する「平和を語る集い」の主要なテーマの一つであるアジア諸国への加害責任を問う中で、地域に残るアジア侵略の傷跡である「朝鮮人戦時強制動員（連行）」は「南京虐殺」、「満蒙開拓」とともに重視して来た。在日朝鮮人の被動員経験者や朝鮮人

寮の跡地を訪ねたり、日本人の労働者からの聞き取りから始まった。しかし、直接本国に行き被害者達の声を聴くことは不可欠であった。

調査の目的は学術的な調査もさることながら、戦後 70 年以上放置されて来た被害者達の声をまず聴くことが第 1 の目的だった。地域での石炭産業史の見直しの動きもあったが、「戦時朝鮮人強制動員」については当事者である企業は勿論、政府、行政機関、地方自治体もその重い腰を上げようとはしなかった。

終戦時に帰国した多くの韓国人被害者も、戦後 70 年以上を経て高齢化が進み少数となった。同時に、韓国でも強制動員の歴史とその実態を知る人は少なくなりつつある。しかし、動員被害者である生存者にとっては、それは過ぎ去った歴史ではなく、苛酷な炭砿での苦役と差別の記憶は決して消えることはない。実際、就業中に受けた傷害で未だに苦しんでいる人も少なくない。中でも戦時下主な働き手を失くした被動員犠牲者の遺家族は、悲嘆の底から生活苦に耐えながら生き抜いた歴史とその変転を、現在に繋がる現実として、今も過去と向き合いながら生きている。未払い賃金の問題や後遺症問題、遺骨返還、遺族補償の問題等々、日本政府や関係企業は日韓条約の締結により全て解決済みという態度であるが、動員被害者及びその家族にとっては未解決の問題である。

そうした情勢の下で幸いしたのは、2004 年 10 月に韓国の戦時動員被害達の声を背景に成立した「日帝期強制動員被害真相糾明」の動きであった。真相糾明の特別立法が国会を通過し、政府の調査機関と地方の調査委員会が全国全ての郡に設置された。被害申告者の数は福島県で 1,167 人、常磐炭田の福島県側の申告者は 975 人に上った。こうした動きに支えられて、動員帰国生存者、現地死亡犠牲者遺族、帰国後死亡した被害者や地域の長老たちを訪ねて、ささやかではあるが韓国調査活動が始まったのである。

2 調査の意義と特色

この調査の意義はまず、第 1 番目には常磐炭砿の直接動員被害者から戦後初めて戦時動員の実態を聴くことが出来たことである。

第 2 番目に、聞き取りは帰国生存者からの聞き取りに留まらず、動員時現地死亡被害者遺族の声を収録したことである。聞き取り対象は当事者の妻も既に死亡して

いる場合も多く、子息や年下の弟妹、甥・孫に及ぶ。特に一番の被害者としての子供の声は痛切な思いなしには聞けないものである。又、貧困と孤老のために面会も出来ないと断られた人達の存在についても記録している。更に帰国後、傷害のため早くに亡くなった被動員者の家族の声も収録できた。生存帰国後の死亡者としては、主として「集団暴力事件」として処罰された裁判被告と樺太転換・関本炭砿の被動員者遺族の声を追究している。

第3番目は第5回以降の調査では常磐炭田への動員者だけでなく、在日朝鮮人の治安維持法違反被告関係者からの聞き取り、地域長老や元面書記、面長、区長などの聞き取りを行ったことである。戦時動員政策の地域における実態を明らかにしようとする試みとして、戦時動員の被害者だけでなく推進する立場に置かれた人たちをも対象としたことは、朝鮮人戦時動員史の全体像を明らかにする上で不可欠であると考えたからである。

第4番目は戦時動員被害の調査を通じ、日韓両国の市民間の交流と友好関係を促進しようとしたことである。まず、調査に当たっては、地方行政機関の担当者だけでなく自主的な協力者を沢山得たことである。有給休暇を取って協力してくれた郡職員や地域の長老、見知らぬ人々、地方の派出所の警察官まで数えきれない人達の支援を受けた。そして何よりも、訪問を温かく迎え入れてくれた被害者やその家族の方々のご厚意なしにはできなかった。

第5番目は聞き取りに応じてくれた当事者達、遺家族の日本人への思いを聴くことが出来たことである。私たちが訪れた時期は日韓関係が必ずしも良い状態ではなかった。むしろ歴史認識の問題を巡り悪くなっていた。調査の中でそうした影響がなかったわけではなかった。調査を拒否されることもあったし、見知らぬ人から今の日韓関係について問い詰められ、率直に自分の考えを伝え何とか理解して貰ったこともあった。しかし多くの場合は、わざわざ日本から聞き取りに来てくれたことを感謝され、その上、食事まで出て、歓迎されることが幾度となくあった。韓国の人達の日本人への思いを表している。そして、史実を事実として認めること、被害は隠しようもない事実であることを縷々述べられた。その上での本当の日韓市民間の友好促進を望んでいることが分かった。

3 調査の経緯、期間、訪問地域、聞き取りの概要について

①調査の経緯と期間について

　第1～3回はいわき地域での平和展の終わった春季に行い、期間は約1ヵ月であった。第1回の2005年は4/17～5/15。2006年は韓国調査団の受け入れもあり実行できなかった。第2回は2007年4/19～5/16。第3回は6/2～6/23。9人の動員帰国生存者、11人の現地死亡犠牲者遺族、抵抗事件被告からの聞き取りが中心であった。第3回から韓国の「真相糾明委員会」や地方行政機関等の本格的な支援を受け、多くの生存者、遺族からの聞き取りが行えた。

　第4回、第5回。第4回は10/19～10/22。第3回に引き続き調査団のすそ野を広げるため、短期間となったが複数の調査団として行った。第5回は3/6～3/20。在日朝鮮人運動史研究会の調査に同行し、その後こちらの調査を行った。いわき市内残存遺骨の遺族からの聞き取りが実現した。戦後補償、供託金、後遺障害や遺骨問題に重点を置いた。

　第6回は3/4～3/29。7回は10/3～10/31。引き続き「真相糾明委員会」からの協力もあり、充実した調査が行えた。第6回は韓日民族問題研究会への出席後の滞在調査となる。「集団暴力事件」被告関係者からの聞き取りに重点を置いた。犠牲者遺族、生存者からの聞き取りも行えた。第7回からは被害者が地域的に集中した忠清南道燕岐郡の「樺太転換」関本炭砿への動員者52名を調査の対象とした。治安維持法違反被告の生存者との会合や「家族呼び寄せ」の犠牲者のその後など、多様な調査結果を得ることが出来た。

　第8回は5/15～6/15。9回は9/14～10/14。第8回は治安維持法違反事件被告からの聞き取りを含め、地域の名望家の居住地域としての地方都市の役割や地域における戦時動員に調査の重点を置いた。第9回は引き続き戦時動員の地域における実態を明らかにするため、地域の長老や中堅農民層からの聞き取りに重点を置いた。なお、第10回は2015年の9/15～10/14。未報告である。

②訪問地域—全羅南道を除く7道

　初期は常磐炭田の戦時動員被害者の集中地域、慶尚南道咸陽、江原道横城、慶尚北道義城が対象であったが、特に江原道は「官斡旋期」後の常磐炭田最大の動員地

であった。中期には忠清北道の清州や堤川の「集団暴力事件」の被告の遺族からの聞き取りが重点となった。第 7 回以後は忠清南道の燕岐郡、公州郡、洪城郡を重点として地域的調査を行った。治安維持法違反被告、地域の長老、面役人、部落長・区長の遺族からの聞き取りが重点となった。京畿道では地方から移転してきた人を対象に多様な調査を行った。

③聞き取り対象別人数—60 人

　ここではその人数だけを記録しておく。①動員帰国生存者 15 人　②現地死亡犠牲者遺族 14 人　③帰国後死亡者遺族 17 人　④治安維持法違反被告生存者と遺族関係者 3 人　⑤地域長老 8 人　⑧軍関係 2 人　⑨樺太転換二重徴用未帰還者遺族 1 人

4　今後の課題

　訪問調査のこの 10 年間は試行錯誤の連続であったが、多くの韓国の人達の協力・支援によってここまで来ることが出来た。それは同時に行き来を重ね、韓国の人達と肌身の付き合いをする中で、日本の隣人として、これからどう付き合っていけばよいのかを考えた 10 年でもあった。以下、当面の課題を挙げておく。

　引き続き生存者、犠牲者遺族、抵抗事件関係者の聞き取り調査は重要である。常磐炭田に限らず対象を拡大して、直接、その被害者や遺族からの聞き取りは、国内戦時動員の全体像を明らかにする上でも重要である。韓国の民間機関との交流も引き続き大切にしたい。

　戦時動員の郡・面の地域的全体像を追究することは　植民地支配と収奪が行われた戦時動員の実態をより構造的かつ微視的に見るために必須である。そのためには部落共同体の持っている自治機能や民衆の日常意識との係わりの中で追究することが必要となる。地域名望家、知識層の植民地支配の媒介者としての役割、抵抗主体としての民衆の個別意識や行動との係わり、更に中堅層の農民でもある面書記や区長は行政の末端を担うと共に地域住民と利害を共有する立場にあるので、この側面からの追究も当面の課題となる。

　一方、いわきの地域で出来ることはまず、調査基盤を拡大するための手立てである。地域史的関心をもつ研究家、韓流ブームをきっかけに韓国への関心のある者、戦後補償の活動家など、調査に参加してくれる人達を増やしたい。次に戦後補償問

題の一環として、遺骨返還と被害者の救済に地域の課題として取り組むこと。歴史の教訓を生かすための教育の場における取り組みなどである。戦争展などの取り組みと博物館など文化施設での開催、学校での地域歴史の教材への取り込みなど課題は多い。

　最後に、メディアだけを通じて見る韓国ではなく、直接、韓国の人々と触れ合う中で感得した 10 年の体験は、韓国に対して犯した過ちの歴史を見据える中で、韓国の人達と未来に向けて新しい関係を築くための軌跡でもあったと思う。そうした意味で調査報告は同時に、韓国の人々との交流の記録でもある。両国の人々が末長く共生していくための一つのきっかけとなれば望外の喜びである。更に、本報告が戦時期朝鮮人強制動員史研究にいささかでも寄与でき、韓国の動員被害者及び遺家族の被害補償、救済に少しでもお役に立てれば幸いである。

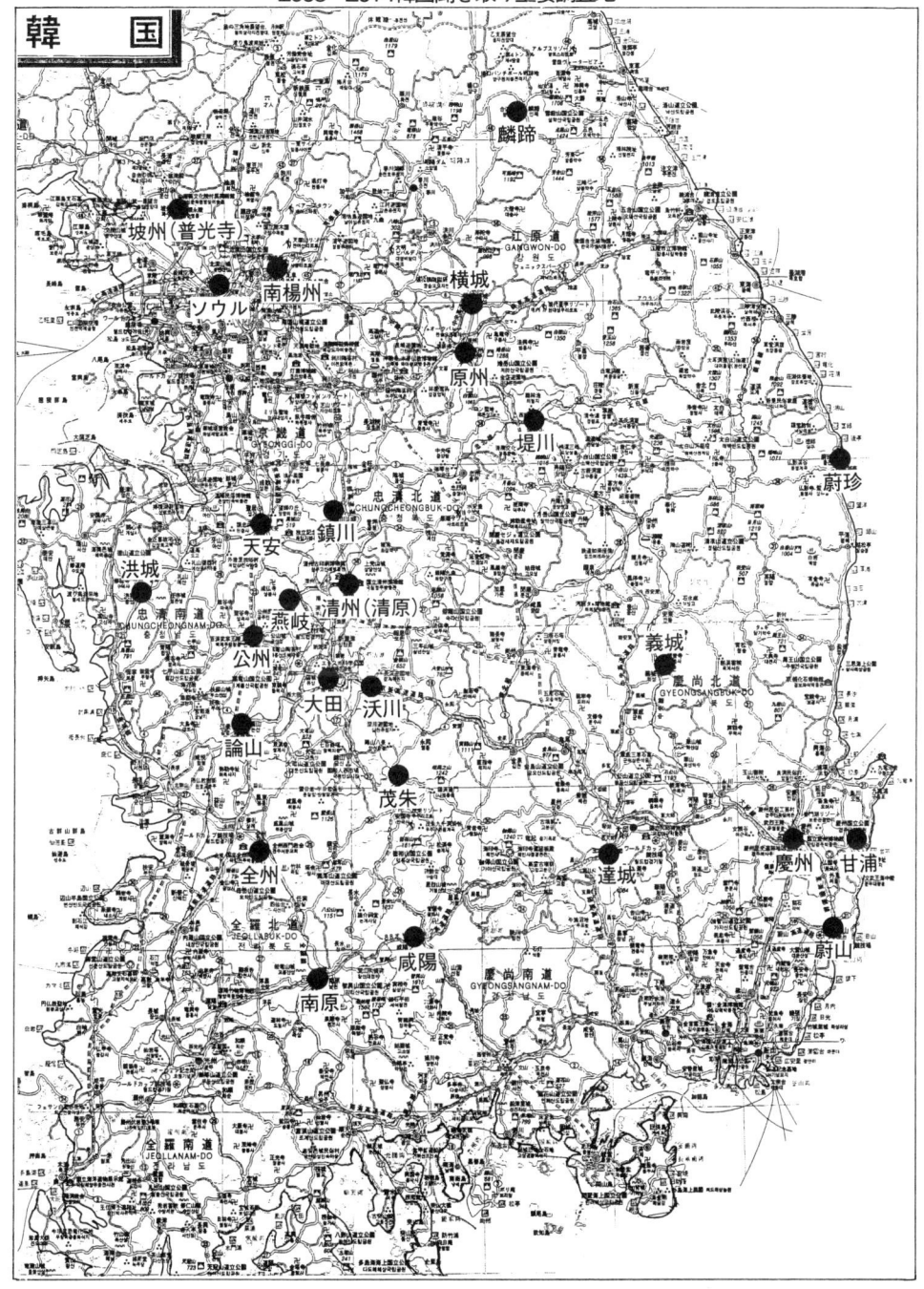

韓　国

鱗蹄

坡州(普光寺)

南楊州

ソウル

横城

原州

堤川

蔚珍

鎮川

天安

洪城

清州(清原)

燕岐

公州

義城

大田

沃川

論山

茂朱

全州

達城

慶州　甘浦

咸陽

蔚山

南原

目　次

第 2 巻　韓国現地調査報告（2005 年〜2014 年）

第1回調査報告（2005 年）

はじめに

　戦後 60 年の節目に当たり、常磐炭田（福島県いわき地域を主として）における戦時朝鮮人労働動員の実態は、未だ不明な点が多いだけでなく、2 万人以上という被動員者の名簿さえ殆ど把握できていない状態である。

　今回、少しでもいわき地域における戦時朝鮮人労働動員の史実を明らかにするための一助になればと思い、戦後又はそれ以前に帰国した生存者及び強制連行されたまま、母国に帰国できなかった死亡者及び帰国後死亡者についてはその遺族を訪ね、聞き取り調査を行うことにした。

　初めは個人的調査の予定であったが、韓国での調査協力依頼の便宜上、今回の調査のきっかけとなったサークル「平和を語る集い」の趣旨に沿ったものとして、サークル事務局と会長の了解を貰い、会として調査を行った。

Ⅰ　調査概要

1　主な調査事項

・常磐炭田における戦時朝鮮人労働動員犠牲者（死亡者）の戸籍を確認すること。
・死亡犠牲者の遺族を捜し、動員時の実態について聞き取り調査をすること。
・戦時労働動員帰国者を探し、出来れば、本人及び帰国後死亡者の遺族から直接、聞き取り調査をすること。

2　調査資料と方法

（1）調査で使用した文書

・「戦時下常磐炭田の朝鮮人鉱夫殉職者名簿」（改訂版・長澤秀氏作成。以後、「殉職者名簿」と略記）から龍田が郡別に並び替え、一部修正を加えて作成した「常磐炭田戦時朝鮮人労働動員道郡別死亡者名簿」（以後、「道郡別死亡者名簿」と略記。第6章附属資料2参照）。

・『戦争と勿来』第20号、サークル「平和を語る集い」発行、2005年。

・韓国語による邑・面長宛の趣旨説明書（会長からの手紙）及び公文書の形式による日本語の調査依頼書（本章附属資料2参照）。

・今回の調査について紹介された『ハンギョレ新聞』の記事（附属資料参照）。

（2）調査方法

・郡庁に設置された「日帝下強制動員被害真相糾明委員会」（以後、「真相糾明委員会」と略記）を訪ね、来訪の趣旨説明をする。

・被害申告書の中に、持参した「道郡別死亡者名簿」の犠牲者が入っていないかを確かめる（どこからでも遺族であれば申告できる）。

・被害申告書から福島県、常磐炭砿などをキーワードに、常磐炭田被動員者を捜して貰う。該当者が分かった場合は、遺族又は本人と連絡を取って、面接の機会を作って貰う。

・該当者がいない場合は、邑又は面事務所に行き、趣旨説明の上、「道郡別死亡者名簿」に基づき戸籍を調べて貰う。

・戸籍で確認し、遺族との連絡方法を教えて貰う（但し生存者の場合でも連絡や面接を望まない場合があるので、係の職員の判断に任せる）。

・遺族との面接及び聞き取り（今回は1人約1時間位を予定）

（3）まとめ

　今回はあらかじめ連絡が取れていたものは少なかった。取れていた場合でも担当の係まで通じていなかったので、殆どの場合、趣旨説明から始まり、かなりの時間を要し、面接調査は翌日になる場合が多かった。

（4）調査協力者他
①協力者

二白面咸陽の協力者張湖淳氏（中央）と
その教え子金樺善さん（左）と金珍鴻さん

　調査の過程でありがたいことに、先方からの協力の申し出もあり、協力者なくしては今回の調査はありえなかった。聞き取り調査時の交通手段や細かい電話上のやり取り、通訳などで大変お世話になった。主な協力者には次の方々がいる。

i 張湖淳氏（71歳）

　裡里公立農林学校卒業、日本語学院講師を永年務めた。戦前の中学卒の教養と生活習慣を持ち、正義感と情熱を失わない紳士。

　『ハンギョレ新聞』の記事に共鳴して協力を申し出る。正確な日本語と簡潔な韓国語で、全羅北道南原、慶尚南道咸陽の調査では教え子にも協力して貰った。

ii 江原道横城郡庁職員林由美氏と金ウンギョム氏

　いずれも勤務時間中にもかかわらず、公務以上の細かい協力をして貰った。

iii 宋泰京・古船場睦子夫妻

　慶尚北道義城郡庁セマウル課の鳳陽面日本語通訳係であったが、お役目より個人的信条から協力を買って出て、義城郡内での遺族の聞き取りに全面的に協力して貰った。

　以上の協力者の依頼については、今回はやや偶然的、恣意的な面が強く、今後の課題でもある。

②言葉の問題

　十分に聞き取れない点もあり、細かい部分に立ち入ることが難しく、もっと勉強してきなさいと、慰められたりもした。レコーダー、カメラの使用方法と共に技術、

力量を高める必要がある。

③経費その他

　協力者への旅費等の実費負担、聞き取り者への謝礼、係り職員への謝礼などの必要経費がある。

　滞在費はソウルの安下宿30万ウオン（朝夕食事付）、旅行先では2〜3万ウォンの旅館、モーテルを使用。

　航空運賃は往復5万余円、交通費（主に高速バス）は遠くても片道1,000円前後、列車は安いが時間がかかる。

　長澤氏の「殉職者名簿」のネット化をハンギョレ新聞社に長澤氏の了解を得て依頼したが、詳細は未定。

3　調査期間・日程

（1）期間

2005年4月17日〜5月15日。

（2）日程

4月17日　日　ソウル　福島空港からソウルへ

　　　18日　月　〃　　「真相糾明委員会」調査員李ビョンヒ氏訪問

　　　19日　火　京畿道坡州　普光寺（坡州）納骨堂訪問、遺骨確認できず。

　　　20日　水　ソウル　調査準備その他

　　　21日　木　ソウル　『ハンギョレ新聞』に協力申し入れ、国家記録院へ。厚生省名簿福島県分確認できず。

　　　22日　金　忠清南道洪城郡　洪城郡調査、郡庁「真相糾明委員会」（申告者657人）と洪東面戸籍（1人）調査、該当者なし。バスでソウルに戻る。

　　　23日　土　ソウル　休息日

　　　24日　日　ソウル　調査協力者張氏と面会

　　　25日　月　ソウル　「真相糾明委員会」調査第1課長（戦時労働動員）鄭惠瓊氏、事務局長、委員長と面会、真相調査申請書で協力を確認。

26 日　火　全羅北道南原郡　南原郡二白面事務所で戸籍調査（1 人）、慶尚南
　　　　　道咸陽郡　同郡庁「真相糾明委員会」調査、申告者 580 人に該当
　　　　　者なし。邑事務所で戸籍調査（10 人）（邑事務所では郡内の戸籍
　　　　　が分かる）。3 人の戸籍確認（内、遺族との電話で確認 2 人）。

27 日　水　咸陽からソウルへバスで移動

28 日　木　ソウル　「ソウル新聞」インタビュー（通訳なしで一部すれ違い）

29 日　金　ソウル　資料整理及び礼状。

30 日　土　ソウル　次の訪問準備（公式依頼状作成、名簿の整備）。

5 月 1 日　日　ソウル　休息日

　　2 日　月　江原道横城郡　達城郡へ依頼状発送。横城郡調査で郡庁の「真相
　　　　　糾明委員会」訪問。被害申告者 280 人の内いわき関係者 3 人を確
　　　　　認

　　3 日　火　横城郡　帰国死亡の遺族（1 人）と郡庁食堂で、生存者（1 人）と
　　　　　自宅で聞き取り（各約 1 時間）。

　　4 日　水　横城郡からソウルへバスで移動。

　　5 日　木　ソウルから慶尚北道達城郡へ鉄道で移動。

　　6 日　金　慶尚北道達城郡　同郡庁「真相糾明委員会」で被害申告者 250 人
　　　　　について調査。該当者見つからず。同道義城郡へ移動。義城邑事
　　　　　務所民願室で戸籍調査。「道郡別死亡者名簿」10 人の内 4 人の戸
　　　　　籍確認取れる。協力者の努力で遺族 2 人と連絡が取れる。

　　7 日　土　義城郡　同郡庁「真相糾明委員会」で被害申告者 971 人について
　　　　　調査。該当者なし。但し、厚生省より移管された「日帝下被徴用
　　　　　者名簿」には、長澤氏の「殉職者名簿」にある死亡者 10 人中 9
　　　　　人まで搭載されていたことを確認（これは単なるデータ入力上の
　　　　　ミスによるものか）。午後、遺族 2 人と聞き取り調査（各約 1 時
　　　　　間）。バスでソウルに戻る。

　　8 日　日　ソウル　休息日

　　9 日　月　披州　披州普光寺へ行き、いわきより奉還した遺骨について再調
　　　　　査、霊位の保管について確認する。

　10 日　火　忠清北道堤川郡　堤川郡錦城面事務所総務課で死亡者 1 人の戸籍

を確認。同郡庁「真相糾明委員会」で 600 余人の申告者について
調査、該当者確認できず。

11 日　水　ソウル　調査資料の整理、協力者へのお礼と報告。

12 日　木　ソウル　ハンギョレ新聞社と「真相糾明委員会」への報告とお礼。

15 日　日　帰国。

4　調査結果について

・7 郡の「郡別死亡者名簿」に記載された 43 人について、3,438 人の被害申告の中
から捜したが、1 人も見つからず。

・帰国者については、横城郡の 350 人の被害申告者の中から「福島炭砿」「福島県平好
間炭砿」「福島県住吉炭砿」の 3 名が見つかった。内 1 名は生存者。

・邑・面における戸籍の確認は 17 邑・面、24 名の中で 8 名。

・面接調査対象者。遺族 3 名、電話面接 1 名。帰国生存者 1 人とその夫人。

・遺骨の返還状況については、動員犠牲者（死亡者）の聞き取りでは、3 人中 3 人が
遺骨を引き取っていた。尚、過去帳記載者の霊位（172 人分位）については、5 次
に亘って民間組織（世界美術文化交流会）を通じ、京畿道坡州の普光寺納骨堂に
収められていた。

II　戦時動員犠牲者（死亡者）の戸籍確認

1　戸籍調査

戸籍係には、日常業務の中、突然のお願いをすることとなり、大変迷惑をかけた。
公文書による外国の公的機関からの依頼の場合は問題ないが、任意の一市民団体か
らの依頼は、係の判断に左右される。今回の場合は好意的に取り扱ってくれた。

　＊戸籍掲載の氏名は個人情報の観点から削除が必要と思われるものは、韓国の公文書におけ
　る削除表記に準じて 1 字を削除し〇表記した。又、聞き取り者の中で、氏名の公表を望ま
　ない場合も同じ表記又は仮名とした。住所は必要な場合を除き、全て面(村)までとし、里
　名・番地は全て省略した。

（1）忠清南道洪城郡洪東面
金星煥

　戸籍係の努力に関わらず捜し出せず、係員に本籍地の金坪里まで送って貰うが、老人会館も農繁期で人っ子一人いない。古老の家も遠く、むなしくバスで帰る。

（2）全羅北道南原郡二白面
柳台文

　協力者の教え子が面の職員で、昼食時にも関わらず、面職員みんなで協力してくれて、台文の戸籍確認。「昭和拾六年十二月四日午後五時、福島県石城郡湯本町大字湯本入山第六坑第二テール電昇左一片昇口ニ於イテ死亡、死亡同居人岩崎八重松届出同月五日湯本町長仲里顕太郎受付同月送付受付」とある。長女○子（長水郡在住）、長男○根の子（孫）○熙（全州在住）と電話連絡。娘によれば、遺骨は叔父が取りに行き、前回の被害申告（日韓会談妥結に伴なう、1974 年の「対日民間請求権補償に関する法律」による申告。死亡通知書がないと対象除外され、告知期間も短かったので多くの犠牲者は補償を受け取っていない）で 30 万ウォン受け取り、今回も申告しているとのこと。訪問はあまり喜ばない様子。

（3）慶尚南道咸陽郡咸陽邑

　戸籍係が大変有能な方で、「道郡別死亡者名簿」に基づき各面の戸籍係に連絡、早めに調べて回答する様に要請。その結果、柳林面（河正介、盧明石）、西上面（昌山東煥）、馬川面（文村鐘萬）は、6・25 戦争（朝鮮戦争）で戸籍消失。安義面（呉克煥）、西下面（元在植）は見つからず、池谷面（金千歳）は 1 番地違いで人違いだった。

　以下の 2 人については戸籍の確認ができた。いずれも元咸陽面。
鄭相根

　「昭和拾六年七月十日午後二時四十分、福島県石城郡内郷村大字四町字前田百参拾壱番地ニ於テ死亡、同居者粒来宗吉届出昭和拾六年七月弍拾参日受付除籍」とある。父鄭○吉の三男。次女鄭○伊は生存（住民登録番号確認）。
都世萬

　「昭和拾五年七月参日、福島県石城郡内郷村磐城炭鉱鉱業所病院ニ於テ死亡、同居人内藤春吉届出、昭和拾五年七月参日、内郷村長沼田濱之助受付、同月九日送付」と

ある。父都○奉の三男。犠牲者名簿にある都安萬と番地、死亡年月日も同一である
ことから安萬は誤り、次兄都○壽の子、都○雲(甥)が生存（住民登録番号確認）

（4）慶尚北道義城郡義城邑

戸籍の手続きに来る人の絶えない民願室で、女性職員が多忙の中、3時間、勤務終
了時間ぎりぎりまでがんばってくれて、10人の「郡別死亡者名簿」塔載者のうち、
創氏改名以前の本名が分からぬ平原永植、山住鐘烈、秋元富彦、山井武斐の4人を
除いて調べて貰う。

結局、点谷面(南炳始)、丹北面(金邦兩)は捜し出せず、以下の4人の戸籍確認が
できた。なお、現在の係員は漢字が読めないので、漢字の名簿は大変な様であった。

愈守根(金城面)

「昭和拾九年拾月拾八日午後八時、福島県石城郡岩崎村大字上湯長谷字長倉七拾弐
番地ニ於テ死亡、同居者市毛傳三郎届出、昭和拾九年十一月六日受付」とある。父愈
○達の四男、娘は2人いるが、未確認。

朴朔不(金城面)

旧戸籍は6・25戦争で消失。同番地に朔不の子朴○辰の戸籍があり、前戸主朔不
が1941年3月31日、死亡したことにより戸主を相続した、という記載がある。朔
不には他に1男1女がおり、○辰には2男1女(朔不の孫)がいるが未確認。

新井衍根(比安面)

新井は朴氏で、父朴○九の次男、改名(義助)の記載のみで、死亡の記載なし。六
男冨根が健在で聞き取り調査を実施。長男の家は途絶えているという。「道郡別死亡
者名簿」では1941年5月19日、磐城炭砿にて、「圧死」したとある。

金○鎮(安平面)

「昭和拾五年十月二日午後八時福島県石城郡内郷村大字宮字平太郎四十二番地ニ
於テ死亡、同居者小豆畑仁左衛門届出、同月弐拾日受付」（戸籍写真参照）とある。
○鎮は父時在の次男。家は長男○壽の次男(長男は戦死)、つまり○鎮の甥が家を継
ぎ、本籍地で健在、聞き取り調査実施。○鎮の長男浩銘は、議政府市で健在とのこ
と。

（5）忠清北道堤川郡錦城面

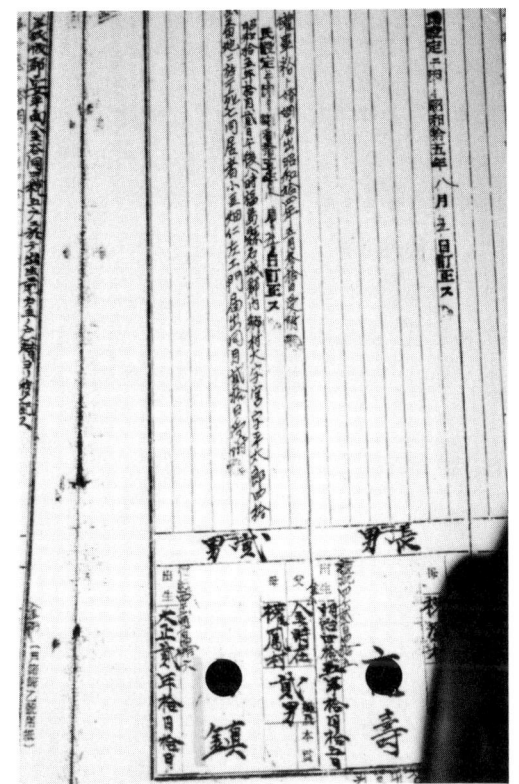
日本統治期当時の動員犠牲者戸籍

　堤川郡には「道郡別死亡者名簿」によると 4 人の犠牲者がいる。錦城面には、好間炭砿に戦時動員をされ、後に在日として『はるかな故郷』において、貴重な証言をした鄭樂源がいて、故郷でもあるので訪ねた。面長が大変来訪を喜んでくれた。総務課の方にお世話になり、昼ご飯までいただいた。戸籍確認 1 人。

柳得喆

　本人の戸籍は消失。男子の寅燮が「1978 年 7 月 19 日、原州市鶴城洞○○○○の○○番地転籍申告」の記載がある。

2　戸籍調査結果

　戸籍調査は、『アリラン通信』22 号の栃木県の「下野チョソン問題研究会」の調査

報告に触発されて、行ったものである。

（1）調査方法について

　研究会などの名前で依頼する方法があることは、栃木県の例で分かるが、自治体の編纂室など公的機関の依頼なら、なお確実になることは考えられる。又、「真相糾明委員会」による協力は得られないものかとも考える。

　今回は直接、面又は邑長に依頼の上、戸籍担当者（戸兵担当主査とか、民願室とか）の手を煩わせた。

　しかし、郡内の戸籍は郡の中心地である邑の事務所に行けば、わざわざ面に行かなくても電送により把握できることが分かり、遺族の国民番号、当該里長の連絡方法も判明した。

　6・25 戦争による焼失などを除けば、ほぼ 90％以上判明する。但し犠牲者の本籍地番号は決定的に大切である。

　又、若い戸籍担当者は漢字が読めない。特に創氏改名による日本式姓は読めないので、名簿にはあらかじめ、韓国語表記も必要となる。

　創氏改名による日本の姓と本名との関係は、「真相糾明委員会」への申告書を通じ、一覧表を作っている担当者もあり（本章附属資料 4 参照）、これは便利である。地域により特徴があるので、全国的のものは作れないか。

（2）日本統治期の犠牲者本人の戸籍が残っている場合（8 通の内 6 通は当時のもの）

・本籍地の確認、本人の氏名確認（日本での名簿との違いの発見）。

・家族関係　本人が長男かそれ以外か。

・死亡年月日と時間、死亡の場所（病院名、死亡の原因がある場合も）。

・寮の番地（所在地）、同居人名（届け出人、大概は日本人名なので寮長か）。

・死亡年月日と受付年月日の差は、約 20 日から 1 ヵ月の期間がある。日本の死亡先から本籍地の事務所に通知され、記載されるまでにかかる時間であろう。

・遺族からの聞き取りは不可欠の基礎資料となる。生存する遺族の確認（妻、子ども、甥姪、孫）や戸籍の移転先の確認など。

Ⅲ　戦時朝鮮人労働動員者（帰国生存者）の聞き取り

1　聞き取り調査の意義

　いわゆる朝鮮人強制連行史研究における聞き取り調査の重要性については、多くの人の指摘するところであり、今更確認する必要も無いことかも知れない。

　「動員された側の目で見た、体験した事実の発掘があって初めて、より客観的な歴史像を作り上げることが出来る」として、オーラルヒストリーの可能性を指摘しており、「聞き取りによって新たな文献資料の発掘や新しい意味付けが可能になり、又、文献の発見が新たな聞き取りに道を開く」（樋口雄一編・解説『戦時下朝鮮人労務動員基礎資料集』Ⅰ、緑蔭書房、2000 年、14、15 頁）など、いわば研究の車の両輪と評価している。

　身近な言葉や表情を伴って行われる証言は、文献からは得られない重い内容をともなって、研究への意欲を掻き立ててくれることが多いのも事実である。又、労務関係者からの聞き取りは、話し手の精神的な葛藤を経なければならないこともあり、企業の地域支配が現在もなお続いている場合は、地域住民始め一般労働者からの聞き取りにも一定の配慮を必要とする。

　ましてや韓国における被動員者やその遺族からの聞き取りは、加害国である日本国民として、又、戦時強制動員があった地域で生活する一住民としての心の痛みやためらいなどの緊張感なしには行い得ない。

　一方で、鄭惠瓊氏（日韓民族問題学会）は、戦時動員に関する聞き取りの緊急性について、「10 年前に老人会館に行けば80％以上が強制連行経験者だった。しかし、3 年前では　経験者を見つけるのは簡単でなかった」「みんな死んだよ」「もういないよ」「もう少し早く来なくちゃ」と言われ、研究者としての悔しさを述べている。この思いは誰もが経験することであろう。

　「研究者たちが、口述資料の効果性と客観性を論争している間に歴史と文化を証言する主人公がいなくなっていく」とも述べている（『日帝末期朝鮮人強制連行の歴史』景仁文化社　2003 年、213 頁。原文は韓国語）。

2 聞き取りの方法

僅かばかりの聞き取りの真似ごとをしてみて、今更ながら山田昭次氏が金光烈氏のすぐれた聞き取り集『足で見た筑豊』(明石書店、2004 年) の書評の中で、「通り一遍しか聞いてないのか、それとも聞き手が語り手に誘導尋問したのか、形にはまった聞き書きや史実を間違えた聞き書きもままある」という指摘は初心者には耳が痛い。録音を聞き直して見ると、全くの一人相撲で、相手の話を十分聞いていないことに気付く。

しかし、郡庁の自治行政課の若い仲介者への安心感と自宅という聞き取りの条件もあって、以下の様な聞き取り調査を行えた。質問事項は前夜、興奮して眠れない中で準備したものに従った。短い時間を想定して必要最小限度に抑えた。

3 取材に到る経緯と取材の経緯

横城郡は、バスで原州から 30 分程度で往来できる江原道の小さな郡である。人口は 44,000 人余の過疎の農村地帯である (65 年代には 10 万人あった)。

ここから戦時中、常磐炭田に多くの農民が動員されたことは、江原道 74 人中 12 人の犠牲者がこの郡から出ていることを見れば十分推測できる。

1 つの郡から 10 人以上の犠牲者が出ているのは、江原道の横城郡と慶尚北道の義城郡、慶尚南道の咸陽郡のみであり、その中でも全国最多の犠牲者を出しているのが横城郡なのである。

バス停のすぐ近くにあった郡庁をまず訪問して、来意を告げたが、仲々理解してもらえず、中央の「真相糾明委員会」にも連絡をして貰い、ようやく、協力を得られることになった。

郡庁の自治行政課の真相糾明関係担当者が申告者 280 余名の中から、申告書を 1 枚 1 枚調べ、具体的ないわきの炭砿名が分かった。「福島県、平、好間炭砿」という言葉が係から出た時は思わず握手した。

早速、申告者に連絡を取って貰う。他にも 2 人一緒に行った人が居り、連絡を取り、取材が出来そうだ、ということであったが、これは結局、駄目だった。

翌日、もう 1 人の聞き取り（後述、IV–1 申承完参照）を終えた後、係員に車で同行して貰う。地元出身で無いこともあり、携帯で連絡を取りながら、ようやくたどり着く。

　韓○熙さんが出迎えてくれた。言葉がよく聞き取れないということであったが、とても元気な様子。何か昔から知っている人に会った様な懐かしさを感じた。

　長男と奥さんの 3 人暮らし。昼間は 2 人だけ。

　早速、取材。時々、奥さんも同席して、「結婚したばかりで長男をおぶって、農作業をした。どんなに夫に逢いたかったか分からない。手紙で子どもをちゃんと育てているか、などと言ってよこすばかりで」と、恨みがましく言う。

　すぐには心を開いてはくれない様子。お土産のいわきのお菓子「じゃんがら」などを差し上げる。話が進むにつれて打ち解けて来て、最後には、奥さんと再会を約し、写真を撮って別れを惜しんだ。

　韓さんは小学校で行われる祝賀会に参加するため、我々の車に同乗して途中で別れる。

　同行してくれた自治行政課の金氏は若くて、背の高い好青年。勤務時間中で、長い時間は無理なので、1 時間ばかりの慌しい聞き取りだった。聞きたいことは沢山あったが、今回は以下の通りである。

4　聞き取りの内容

（1）証言者経歴
・氏　　名　韓○熙（帰国者）、　創氏名清韓○熙（83 歳）
・現住所　江原道横城郡隅川面
・動員期間　1943 年 5 月～1945 年 10 月
・動員場所と炭砿名　福島県石城郡好間町山ノ坊寮、古河好間炭砿
・出身階層　小作農（米作）の次男
・動員当時の家族構成　長男、本人、妻、子供（2 歳、誕生祝いをしたばかり）、祖父の 5 人家族、妻は当時 21 歳。

（2）韓氏の証言

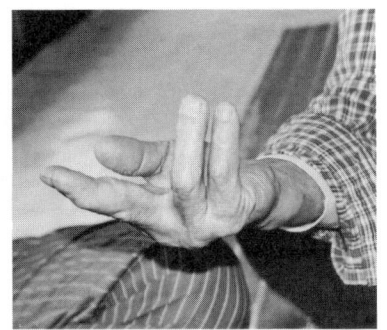

炭車の事故で変形した指

韓○熙氏夫妻（左端は龍田）

○動員時の様子

連行時は、面の職員が夜来て、有無を言わせず、動員に応じさせられた。その時、横城郡からは 93 人一緒に行ったが、途中、旅館で寝ている間に逃げて、好間に着いたのは 45 人だけだった。案内や管理は韓国人の "しろた" という人だった。原州までトラックで行き、そこから汽車で釜山まで行き、そして船で下関まで行った。その後又、汽車に乗って、好間まで行った。

○炭砿での生活は

賃金は小遣いとして 8 円だった。休日は好間の町に出かけ、買い食いをしたことがある。

入所してすぐに炭車を引いている時にぶつかり、腰を痛めた。指も大きく変形している。好間病院で治療を受けたが、その時の食事は普段の半分に減らされた。

毎朝、自分の番号に印を押した後、仕事に就いた。8 時間労働で、昼夜 1 週間毎の交代勤務だった。寮の先生の名前は忘れた。

帰国してからも、3 年間は、仕事が出来なかった。

○反抗したことは

悪いことをしなければ、罰せられるようなことはない。反抗などということはとんでもないことだった。

当時、前から居た人達から配給米のことで罷業をしたとか、大きな朝鮮人の暴動

があったとか聞いたことはない（質問への回答）。

○よい思い出は

悪いことをしなければ、特に過酷だということはなかった。

○日本人やいわき市民に伝えたいことは

日本に行くことは行ったが、今更、どうし様もないことだ。謝罪はないが、事実は認めるべきだ。日本にもう一度行って見たい。桜が咲いていたことを思い出す。

5　まとめ

当事者の記憶ははっきりしており、山ノ坊の寮の地図や、つり橋を渡って坑口まで行ったことなどを覚えている。

動員の経路、動員数、逃亡者についての情報が得られた。大塚氏の『トラジ』によると、江原道出身者の山ノ坊寮の在寮者は 75 人となっている。人数が違うのは江原道での徴用が一度に留まらなかったことを物語っている。

同郷（邑上里）の呂光錫（病死、20 年 9 月 10 日、好間炭砿）は、寮も一緒で、親しい友達だったことが確認できた。横城に仕事に来ていて、そこで動員され、好間で病死。死亡の経緯など詳しいことは忘れたとのことであった。

対日感情は現在にいたって、昔の記憶に一定の懐かしさも伴う複雑なものの様だ。

○残された課題

・僅かでも、帰国者の消息を知っていることが考えられるので、その人達から聞き取りも出来るのではないか。今後の課題である。又、「道郡別死亡者名簿」による戸籍調べは、遠慮した。今回は、単なる始まりに過ぎない。

・1943 年 4 月の大規模な暴動を始め、抵抗の記憶の継承性に大きな疑問が生じた。なぜ受け継がれていないのか。

・通信はしていた様だが、どの様にして送ったか（識字問題）。又、送金についてもどの様にして送付していたのか（入山採炭では会社の会計担当から世話所を経て、寮長が一定額仮受け取りの上、本人の願いに応じて、寮長の裁量で送金し、定期的に会計に精算という手続きを採っている様である―長澤秀編『戦時下強制連行極秘資料集』Ⅲ東日本編、緑蔭書房、1996 年。以下、『極秘資料集』と略記）。夫人からの聞き取りも必要。

・坑内での災害の実態、労務管理の実態、皇民化教育など。

・同郷者の結束、特に帰国後を含め如何だったのか。

Ⅳ 犠牲者遺族の聞き取り

1 申○完氏（帰国後死亡者遺族）

（1）聞き取りの経緯

　「真相糾明委員会」の申告書に、福島炭砿ということで名前は出ていたが、聞き取り対象者とは考えていなかった。他の1人が駄目になったので、急遽お願いした。

　勤務時間を割いて9時から10時までの約束で、郡庁の1階の食堂で行った。鳥取市で1年半の交流職員として日本にいたという女子職員が通訳で手伝ってくれた。ジュースを飲みながらの短い聞き取りだった。

（2）証言者・被動員者経歴

①証言者

・氏　名　申○完

・現住所　公表せず（横城邑内）

・年齢　69歳(解放時、9歳)

・職業　小学校関係

・被動員者との関係　長男

②被動員者

・氏　名　申○川

・動員先等　福島炭砿で3年間動員。帰国時36歳。死亡年月日は1961年11月27日(52歳)

（3）父母(現在死亡)から聞いたこと

○お父様が動員された時の記憶はありますか。

　ありません。

○動員当時のことで、お父様から聞いた話をして下さい。

食事が悪くて食べられなかった。自分だけでなく、みんなそうだった。父は伝染性の皮膚病を患い、周りからも苦情を言われ、大変苦しんだと言っていた。

〇動員時の家族構成は。

父は長男で、子供は男5人、女1人、　母と祖母の8人家族。

〇お父様がいない間の生活は。

当時は、原州の近くに2,000坪位の農地を持ち、米と麦を作る農作業は、母の手一つに懸り、どんなに大変だったか言葉にならない。

〇動員先からの送金や便りについてはどうでしたか。

無かった様だ。一緒に行った人も沢山死んだと聞いている。

〇動員時の記憶を何かに残していませんか。

記録や写真は無い。

〇帰国後の後遺症とか、被害はありましたか。

ありません。

〇動員者の被害についてどう思いますか。日本の政府や企業に対して何を望むか。

補償などは難しいと思う。しかし、国同士の関係が良くなれば可能だと思う。

〇今回の韓国政府による被害調査についてどう思いますか。

よかったと思う。

〇日本の国民やいわきの市民に伝えたいことは。

今までは、近くて遠い国だったが、時代は過ぎたので、若い世代の人達がお互いに親しくなって来れば、良い関係が出来ていくと思う。

（4）最後に

いわき市には日曹福島炭砿が小川町高萩に所在したが、朝鮮人の戦時動員を受け入れたという記録はない。従って、動員された炭砿がいわきの炭砿であったと断定はできない。

戦時動員者の遺族の聞き取りは二次的(伝聞)資料であるが、父(身内)の動員による被害者としては当事者である。

戦時動員者の出身階層は、土地所有6.6反の下層自作農で、1942年当時、下層の自作農の長男も動員されたことが確認できる。動員の方法については確認できなかった。

被害申告事由は動員期間の家族の生活保障、本人の未払い金問題などもあろうが、具体化するのは難しそうである。

2　義城における犠牲者遺族の聞き取り調査—協力者、宋泰京夫妻について

　義城における聞き取りは、面事務所で 4 人の死亡者の戸籍を確認し、帰る途中、偶然にも郡庁セマウル課に勤めるという方と行き会い、妻も日本人ということで調査への協力を申し出られた。宋泰京氏である。

　その日は夕食を取りながら、里長を通じ遺族との連絡を取って貰う。2 人の遺族との連絡が取れ、翌日午前中、総務課の「真相糾明委員会」での調査の後、午後、同氏の車で訪問する。奥様の古船場睦子氏にも一日同行して貰った。

3　金浩仁氏（犠牲者金〇鎮氏の遺族）

（1）証言者・被動員者経歴
①証言者
・氏　　名　金浩仁
・生年月日など　1937 年 9 月 19 日生(当年 69 歳)。奥さんは亡くなっている様である。子供夫婦の孫達に囲まれて生活している。当時、農地 2 反歩。
・現住所　慶尚北道義城郡安平面（犠牲者の本籍地に同じ）
・犠牲者との関係　犠牲者の兄(長男)の長男、甥。
②被動員者
・氏　　名　金〇鎮
・生年月　1923 年 10 月生　金時在の次男
・家族構成　1939 年結婚、長女〇始 5 年前死亡、長男〇銘 1941 年生で、現在は、議政府在住(会社員)
・死亡時期　1940 年 10 月に内郷宮で病死(18 歳)

（2）聞き取りの内容
〇叔父が動員された当時のことは

金○鎮の甥金○仁氏(左)と
龍田(自宅にて)

殆ど分からない。○鎮の妻権氏は 2～3 年同居の後、家を出て、2 人の子供は伯母
である母と父が育てた。

遺骨を引き取りに行った従兄弟の旅費の負担が大変だったということを聞いてい
る。

補償金などは出なかった様だ（かなり扱いが酷かったような印象を受ける）。

○今回の政府の真相糾明について

何の証拠も無いので申告の仕様が無い。父は 20 年前、母は 16 年前に亡くなった。
解放を迎えた時は私はまだ小学校 2 年だったので、どうにも出来ない。

○日本人に対して言いたいことは

恨めしいことは恨めしいが（以下、聞き取れず）。「骨まで、日本人に対する悪い
思いがしみこんでいる。犬豚よりもひどい仕打ちを受けた。今更語って何になる
か」と宋氏が通訳してくれたが、確認は出来ない。「日本に資料があるならそれを
出して補償すべきだ」（これも通訳）。「補償を通じて事実を認めて欲しいと言うこ
とだね」と通訳が聞くと、静かに浩仁氏はうなずく。

議政府在住の従兄弟の○銘氏は、年に一度は欠かさず、父○鎮氏のお墓参りに来
るという。電話番号も教えてもらう。

（3）交流の一齣

浩仁氏は大柄であるが穏やかな人柄で、自らの手でお茶も出してくれた。申告を

するなら資料にと、戸籍の記録などを残して来た。

　最後に、孫たちを交え写真を撮った。〇鎮氏のお墓は往復 4 時間もかかるというので、瓜とお酒のお供えを頼んだ。みんな揃って、見送って貰った。浩仁氏はいつまでも手を振っていた。

4　朴富根氏（犠牲者朴衍根氏の遺族）

（1）証言者・被動員者経歴

①証言者

・氏　名　朴富根

・生年月日　1936 年生（当年 70 歳）。解放時 9 歳で、国民学校 2 年生位

・現住所　慶尚北道義城郡比安面

・職業　大邱の高等学校卒業後、面事務所の職員をして、今は定年で退職。妻との 2 人暮。本家は土地も多かったが、次男、六男は土地は貰えない。今、本家は一族がいなくなっている。

・被動員者との関係　犠牲者衍根（次男）の 6 番目の弟

②被動員者

・氏　名　朴衍根

・生年月日　1921 年 1 月 30 日生

・本籍地　慶尚北道義城郡比安面

・死亡年月等　1941 年 5 月 19 日、磐城炭砿で圧死（当時 20 歳）と「死亡者名簿」には記載されているが、戸籍には死亡の記述は無い。

（2）聞き取りの内容

　次兄の動員当時、私は 5 歳位で何も分からない。圧死とは聞いてない。次兄も土地が無いので（多分募集に応じて―龍田）、お金を稼ぐために日本に行ったのだ。普通学校を出ていたので、日本語は話せたはずである。本家は東部里 401 番地、ここより少し離れている。次兄は当時 20 歳で、未婚で子供が無いため、今は墓を守る人はいないし、どこに墓があるかも分からない。遺骨は外伯父が取りに行き、灰を持ち帰ったらしい。

朴○根氏（左）と龍田

○父のことについて。

　父○九は 1955 年に亡くなり、母も 30 年前に亡くなった。現在、叔父が大邱におり、日本には早稲田大学を卒業した叔父もいて、姪も大阪にいる。妻も大阪生まれだ。

○現在、政府が行っている真相糾明について如何思うか。

　大邱の甥達が申告しようとしたが、資料が無いので止めた様だ。朴政権時代の交渉で、日本は補償金を払ったことになっている。今更、再度請求しても、非常識だと言われるだけだ。あえて請求しても意味がない。この辺りではその時、補償金 30 万ウォンを受け取ったという話は聞いたことも無い。

○この辺りから一緒の炭砿に行った人はいますか。

　次兄と一緒にこの里から行ったのは、金玉錫氏がいる。3 年前に亡くなったが、奥さんは現在 1 人暮らしをしている。この近くなので会いに行けばよい。兄弟の様に付き合っていた。日本での話は余り聞いていない。

○最後に日本の国民に言いたいことは。

　日本は一番近い兄弟の国だから、過去にあったことは早く清算して、仲良くやっていきたい。

（3）最後に

　聞き取りを終えて、お土産にでもと、持って来たハンカチと小さなお地蔵さんを差し上げようとしたが生憎その時は無く、代わりにいわきのずり山から持って来た

石炭の混じった「ぼた」を差し上げた。

　富根氏はこみ上げてくる感情を抑えながら、若くして死んだ兄のことを思い、「父は生前、心の病気に掛かって死んでいった。父の墓にこの土をかけてやりたい」と、言葉を失った。父の悲しみの日々を見ていた氏の素直な感情なのだろう。「ぼた」を握ってしばらくこみ上げてくる涙をこらえていた。

　奥様にお茶とりんごをいただく。りんごはここの特産とのことでとても美味しかった。

　お墓のお供えにと持ってきた瓜とお酒は 2 人で召し上がって貰うことにした。写真を撮った後、元気に階下まで降りて来てくれて、丁寧にお辞儀をして送ってくれた。

5　まとめ

　死亡犠牲者の遺族が妻の場合は、通信、送金や動員中の生活などが重要な聞き取り事項である。子供、甥、姪などの聞き取りは、二次的被害とも言うべき実態を知る上で大切であろう。歳の離れた兄弟や帰国後死亡した動員者の遺族からも、間接的ながら、一定の証言を得ることが出来ることが分かった。

　聞き取り方法は、あらかじめ用意した質問事項によった。

　被動員者の写真や残した文書についても、万一にもと思って聞いたが、これは無理だった。

　金〇鎭については、長男との連絡がつくはずなので今後を期したい。又、病死の場合の遺骨受け取りに必要な旅費の取り扱いについては、磐城炭砿の会社文書がある。1943 年 11 月、住吉坑において急性腹膜炎で死亡した綾城然興の場合、伯父と面書記が、遺骨引き取りに来山しており、旅費 180 円が支出されている。状況により支出されないのか。金氏の場合は「殉職者名簿」に病死とのみあり、確かめる方法は今の所ない。なお、金氏には住所が 2 つある。1 つは実家の本籍であり、もう 1 つの義城面は確認できなかった。

　朴衍根については、「殉職者名簿」によると、朴氏と同じ日に、同じ磐城炭砿で他に 3 人亡くなっている。同一災害と思った。埋葬先が真光院と瑞芳寺に分かれているのは、飯場の違いである。死亡原因は真光院の場合は圧死となっているので、一

覧表（「道郡別死亡者名簿」）に衍根氏の場合も圧死と書いておくと、富根氏は「そうは聞いていない」とつぶやかれた。早とちりだったか。

　若くして、異土で亡くなった子供の死を悼む親の気持ちと、その父の姿をいとおしむ富根氏。日韓条約の個人補償の実態についての証言。今回の真相糾明への揶揄的とも聞こえる発言など印象的だった。

V　第1回調査のまとめ

　犠牲者の戸籍は、犠牲者の本籍地の番地まで分かれば、6・25戦争で焼失していない限り、面事務所の係りの力量にも左右されるが、ほぼ90％以上確認できることが分かった。

　遺族との接触は、里長の協力や今回はやらなかったが、国民番号を使い警察の協力があれば可能である。但し、妻の生存率は高くはないので、子供、甥、姪、弟、妹からの聞き取りの可能性が高い。

　帰国した動員労働者の聞き取りは、今後、思ったより期待できるという感触である。たった1人の聞き取りであったが、周りに何人かの聞き取り対象者も確認できた。後遺症などの被害状況も明らかになるだろう。既に帰国後死亡した動員者の遺族との接触も浮かんできた。

　遺骨の返還については、不明な点が多いので、各寺院を回り、自分の目で確かめる作業が必要だ。勿論、未調査の遺骨もあるかもしれないし、既に一度調査されていたとしても、現時点における状況を精査する必要を痛感する。

VI　今後の課題と展望

（1）「真相糾明委員会」の申告調査の結果を期待する

　今後も常磐炭砿の調査についての協力依頼をする。申告書の分析を通じ、地域別、炭鉱別の戦時動員者の実態がある程度掴め、常磐炭田への被動員者もかなり明らかになる筈である。

　又、「道郡別死亡者名簿」による公的手続きを通じ、戸籍の確認が得られれば、どれだけ助かるか分からない。これについて、「真相糾明委員会」への調査依頼が必要

である。

（2）出来るだけ早い時期に再調査を

　丁度、韓国でも国民的関心が強く、日本でもアジアへの侵略戦争の反省に基く平和憲法の擁護と発展を願う運動があり、その意味でも、市民による組織的調査が大きな意味を持つと思われる。

（3）今回、戦時動員を受けた人や犠牲者の遺家族に会って

　人生の貴重な時期を、故郷から遠く離れた異国の地で、辛酸をなめた戦時体験をさせられた人達と遺族の思いを、しっかりといわきの市民に伝えなければとの思いを深くすると共に、「桜が咲いていた」日本に、今度は「許しと和解」の使者として来訪してもらえる日が来ることを願って止まない。

　最後に、韓国のマスコミ、特にハンギョレ新聞による、今回の調査についての取材は、韓国における戦時労働動員に関する関心の高さを示すだけでなく、記事を通して、多くの人達が調査に協力し、便宜を図っていただいたことを特記したい。同新聞社の関係者に心より感謝申し上げたい。

付属資料 1-1　龍田の戦時朝鮮人動員の調査を紹介する『ハンギョレ新聞』（2005 年
4 月 22 日付、翻訳）

| この人 |　朝鮮人徴用犠牲者名簿を持って訪問した市民運動家龍田光司

"侵略美化を止めて東北アジアの平和を開こう"（抜粋）

市民団体"平和を守る集い"の調査員
朝鮮人 2 万人が引っぱられた常磐炭砿を追跡。

　龍田光司は、日本の東京から北に約 100 キロ離れた福島県にある人口 20 万余の都
市いわきの市民団体"平和を守る集い"（代表安島克久）の調査員だ。1984 年から始
まったこの団体の正式会員は 10 人、参加している人は 300 人程だ。高等学校の歴史
の教師として勤務していたが、定年退職した後、この仕事に飛び込んだこの人は 63
歳だ。

　21 日＜ハンギョレ＞を訪ね、彼は約 300 人の朝鮮人徴用者名簿を広げて見せ、来
月 15 日までにこの人達の遺族や親族に会いたいということを明らかにした。名簿に
は咸陽郡姜漢俊　水東面花山里、1940 年 8 月 11 日死亡、当時 29 歳、咸陽郡鄭相根
咸陽面九龍里、1941 年 7 月 10 日死亡、当時 32 歳、達城郡安本甲生　花園面城山洞、
1944 年 11 月 19 日死亡、21 歳等、詳しく書き込まれている。

　そして、会えるかは分からない、まだ、誰とも連絡は取れていないと言い、咸陽、
達城だけでなく、義域、横城など犠牲者達の故郷を一々訪ね、直接聞いて回って会
わねばならないと、その困難さを吐露した。彼はそれで、△遺族と親戚に会い、当
時の事実を聞き、お墓参りをし、△名簿にない他の動員された人達がいたら、その
人達についての情報を確認し、△当時の歴史的な情況を知っている人達から詳しい
話を聞こうとしている。

　常磐炭砿はいわき地域にあった日本帝国時代の有名な炭砿であり、1939 年から 45
年まで 2 万余人の朝鮮人が強制動員され、その中で 300 名が犠牲となった。

　彼はこの事実を正確に調査して、いわき市民に広く知らせ、戦争の実態と原因を
明らかにし、平和の重要性を気付かせることが、今回の事業の目的だと説明した。
これを土台にして新しい研究会も作りたいと思っている。死亡者達の遺骨は一部京

畿道のお寺に安置されていたり、一部は現地にそのまま残っている。

　龍田調査員が犠牲者達のいる面長に見せる依頼状は、次の様な内容になっている。「現在、日本で勢いづいている歴史修正主義勢力、即ち侵略戦争を認めず植民地政策を美化する一部右翼勢力に対して、出来るだけ科学的に事実を調査し、私達の地域から提起しようと思う。日韓両国の市民の間の友好関係を確立したい」。更に、彼は自民党の平和憲法改悪の動きに対して「これは必ず阻止したい」と言い、日韓・日中の市民の連帯が切実だと話す。こうしたことが日本の平和のためであり、ひいては東北アジア全体の平和と共存のためであると強調した。

　昨 17 日にソウルに来た彼は、約 1 ヵ月間、韓国に留まり、市民団体関係者と会い、両国の市民団体の間の連帯と協力に関しても意見を交換する計画である。[以下略]

文　韓昇東　写真　韓碩洙

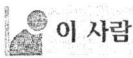 **이 사람**　'조선인 징용희생' 명단 들고 방한한 일 시민운동가 다쓰타 고지

"침략미화 막아야 동북아평화 열려"

다쓰타 고지. 일본 도쿄로부터 북쪽으로 약 100킬로미터 떨어진 후쿠시마현에 있는 인구 20여만명의 도시 이와키의 시민단체 '평화를 지키는 모임'(대표 아지마 가쓰히사)의 조사원이다. 1984년에 시작한 이 단체의 정식회원은 10명, 참여자는 300여명 정도다. 고등학교의 역사교사로 근무하다 정년퇴직한 뒤 이런 일에 뛰어든 그의 나이는 63살이다.

21일 〈한겨레〉를 찾은 그는 약 300명의 '조선인' 징용자 명단을 펼쳐 보이며 "다음달 15일까지 이분들의 유족이나 친지를 만나겠다"고 밝혔다. 명단에는 '함양군 강한준, 수동면 화산리, 1940년 8월11일 사망, 당시 29살' '함양군 정상근, 함양면 구룡리, 1941년 7월10일 사망, 32살' '달성군 안본갑생, 화원면 성산동, 1944년 11월19일 사망, 21살' 등이 꼼꼼히 적혀 있었다.

그러나 만날 일이 막막하다. 그는 "아직 누구와도 연락이 되지 않았다"며 "함양, 달성뿐 아니라 의성, 횡성 등 희생자

시민단체 '평화를 지키는 모임' 조사원

조선인 2만명 끌려간 조반탄광 추적

들 고향을 일일이 찾아가서 직접 수소문해서 만나야 한다"고 어려움을 털어놓았다. 그는 그래서 △조반 탄광에서 숨진 조선인 본적과 호적을 확인하고 △유족 및 친지들을 만나 당시 사실을 듣고 성묘하며 △명단에 없는 다른 동원된 사람들이 있다면 그에 관한 정보를 확인하고 △당시의 역사적 상황을 아는 사람들한테서 자세한 얘기를 듣기로 했다. 그 다음에 본격적인 조사 작업에 들어갈 예정이다.

조반 탄광은 이와키 지역에 있던 일제 때의 유명한 탄광으로, 1939년부터 45년까지 약 2만명의 조선인들이 강제 동원돼 그 가운데 약 300명이 희생당했다.

그는 "그 사실을 정확하게 조사해서 이와키 시민들에게 널리 알림으로써 전쟁의 실제와 원인을 드러내고 평화의 중요성을 일깨우는 것"이 이번 사업의 목적이라고 설명했다. 이를 토대로 새로운 연구회도 만들 작정이다. 사망자들 유골은 일부가 경기도 파주의 절에 안치됐으나 일부는 아직도 현지에 그대로 남아 있다.

다쓰타 조사원이 희생자들 고향의 면장에게 보여줄 편지에는 다음과 같은 내용이 들어 있다. "지금 일본에서 세를 얻고 있는 '역사 수정주의'(세력), 즉 침략 전쟁을 부정하고 식민지 정책을 미화하는 일부 우익세력에게 우리 지역에서 될 수 있는 대로 과학적인 사실을 (조사해) 제출하려고 합니다. 한-일 양국에 시민 간 우호관계를 확립하고 싶습니다. 협력해주시기를 진심으로 부탁드립니다." 또 그는 자민당 등의 '평화헌법' 개정 움직임에 대해서도 "이를 꼭 저지하겠다"며 "한-일, 일-중간 시민들의 연대가 절실하다"고 말했다. 이러한 일들이 일본의 평화를 위한 것이며 나아가서 동북아 전체의 펴화와 공존을 위한 것이라고 힘주어 말했다.

지난 17일 서울에 온 그는 약 한달간 한국에 머물면서 시민단체 관계자들과 만나 두 나라 시민단체 사이의 연대와 협력 등에 관해서도 의견을 교환할 계획이다. 그의 일본 내 전화는 (0246)63-4762. 글 한승동 기자 sdhan@hani.co.kr
사진 황석주 기자 stonepole@hani.co.kr

2005年　　月　　日

　　　　　　　　　長様

　　　　福島県いわき市公民館 公認団体
　　　サークル 平和を語る集い会長　安島克久
　　　同 戦時韓国人労務動員実相調査員
　　　　　　　　　　　　　龍田光司

　　いわき地方（常磐炭田）における戦時韓国人
　労務動員実相調査についての協力依頼について

　　この度、私達 福島県いわき市の公民館 公認サークルとして
20年間活動して来ました サークル平和を語る集いにおいて
戦時中 常磐炭田（かつていわき地方において栄えた炭田）に
強制的に労務動員された韓国人の実相を知るため、下記
のような調査を行うことになり調査員を派遣することになりま
した。
　　つきましては ご多忙中とは存じますが この調査にご協力
いただきたく ご依頼申しあげます。

記

1. 調査目的 ～ 常磐炭田における 戦時朝鮮人労務動員
   （強制連行）の 実相を 調査し、明らかにすることを通じ、
   戦時日本の アジア諸国民 に与えた 被害・戦争責任につ
   いて 考える 資料を 提供すること。

2. 調査事項
   ① 常磐炭田における 戦時 朝鮮人労務動員 犠牲者（
      死亡者）戸籍上の 確認を行うこと。
   ② 犠牲者の 遺族をさがし、当時の 実相を 聞くための
      方法についての ご協力について （遺族の 現住所など）
   ③ 本邑・面における 他の 常磐炭田への 戦時動員 被害者
      についての 情報 （ご存命の方についての 情報）を得ること

3. 調査期日 ～ 2005年　　　月　　　日

4. 調査員氏名 ～ 龍田光司（63才） 元市内高校勤務
                （停年退職　）

5. 添付書類 ～ 別紙

6. その他
      調査員派遣の 時間等につきましては 多少ずれる
      場合もございますが よろしく お願い申しあげます。

二．付書類

①「常磐炭田 戦時韓国人労務動員 死亡者名簿」より）
（常磐炭田 戦時労務動員 研究者 長沢秀 作報　）
当郡・面 関連却分

②　サークル 平和を語る集い 発行文集
「戦争と勿来」第20号．

③　ハングルによる 主旨説明の文章（4紙 ）
（会長より 各・面長様へ　）

32

일제강점하 강제동원피해 신고 접수현황

日帝强占下 强制動員被害 申告 接受現況

○ 피해신고　　　　　　　　　　　　　　　　　　　　　　　　　　　　　(2005.6.4. 13:00)

구 분 (区分)	접 수 건 수		동 원 유 형 (動員類型)								国内)国 외 동 원		(国外)国 내 동 원	
			군 인 (軍人)		군 속 (軍屬)		위 안 부(慰安婦)		노무자 등(勞務)					
	일계 (日計)	누계 (累計)	일계(日計)	누계(累計)	일계(日計)	누계(累計)	일계(日計)	누계(累計)	일계(日計)	누계(累計)	일계 (日計)	누계 (累計)	일계 (日計)	누계 (累計)
총 계	123	142,682	25	25,459	13	17,589	0	242	85	99,392	109	125,251	14	17,431
위원회	7	6,238	6	1,095	1	1,098	0	29	0	4,016	7	5,590	0	648
시,도 소계	116	136,444	19	24,364	12	16,491	0	213	85	95,376	102	119,661	14	16,783
서울 ソウル	16	8,950	4	2,194	3	1,213	0	14	9	5,529	13	7,859	3	1,091
부산 釜山	0	5,052	0	1,256	0	913	0	15	0	2,868	0	4,525	0	527
대구 大邱	13	3,506	7	912	0	461	0	10	6	2,123	11	3,157	2	349
인천 仁川	0	3,160	0	698	0	344	0	6	0	2,112	0	2,816	0	344
광주 光州	3	2,855	0	625	0	502	0	5	0	1,723	0	2,539	3	316
대전 大田	0	3,550	0	600	0	401	0	9	0	2,540	0	3,301	0	249
울산 蔚山	0	1,356	0	332	0	198	0	1	0	825	0	1,156	2	200
경기 京畿	14	12,830	5	2,857	0	1,237	0	11	9	8,725	14	11,470	0	1,360
강원 江原	0	4,933	0	1,220	0	360	0	8	0	3,345	0	4,437	0	496
충북 忠北	0	8,505	0	1,471	0	824	0	6	0	6,204	0	7,877	0	628
충남 忠南	0	14,302	0	1,833	0	1,198	0	17	0	11,254	0	12,788	0	1,514
전북 全北	0	16,369	0	2,096	0	2,093	0	37	0	12,143	0	14,645	0	1,724
전남 全南	50	20,725	0	2,689	6	3,106	0	10	44	14,920	45	17,979	5	2,746
경북 慶北	20	15,559	3	2,993	0	1,905	0	27	17	10,634	19	13,338	1	2,221
경남 慶南	0	12,962	0	2,230	0	1,457	0	36	0	9,239	0	10,533	0	2,429
제주 濟州	0	1,830	0	358	0	279	0	1	0	1,192	0	1,241	0	589

일본 연호 및 창씨명 관련 참고자료
(日本　年号　並び　創氏名　関連　參考　資料)

大正('12~'26)	西暦	昭和('26~'89)	西暦	本氏名	청씨 명	창씨 명 (創氏名)
大正1年	1912年	1年	1926年	金	金山	松田
2년	1913년	2년	1927년		金澤	金井
3년	1914년	3년	1928년		鷲洛	金田
4년	1915년	4년	1929년	李	松岡	木村
5년	1916년	5년	1930년		朝本	星山
6년	1917년	6년	1931년		木下	
7년	1918년	7년	1932년	朴	青木	星元
8년	1919년	8년	1933년	裴	松永	
9년	1920년	9년	1934년	嚴	富山	
10년	1921년	10년	1935년	鄭	東川	菜山
11년	1922년	11년	1936년	申		
12년	1923년	12년	1937년	尹	伊東	平昭
13년	1924년	13년	1938년		天本	
14년	1925년	14년	1939년	曹	夏山	
15년	1926년	15년	1940년	禹	암본	
		16년	1941년	徐	達田	
		17년	1942년	方	方山	
		18년	1943년	都	松原	
		19년	1944년	崔	興山	신본(山本)
		20년	1945년	薛(설)	浮昌	
				成	成本	나리모도(なりもと)

일본의 연호(元號)는 천황의 즉위에 따라 개정　日本の年号は天皇の即位に従い改正する。
메이지(明治) 1868~1912
다이쇼(大正) 1912~1926
쇼와(昭和) 1926~1989
헤이세이(平成) 1989~
즉위년도가 원년이고 그 다음해는 2년.. 예) 2003년은 평성 15년(15+1988 = 2003년)
即位年度が元年でその次が2年…に　2003年は平成15年 (15+1988 = 2003年)
히로시마(廣島)에 원자폭탄 투하 1945년 8월 6일. 広島への原子爆弾投下は1945年 8月 6日
8월 9일 나가사키(長崎)에 투하　8月 9日長崎に投下

도쿄 대공습 : 1945년 3월 10일, 미군폭격기
東京大空襲 : 1945年 3月 10日、米軍爆撃機

義城 [真相糾明委] 係作成

第2回調査報告（2007年）

はじめに

　2年振りに、戦時動員被害者を訪ねての旅に出た。前回お世話になった方々や被害者、遺族の方々に、できるだけ早い時期に、それも調査団の形で再会することを約束しながら、1人でしかも遅くなった不明を恥じた。ともかく事態を打開するためのきっかけにもと、やっとの思いで行って来たのだった。

　結果的には、今回も地域の「強制連行・強制労働」の真相糾明に寄与できる程のものはないが、2人の帰国生存者の聞き取りや遺族からの聞き取りが出来たことと、そして、何よりも新たに調査への意欲が喚起されたことが成果である。今後の「真相糾明」の仕事に少しでも役に立つことを願ってこの報告をまとめた。

Ⅰ　第1回調査と地域での取り組み

1　第1回調査とその後

　第1回調査は雲を掴むような、殆ど無からの出発で、中央の「真相糾明委員会」の場所さえ分からず、つてを求めてソウル市内の日本統治期の遺跡探訪の大学生達の会で通訳を務め、「真相糾明委員会」の調査員もしていた李秉熙氏を訪ねた。しかし、調査員としての立場もあり直接の協力は難しいので、強制労働問題に理解のある通信社や新聞社を紹介していただいた。

　幸い『ハンギョレ』新聞に、私達の調査の記事が掲載されたことをきっかけに、調査協力の申し込みや「真相糾明委員会」での認知も受け、更に郡毎に設置されている地方実務担当者や邑・面事務所の総務や戸籍担当者からの協力を受けやすい環境が作られた。

　当初の目的は、戦時動員現地死亡者の多い郡を重点に、「道郡別死亡者名簿」の本

籍地を訪ねて遺族に会い、一緒に動員されて帰国した人達の情報を得ることであった。又、同時に成立したばかりの「真相糾明委員会」に「犠牲者（現地死亡者）＊」の申告がないかどうかを調べて貰うことにあった。

　＊「真相糾明委員会」では「現地死亡者」の扱いになっている。

　結果的には熱烈な現地協力者も現われ、戸籍で 8 人の遺族の消息が掴め、内 2 人の聞き取り調査が出来た。更に地方の「真相糾明委員会」に提出された被害申告者の中から、2 人（本人と遺族）の帰国者の聞き取りをすることが出来た。

　こうした「聞き取り」や「戸籍による遺族確認」は、不明だった動員帰国者や遺族の実態を知る可能性を開くものであったが、動員実態の新事実に繋がるものは特になかった。又、聞き取りの記録も不十分で、大まかな筋を追うに留まった。帰国後、地域（いわき市）で 4〜5 回の小集会や 3 回の展示会で報告を行い、それなりの反響があった。

　その後、朝鮮人の樺太「二重徴用」真相糾明に関する韓国の「真相糾明委員会」1 課の調査団の受け入れを通じ、いわき地域でも戦時動員被害の韓国政府の取り組みの姿勢が伝わり、同委員会と引き続き良好な関係が維持されることになった。

2　いわき地域における戦時朝鮮人労働動員真相調査の現状

　韓国の調査団の来磐をきっかけに、「常磐炭田朝鮮人戦時動員真相調査」のための組織的な調査団派遣の可能性を摸索した。以下、いわき地域での、この問題に対する関心の在り方を示す動きについて述べる。

　常磐炭田史研究会によって地域の近代産業遺産としての炭砿産業の見直しと産業遺跡を地域振興の観光資源として再開発する動きとも結び付いた炭田史研究が始まり、機関誌『常磐炭田史研究』の発行やフィールドワーク、展示会などが盛んに行われるようになった。

　旧炭砿関係者の回顧録と旧炭砿技術者の投稿を含む機関誌は、『いわき市史』の「常磐炭砿史」のメンバーを加えて地域史的研究の論文も掲載した。市の第三セクターとして運営されている石炭化石館に研究会の事務局を置き、地域史研究に貢献している。

　しかし、戦時総動員体制について歴史学的視点からの追究や戦時植民地労働力の

韓国戦時動員被害真相調査団（5人、前列中央鄭惠瓊団長）来磐歓迎会、2005 年 11 月

韓国戦時動員被害真相調査団（左端は鄭団長）　鳳城小田炭砿大火災
事故犠牲者慰霊碑前で（長寿院）、2005 年 11 月

日本本国への投入（朝鮮人労働動員）については、課題として指摘されていたにすぎなかった。

　常磐炭田史研究会のメンバーによる戦時朝鮮人労働動員の学習、研究会の立ち上げに期待している。

　一方、1990 年代の前半に「調査報告書」の出版や戦後 50 周年を記念して、「追悼の碑」の設置を行っていた「朝鮮人強制連行福島県真相調査団」は、日本での「強制動員真相究明ネットワーク」の運動に呼応して、2005 年の 8 月に、朝鮮側「真相究明調査団」が中心に「新資料」の公表に基いて、県・自治体に未帰還遺骨の再調査を要請、その後、市内 7 寺院の書面による直接調査が行われ、その報告書＊も出された。

＊金政洙「福島県 1958 年遺骨調査の確認」『朝鮮人強制連行真相調査団資料集』19、2005 年
　更に、2007 年 2 月には、市内願成寺に残された遺骨ついて、韓国「真相糾明委員会」の調査団が入り、テレビで大きく報道されたが、寺や市の対応は義務的なもので、国側での交渉に全てを任せ、待機しているのが現状である。

　又、曹洞宗関係寺院では、本山が「アジア出身の強制徴用者の遺骨と情報」の調査を始めたこともあり、宗派の調査を通じて未返還遺骨には対応するということであった。しかし、住職は過去帳の閲覧は一切拒否している。

　こうして「戦時動員の真相究明」は遺骨問題に集約されている感もあるが、かつて石炭で栄えた地域に住む市民として、戦後責任と補償問題という重い課題にも真正面から立ち向かう姿勢が問われている。以下の報告に見るように、動員被害者の存在は事実であり、被害者との和解に至る筋道を明らかにするという課題は、現実的なものであると考える。それに見合った幅広い運動と研究が要請されている。

II　第 2 回調査について

1　韓国の「真相糾明委員会」の動き

　ご存じの通り日本では、いわゆる「靖国派」議員が多数を占める安倍内閣が成立し、従軍慰安婦への軍の直接的関与（日本軍性奴隷制）を否定したり、時には謝罪をしたりの不誠実な対応に対し、「北朝鮮の拉致被害者の救済」の真意さえ疑われ、

人権問題に対するダブルスタンダードと非難される結果となっている。

　一方、韓国では、「日帝下強制連行被害者支援法」が 2007 年 11 月 26 日にようやく委員会及び本会議を通過したと聞いている。現在「真相糾明委員会」には絶えず被害者遺族が出入りしている。前回訪問時は、第 1 回目の被害申告終了（2005 年 2 月～6 月）の 1 ヵ月前であったが、今回は、第 2 回目の申告（2006 年 6 月～12 月）も終了して、その整理が行われている様である。第 3 回目の被害申告の受け付けも予定されているという。

　こうした中で、2006 年 6 月段階での申告者は 22 万人に上り、第 1 回の申告期間中に労働動員の生存者として申告したのは、31,289 人ということも発表されている。

2　第 2 回調査の重点目標

　前回は主として、各邑面の戸籍係による現地死亡者の遺族捜しが重点であったのに対し、今回は、中央・地方の「真相糾明委員会」事務局の被害申告の結果に期待する面が大きかった。しかし、訪問のための充分な準備も、綿密な調査計画を立てる余裕も無いままに、出発することになり、「真相糾明委員会への協力依頼文書」も準備出来なかったが、ほぼ次の様な調査の心算があった。

（1）戦時動員された「犠牲者名簿」（韓国の「真相糾明委員会」では「現地死亡者」）を基にした戸籍による遺族調査

　前回は、韓国語による各邑面長宛の調査依頼書を用意したが、今回は予め各郡毎の（各郡を代表する邑宛に）犠牲者の戸籍確認（該当郡の名簿の送付）と遺族との連絡方法についての依頼書（付属資料 2 参照）を郵送し、回答を得る様にした。約 88 通の書面を準備し、35 通をソウルの下宿先又は日本から発送した。この計画は残念な結果に終わるが、調査方法上の問題もあったと思われる。

（2）中央・地方の「真相糾明委員会」の協力を得て、常磐炭田の被害申告者からの聞き取り調査。これについては、
・大日本勿来炭砿における「堤川勤労報国隊暴力事件」の「裁判所」の判決文を資料として、被告関係者から聞き取りを行い、事件の性格を出来るだけ明らかにす

る。

・前回同様、犠牲者の多い江原道については、戸籍で確認しながら遺族捜しと並行して、出来るだけ広範囲の被害申告者からの聞き取り調査を行う。

・慶尚北道義城郡の犠牲者遺族からの聞き取りも、前回判明したものとの関わりで継続調査を行う。

（3）遺骨の返還問題
　いわき市内の寺院に残された3体の遺骨の遺族捜しと坡州普光寺に移管された遺骨と霊位ついて確認調査を行うこと。
　以上の3項目を、約4週間かけて行う予定であった。

Ⅲ　「真相糾明委員会」調査と調査日程

1　戦時動員被害者の新たな判明

（1）中央・地方の「真相糾明委員会」の協力により新たに判明した被害者とその遺族

被害者本人　2人（1）

被害者遺族　6人（1）
_____

計　　　8人（1）
_____

内聞き取り　4人（2）

（2）「殉職者名簿」「裁判所判決文」の本籍地を基に、邑面の戸籍係の協力により判明した遺族

被害者遺族　　　　7人（8）

内聞き取り　　　　0人（2）

＊（　）内の数字は第1回訪問時に判明した被害者数

2　結果

今回判明した被害者本人又は遺族は 15 人で、前回 10 人と合わせ通算 25 人の消息が分かったことになる。従って、犠牲者 296 人から見て、その 10％にも満たない人数であるが、一人ひとりの被害者の顔が少しずつではあるが見え始めたことも確かである。

3　調査期間・日程

（1）期間
　2007 年 5 月 19 日　土〜6 月 16 日　土　（4 週間）

（2）日程
　忠清北道堤川郡（4 日間）　大日本勿来炭砿勤労報国隊関係
　江原道　　　　　（4 日間）　横城郡中心に 5 郡訪問
　慶尚北道義城郡（3 日間）　第 1 回面接者の再訪問など
　忠清北道永同郡（1 日）　　遺骨関係の調査
　京畿道坡州市　　（1 日）　　同上
　5 月　19 日　土　ソウル　入国
　　　　20 日　日　ソウル　死亡犠牲者戸籍調査依頼文書発送準備
　　　　21 日　月　ソウル　「真相糾明委員会」訪問
　　　　22 日　火　ソウル　戸籍調査依頼書発送
　　　　23 日　水　堤川市　忠清北道堤川市錦城面調査（池氏等）
　　　　24 日　木　堤川市　大日本勿来炭砿「集団暴力事件被告」遺族聞き取り調査
　　　　25 日　金　堤川市　堤川市鳳陽面調査
　　　　26 日　土　　　　　移動日
　　　　27 日　日　ソウル　江原道調査準備
　　　　28 日　月　原州市　江原道横城市訪問、原州市訪問
　　　　29 日　火　原州市　原州市大日本勿来炭砿死亡犠牲者聞き取り調査（柳寅爕氏）
　　　　30 日　水　横城郡　横城郡生存者再訪問と新たな聞き取り

31 日	木	平昌郡	平昌郡平昌邑訪問調査
6月 1 日	金	洪川郡	洪川郡庁訪問、死亡犠牲者移転先春川市訪問聞き取り
2 日	土		移動日
3 日	日	ソウル	休息日
4 日	月	ソウル	中央「真相糾明委員会」訪問
5 日	火	ソウル	中央地理院で地図入手
6 日	水	義城郡	慶尚北道義城郡訪問、安平面犠牲者遺族再訪問
7 日	木	堤川市	堤川市錦城面犠牲者遺族調査
8 日	金		移動日
9 日	土	堤川市	市内死亡犠牲者遺族再聞き取り
10 日	日	ソウル	資料・写真整理
11 日	月	ソウル	御礼の電話
12 日	火	ソウル	忠清北道永同郡深川面遺骨、遺族調査
13 日	水	ソウル	調査の総括作業
14 日	木	坡州市	京畿道坡州市普光寺訪問、大日本勿来炭砿遺骨再調査
16 日	土	ソウル	帰国

Ⅳ 重点目標の詳報

1 犠牲者の戸籍調査による遺族の捜査—郵送による方法

（1）経緯

　「道郡別死亡者名簿」を基にした常磐炭田戦時動員犠牲者遺族の悉皆調査は前々からの課題であった。

　今回、現地調査と並行して犠牲者を出した全ての市、邑、面に郵送で依頼状を出す予定であったが、回収率も悪く、方法に問題もあることが判明したので 3 回、35 通送った所でこの調査方法を打ち切った。

（2）結果
・回答のあった邑　　　　　　　　　　　　4 通

・現地調査時に届いていたことを確認した邑　3 通
・現地調査時に届いていないと回答した邑　　3 通
・不明　　　　　　　　　　　　　　　　25 通

（3）問題点

　回答のあった 4 通の内 2 通は、個人情報保護条例のため、被害者遺族の個人情報
は提供できないという丁寧な回答と、在外国人への戸籍の開示はパスポートの添付
が必要で、他は通商外交部を通じて行えるとの回答だった。

　尚、今回の試みから見て、依頼文の韓国語化は不可欠であることが分かる。春川
に調査に行った時には、手紙を出して 10 日も経つのに、市の通訳官から「ようやく
翻訳が終わったのですがどうしますか」と言われるような始末だった。

2　戸籍調査—直接、市・邑・面へ行って依頼する方法

（1）郡庁の紹介などを経た場合も多いが、直接行って依頼した場合は、形式的で
あろうと好意的であろうと、一応名簿に従って捜してはくれる。この場合、前回は
協力者のお蔭で 4 件 8 人の戸籍の確認が出来た。今回は 7 つの邑と面を訪ねたが、
遺族を新たに見付けられたのは 2 件 2 人に留まった。いずれも直接の聞き取りまで
は実現しなかった。

（2）堤川市義城郡鳳陽面の T 氏の場合
「暴力事件」判決文の本籍の面事務所を訪ね、息子がソウルにいることが分かり、
訪問を一度は受け入れたが、所要のため会えぬと言う電話があり、実現しなかった。

（3）義城郡玉山面の U 氏の場合
　前回お世話になった義城邑の民願室の K 氏は、故郷の玉山面に転勤されており、
K 氏による U 氏次女からの聞き取りによると「幼い時だったので余り記憶していな
いが、1943 年 8 月頃、徴用で日本に引っ張られて、1 年後に火葬にされて、灰にな
った遺骨が送られて来た。家族はその時死亡したことが分かった」「その後、一家の
生活は逼迫して、母は家事手伝いなどをして、3 人の娘を苦労して育てた」という。

被害申告はしていない。現在、ご本人の生活も大変な様子である。死亡年月は「道郡別死亡者名簿」では 43 年 8 月 12 日となっている。1 年の差がある。

（4）義城郡金城面のY氏の場合

　前回、遺族がいることは確認済だったが、会えなかったY氏の遺族を捜して貰った。幸い近くに甥に当たる人がいたが、生活難で今、人に会える状態でないという。この甥によると「Y氏の娘は今、慶州にいる」が面会は難しいだろうとのことである。

（5）最後に

　直接の聞き取りは出来なかったが、U、Y氏の遺族達が背負わされた苦労や苦しみは、現在も生活難として継続している様に思われる事例である。

　いずれにせよ、戸籍によって犠牲者の遺族を捜す作業は、本来国家が行政的手続きをもって行うものであるが、遺族の申し立てが無ければ不可能である。

　日本国家が、こうした作業に消極的である現在、訴えのない犠牲者の声は歴史の闇の中に消え去って行くしかない。そうさせないためには、日本における「真相糾明法」を制定させると共に、韓国の「真相糾明委員会」の活動に期待する以外に方法は無いのだろうか。

3　2人の聞き取り*と堤川勤労報国隊の「暴力事件」

　今回の調査の重点が、大日本勿来炭砿の堤川勤労報国隊「暴力事件」に関する真相糾明にあることは述べた。それは、忠清北道堤川郡の動員に関する資料が存在することから取り上げた。

　＊中央の「真相糾明委員会」第 1 課（労務動員）の協力を得た。

（1）堤川郡（勤労報国隊）関係資料

　古河好間炭砿に動員された堤川出身の鄭樂源が戦後在日としていわきに在住し、リアルな戦時動員についての証言を残している。

　常磐炭田の「犠牲者名簿」には郡内の 4 面で 4 人の犠牲者があったことが記載さ

れている。

　第 1 回目の戸籍調査で、大日本勿来炭砿の犠牲者柳得喆（1944 年 4 月、炭車事故にて死亡）の子息が判明（原州に転居）した。子息寅燮氏が第 1 次の被害申告を出していることが「真相糾明委員会」で明らかになった。

　山田昭次氏（立教大学名誉教授）より提供を受けた平区裁判所判決文の勿来炭砿「暴力事件」（1942 年 12 月）の中に、堤川勤労報国隊 5 人の本籍地と事件の概要が記されている。

　勿来炭砿の労務関係者が 1944 年 11 月に撮影した堤川隊定着記念写真が保存されており、19 人が 2 年の契約終了後も引き続き同炭砿に留まっている。

　勿来炭砿の朝鮮人労働動員は 1942 年 4、8、11 月に行われた様で、11 月の統計では、38 人の動員増が見られる（『極秘資料集』Ⅳ）。

　勿来炭砿では終戦後の 8 月 15 日から、既に怠業に入り帰国者が他砿より早いとする資料がある（前掲『極秘資料集』Ⅳ、長澤前掲「常磐炭田における朝鮮人労働者について」139 頁、同「戦時下常磐炭田における朝鮮鉱夫の労働と闘い」191 頁）。

　以上の資料を基に、動員被害者の聞き取りを行い、「暴力事件」の性格を考察する手掛りを得ることを目ざした。その為さしあたり、「真相糾明委員会」への被害申告者の有無や当該面での戸籍調べが必要である。更に長期的には「村には働き手がいなくなる程であった」という戦時動員の実態、植民地権力の地域支配の仕組みがどの様に利用されたかという考察を深めたい思いもあった。

（2）堤川市の地理的歴史的環境
　日本統治期末の 1940 年の堤川郡（1 邑 8 面）は、忠清北道の最北端に位置し、ほぼ現在の市域（1 邑 7 面 9 洞）を含む。南漢江上流の寧越、平昌や山を越えた隣の原州など江原道との関係も深い。忠州との関係は勿論深い。1979 年に多目的ダム（忠州ダム）が出来て、南漢江がせき止められ、5 面 61 里が水没した。今は湖水を利用した観光開発が進んでいる。

　堤川は朝鮮王朝以来、ソンビ（学者）の影響力が強く、日清戦争後、日本の影響下での「近代化」に反対する初期の義兵闘争の拠点となった。武装闘争の指導者柳麟錫の名は食堂のオヤジさんも口にし、義兵ロータリーや義兵図書館に、この地の人々の気風を感じる。人口は現在 14 万、にんにく、リンゴなどが特産物である。

忠州ダムで水没前の堤川地勢図

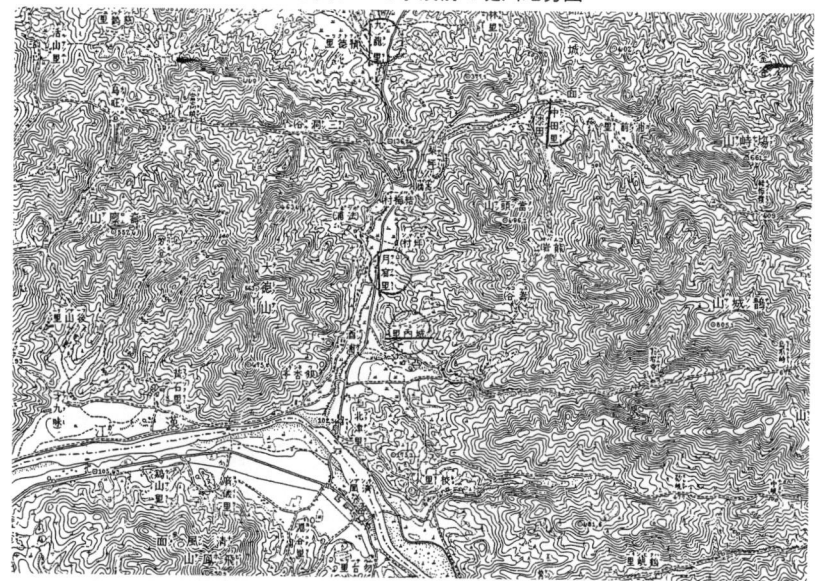

1919（大正 7）年朝鮮総督府発行 5 万分の 1 地図

水没後の堤川地勢図

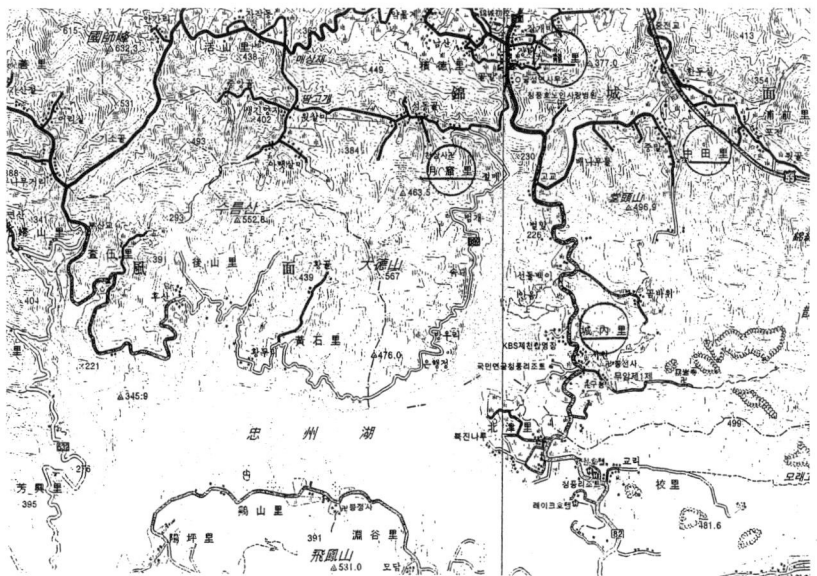

1987 年（修正版）（国土地理情報院）

1919 年（大正 7 年）総督府発行の 5 万分の 1 の地図と 1987 年国土地理情報院発行の地図を比較、参照されたい（ダム建設により水没した実態がよく分かる）。

（3）大日本勿来炭砿「暴力事件」の概要

1942 年 12 月 15 日、炭砿直営の中村合宿所で働いていた既住の朝鮮人労働者 A（平安南道）と B（黄海道）の 2 人が、その日は公休日で外出の許可が出て、付近の飲食店で酒を飲み、酔って帰った。午後 3 時頃 2 人は、合宿所の食堂で昼食を要求した所、朝鮮人訓練責任者労務係 C（在郷軍人出身）と D に注意され、それに反抗したために暴力を加えられた。

その後、2 人は合宿所に帰り、同僚の堤川勤労報国隊員にそのことを話したところ憤慨して、他の 40 人の応援を得て、事務所に押しかけ、C、D と労務係長に暴行を加え、余勢をかって棍棒を持って、合宿所の硝子戸や食器などを破壊し、寮長夫婦と従業員 1 人に暴行、全治 20 日等の傷害を与えた。

A・E（江原道平昌郡）、F（忠清北道堤川郡松鶴面）に 6 ヵ月、B・G（江原道寧越郡）に 4 ヵ月、H（堤川郡鳳陽面長坪里）、I（堤川郡鳳陽面明道里）、J（堤川郡錦城面城内里）、K（堤川郡錦城面中田里）に 70 円の罰金（払えない時は 1 円に付き 1 日の労役）の刑が科された。以上、判決文＊からの要約である。

　＊「福島県平区裁判所検事局裁判」山田昭次編『朝鮮人強制動員関係資料』（在日朝鮮人資料叢書 5）、緑蔭書房、2012 年、32 頁

（4）忠清北道堤川郡錦城面の J、K を訪ねて

錦城面の前回の調査では面長の好意的協力もあって、前出の勿来炭砿の犠牲者の柳得吉（第 1 回参照）の遺族が判明した。今回も副面長が車の便宜を図ってくれて、まず、城内里の J の遺族を訪ねた。

ここで、在日の鄭樂源氏について述べておかねばならない。堤川錦城面城内里出身で、好間炭砿に 3 年間（1942〜1944 年）動員された。国民学校を卒業して日本語が話せたので、154 人の朝鮮人動者のリーダーを務めさせられた。鄭氏は契約終了後に帰国要求をし、「病人、けが人」の引率者を条件に帰国した。この時、40 体の遺骨の返還に立ち会い、その時の遺族からの激しい非難に嫌気がさして好間に戻った。その後、逃亡して半年程京浜地方で働いた後、空襲を避け再びいわきに戻り終戦を

迎えた。

　実は前回、面長がこの人の情報を知る人がいると言ってたのが、鄭伍源氏（70歳位）であった。今回は、まずこの人を訪ねた。忠州湖沿いの道路脇でドライブインの様な店を営んでいた樂源氏について「かなり大きな家で、ダムの方向にあった」という。どうやら水没した地域にあった様だ。道理で、故郷の姉に昔のふるさとについて尋ねても答えが無いというのもこうした事情によるものか（石田真弓前掲『故郷はるかに』）。城内里の平野部は殆ど水没してしまっている。

　さて、伍源氏の案内で、Ｊ氏の本籍地（659番地）の里内の事情に詳しい長老を、集落の老人会館に訪ねたが、あいにく外出中で、空振りに終わった。Ｊ氏こと新本聖元（創氏名・当時26歳）は甥の話として、終戦で帰国後、行方不明になっていることを後に知った。

　その後、副面長高チンフン氏の案内で、中田里のＫ氏こと金興鎭（当時28歳）を訪ねた。元錦城面の戸籍係だった池茂榮氏（77歳）は金氏の本籍地206番地にはかつても今もこの名前の人は聞いたことが無いと言う。

　ところで、この件とは別に予期しなかったことが分かった。実は池氏は大日本勿来炭砿現地死亡者の柳得喆の遺族柳寅燮（息子）とは国民学校の同級生で、寅燮が級長で池氏は副級長であった。柳氏は家が貧乏で学用品にもよく困っていたが、大の友達だったという。又、当時近くに鉱山があり40人程の日本人が働いていて、官舎に住んでいたが、交流は無かった。強制動員の経験者からは「腹が減って苦労した」「賃金は貰えなかった」「送金したが受け取っていなかった」などの話をよく聞いたという。強制動員についての直接の聞き取りは極めて難しい時期になりつつある。

（5）Ｉ氏遺族の聞き取り。「アッ、アボジ（お父さん）だ」
　「暴力事件」で罰金刑を受けたＩ氏は、事件後も引き続き同炭砿に残り、2年後には契約更新をして解放時まで働いた。

　区裁判所の判決文に戸籍が出ていたＩ氏の遺族（長男）が、今回の被害申告者の中にいることが「真相糾明委員会」の協力で明らかになり、あらかじめ会の方で長男に連絡をしておいてくれた。

　その長男は堤川市内のアパートに住み、面接を快く受け入れてくれた。ただ、治

堤川勤労報国隊員 I 氏の妻（中央）と息子夫婦

大日本勿来炭砿堤川隊定着記念写真（1944 年 11 月 11 日）

I 氏は 2 列目右から 2 人目

療で入院中だったので、病院での簡単な聞き取りしかできなかった。

　まず、本人確認後、訪問の経緯と目的を説明した。勿来炭砿で撮った当時の定着記念写真を見てもらった時、予期せぬ反応があった。「アッ、アボジ」と言う言葉が出たのである。早速、病床から奥さんに、帰国後、軍入隊時に撮った父親の写真とそっくりなので、すぐに持って来る様電話をした。

　父は帰国後、戦時動員の後遺症で胃を患い、殆ど仕事は出来なかった。母は父の帰国後、14歳で結婚し、5人の子供を育て、とても苦労した。私は現在55歳で定職にはついてない。父は42歳で亡くなった。日本での動員中のことは殆ど聞いていない。母は今ソウルの三男の所にいて、来月結婚式に出るため帰って来る。その時又聞くとよい、と話してくれた。来月、母親を交えての再会を約して別れた。

　再会時は長男のアパートで、奥さんと母親の3人一緒に面接をした。まず、父親の軍入隊時と父親似の弟達を撮った写真のアルバムを見せて貰う。病気がちな夫に代わり、化粧品の販売などで子供を育てたことや夫とは年が離れ、夫が話さないので日本に行った当時のことなどを、聞き出そうとはしなかったという。

　ただ、日本に動員された時に悪くした腹が痛むと、いつも言っていた。仕事はしないで、恐い存在ではあったが、やさしい面もあったことなどを話してくれた。又、同じ鳳陽面出身のJ氏については、部落が離れているので分からないという。

　結局、事件関係については、特に目新しい情報は得られなかった。帰国後も軍隊に行った他は、目立った社会的行動はしていなかった様だ。

（6）大日本勿来炭砿の戦時動員被害者柳得喆子息柳寅燮氏の聞き取り

　「真相糾明委員会」調査官の世話で実現した子息柳寅燮氏の聞き取りである。既に訪問の目的、意図が充分理解されており、心からの歓待を受けた。仲介の調査官には心からお礼申し上げたい。残念ながら「事件」との関わりは分からなかった。定着記念写真を撮った6ヵ月前に事故で亡くなっているので、写真にはその面影すら残っていなかった。

　一方で、戦時動員の別の側面を知る貴重な証言を得ることが出来た。柳得喆が動員されたのは寅燮氏が国民学校3年の頃で、土地を持たず色々と商売に手を出したがうまくいかず、金を稼ぐ心算で、「徴用」に応じた様だ（龍田＝行先を九州の明治鉱業所の平山砿と思っていた様だが、これは「真相糾明委員会」の判断によるもの

柳得喆氏の子息○燮氏と夫人

で、間違いである）。

　父得喆が亡くなった（1909 年生、当時 35 歳）時の思い出は、母と親戚の人が一緒に遺骨を取りに行き、持ち帰ったこと。当時、国民学校の 5 年生の時だった。その後、母は狭い土地で農業をしながら 3 人の妹達を育て非常に苦労した。母は父よりも年上で、57 歳で亡くなった（1907 年生）ことなどを話した。寅燮氏は 1928 年生まれで、現在 78 歳である。

　前述した様に堤川市錦城面中田里の池茂榮氏は歳下だが寅燮とは同級生だった。当時の思い出は、父が産業戦士として動員に応じたので、学校で慰問文を書かされた折、先生から家は貧乏だが大変良い慰問文だと褒められ、張り出されたことである。

　当時の卒業生名簿を見せて貰った。氏は終戦の年に学校を卒業した後、2 年間程、錦城面事務所に勤めた。その後、忠州で公務員の様な仕事をし、奥さんと 17 歳で結婚した。今は年金と娘 4 人の仕送りで生活している。長男は交通事故で亡くなり 2 人の孫が残った。

　柳氏本人は矍鑠として元気で、頭脳も明晰である。1978 年に原州に引っ越したのは、故郷の城内里も隣の月窟里も 1979 年にダム工事により水没した為と思われる。

　「事件」との関係で、堤川から原州に引っ越してきた人達の集まりの様なものが今もあり、そこに「事件」に関わった城内里の新本（朴）聖元の甥がいるという。

その消息を尋ねて電話をしてくれたが、戦後帰国後の消息は分からぬという返事であった。

　氏との面接を通じ、若くして母親を助けて、不幸を乗り越え生きて来られた厳しい風格が感じられた。訪ねて来たことをとても喜んでくれていることが分かり、今後もできる限りの協力をして、いわき市民との交流の懸け橋になっていただけたらと思った。

（7）「暴力事件」と戦時下朝鮮人労働運動史との関連

　自然発生的な集団的抵抗（＝暴力事件）を行った個人が事件後、会社や支配的機構にどの様な対応をしたのか、こうした「事件」の意義を「労働運動史」の視点から分析することは大切と思われる。が、かなりの適応性をもって、同一場所に働き続けていたということは確認できた。

　抵抗分子に対する会社、警察などの対応は、一般的に職場や地域からの排除、強制送還など強権的措置を取ることが多いと思われるが、この事件の場合は、抑圧と懐柔策が一定、功を奏した例の一つと思われる。

　しかし、勿来炭砿では戦後ただちに怠業に入った者と仕事を続けた者に分れたと、当時の労務係は証言*している。戦時下の抵抗の経験が、行動を二分することになったのではないかと推測する。

　＊おやけこういち『黒ダイヤの記録』1997 年、66 頁、長澤氏前掲論文、139 頁

　尚、もう１件、古河好間炭砿の「暴力事件」の司法判決の記録がある。400 人を超す参加人数と日本人の死亡者を出したこの事件との比較も重要かと思われる。後で触れる江原道横城の帰国生存者 2 人の聞き取りでは、事件の僅か数ヵ月後に入山しているにもかかわらず、自己の職場を優良炭砿と評し、暴動等の行為には否定的であった。更に、司法判決が死亡者を出したことを隠していることなど興味深いが、比較するだけの資料はない。戦時動員時における全国での自然発生的暴動についての検討も必要であるがその余裕は今はない。

4　江原道の「真相糾明委員会」へ申告した被害者達を訪ねて

（1）江原道を調査の重点地域としてなぜ取り上げるか

既に述べた様に常磐炭田における動員犠牲者（現地死亡者）が慶尚南道、慶尚北道と共に集中しているからである。犠牲者は初期は南部 6 道に集中し、「官斡旋」以後に江原道、黄海道が動員地域に加えられ、その結果、この地域に犠牲者が急増した。

　しかし、現在、江原道は南北に分断され、鉄原、揚口の一部、伊川、平康、淮陽、通川などは北朝鮮に属し、実際の調査はできない。

　特に入山採炭では 1943 年には 2,000 人近い動員が集中的に行われ、結果的に死亡者や動員者の地域的構成に反映されている。尚、「真相糾明委員会」発行の『口述記録第 6 集』は江原道を対象としており、同書の分析した数字を引用させてもらう。1940 年の江原道の人口は、1,681,373 人で朝鮮全人口の 7.1%。被害申告者は 8,786 人で、申告者が被害者の 10% と推定すると、動員数*は 8 万人程度で人口比から見ると申告は 1.2% で高くないという。被害申告者 8,786 人中労働動員は 5,894 人で生存者は 2,193 とあり、常磐炭砿関係者はその 5% としても 100 人以上は生存していることになり、健康が許すならば、まだまだ聞き取りは出来るはずである。

　＊動員数の中には①軍人、②軍属、③慰安婦、④労務（労働）を含む。

（2）調査概況

横城郡	帰国生存者からの聞き取り	1 人
原州郡	現地死亡遺族（本籍横城郡）判明	1 人
洪川郡	現地死亡遺族（遺族現住所春川）判明	1 人
平昌郡	帰国後死亡者（2）、帰国生存者（1）判明	3 人
合　計		6 人

（3）新たな帰国生存者李七星氏（仮名）との新たな出会い（横城郡）

　横城郡は常磐炭田の現地死亡者が 12 人おり、全国で一番多いことから、前回も最重点地域として、2 人の帰国者（内 1 人死亡）の本人及び遺族から聞き取りをした。

　現在、人口 5 万人（かつて 10 万人）足らずの過疎地域で、肉牛の生産地として売り出している。又、鳥取県との姉妹都市で「竹島（独島）問題」で途絶えていた関係は、今回は修復した様である。前回お世話になった郡庁自治行政課や「真相糾明委員会」実務担当者、通訳官は殆ど移動していたが、引き続いて大変お世話になっ

た。

　今回の調査は、前回出来なかった邑事務所での戸籍調べと、帰国生存者を前回聞き取りを行った人の外にも確認していたので、その人達に会うことであった。

　戸籍調べは、前日に若い通訳官の案内で邑事務所の戸籍係と会い、依頼書の到着を確かめ、ＰＣの資料から５人の邑出身者（当時は面）について、該当番地に犠牲者の名前があるかどうか捜して貰ったが見つからなかった。更に除籍簿の精査をして貰ったが、6・25戦争で原簿は焼失し、現在の戸籍はその後作ったものということで、届け出のない場合は日本統治期の死亡者の捜査は難しいことがはっきりした。

　依頼しておいた帰国生存者との面会はかなり難航したが、無理に頼んで、ようやく実現することになった。その前に自治行政課の自治支援課長の車で、前回聞き取りをした韓〇熙氏を再調査のため訪れた。被害申請を出された子息と韓氏ご夫婦は離れて生活しており、その日は奥さんが外出のため、近所の女性に聞き取りの手助けをして貰った。主に帰国時の経路について聞いた。しかし、今回も時間がなく、お元気な様子を確認できたことで満足するしかなかった。

　新たに聞き取りが出来た李七星氏は郡庁のすぐ近くに住み、息子夫婦と同居していた。課長の紹介はあったが、あまり会うことを歓迎されず、下手なハングルでの来意の説明に、仕方なしに会って貰い、調査などではなく、「話をするだけなら」と言うことで、ようやく席に着いて貰った。隣の寿司屋から取った寿司を食べながら奥さんも相手をしてくれた。李氏の勧めで焼酎を一杯だけ御馳走になるつもりが、つい２杯が３杯となり、聞き取りというより「話し合い」になってしまった。

（４）李七星氏の聞き取り内容
①生年

　1923年

②動員時の状況

　3回目の徴用通知書が来て、家族に迷惑になると思いやむを得ず行くことにした。1943年6月頃、面の労務係が通知書を持って来た時はどしゃぶりの雨だった。一緒に動員されたのは6人で、班長が1人選ばれた。現在、生きているのは韓氏と私だけだ。

　当時、父母と3兄弟で農業を営み、結婚して4ヵ月目だった。郡庁に集まったの

は 47 人位であった。引率者は日本から来た朝鮮人で、郡庁裏の神社に参拝して、我が国の愛国歌の様なものを歌った後、トラックに乗って原州へ行った。奥さんによると、当日は田植えの日で、姑が怖くて見送りも出来なかった。新しくできた道から夫が手を振っている姿が見え、今でもその姿が目に浮かぶという。

③動員経路

原州（汽車）→ソウル（汽車）→釜山（船）→下関（汽車）→東京（汽車）→福島県好間炭砿

釜山で旅館に 1 泊して、日本に着くと米のご飯をくれた。釜山の旅館で 4 人程逃亡した。出発する時、人数を数えるので分かった。

④動員地の状況

好間炭砿は県庁より 20 里程入った所で、海へは 2～30 里出なければならない。労働者には階級がなく、先山という技術者がいた。日本人と朝鮮人は半々で、慶尚道や他から来た人達もいた。周囲には他の炭砿もあったが名前は分からない。

初めは地下水のパイプ工事をさせられたが。金をいくらもくれないので、石炭を掘る仕事をさせてくれと言うと、日本人はかえって喜んだ。金をいっぱい稼いで逃亡する気だった。

5 人 1 組で仕事をして、先山が総責任を負い、坑内に入ると機械で穴をあけ、爆薬を仕掛けて爆破した。次にスコップで炭車に積んで運んだ。はじめに穴を掘って入る人はそれ程危なくないが、掘り続けて幾層か掘った後は、石炭を中から外に掘り出すので崩れる危険性が多い。私が仕事をしていた時は、6 層目を全部掘って 7 層目に入る時だった。何度も掘って老朽化した坑内は崩れる危険が大きかった。崩れることを「山が来た」といった。

しかし、我々がいた炭砿は「模範炭砿」ということで、大きな事故はなかった。朝夕会をする毎に副官が来て、どこそこの炭砿が崩れたので、用心すること、石炭を引き上げる電車、ケーブルには特に用心する様注意した。

ご飯も十分に与えられた。主に麦が入った雑穀飯を器によそってくれた。朝鮮で庶民が食べる飯より良かった。たばこ、酒も出たが、月給から差し引いたかどうかはよく覚えていない。

「模範炭砿」ということで、段ったり、非人間的取り扱いは無かった。時々偉い人が来て、食事の検査や仕事振りを見て回った。

逃亡して捕まると半殺しだというのを聞いていたので出来なかった。逃亡するなら、金に余裕がある紳士の様に振まっていれば大丈夫だが、くたびれた格好で逃げたのでは遅かれ早かれ捕まってしまう。

日本語は通じる位にまでは覚えた。日本語は易しい。

仕事は朝7時に出て、1時間朝会をやってから始めた。仕事は8時間きっちりやり、1週間毎の昼夜交代勤務であった。1日何車掘る様にと伝えられると、その量を必ずやり遂げねばならなかった

月給は1ヵ月40円程度受け取った。1回に20円送ることもあれば、逃亡する時に必要なので貯めて置くこともあった。手紙の往来は時々やった。

周囲の炭砿の人とは、規制されたので行き来は出来なかった。

日曜は休みなので、公園の様な所で遊んだりした。どこかに出かける時は、外出証を出して貰わねばならなかった。

酒も買って飲んだ。外出しても20里以上離れることは出来なかったし、どんな奴に捕まるかも分からないので、逃亡する気はなかった。

店には行っても買う物が無かった。海藻で作ったムクの様な物を売っていたので、買って食べたことがある。

⑤帰国時の状況

8月15日に解放された。日本人は絶対に負けたとはいわないで休戦だと言った。解放前の1ヵ月は飛行機が飛来して、ろくに眠れなかった。

15日以後も仕事をする様に言われ、1ヵ月位は仕事をした。

その後、米軍に引率され新潟に行き、船を待った。炭砿を出る時600円貰って出て来たのが、誰かに300円貸したので残り300円だけになった。

新潟で米軍の少佐と通訳が来て、数日待つ様にといわれたのに40日位待った。船が来ないので汽車で8日間掛けて長崎に移動した。爆撃で道が駄目になり早く行くことが出来なかった。

長崎でもすぐには船がなくしばらく待った。貨物船があって同乗した。波が高く速度が遅く船酔いになり、船が揺れると腹の底まで引っくり返り吐いて苦しんだ。仕事をしていた時より帰国する時の方が苦労した。横城から来た人は皆一緒だった。

船に乗って群山に着き、そこで夕飯を取り、汽車でソウルまで来た。歩いて清涼里まで来て、汽車に乗って原州に夜着いた。そして、歩いて横城に帰った。翌年1

月であった。

⑥帰国後の生活

　横城に帰ると親戚の人が来て、家族が腸チフスに罹っているので家には行くなと言われた。しかし、今まで日本での戦乱下でも生き延びて来たのに、病気が怖くて父母に挨拶も出来ないのでは礼を失すると考えて、家に帰った。幸い病気が快方に向かっていている時だったので感染しなかった。

　帰国した時には娘は3歳になっていた。その後は、農業をやって生きてきた。

　時々徴用に送り出した人と出くわすと、私が殴ったりするのではないかとひどく恐れていた。それで「お前が俺を送り出したくて送ったのか」と尋ねて、「大丈夫、気にするな」と言ってやった。

　炭砿で坑木を支える仕事をしていた時、車の間に挟まれ同僚に助けられて、やっと抜け出したことがあった。腰に打撲傷を負って1ヵ月病院に入院したが、後遺症はない。

⑦その他

　一緒に行ったホヒョン氏は、坑内で穴をあけて爆薬を仕掛ける仕事をしている時に爆発が起こり、避けきれないで、体の前の部分が真っ黒に焼けたことがあったが死ななかった。

　横城邑の人で心臓病の持病があって炭砿で死んだ人がいた。みんながおれに葬式を執り行うように言ったので火葬して、寺の共同墓地に葬ってあげた。

　義兄も俺が行く前に日本に行っていた。福島県の炭砿にいたが名前までは分からない。日本語もろくにできなかったが、時々訪ねて行って会ったことがある。義兄は日本語が上手で金も沢山稼いだと言っていた。

（5）韓〇熙の再調査で分かったこと

　前述の李七星氏と同時に動員され、李氏よりも2歳ほど年上であったが、お互いに同輩と思って親しく付き合っていた。動員時は班長を務めた。

①動員時の強制

　前回（韓〇熙聞き取りの項参照）、無理矢理に動員されたことは述べたが、その実態は、1943年6月、8マロジギ*の水田に水を引いて帰り、寝ている時、安興面の書記を始め数人が家の出入口に立って、「ここは韓〇〇の家だな」「本人出て来い」と

部落の者と隣の部落の者が叫んだ。雨が激しく降っていたので近くの部落の旅館に連れて行かれた。部落からは5人行った。その後、横城まで歩いて、郡庁に集められた。10人に1人班長を置き、腕章を付け、灰色の作業服が与えられた。

> ＊田畑の面積の単位　1斗分の種をまく程の広さ。地方によって異なるが、田は150〜300坪、畑は100坪位の広さ。

　横城で旅館に泊まったが、何人かが窓から逃げ出した。監督は韓国語がとてもうまく、日本人なのか韓国人なのか分からなかった。強制に加わった面書記、部落の協力者の名前ははっきり記憶している。

②動員の経路

　釜山から船に乗った時、家かと思ったら船だったこと、波が荒くあちこち転がって船酔いがひどかったことなどを記憶している。

③動員地の状況

　炭砿の宿舎の前には川があり、周りに農家は殆どなく、竹やぶのそばに大きな農家が1軒あった。平昌から来た人達が先にいた所に入った。

　山を越えた入山炭砿には部落から来た人が2人いた。冬でも暖かく、雪が降っても地面に落ちるとすぐ消えてしまった。炭砿に着くと1週間は仕事についての教育を受けた。空気の力で穴を掘る鑿を使ったり、穴刳り（ダイナマイト）やピックで石炭を掘ったり、機械の付け外しの練習などをした（ハンマードリル、ピックハンマーなどをよく記憶している）。

④労働条件

　仕事は石炭を掘る事でした。ある人は背が高くて坑内の仕事が出来ないので食糧品を運ぶ仕事をした。食堂の仕事は、韓国人は盗むのではないかと疑われやらせて貰えなかった。

　先山を組長に4人1組で坑内に入った。「ゲンバ」が見回って監督した。

　山ノ坊寮には横城の人が45人、平昌の人が50人位いた。松坂寮には平安道の人達がいたが、お互いに行き来することはなかった。

　畳の一部屋に5人ずつ寝た。ご飯は人数に従ってお櫃に盛り、日本の女の人がよそって、取り出し口から受け取った。米と麦が混じったご飯で、時々ジャガイモや海産物が付いた。昼飯は弁当を作ってくれるのだが、先に食べてしまい、腹がすくと闇でご飯を売る人から5円出して食べた。たばこはきざみたばこを短いキセルに

詰めて吸った。酒は出ないので飲みたい人は平町に行って飲んだ。

　体の具合が悪くて、仕事に出ない日は、ご飯は半分しかくれなかった。又、仕事に出る人も、土曜日は半分しか貰えなかった。仮病を使って仕事に出ないと、うつ伏せにして尻を叩かれた。

　勤務は1週間毎の昼夜交代。月給は1ヵ月毎に受け取り、どんなに稼いでも、少しずつしか貰えなかった。残った金は貯金させられた。300円～500円ずつ家に送ったことがあった。遊んで全部使ってしまう人もいた。

　敵の飛行機が来ると日本人は坑内に入って隠れたが、韓国人は攻撃されないからと言って見物していた。坑内が停電になると、水を汲み出しているモーターが壊れ、水が溢れて何人か死んだ。

　病気で死んだ呂光錫という人を火葬にして帰国した時、持って来た遺骨を郡庁に納めた。

　手紙は2～3回、代筆して貰って送った。

　休みの日は果樹園に行って、こっそりリンゴやナシを取って食べて、捕まると怒られた。市場に行って馬肉を買って食べたり、アルコールを水で薄めたものを買って飲んだこともある。

⑤帰国の状況

　8月15日には天皇陛下が何か演説をするというので、ラジオを聴いたら、大東亜戦争は当分の間休戦だと言った。16日は平町へ行って、布を買って大極旗を描いて、万歳を叫びに出ようとみんなが言った。又、竹の端に大極旗を括って、垂らそうと言って竹藪をみんな伐り倒した。

　1～2ヵ月後に、米軍に引率されて新潟に行き船を待ったが、何週間待てども船は来ないので、長崎に移動した。ここでも船がなくて幾日か待った後、貨物船に乗ることになった。貯金していた金400円も全部使ってしまった。一緒に帰った人は李氏の他6人は全て亡くなった。

⑥帰国後の生活

　農業をして生きてきた。負傷した手の指は石炭を掘っている時、マンキ（石炭車を曳いて登ったり降りたりするもの）にぶつかって、殆ど切れてしまった。日本のやつらは切ってしまえといったが、駄目だと言い張った。良くなるまで1週間程仕事を休んだ。この程度では入院させなかった。今は大丈夫だ。

（6）原州市―郡部からの人口移動と被害者遺族の流入

　「道郡別死亡者名簿」によると、原州の動員現地死亡者は 7 人中 5 人が、1943 年 5 月 6 日に磐城炭砒内郷砒に一緒に入所している。

　一方、「統計資料」*によると同炭砒の 5 月の江原道における動員数は、割当 300 人で、供出数 296 人となっている。同じく「道郡別死亡者名簿」では、江原道のその他の郡では同日に洪川で 1 人、5 月 19 日には横城で 4 人、5 月 28 日には洪川で更に 1 人入所者がいることから、数郡に亘り、数回の動員で割り当てを充足していたことが判明している。

　＊「半島人労務者供出状況調」長澤前掲『資料集』Ⅰ、64 頁

　5 人の内訳は富論面 2 人、文幕面、板富面、神林面各 1 人で、寮は綴第 2 寮（浜井場）。近くの清光院に葬られたが、住職によると遺骨は皆持ち帰られているという。残念ながら、今回の調査では、遺族は 1 人も本籍地原州から被害申告を出していない。各面事務所に行って現地死亡者の戸籍を確認する余裕がなかった。

　原州市は朝鮮王朝時代に江原道の監営（道都）であったが、1896 年に春川に移転した。しかし、現在も人口 29 万人を超す江原道第 1 の都市である（春川は 25 万人）。

　郡部の過疎化に伴い、かつての動員犠牲者や遺族も都市に移動し、今回の被害申告も移転先で出される場合が多い。原州では、北に隣接する横城郡から移動して来た崔（文山）千植氏の兄弟の崔コイン氏（弟）の場合もそうだ。先に記した原州の南に接する堤川郡出身の柳寅燮氏もそうした 1 人である。

　崔千植氏は横城郡書院面より 1943 年 12 月 3 日に入山採炭に動員され（青葉第 4 西寮）、1945 年 5 月 28 日に急性腹膜炎で死亡（23 歳）している。尚、この時の動員で同じ横城郡の 3 人、江稜郡の 3 人が一緒に入所している。「統計資料」*によると、入山採炭全体でこの月の割当は 400 人、供出は 396 人という最大規模の人数が、江原道から動員されたことになっており、氏はその中の 1 人である。

　＊前掲「半島人労務者供出状況調」62 頁

　残念ながら今回は聞き取り調査をすることが出来なかったが、電話での話によると弟の崔コイン氏は日本に行き、兄の遺骨を持ち帰ったという。面接も可能ということであった。

　原州市では自治行政課の総務、市政、「真相糾明委員会」実務担当者の方々にお世話になった。

（7）洪川郡から春川市へ

　韓半島の背骨を走る中央高速道路は春川から原州、大邱を経て釜山に至る。洪川郡は原州から北に横城を経て、春川に至る間にあり、高速バスを利用すれば、往来は便利である。水系は春川から流れる北漢江に属する。

　洪川からの動員現地死亡者は6人。全て磐城炭砿で、その内4人は内郷砿に動員されている。入所時期は夫々異なり、化村面、乃村面、瑞石面が各々2人で、化村面の金學洙は甥の金〇榮氏が被害申告を出していて、現在、春川に住んでいる。面接が可能だということで、早速、伺った。

　この金學洙氏だけは川原坑に動員されている。〇榮氏は春川で山人参の栽培をする農業を営む。氏によると、「叔父は次男で、遺骨は日本の警察が火葬したものを持って来たと聞いている。墓は守り手がいないので、亡失している」という。又、氏の父親も6・25戦争で亡くなり、祖父母の手で育てられた。祖父母は2人の息子を共に亡くし、とても苦労した、ということである。

「犠牲者名簿」によると學洙氏の死因は落盤による事故死で、会社の「災害者名簿」にも出ている。更に願成寺の過去帳に記されていることなど、分からなかった情報を提供することが出来た。

　春川では、長澤氏の「殉職者名簿」に無かった唯一の現地死亡者、李完淳の遺族を捜して、市の「真相糾明委員会」の事務担当者を訪ねた。完淳は二つの資料に名前は出ているが、番地と生年月日が資料により異なるので、不明な点が多い。結局、手掛りは得られなかった。

　常磐炭田に関するキーワードを渡して申告者の中から調べて貰うことを依頼して帰って来た。

　後に中央の「真相糾明委員会」で発行した『口述資料』第6集には春川が動員地である被害者の口述集が収録されており、そこに「入山採炭」に動員された權伍烈氏の貴重な口述資料が掲載されていることが分かった。

（8）平昌郡で3人の湯本砿の炭砿動員被害申告、生存者も1人

　平昌郡は人口約4.5万人、8つの邑面からなる山岳地帯の郡で、北に五台山を頂点に東に大白山脈が走る。西に車嶺山脈が延びて、その間に挟まれている。南は丹陽に至る南漢江の水系になだらかに傾斜していく。郡の中央を東から西に江稜に至る

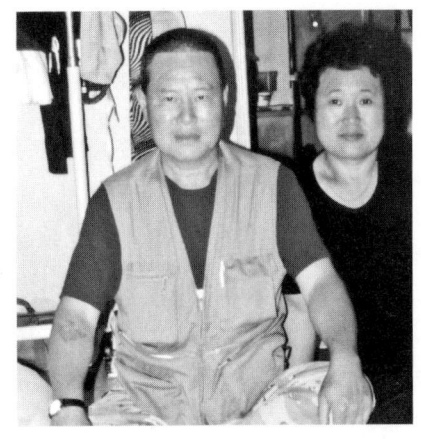
金〇洙の甥金〇榮氏（春川市の自宅にて）

嶺東高速道路が走り、その周辺にリゾート開発が進み、冬はスキー、夏はゴルフに避暑地として賑う。山間に黒い網に覆われた山人参の栽培地が見られる。

　ここにも戦時動員の波は押し寄せ、常磐炭田で6人の現地死亡者が出ている。平昌川の南辺に位置する平昌邑には2人の犠牲者がいる。いずれも1943年1月21日に入山採炭に入所している。「統計資料*」を見ると、入山採炭の1月斡旋割当数が江原道100人で供出数が94人とある。多分、この時の動員であろう。割当地が平昌以外の江原道諸郡に及んだのか、平昌のみで充足されたのかは分からない。

　＊前掲「半島人労務者供出状況調」62頁

　更に珍富面、大和面に各1人ずつ現地死亡者がおり、いずれも好間炭砿である。横城郡の帰国生存者の証言で、1943年6月に来た自分達より先に50人程来ていて、同じ山ノ坊の寮に入っていたという。

　今回の被害申告者の中に、更に1人、入山採炭への動員者がおり、生存が確認出来た他、常磐炭砿、長倉炭砿の3人が含まれている。夫々入所年月日が異なり、この山奥でも、いかに頻繁に常磐炭田に動員されたかが推測できる。申告者の確認作業が進めば、社会的地域史的観点から強制動員の実像がはっきり見えてくるに違いない。生存者からの証言が待たれる。

（9）江原道6郡調査のまとめ

　今回の調査は6郡に及んだ。多くの犠牲者を出している麟蹄郡(6人)、襄陽郡(5

人)、江陵郡（6 人）、加えて郵便による回答が貰えた蔚珍郡（4 人）、他 3 郡が空白である。

　横城郡の 2 人の帰国生存者の証言は、古河好間炭砿における従来の証言を補完するもので、新たな事実も含み、戦時朝鮮人労働動員に対する被害者の受け止め方も検討に値するように思える。

　連行時の強制性についてはかなりリアルに述べられ、「官斡旋期」の労働動員の典型的な事例であろう。

　古河好間炭砿は優良炭砿として、軍隊式訓練と内鮮融和につとめ、東日本の雄として、岸商工大臣が視察（1942 年 9 月 19 日）に来た。それだけに『故郷はるかに』等の証言では「圧制炭砿」に近い、強圧的労務管理が行われた様に受け取られた。今度の証言は、従来の本質的な事実関係を否定するものではないが、「悪いことをしなければ罰せられるようなことはない」「人道に反するようなことはない」など、必ずしも強圧的な面ばかりではなかったという様に受け止めていた。

　同時に帰国後、「日本で戦乱下でも生き抜いたのに」と振り返ったり、指の負傷した時は「日本のやつらは切ってしまえと言った」など、決してその被害を忘れていない口述がある。

　戦後に賃金の精算を一定行っていたことや帰国途中で使い果たしたことも具体的に証言した。

　通信、外出の自由は極めて制限されたものであったことが述べられている。8・15 直後に大極旗を掲げて町に行こうという動きがあったことも確認しておきたい。

　又、古河好間の動員者の帰国経路がはっきりした。常磐炭砿関係とほぼ期を一にした（1 日違い）ように思われるが*、　新潟に 1 ヵ月滞在した後、佐世保に 1 ヵ月ほど滞在という記述もあり、それぞれ違った経路を取ったのかもしれない。

　*長澤前掲論文、197 頁

　動員地の地域的な特色を把握するためにも、こうした個々の聞き取りの積み上げが不可欠である。戦時動員のため遺族の受けた被害（特に現地死亡者）の実情の把握と帰国生存者からの聞き取りを促進するためにも、郡・邑面レベルでの今回の様な調査は継続させる必要がある。

　合わせて可能なら、中央の「真相糾明委員会」での聞き取りや申告者の調書を通じて、日本の一地域での動員者の実態を掴むための調査に協力願えればと考えてい

る。正式に「真相糾明委員会」宛に協力依頼を出す予定である。

5　常磐炭田現地死亡者の遺骨返還の実態調査

（1）現在いわき市に残っている3体の遺骨について

　現在、いわき市に残っている遺骨3体は下記の場所である。

・願成寺　朴守福　慶尚南道蔚山郡熊村面石川里（本籍）

・瑞芳寺　朴勝哲　忠清北道永同郡深川面龍（本籍）

・惣善寺　孫海天　不明

　願成寺分については、2007年2月8日に「真相糾明委員会」の調査団が入った。その後の経緯については、所属が2課から3課に変わったので遺骨関係担当者には十分把握されておらず、不明。元々この死亡者は肺結核で1943年病死（28歳）ということが「太平洋戦争中犠牲同胞慰霊実行委員会」の「殉職者名簿」にあるが、どこから採ったものか番地がわからないので、調査は難しいと思われる。今回、時間的な余裕がなく蔚山での現地調査はできなかった。

　瑞芳寺分については住職は過去帳は一切公開しない方針だったが、福島県の「強制連行真相調査団」への回答（公表しない約束だった）により判明した。今回、忠清北道の永同郡深川面を調査した。面事務所で調べた結果、「龍」の付く里は「龍塘里」しかなく、戸数160戸の戸籍を調べて貰った。戸籍が残っている1940年以降の朴氏の悉皆調査をしたが、勝哲は出てこなかった。

　過去帳には1941年に27歳で死亡という記載のみで、砿夫、非砿夫の別も死亡原因も不明。当時でも遺骨の引き取りが無かったとすると、現在に至って調査することは非常に難しい。

　惣善寺分については、本籍も分からないので、動員被害者の申告はないか調査を依頼したが、今の所回答はない。

（2）出蔵寺、華厳寺から京幾道坡州の普光寺に移された遺骨、霊位について

　2003年3月、世界美術文化交流会（事務局横浜市鶴見）霊位祖国奉還事業により京畿道坡州の普光寺納骨堂に返還された遺骨、霊位夫々20体、12位は現在この寺で丁寧に納骨されている。

納骨堂の管理者崔菩薩（女性入道者の呼称）は、ここに奉還後、遺族も韓国政府も慰霊のために来たことはない。不幸なこの人達の霊を慰めるため、是非日本の善意の人達による慰霊祭をやって貰いたい、と話された。

　韓国政府を代表する「真相糾明委員会」の実務レベルでは、その取扱いに頭を痛めているという。遺族が分かる場合はその手に返還するのが筋であろうが、お寺の管理下にある遺骨や霊位の調査は難しい。

（3）常磐炭田関係の戦時動員被害者の遺骨や霊位の有無

　磐崎炭砿の死亡者の過去帳の記録は殆どない。どこに葬られたのか。過去帳に載った現地犠牲者は、今判明しているのは188人で、他の100余人は不明。通常、火葬した後、寺院で葬儀を行い、遺族が遺骨を引き取りに来るか、会社の手で出身地の遺族の手に渡すというのが、筋であろう。お寺に遺骨を残したのは、当時、返還を怠った会社の責任であろう。又、お寺を経ないで持ち帰った場合も多いだろう。

　遺族の聞き取りの限りでは、遺骨は全て持ち帰られたと記憶している。常磐炭砿、古河好間炭砿、鳳城小田炭砿などの現地犠牲者の遺骨の持ち帰り率は高かったと考えていいのではないか。

　大日本勿来炭砿、日曹赤井炭砿の遺骨が残っていたことは、その事情を調査する必要があり、遺族や生存者の聞き取りが待たれる。

　まとめ

（1）郵送方式による遺族調査は検討を要する。邑面の戸籍係によって明らかにされた戦時現地犠牲者の遺族の中には現在、孤老となっている人も多い。

（2）中央・地方の「真相糾明委員会」の協力で聞き取り調査が出来た帰国生存者は、古河好間炭砿だけである。既に聞き取りでは分からなかった融和的労務管理の影響を読み取る事が出来た。帰国の経路や帰国時の状況も明らかになった。

（3）大日本勿来炭砿における堤川勤労報国隊の「暴力事件」当事者の遺族の聞き取りは1人であるが、事件後も引き続き同炭砿に残り、戦後に他の2人と一緒に帰

国していることが分かった。

（4）江原道の 1943 年を中心とした大規模な動員の一部は明らかになったが、今後は系統的な調査が必要である。

（5）戦時動員の現地犠牲者が当時未返還のまま放置された実態をある程度掴めた。

（6）今後の課題
　戦時動員被害の実態調査は、かつて石炭で栄えたいわき市民の責務であり、このまま放置することは許されない。
　侵略戦争遂行のため動員した植民地出身の人達の被害を明らかにすることは、日本人の動員被害や戦争被害を明らかにしていく上でも大切である。地域の戦争被害者とも手を携えて被害の究明を行う必要がある。
　民間人による被害の究明は、自治体や国、企業に代わるものではなく、自らの責任による解決を求める必要がある。
　宗教界、在日朝鮮人団体、地域研究団体との協力。朝鮮人戦時動員被害を究明する独自の組織も必要である。
　以上を踏まえた上で、
・「死亡者名簿」による調査は、今後も方法を検討の上、実行する。
・「真相糾明委員会」の協力を得ながら、常磐炭田戦時動員被害者の真相調査を進める。
・未返還遺骨の行方の調査は引き続き行う。

２００７年 6 月 3 日

道　　　　郡　　　　　邑（里）長貴下

福島県いわき市公民館公認団体
平和を語る集い会長　　　　　　安島克ノ

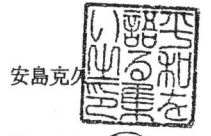

同会　戦時朝鮮人労働動員調査員　　　龍田光司
（在日朝鮮人運動史研究会員）
（強制動員真相究明ネットワーク所属）

日帝下常磐炭田における強制動員の殉職者の遺族を探すための調査協力への
依頼について

　貴下益々ご清祥のこととお慶び申し上げます。

　さて貴国に於きましては近年日本帝国主義支配下における強制動員被害者の真相糾明の
事業が国の機関である「真相糾明委員会」の元で着々と進んでおります。日本国内でも兼
ねてよりかつての植民地政策の反省の上に立ち、戦時下強制動員の自主的な真相究明のた
めの地道な研究や運動を重ねてまいりました。しかしすでに戦後６０年が立ち、被害者の
高齢化も進んでいるにもかかわらず、研究も運動もあまりにも立ち遅れていると言わざる
を得ません。

　さて、私たちの住んでいるいわき市にはかつて常磐炭田という日本の３大炭田の一つと
して有名な炭田が所在しており、戦時中は２万人近い朝鮮人が動員されていました。そし
て過酷な奴隷的労働と民族的差別の下で尊い命を落とされた方が２９６人という多きに上
りました。

　私たちいわき市の公民館登録団体であるサークル「平和を語る集い」では毎年「平和の
ための戦争展」（参加者毎年３００人～５００人、今年で２２年間継続）の開催はじめ戦争
の体験の聞き取りなど平和のための運動や調査を進めております。

　このたび、私たちは貴国での戦時強制動員の真相糾明の運動とも協力して、地域でも真
相糾明の事業を大きく進めたいと考えました。

　そこで、一昨年には、犠牲者の遺族及び帰国生存者の実態を把握するため、直接調査員
を派遣し、一ヶ月をかけ韓国の２６邑、面の３６人について同炭田における、犠牲者の戸
籍を手がかりにして遺族の調査を行ないました。

　その結果、ハンギョレ新聞はじめ、真相糾明委員会、各郡、邑関係機関のご協力もあり
８人についての戸籍を確認し、その遺族との面接調査をすることが出来、貴重な証言を得
ることが出来ました。

又その後は貴国の「真相糾明委員会」の調査団を当地いわき市に受け入れるなど真相糾明のための貴国との交流も深めてまいりました。

つきましては今回は前回調査出来なかった２３６人について各所属する邑（邑）事務所を通じ、各邑、面における殉職者の戸籍の残存の有無と遺族の存否、又遺族との連絡の手段などについて下記のような調査をいたしたく協力をお願い申しあげる次第です。

尚、調査の結果につきましては後日、調査員による韓国現地調査の大切な資料とさせていただくともに日帝下強制動員の真相究明の研究、いわき市民と犠牲者の和解と友好のための運動の発展のための一助にしたいと考えます。

諸事、ご多忙の折とは存じますが趣旨をご理解の上、よろしくご協力のほどをお願い申し上げます。

記

1．同封の名簿は常磐炭田における殉職者２９６人のうち当郡にかかわる殉職者の名簿です。（長澤秀作成「戦時下常磐炭田の朝鮮人鉱夫殉職者名簿」より龍田が郡別に分類して抜粋したもの。）

　この名簿にある殉職者の戸籍が残っているかどうか。残っている場合は本人と遺族に関する戸籍の写しを送って頂けないでしょうか。移転している場合は移転先を知らせて頂けないでしょうか。よろしくご協力をお願い申し上げます。

2．後日、遺族よりの聞き取りが出来ないでしょうか。出来る場合はその方法はどうすればよいでしょうか。
　①　引き続き同一地に住居し、電話による連絡が取れる場合は電話番号。
　②　国民登録番号を元に警察より協力を受けて現住所を知る方法の場合は国民登録番号。
　③　本籍地の里長さんや古老の協力を受け遺族の現住所を知る方法をとる場合は里長さん又は古老の電話番号。
　④　其の他の方法。（　　　　　　　　　　　）
　についてお教え頂けませんか。よろしくご協力をお願い申し上げます。

3．戦火、火災等で焼失した場合も、現在の本籍地の住所をもとに遺族や関係者がいらっしゃらないかどうかもお調べ願えませんか。またその場合も上記と同様のご協力をお願い出来ませんか。
＊　戸籍の写しは当会　　　　　　　　　　　　　　で厳重に保管いたします。遺族のプライバシーにかかわる点は細心の注意を払います。連絡方法についても必要な場合のほか調査員以外には知らせません。

4．依頼事項の解答、返送についてのお願い。

　①　返送をお願いする期日〜２００７年６月25日まで

　②　返送先（住所と宛名）

　　＊　同封の返信用封筒に郵送料受信者(受取人)支払いでお願いいたします。

　　＊　６月１０日までは調査員はソウルの次の本状発信地住所にて調査のため滞在しています
ので こちらにお送りください。

　　　서울시　서대문구　창천동 13-47호　김정길댁

　　　　　평화를지키는모임초사원　다쓰타고지

　　＊　期日に間に合わなかった場合は日本の住所でお願いします。

　　日本国福島県いわき市

　　　　　平和を語る集い調査員　龍田光司

5．同封添付書類

1）．常磐炭田での「殉職者名簿」当郡該当分

　①氏名　②本籍地、③所属炭名と職種、寮名　④生年月日、死亡年月日　⑤入所年月日、
　⑥長澤元名簿の分類記号と死亡原因　⑦其の他、過去帳所在寺院名、資料の出典の略語
　の順に記載されています。

2）．略語等の解説

　①の氏名について　創氏改名により日本の氏になっている場合は番地のみが手がかりに
　　なります。金〜金田、金本、金山。新井〜朴等の相関関係はあります。

　②の住所について　２つある場合は実家と分家先の場合もあります。

　③の所属炭鉱名略語

　　磐城　磐城炭鉱（株）。　　入山　入山採炭（株）。　好間　古河好間炭鉱（株）。

　　勿来　大日本勿来炭鉱（株）。小田　小田鳳城炭鉱（株）。　常磐　常磐炭鉱（株）。

　⑦其の他の項目の出典についての略記号の正式名

　　名　　太平洋戦争中犠牲同胞慰霊事業実行委員会編「調査資料殉職者名簿」

　　県　　福島県総務部長の在日朝鮮人総連合会本部事務局宛文書「朝鮮人遺骨調査につ
　　　　いて（解答)」

　　災　　石炭統制会東部支部「災害原簿」

　　社　　常磐炭鉱（株）文書

　　過　　市内１０寺院過去帳

　　産　　大日本産業報国会編「殉職産業人名簿」

3). 当会の活動及び調査員についての関連資料
　　① ハンギョレ新聞の前回の調査時の紹介記事
　　　　（平和の集い機関紙「戦争と勿来」21号　「韓国調査報告」の抜粋の44P）
　　② 在日研究会研究誌について（35号表紙と調査員投稿記事と抜粋）
　　③ 強制動員真相究明ネットワークの設立主意書と呼びかけ人
　　④ 当会が中心となり貴国の「真相糾明委員会」の調査団受け入れ時の報告書
　　　　　　　　（　同　「戦争と勿来」21号　「調査団迎える会記録」の抜粋　）

第3回調査報告（2008年）

はじめに

　第1回は2005年、第2回は2007年、そして、今回で3回目の常磐炭田に関する朝鮮人戦時強制動員の被害調査を行うことが出来た。

　戦後60年以上に亘り放置されていた動員被害者（強制連行・強制労働・民族差別により傷つき或いは亡くなった朝鮮人）の「恨」の実態は、ようやく少しずつ私たちの視覚と聴覚の世界で捉えられるようになって来た様に思う。

　今回の調査では、中央・地方の「真相糾明委員会」の担当者を始め、邑、面の事務官、里長まで、多くの韓国の人達の協力と献身を受けた。この場を借りて心よりお礼申し上げる。

　特に、今回はあらかじめ、中央の「真相糾明委員会」に対し「平和を語る集い」の会長名で4項目の調査依頼を送り、新たに設置された調査3課の担当者の下で、被害申告者の了解を得て、9人の帰国生存者の紹介を貰った。又、郡、邑の自治行政課や戸籍担当者の協力を得て、新たな遺族と会うことが出来た。

　今回は念願の複数の調査団として、斎藤を調査に加えることが出来た。これからのこの調査のための第一歩となった。従って、この報告書は斎藤と龍田の共同作業によるものである。

Ⅰ　調査概要

1　調査主催

・主催
　平和を語る集い（会長　安島克久）
・調査員

斎藤春光　「平和を語る集い」会員、「強制動員真相究明ネット」会員

龍田光司　「平和を語る集い」会員、「強制動員真相究明ネット」会員

2　目的

　常磐炭田における朝鮮人戦時動員被害者について、帰国生存者及び被害者遺族を通じ被害の実態調査と被害者への慰労を行うこと。調査結果を広く市民に知らせること。

3　調査期間・日程等

（1）期間

6月2日　月〜6月23日　月（3週間）

（2）日程と調査対象

6月3日　火、20日　金　ソウル「真相糾明委員会」訪問

　　　4日　水　忠清北道鎮川郡　宋甲奎（帰国生存者）大日本勿来炭砿

　　　5日　木　忠清北道清原郡　金昌越（帰国生存者）古河好間炭砿

　　　　　　　　忠清北道清原郡　金先鳳子息周讃（帰国後死亡者・遺族）　古河好間炭砿

　　　8日　日　京畿道南揚州市　張圭福（帰国生存者）古河好間炭砿

　　　9日　月　忠清南道洪城郡　李興淳（帰国生存者）大日本勿来炭砿

　　10日　火　江原道横城郡　李七星（仮名）（帰国生存者）古河好間炭砿　再会

　　11日　水　江原道麟蹄郡　全炳龍（帰国生存者）入山常磐炭砿

　　12日　木　江原道麟蹄郡　古河好間炭砿　南面の3人の犠牲者遺族捜し

　　12日　木　江原道原州郡　文千植妹崔チョン玉（遺族）

　　13日　金　江原道原州郡　柳得喆子息寅燮（遺族）　大日本勿来炭砿　再会

　　16日　月　忠清北道沃川郡　松川炳夏弟全潤夏（遺族）　古河好間炭砿

　　16日　月　忠清北道沃川郡　李範龍娘榮愛（遺族）　古河好間炭砿

　　17日　火　全羅南道茂朱郡　劉鳳出（帰国生存者）　入山常磐炭砿

17日　火　忠清南道太田　宮本貴成の甥相来（遺族）　古河好間炭砿

18日　水　慶州へ移動と市真相糾明委事務担当者訪問

19日　木　慶尚北道慶州　孟泰燮（帰国生存者）　古河好間炭砿

19日　木　慶尚南道蔚山　朴守福（願成寺遺骨預かり）

20日　金　慶尚北道慶州　孟泰燮（帰国生存者）　古河好間炭砿

23日　月　帰国

4　被動員者所在調査結果

　今回は結局、帰国生存者7人と帰国後死亡者1人の遺族、現地（動員時）死亡者5人の遺族、更に前回調査の生存者2人と遺族と再会を果すことが出来た。3週間の間に、15人の戦時動員被害者の消息を尋ね、面会することが出来た。

（1）生存者

（炭砿名）	（氏名）	（本籍）	（聞き取りNo）
大日本勿来炭砿	宋甲奎	忠清北道鎮川郡	No.1
	李興淳	忠清南道洪城郡	No.5
常磐入山採炭	全炳龍	江原道麟蹄郡	No.6
	劉鳳出	全羅南道茂朱郡	No.10
古河好間炭砿	金昌越	忠清北道清原郡	No.2
	張圭福	京畿道南楊州市（報恩郡）	No.4
	孟泰燮	慶尚北道慶州郡（唐津郡）	No.12

（2）遺族

（炭砿名）	（氏名）	（本籍）	（聞き取りNo）
好間炭砿	金先鳳の子息周讃	忠清北道清原郡	No.3
入山採炭	文山千植の妹チョン玉	原州（横城郡）	No.7
好間炭砿	松川炳夏の弟全潤夏	沃川郡	No.8
好間炭砿	李鳳龍の娘榮愛	沃川郡	No.9
好間炭砿	李貴成の甥相来	忠清南道太田（沃川郡）	No.11

寿炭砿　　　朴守福の妹チョン玉　　　慶尚北道慶州市（蔚山郡）　No.12（実現せず）

（3）再調査
（炭砿名）　　（氏名）　　　　　　　　　　（本籍）
好間炭砿　李七星（仮名、生存者）　江原道横城郡　今も元気に
勿来炭砿　柳寅燮（柳得喆の子息）　江原道原州市（堤川郡）　3月に入院
　＊（本籍）欄の（　）は現住所

Ⅱ　調査の方法と経緯

1　「真相糾明委員会」への協力依頼

　龍田の個人名で、「真相糾明委員会」委員長宛に出した「福島県常磐炭田戦時強制動員被害についての調査依頼」（2007年9月送付、付属資料参照）について回答がないまま、半年以上も過ぎたため、改めて調査1課長鄭惠瓊氏宛に問い合わせた（2008年4月4日）ところ、以下の嬉しい便りがあった。

　「生存者についての任意の情報は提供できないが、委員会での調査が完結した件に限って、調査官が当事者の諒解を得て、連絡先を提供できる」旨の回答。

　福島県に動員され、2008年3月末現在、委員会で議決された生存者は249人で、全員に電話をかけ諒解を得るのは不可能なので、範囲を限定すれば協力出来る。

　昨年（2007年）8月から福島県についての部署が調査3課（課長許光茂氏）に変わり、その協力が得られるように取り計らってくれた。

　その後、調査3課へ「調査計画案と4項目の調査協力依頼状」を送り、韓国訪問2日目の6月3日にソウルの「真相糾明委員会」を訪ね、許光茂課長と調査官李孝仁氏から依頼項目についての丁寧な説明を受け、又、課長自らのおもてなしも受けた。

　又、忙しい中、気苦労の多い被害者との交渉に当たってくれた李孝仁調査官に心より感謝申し上げる。

（1）「集団暴力事件」関係者の依頼
　古河好間炭砿の1943年「集団暴力事件」の平区裁判所判決文に記載された被告23

ソウル「真相糾明委員会」
第 3 課長許光茂（右端）と
調査官李孝仁氏

人の申告状況と聞き取りの可否。結果は 6 人の被害申告者がいることが判明したが、いずれも面会は出来ないとのこと。

　入山採炭の 1940 年の「労務のリンチへの集団抗議事件」に関わる忠清南道の死亡者の申告状況と聞き取りの可否。結果は 5 人の被害申告者があり、内 1 人が認定されているが、いずれもその遺族は面会を希望していないとのことであった。

（2）帰国生存者との交渉

　前回の調査で生存が確認されていた江原道昌平郡の金戴鳳氏の面接の可否。結果は、面接を断わられた。

　忠清道を本籍とする動員者の内、大日本勿来炭砿、古河好間炭砿、入山採炭について、新たな生存者で聞き取り可能な方の紹介を依頼した。結果は、面接を諒解された 9 人を紹介して貰うことになった*。その内訳は古河好間炭砿関係 4 人、入山採炭関係 2 人、大日本勿来炭砿関係 3 人であった。この内、古河好間炭砿動員の江原道の韓〇熙氏については既に聞き取りをした。又、現住所は本籍地と異なり忠清道、江原道、京畿道はじめ、慶尚北道にも及び入山採炭関係者の本籍は全羅北道茂朱郡であった。

　果して、これだけの方に 3 週間の滞在期間内に調査を実施出来るか、などという嬉しい悲鳴であった。結局、7 人の方にお会いすることが出来た。即ち、聞き取り対象はNo.1、No.4、No.5、No.6、No.8、No.11、No.12 である。

　　＊この時頂いた資料によると常磐炭田の上記 3 炭砿関係申告者の内、生存が確認されている
　　　方は 84 人。その内、江原道 21 人、忠清南道 13 人、忠清北道は 11 人、計 45 人の方に電

話をかけ、面会の可否を確認してくれた。お年寄りで耳が遠い上、なかなか連絡が取れず大変な苦労をされたようだ。

2　郡・市の自治行政課、邑の戸籍係への協力依頼

前回、協力を依頼し、その内、回答のあった忠清北道の沃川郡と清州市については、今回改めて協力を依頼したところ、我々の訪問を待っていてくれた。

（1）交渉内容

裁判所判決文に記載された被告について、本人又は動員犠牲者遺族からの聞き取りを期待した。結果は期待以上に遺族、生存者本人との良い出会いを持つことが出来た。

（2）忠清北道沃川郡

沃川邑の戸籍係の呉漢斗氏は、4人の遺族と連絡を取って準備していてくれた。日程がずれてしまったことにもいやな顔一つせず、車で被害者の自宅を訪ねてくれた。結果は、その内3人の遺族から聞き取りを行うことが出来た。

聞き取り対象はNo.7、No.9、No.10である。ソウルに住む中村在勤こと周載勤の長男周光ジョン氏との面会は、今回出来なかったが、龍田との連絡は取れている。

（3）忠清北道清州市

清州市では、動員被害者は清州の郡部の清原郡庁に所属することから郡庁と連絡を取り、通訳官までご一緒してくれたことなど、言葉で言い現わせない程のご厚意を受けた。結果は、5人の遺族の消息と帰国生存者1人、遺族1人から聞き取りを行うことが出来た。

聞き取りが出来たのは古河好間炭砿に動員された金昌越氏(No.2)と「集団暴力事件」の最長老の金先鳳の長男の金周讃氏(No.3)である。

尚、この「事件」の被告23人の内3人の遺族の消息を新たに掴むことが出来た。中央の「真相糾明委員会」での6人と合わせて9人の遺族の消息が掴めたことになる。

（4）江原道原州

　尚、原州の自治行政課の真相糾明担当者の協力で前回の訪問で判明していた文山千植の妹崔チョン玉氏からの聞き取り(No7)も行えた。

3　遺骨問題への朗報

　前回の調査では、いわき市に残る 3 体のご遺骨の中で、住所が分かる瑞芳寺保管の忠清北道永同郡の金勝哲氏について調査をしたが、遺族を見つけられなかった。

　もう 1 人のご遺骨は、願成寺保管の朴守福氏である。今回、慶州の孟泰燮氏との面接がたまたま通院という事で日程に空きが出来たため、足を慶尚南道蔚山まで伸ばした。市の「真相糾明委員会」事務担当者の協力もあり、本籍地である蔚山市の蔚州郡熊村面事務所を訪ねた。そこで戸籍係から思わぬ情報を得た。それは 1 ヵ月前に中央の「真相糾明委員会」から連絡があり、回答資料を集約中に、偶然に朴守福の妹さんが慶州の山内面にいることが判明した＊とのことだった。

　早速、電話で妹さんと連絡を取ってくれて、すぐ面会も可能ということであったが、今回は時間の余裕がないため別の機会を期した。

　その後、ソウルの遺骨担当官の呉日煥氏とも連絡を取って、今後について話を聞いた。

　　＊朴守福が戦時動員かどうかを確かめて貰ったが、朴氏の母の話では強制的に連れて行かれたということである。

4　被動員者遺族との再会

（1）古河好間炭砿の生存者　李七星氏
　外出中であったが奥さんが連絡をしてくれて、手造りの薬酒を頂きながら久し振りの再会を果した。目的は報告記録についての許可を得ることにあったが、『戦争と勿来』23 集を手渡しただけで終わってしまった。

（2）大日本勿来炭砿の遺族　柳寅燮
　前日に電話をして江原道原州駅前の宿舎で再会を果した。今年の 3 月に病気で倒

れられたとのことで、目まいがしたり、歩行も少し困難な様子だった。あんなにかくしゃくとしていて、今後の活躍を期待していたのに残念だった。わざわざ宿舎まで来てくれたのに何も出来なかった。

5　ソウルの「真相糾明委員会」再訪
―後遺症と遺骨返還についての「真相糾明委員会」の姿勢について

　最後の訪問地慶尚北道慶州の甘浦面を後にして、急いでソウルに戻った。帰国に先立ち、お礼と簡単な調査の結果などを話して置きたかったからだ。幸い公官庁は6時までということで充分余裕があった。

（1）調査3課許光茂氏との話
　特に、許氏には大日本勿来炭砿の宋甲奎氏の調査で明らかになった、強制動員による被害と思われる塵肺等の後遺症について「真相糾明委員会」の説明を求めた。以下、氏からの説明である。
　現在、塵肺関係の後遺症による被害に対しての支援組織を立ち上げ中で、8、9月頃から申請ができるはずである。宋甲奎氏の場合も塵肺の申告を提出することが出来る。60年前のことで因果関係が直接立証できなくても、当時の労働の状況についての証言を得て、症状など確認出来れば、補償の対象となり得る。
　認定されれば、普通の後遺症の補償の他に医療支援金が受け取れることになるだろう、とのことであった。
　強制動員は貧困と重なり、今なお被害者を苦しめ続けている。戦後はまだ終わっていないと強く感じる。

（2）遺骨関係担当の呉日煥氏の話
　前回お願いした朴守福氏について朗報を得た。早速、遺骨が保存されていた寺院への連絡の了承があった。更に、遺骨の返還は、来月中に厚生省との交渉で、返還されることになった。
　但し、一度に返還は出来ない（何千体もある）ので、段階的に実施される予定である。遺族間の競争になるといけないので、まだ遺族に何時返還出来るかは通知し

ていない。日本の関係者にも追って機関を通じて知らされるはずである。

　朴守福の妹についても、通知はまだ出していないはずである。蔚山の「真相糾明委員会」の事務担当者や妹さんとも直接連絡を取りたい、ということであった。

Ⅲ　聞き取り記録

1　宋甲奎氏（生存者）　No.1

（1）取材の経緯

　前日の3日、ソウルから訪問する旨の電話をした。よく通じないため、4日、天安の独立記念館を見学した後、直接、忠清北道鎮川郡の「真相糾明委員会」に行き、協力を依頼した。担当者が不在にもかかわらず、代わりの係官が連絡してくれた上に、宋甲奎氏を探し出し、取材終了後は車で迎えに来てくれた。宋氏の口から勿来町中村飯場（ムレジョン、チュンチョンハンバ）という言葉が飛び出したのには驚いた。塵肺の可能性の強い被害者である。

（2）証言者経歴
①証言者
・氏　名　宋甲奎
・生　年　1922年（86歳）
・本籍地　忠清北道鎮川郡広恵院面（現方升面）
・現住所　本籍に同じ
・動員期間・炭砿名　1942年3月〜1945年9月末　大日本勿来炭砿
②聞き取り月日時・場所
　6月4日　午後・自宅
③調査協力者
　鎮川郡庁行政課　蘆チャンホ氏

（3）聞き取り内容
①動員炭砿名の記憶

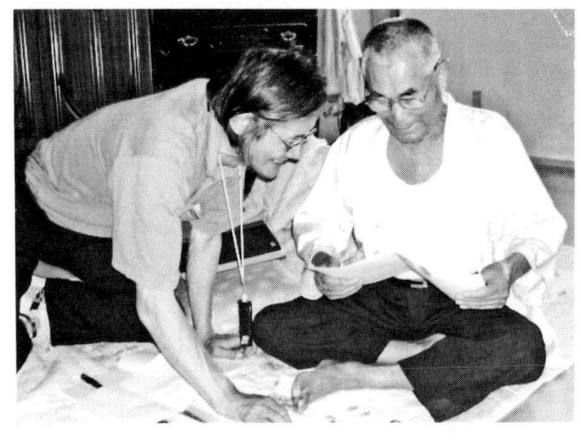

宋○奎氏（右、自宅にて）

○お祖父さん、勿来炭砿という名前覚えていますか。

「ポクドヒョン　ソクソングン　ムレジョン　テーイルボン炭砿」だろう。

＊韓国読みで、「福島県石城郡勿来町大日本炭砿」の意。

②**動員当時の様子**

○当時の家族はどうなっていましたか。

父母は早く亡くなっていたので苦労した。叔父と従兄弟が一緒だった。

○当時仕事は何をしていましたか。

木を売って生活していた。学校も出ていないので、日本語も分からないので苦労した。

○この面からは何人位動員されましたか。

万升面からは 50 人、他の面から 50 人合わせて 100 人いた。

＊石炭統制会東部支部資料では、勿来炭砿の動員は 1942 年 4 月から統計が始まり、月末在籍数が 80 人となっている。この動員は証言からすると忠清北道からのものと考えられる。

○どの様にして勿来炭砿に来たのですか。

面事務所に集まり、車で天安まで行き、そこから汽車で釜山まで行き、釜山から船で下関まで行き、又、汽車で上野まで、そして勿来まで来た。

○着いた時は寒くありませんでしたか。桜は咲いていましたか。

3 月で寒くはなかった。桜は見ていない。

＊旧暦の 3 月か。

③寮生活について

○飯場の名前を覚えていますか。

　中村飯場だよ。建物は何軒もあり、真ん中に食堂があった。

○食事でどんなものを食べましたか。

　いもや雑穀の入った飯で、汁ものは人間が食える様なものでなかった。おかずは
　イワシなど魚も出た。タクワンは毎日出た。

○休日はどの様に過ごしましたか。遊びに行きましたか。

　毎日仕事ばかりで、坑内と飯場を行き来するだけ。休みの日も外出する様なこと
　もなかった。他のことは分からない。

④仕事と待遇について

○仕事はどんな仕事をしていましたか。

　坑内で石炭を積んだり、発破の手伝いをしていた。毎日とても忙しかった。発破
　をかけるとものすごい粉が上がる。そんな中で仕事をしていた。ガス爆発で死ん
　だ人もいた。

○賃金はどの位でしたか。

　月15円位だった。

○送金はしましたか。

　15円位、人に頼んで送って貰った。

○送金は家の人が受け取っていましたか。

　帰ってから聞いたが、受け取っていたという。

○労務係で特にひどかった人は覚えていますか。

　悪いことをすると事務所に引っぱられて叩かれた。HとMそれにSの名を覚えて
　いる。写真を見てもよく分からない。

○暴動の様なことはありましたか。

　言われるままでなく、いやだということはあった。

⑤帰国について

○解放後どの様にして帰りましたか。

　年上の人達8人で一緒に帰った。来た時と同じ様に上野を通り、汽車で下関へ、
　釜山から汽車で天安まで来た。東京は潰れていた。

○帰ったのはいつですか。

8月に出発して9月まで、約1ヵ月かかった。金は持っていなかった。みんなでやっと帰って来た。

○帰国後はどの様にして過ごしましたか。

1ヵ月は体を壊し、仕事は出来なかった。咳も出た。その後は土地を借りて農業をしていた。朝鮮戦争が起こり、とても苦労した。結婚は27歳の時にした。妻は37年前に死んだ。現在、息子夫婦と孫達共一緒に生活している。孫は今、学校に行っている。

○炭砿の仕事が原因の後遺症などありませんか。

呼吸器が良くなくて咳が出て医者に通っている。夜も咳き込むことがある。月に1回清州に通院している。経費もかかる。

　＊聞き取り中にも何回か咳き込んでいた。

○日本人に対して、今どう考えていますか。

何の関係もない。「恨」もない。

○韓国政府の今回の「真相糾明委員会」の被害調査についてどう思いますか。

調査をして被害認定書も貰ったが何の意味もない。何か補償金の様なものを貰えるのか聞いてほしい。

　＊私達の調査も「真相糾明委員会」の仲介で来たのでその一環だと思っていた。日本の民間団体で慰労と本当のことを市民に伝えるためと説明したら感謝された。後遺傷害の可能性のある実態に触れた今、何もしないでいる訳にはいかない。まず、事実の把握に努めたい。戦後こうした努力一つして来なかった政府や企業に対し日本人として恥ずかしさを感じた。

2　金昌越氏（生存者）　No.2

（1）聞き取りの経緯

　当日は忠清北道鎮川郡から市外バスで同道清州郡へ。清州市宛に、古河好間炭砿の「集団暴力事件」の23人の被告の内、元清州郡を本籍とする5人の戸籍確認による調査協力を依頼していた。該当者は現在、清原郡の所管になることから、強制連行関係を扱う市の自治行政課の協力により、通訳官の派遣と清原郡への連絡をして貰った。清原郡では自治行政課のご高配と「真相糾明委員会」の担当事務官の骨折りで、被告金先鳳の遺族と、その友人の帰国生存者の聞き取りが出来ることとなっ

金○越氏（中央）。右は龍田、左は斎藤氏

た。早速、お伺いして聞き取りを行った。聞き取りは 3 人の協力者と一緒に終始和やかな雰囲気の中で行われた。

（2）証言者経歴等

①証言者

・氏　名　金昌越（94 歳）　創氏名　かなしろ昌越
・本籍地　忠北道清州郡玉山面
・現住所　　　　同　上
・被動員期間・炭砿名　1943 年 7 月頃～9 月　2ヵ月で逃亡・古河好間炭砿

②聞き取り月日時・場所

6 月 5 日、午後・自宅

③調査協力者

清原郡自治行政課真相糾明担当　尹チョンヨン氏
　　　同　総務課　朴鐘安氏　通訳官
清州市経済通商課　申任仙氏　通訳官

（3）聞き取り内容

①動員当時のこと

○動員された時の家族の状況はどうでしたか。

　女房と子供2人、わしは24歳で、女房は14歳で結婚した。父は亡くなっていた。現在「94歳だ」というと、教会の人が「嘘をつくと天国に行けない」と言ったので、「人の言うことを信じない人は天国に行けない」と言ってやった。学校には行ってないが、漢字だけは覚えた。

○どの様にして動員されましたか。

　面長の命令で面の役人が来た。この面からは20人動員された。日本人が1人炭砿まで付いて来た。清州の郡庁まで車で行き、烏致院から汽車で釜山まで行き、そこから船で下関まで。船は何層もあり、座るところがない程だった。船酔いする人は多かったが、私は大丈夫だった。弁当に海苔巻きが配られた。酢の臭いがするので捨てた人もいた。自分は美味しく食べた。上野から汽車で炭砿事務所に着き、寮に入った。

②炭砿の仕事について

○入所してから坑内に入る前に事前研修はありましたか。

　そんなものはない。ピックの使い方は教わらなくても分かる。日本語も教えられなかった。危険なことについては教えられた。

○仕事の内容はどうでしたか。

　掘る人と積む人があり、日本人が先山で朝鮮人は後に付いて仕事をして、発破も時にはあった。2交代制で1週間毎に変わった。

○仕事は危険でしたか。

　落盤で大きな石が落ちて来た。　上から何か落ちて来ないか一番心配だった。食事はともかくとしても、恐ろしくて逃げ出した。

○事故に遭った時は休めましたか。

　休めないし、治療さえ受けられなかった。金先鳳も休日に電気に触れて大けがをしたが寝込んだだけで、病院にも行けなかった。小さなけがや病気の場合は無理やり出勤させられた。仕事を休むと叩かれた。こっそり休んでも、夜には捕まった。

③待遇について

○賃金はどうでしたか。

　1日、2円50銭。月に30円から50円。現金で支給された。

○送金はしましたか。

　父母は亡くなっていたが、女房と子供がいた。

○食事はどうでしたか。

　ご飯(米)は少なかった。おかずは1品で沢庵なら沢庵、それも1つ。おかずは野
　菜。

○休日はどうしましたか。

　休日はなかった。朝鮮人夫婦の家族持から餅や酒を買って飲んだことがある。

④逃亡したことについて

○どうやって逃亡したのですか。

　休日に近くの発電所の人と打ち合わせて、中村駅まで行き、そこから汽車で群馬
　県の水路工事の現場まで逃げた。持っていた金は12円位で、その月の給料は貰わ
　なかった。

○駅に監視人等いなかったのですか。

　監視人はいたが、同じ韓国人で見逃してくれる場合もあった。

○逃亡先での待遇はどうでしたか。

　自由労働者なので、仕事はきついが、1日10円位は稼いだ。協和会手帳が無くて、
　警察が調べに来た時、逃げて来たというと、手帳をくれた。

⑤帰国とその後について

○解放後はどうしましたか。

　下関―釜山を経て帰って来た。下関では10日も待つ人もいて、闇船で帰る人もい
　たが、わしは連絡船にすぐに乗れた。

○帰ると家族はどうでしたか。

　子供は大きくなり、とても喜んだ（涙ぐむ）。

○日本に対して今言いたいことはありますか。

　人間はみな同じで個人的には皆いい人だが、「恨」は残っている。

○今回の政府の調査についてどう思いますか。

　調査ばかりで、補償はあるのか。

⑥金先鳳氏の思い出について

○炭砿では一緒だったのですか。

　そうだ。

○暴力事件のことについて聞きましたか。

　知らない。

○どんな人だったですか。

　とても良い人柄だった。

3　金先鳳氏の子息金周讃氏（帰国後死亡者遺族）　No3

（1）聞き取りの経緯

　金昌越氏の聞き取りの後、近くに住む被害者遺族金周讃氏の自宅を訪ねる。奥さんもいたが、氏は歩行が不自由で自室で生活していた。聞き取りは 3 人の協力者と一緒に行った。父、金先鳳の参加した「暴動」についての貴重な証言を得た。終わった後、協力者には、鳥致院から大田までの特急券まで手配していただきお世話になった。

（2）証言者・被動員者経歴

①証言者

・氏　　名　金周讃　被動員者金先鳳の子息

・生　　年　1930 年（78 歳）

・現住所　忠北道清原郡玉山面

②被動員者

・氏　　名　金先鳳（先鳳は戸籍上の名で通常は正萬と名乗っていた）

・本籍地　証言者住所に同じ

・生　　年　1900 年　「集団暴力事件」当時年齢 43 歳（1943 年 4 月）

・動員期間　1943 年頃～1946 年 4 月（周讃は 1943 年当時 18 歳）

・炭砿名　古河好間炭砿

・死亡年　帰国後　1948 年（周讃 23 歳の時）　事故死

③聞き取り月日時・場所

　6 月 5 日、午後・自宅

④調査協力者

　清原郡自治行政課真相糾明担当　尹チョンヨン氏

金〇讃氏（右端）と龍田（中央）、斉藤氏（左端）

聞き取りの協力者　通訳の申任仙氏（左端）と郡庁「真相糾明委員会」担当の
朴玉フィ氏（中央）、郡庁職員（金周讃氏の部屋で）

　　　　同総務課　　朴鐘安氏　　通訳官
清州市経済通商課　　申任仙氏　　通訳官

（3）聞き取り内容
○お父さんはどの様にして動員されましたか。
　ご飯を食べている所へ面事務所まで来いと言われ、出たまま帰って来なかった。
○お父さんの動員当時の家族はどうでしたか。
　父と叔父と私と一緒に生活していた。父の後、叔父もすぐ北海道に動員されたの
　で1人になり、他人の家に住み込みで仕事をしていた。
○お父さんからの送金はありましたか。
　毎月10円から20円を必ず送って寄越した。父は酒も飲まなかった。送金は梧倉
　にある郵便局に送られ、お札は特別な臭いがしたのを覚えている。貰ったお金を
　ためて、土地を買った。1,000坪位だ。
○お父さんが会社に抵抗したという話を聞いたことはありますか。
　警察署で死ぬほど叩かれたということを聞いたことがある。
○なぜ反抗したと言っていましたか。
　監視が厳しく、うるさくて、すぐ叩き、自由を与えなかった。
○警察で叩かれて、障害など残っていませんでしたか。
　聞いていない。
○お父さんはどんな人でしたか。
　帰国後、反抗したことについて、公民館などで面白く話をしたり、日本の女性は
　やさしいとか、とにかくユーモアのある人だった。歌がとても上手で周りの人が
　聞き惚れる程だった。特に民謡が得意だった。小さくて痩せた人だったが、喧嘩
　早い様な人ではなかった。
○帰国の時はどうだったと聞いていますか。
　解放後、30円を持っていたが、帰る途中で1銭もなくなってしまった。
○炭砿での話で他に覚えていることは。
　ご飯は白いご飯を腹いっぱい食べられたと言っていた。
○日本人に対してはどう思いますか。
　個人的には皆いい人だが、感情的には悪いものが残っている。

＊「集団暴力事件」について

　この「事件」は 1943 年 4 月 25 日と 26 日にわたり古河好間炭砿の巻き上げ付近で、日本人と朝鮮人労務者の抗争をきっかけに 400 人を超す朝鮮人砿夫が立ち上がった事件。日本人長屋や浴場を破壊し、日本人 1 人の死者を含む大規模な反抗闘争となった。信頼ある労務係の説得で鎮静したとも、憲兵隊の出動があり鎮圧されたともいわれている。中心人物と看做された 23 人が送検され、懲役 10 ヵ月を最高とする処罰を受けた。1943 年当時の日本での朝鮮人抵抗運動史上でも大規模な闘争と考えられる。事件後の会社の労務政策の変化に注目している。

4　張圭福氏（生存者）　No4

（1）聞き取りの経緯

　前日夜の電話連絡に訪問を快く受け入れてくれた。8 日当日ソウルから電車、バスを乗り継ぎ、真乾邑からタクシーで自宅へ。お嫁さんが休暇を取って世話をしてくれた。現在、孫、子と共に暮らしている。電灯係をし、徴兵検査で帰国した。

（2）証言者経歴等

①証言者

・氏　名　張圭福　創氏名　玉山圭福
・生　年　1925 年（84 歳）
・本籍地　忠清北道報恩郡報恩面
・現住所　京畿道南楊州市真乾邑
・動員期間・炭砿名　1943 年 8 月〜1945 年 3 月・古河好間炭砿

②聞き取り月日時・場所

　6 月 8 日、午前・自宅

③調査協力者

　鄭恵淑氏（三星生命保険圭福氏子息の妻）

（3）聞き取り内容

①動員当時について

○動員当時の家族はどうでしたか。

　兄が 2 人いて、三男だった。父母は農業をしていた。

張○福氏（右から2人目）と
嫁さん（右端）（自宅玄関で）

○どの様にして動員されましたか。

　面の職員と里長の2人が来て連れて行かれた。父母はとても驚いた。

○何人一緒でしたか。

　里からは私1人で、面では多くて数えられない。

○どこに集められましたか。

　面事務所に集まり、トラックで沃川駅まで行き、そこから釜山まで汽車で行き、そこで一晩寝て、船で下関に着いた。翌朝、貨物列車で出発して一晩寝て平駅に着き、トラックで好間炭砿に来た。

②仕事について

○どんな仕事をしていたのですか。

　坑内の電気（灯）修理係をしていた。坑内には電灯が次から次へと続いていた。仕事はその修理で、行った当時は車の修理をやらされていた。修理係は3人一組で、その内2人は日本人だった。朝鮮人は私1人で、日本人の監督と一緒に仕事をしていた。19歳の頃だった。

○交替制はあったのですか。

　電気係は夜も必要なので、2交替制でした。

○夜間勤務の後、昼間眠れましたか。

眠れたよ。

○事故で死んだということは聞きませんでしたか。

聞かなかった。しかし、いつも危険にさらされていた。ダイナマイトが爆発すると粉塵がもうもうと立ち、ドリルで孔をあける時も粉塵が立った。先山の人らは大変だった。わしらはそんなことはなかった。

○仕事の上で一番苦しかったのは何ですか。

出水を汲んで、背中に担いで運ぶのが重くて、苦しかった。

③寮生活と待遇について

○賃金はどの位でしたか。

いくら貰ったかは覚えていない。貰ったのかどうかも分からない。

○貯金はしていましたか。

通帳の様なものは貰わなかった。

○家への送金はどの位しましたか。

他人任せで分からない。帰ってから家族に聞くとお金は届いていたと言っていた。兄が郵便局で受け取ったと言っていた。

○食事はどうでしたか。

一人ひとり分けて食べる。腹はとてもすいた。腹がすいた時は食堂のおばさんがおこげを分けてくれた。他の人にはくれないのに、私にだけくれた。おかずは沢庵で、うどんも出た。肉や魚は出なかった。白菜漬は山ほど作って食べさせてくれた。

○休日は何をしましたか。

ただ寮でごろごろしていた。

○平や炭砿近くにお酒を飲みに行かなかったですか。

酒は飲まなかった。

○たばこの配給はあったか。

なかった。

○たばこの坑内持込は厳しく検査されたでしょう。

こっそり持ち込む人もいた。

④帰国時について

○帰国が 1945 年 3 月となっていますが、逃亡でもしたのですか。

20 歳になったので徴兵検査があり、報恩郡に帰り、郡役所で徴兵検査を受けた。甲種合格でそのままソウルで待っている時に解放になった。

○兵役の訓練は受けましたか。

錬成場で受けた。

○ソウルからそのまま家に帰ったのですか。家族は喜んだでしょうね。

ええ。それはもう。

○今の生活はいかがですか。

結婚は23歳でした。息子夫婦と孫5人で、元気に過ごしている。つれあいは7年前に亡くなった。

○最後に、昔の飯場がこわされる直前に撮った写真と地図を見て下さい。

入口に事務所があり、真ん中に通路があり、1部屋には4人位で部屋は片側に5つ位あった。(地図を見て)飯場は坑口から歩いて、川を越えた所にあった。山ノ坊とか松坂とかは覚えていない。

○格子がありますが泥棒よけのためですか。

建物の窓に格子とか網とかは無かった様に思う。

5 李興淳氏 (生存者) №5

(1) 聞き取りの経緯

前日の連絡では外出中とのこと、高速バスで洪城まで直行した。郡庁の「真相糾明委員会」の若い係官2人が対応してくれた。被害者の自宅はかなり田舎という事で、バスの予定を車に変えて協力してくれた。持参した勿来で入山時に撮った写真に若い時の自分と友人を見つけ、その当時の苦労話をしてくれた。80歳を超えてもなお田んぼで働き続けなければならない今の生活に、居たたまれないものを感じた。奥さんと病気の末子と同居生活。

(2) 証言者経歴等

①証言者

・氏　名　李興淳　創氏名　安平こうさい

・生　年　1927年 (81歳)

・本籍地　忠清南道洪城郡西部面
・現住所　本籍地に同じ
・動員期間・炭砿名　1945 年 1 月 11 日〜1945 年 12 月・大日本勿来炭砿
②聞き取り月日時・場所
　6 月 9 日、午前・自宅近くの畔道
③調査協力者
　洪城郡「真相糾明委員会」実務担当者　呉正善氏

（3）聞き取り内容
①動員時の様子について
○日本に徴用された時の家族の様子を話してください。

　父母と兄が 4 人いたが、長男は亡くなっていた。2 人の兄とわしが 3 男だった。

　　＊奥さんの話によると結婚したのは 18 歳の時で、夫は 15 歳の時だった。徴用された時は
　　　長男を身ごもっていたという。

○動員された時はどんな仕事をしていましたか。

　農業をしたり、松の根を採って油を作る仕事をしていた。土地は自分の土地が少

　しと他は小作地だった。地主は朝鮮人だったが、当時、郡内では 3 分の 2 は日本

　人地主で、面長も国民学校長も駐在巡査も日本人だった。

○令状は誰が持って来たのですか。

　令状はなかった。区長が「誰れ誰れ、徴用だ来い」と連れに来た。行かないと叩

　かれた。洪城からは 50〜60 人行った。隊長は 2 人だった。里からは 3 人一緒だっ

　た。1 月 8 日のことだった。

○面からどの様にして炭砿まで行きましたか。

　面から洪城まで歩いて、そこからは汽車で釜山まで行き、連絡船に乗って、又、

　汽車に乗って行った。途中、おにぎりが出たかは覚えていない。

○炭砿の名前は

　住所は福島県石城郡大日本炭砿花山寮だ。

○この写真を見てください。

李○淳氏（左端）。農作業の手を休め聞き取り

應徵士　洪城隊第1次入山記念（1945年4月）

石川平三郎氏アルバムより　○印、動員当時の○淳氏

電柱の横で韓服を着ているのがわしだ。こちらの背の高いのが結城面の星野エイ

　カン（20 歳）、星野さんはとてもいい人だった。

　　　＊勿来炭砿の通訳官と労務係長が持っていた「應徴士　洪城隊第一次入山記念撮影」「昭

　　　和 20 年 3 月 1 日入社式を行う　洪城隊」と書かれている写真のコピーを見せながら聞

　　　いた。

○思い出したことがありますか。

　普通の韓服を着て行った。作業着などはその時貰わなかった。

②炭砿での生活について

○仕事は何をしましたか。

　わしは小さかったので（当時 17 歳）石炭を積んだり、運んだりしていた。先山は

　技術者でダイナマイトを仕掛けたりして大変だった。先山になる人は韓国人の中

　にもいた。

○1 日の目標は炭車で何車分だったのですか。

　車 4 台、まんき 30。

　　＊「まんき」の　意味は不明。

○交替制は。

　2 交替制、1 週間で変わった。

○賃金はどの位でしたか。

　貰っていないかほんの少し貰った。送金はしなかった。

○一番苦しかったことは何ですか。

　腹が減って死ぬ程だった。

○食事はどうでしたか。

　朝、昼　晩の 3 回、昼は弁当。おかずは沢庵だった。弁当はほんの少し。

○配給はありましたか。

　未成年なのでたばこの配給はなかったが、葡萄酒を貰った。酒もたばこも金を出

　しても売っていなかった。

○手紙は出しましたか。

　一度送ったが、その後は仕事がきつくて出す気力がなかった。

○自分で書いたのですか。誰かに頼んで、書いて貰ったのですか。

　ハングルで自分が書いた。簡単な日本語は話せた。

○飯場で叩かれたことはありましたか。

Ｙ中隊長によく殴られた。

○飯場には朝鮮人が何人いましたか。

　500人位かもっといた。

○朝鮮人の飯場は何棟位ありましたか。

　3〜4棟あったか。食堂や浴場があった。お風呂はどろどろで真っ黒になった。

○金星煥という洪城から一緒に行った人が亡くなったのをご存じですか。

　洪城から行った人が亡くなったことがあった。死んだ人は火葬した。名簿がお寺にあるのは知らなかった。

○咳きこんで苦しむような人はいませんでしたか。

　肺を悪くして死んだ人も沢山いた。空襲でサイレンが鳴り、靴を履いたまま寝たことがあった。

③帰国時について

○解放後みんな一緒に帰国しましたか。

　逃げた人もいて、57〜8人いたのが20人程になっていた。釜山から汽車で洪城まで来て、又、歩いて家まで来た。

○解放後、12月まで何をしていたのですか。

　仕事をしていた。

○解放後すぐに帰った人はいませんでしたか。

　知らない。

④帰国後他のこと

○帰国後の生活は。

　朝鮮戦争で軍隊にとられ大変苦労した。

○腰がずいぶん曲がっていますが、どうしたのですか。

　炭砿に居る時、鉄板が上から落ちて来て、腰をけがした。けがをしても医者にもかかれず、仕事を休むことも出来なかった。同じ韓国人の監督が厳しく、殴って仕事に出させた。

　　＊見せていただくと腰には大きな傷跡が残っていた。末の息子は体が悪くて働けないので、今も働いている。

○日本人に対してどう思いますか。「恨」はありますか。

　（否定せず）

○韓国政府の真相糾明事業をどう思いますか。

　3万ウォンくれると言ってくれなかった。調査をしても仲々補償がない。

　　＊実務担当者によると「実はここでも補償にまつわる詐欺行為があったのですよ」とい
　　うことであった。

6　全炳龍氏（生存者）　№6

（1）聞き取りの経緯

　目的地に行く前に、同じ江原道横城郡の前回聞き取りをした李七星氏を訪問。翌日さらに奥地の麟蹄郡に市外バスで向かう。郡庁では自治行政課の紹介で被害者のいる麒麟面の職員の案内を得て、やっと被害者の自宅に到着した。奥さんと 2 人暮らし。動員地は申告書では好間炭鉱となっていたが聞き取りでは入山採炭と判断した。

（2）証言者経歴等

①証言者
・氏　　名　全炳龍　創氏名（不明）
・本籍地　江原道麟蹄郡麒麟面
・現住所　本籍地に同じ
・生　　年　1927 年（86 歳）
・動員期間・炭砿名　1943 年 8 月～1945 年 12 月　3 年間・常磐炭砿　入山採炭

②聞き取り月日時・場所
　6 月 11 日、午後・自宅縁側

③調査協力者
　麒麟面事務所　李ドンゥ氏

（3）聞き取り内容

①動員に至るまで
○当時の家族構成を教えてください。

　父母、兄弟姉妹 8 人の長男。家業は農業で小作農（地主は朝鮮人）

全〇龍氏夫妻（左2人）
（自宅縁側にて）

〇動員時の様子はどうでしたか。

田植の時に区長、巡査らが来て、逃げると父が代わりに捕まえられると言われた。丁度、20歳位の時だった。里内は1人だけで、面事務所に集められた。その後歩いて郡庁に行った。多くの人が郡庁に集められた。

それからバスに押し込まれて釜山まで行った。バスには一杯の人が乗っていた。坂道でバスが動かなくなるとみんなで押した。1台30人位乗り、2台で行った。宿泊所では逃亡する人がいた。船で吐く人がいたが私は大丈夫だった。それから汽車で行き、炭砿近くの駅に着いた。

〇炭砿の名前は覚えていますか。

常磐炭砿よ。ポクドヒョン　ソクソングン　コーヒーチョン　青葉。入山炭砿ではない。

　＊コーヒーチョンに当てはまる町、村は見つからない。入山という言葉の記憶はなかった。

②仕事について

〇炭砿ではどんな仕事でしたか。

石炭を掘ってスコップで車に積む仕事。暑くて仕事が出来ない程だった。水につかったりしながら仕事をしていた。服は着ないで裸だった。先山はドリルで穴をあけ、発破をかけて爆破した。仕事中に背中に炭車が当たって大けがをした。病院には行かせてもらえず、数日間休んだだけで、又、仕事をさせられた。

仕事は3交代制で1週間ごとに変わった。

　＊背中をみせてくれた。

③待遇と寮生活について

○賃金は如何でしたか。

　賃金は僅かしか貰わない。マッコリー一杯にもならない額だった。

○動員された時、賃金については説明されていましたか。

　分からない。炭砿行くということは聞いていた。募集には沢山金がかかったと聞

　かされている。

○家への送金はありましたか。

　寮長が送ると言っていたが、帰国後、家族に聞くと誰も受け取っていないと言っ

　ていた。

○寮での生活はどうでしたか、寮長を校長先生と呼んでいましたか。

　寮長を何と呼んだかは覚えていない。寮の日本人はみんな先生と呼んで挨拶をし

　なければならなかった。一つの寮には 300 人位いた様だ。仕事に出る時は 5〜7 人

　位の班に分かれて行った。

○食事はどうでしたか。

　話にもならない程少なかった。3 食あったが昼は弁当で量が少なかった。米のほか

　ジャガイモ、サツマイモ、麦など混ぜていた。水を飲んで腹をいっぱいにした。

○配給はありましたか。

　たばこと酒の配給はあった。私は体が小さく、働きが悪かったので支給されなか

　った。

○休日に運動会などやった記憶はありますか。

　相撲大会などをやったことがあった。

○外出は自由でしたか。

　逃亡して捕まる人も多く、捕まるとただ叩かれるだけでなく、死ぬほど叩いて、

　気絶すると水をかけて又叩いた。SとEという日本人が特に酷かった。韓国人の

　班長などは叩かなかった。

○反抗した様なことはありませんでしたか。

　逆らった様なことはない。こうしろと言われればこうして、ああしろと言われれ

　ばあした。

④解放後について

○解放後も仕事を続けていたのですか。

その後もずっと仕事を続けていた。その内に集まって要求を出すようになった。集会などもあった。でも小名浜から米軍が来て弾圧した。米軍が平に来たが会う様なことはなかった。解放があと 3 日遅かったら多くの人が死んだだろう。炭砿は山の奥だから空襲は受けなかったが。

○帰国はどうしましたか。

汽車で帰ったかはっきりしない。食べ物がなくて大変だった。どこでどうなったか分からない。仁川で船を降りて、それからどうなったかも分からない。春川からは歩いて帰った。家に帰ったのは旧暦の 12 月だった。

＊帰国に 1 ヵ月かかっている様だ。

○動員中の苦しい中でも何かいいことはなかったですか。

何一ついいことはなかった。何の挨拶もない。悔しさは大きい。朝鮮戦争へ行った時、死んだ人も多かった。徴用、徴兵。帰って来た人、死んだ人も多かった。

7 崔チョン玉氏（動員地死亡者遺族） No7

（1）聞き取りの経緯

麟蹄郡から原州に帰り、翌日の午前中に前回お会いした柳寅燮氏と再会した後、市庁に向かった。行政課長さんと「真相糾明委員会」の実務担当者に、前回判明していた文山千植の遺族との連絡をお願いした。幸い遺族（妹）の崔チョン玉氏が通院のため市内に来ているので、市庁舎で会えるということになった。崔氏はかつて江原道の「太平洋戦争強制動員被害者遺族の会」の訴訟団に加わり、日本にも公判の為に来たことがあるという事で、早速聞き取りに入った。兄への思いを語る姿に、何か昔からの知り合いの様な親しみを感じた。

（2）証言者・被動員者経歴

①証言者

・氏　名　崔チョン玉（被動員者文山千植の妹）

・生年月　1936 年 4 月（74 歳）

・本　籍　江原道横城郡書院面

・現住所　江原道原州市富論面

②被動員者

・氏　　名　文山千植氏（当時 23 歳 11 ヵ月）

・生　　年　1922 年（動員時 22 歳）

・本籍地　証言者に同じ

・動員期間　1943 年 12 月 3 日～ 1944 年 7 月 16 日

・炭　砿　名　入山採炭・常磐炭砿（青葉第 4 西寮）

・死亡原因　急性腹膜炎（過去帳惣善寺）

③聞き取り月日・場所

　6 月 12 日、市庁自治行政課の事務室

④調査協力者

　行政課　李ミンソン氏

　真相糾明委実務担当者　李チョンヒ氏

（3）聞き取り内容

①動員当時について

○当時の家族構成はどうなっていましたか。

　父母と兄と姉と私（末妹）の 5 人家族、兄弟は 6 人いたが 3 人亡くなり 3 人になった。

○動員当時の様子を覚えていますか。

　1943 年頃に、従兄弟も一緒に動員されたらしい。動員時の記憶はない。6 歳も離れていて、おんぶされたり、かわいがって貰った思い出しかない。顔はよく覚えていない。

②死亡時の様子とその後の家族

○兄さんの死亡時のことで分かっていることがあったら話してください。

　従兄弟は生きて帰って来た。動員当時 6 人で仕事をしていた。兄はワイヤーが切れて炭車に挟まれ大けがをした。1 週間入院した後、病院で亡くなった、と聞いている。

　遺骨は従兄弟が送って寄越したと聞いているが、誰が持って来たのか分からない。

○補償金などはあったのでしょうか。

　なかった。写真は送って寄越したが、父母が死んだ時に一緒に燃やしてしまった。

崔○玉氏（右端）
原州市自治行政課にて

○兄からの送金はあった様ですか。

　送金はしてこなかったが、たばこを送って寄越していたという。

○その後、家族はどうなりましたか。

　父母は解放後に息子を亡くして、気落ちしてすぐに死んだ。私は16歳だったので結婚して、夫と暮らすようになった。夫はいい人で子供も5人生まれ、夫々独立して生活している。夫は30年前に亡くなって、今は一人暮らしをしている。

③太平洋戦争中の強制動員犠牲者遺族の会の活動について

○会の活動について話してください。

　犠牲者の遺族会が出来て、「お金を送って来ただけではだめだ。どの病院で、どの様にして死んだかきちんと確認させるべきだ」ということで、会の職員と遺族会の会員が裁判*を起こした。

　私は1回目に日本に行く時は飛行機代がなくて、行けなかった。2回目は20人程が飛行機で行った。日本の大きな裁判所だった。どこのなんという裁判所かはわからない。その後、みんなが何回行ったかも分からない。

　　＊「江原道太平洋戦争犠牲者遺族補償請求訴訟」1991年に24人の軍人、軍属、労働者が提訴した裁判のことか。この裁判は91年12月東京地裁、96年12月東京高裁、2002年3月28日請求棄却。「損害賠償と謝罪要求」に対し「道義的責任を指摘することが出来るが、法的責任を肯定するに足りない」として棄却した（「暗い過去を清算する方途、戦後補償を追う」『日刊ベリタ』2003年2月14日付）。

○現在の韓国政府で行っている真相糾明の事業をどう思いますか。

とても良いことだ。

＊「犠牲者名簿」によると、兄さんの所属は青葉第 4 西寮であった。長澤氏保存のその貴重な当時の写真を見て涙ぐみながら見入っていた。常磐炭田関係者でこうした裁判に関わった人がいたことを初めて知ることが出来た。

8　全炳夏氏末弟全潤夏氏（動員地死亡者遺族）

（1）聞き取りの経緯

前回文書で犠牲者遺族の戸籍調査に快く協力するとの回答が送られてきた忠清北道沃川郡沃川邑での調査は、調査日があいにく忠顕日と重なり延期になっていた。ソウルから高速バスと市外バスを乗り継ぎ大田を経て沃川に向かう。予定変更を詫びながら依頼していた邑事務所を訪ねた。戸籍係の呉漢斗氏の配慮により氏の車で、最初に案内されたのは全炳夏の末弟潤夏氏のアパートだった。潤夏氏は現在アパートの管理人をしているが、子供達へ送金をしなければならず生活の苦しさを訴え、被害補償へ強い期待を示す。兄が亡くなった時の戸籍の届け人となっている太田寛志氏に関する情報を依頼された。既に亡くなっているだろうが、死亡時の状況や経緯についての調査依頼である。

（2）証言者・被動員者経歴

①証言者

・氏　名　全潤夏　動員被害者の末弟

・生年月　1943 年 1 月（65 歳）

・本籍地　忠清北道沃川郡沃川面

・現住所　市内アパート

②被動員者

・氏　名　全炳夏（死亡当時 19 歳 4 ヵ月）

・生年月日　1923 年 9 月 12 日

・本籍地　証言者に同じ

・現住所　沃川郡沃川面

・動員年月日　入所日不明

・炭砿名　古河好間炭砿
・死亡年月日　1943 年 1 月 12 日
・死亡原因　炭車の暴走、坑内変死（遺骨は長寿院に安置）
③**聞き取り月日・場所**

　6 月 16 日、証言者自宅
④**調査協力者**

　沃川邑戸籍係　呉漢斗氏

（3）聞き取り内容
①**兄の動員当時について**
○当時の家族構成はどうなっていましたか。

　私は兄の亡くなった日に生まれた。動員当時は兄の他に姉と父母がいた。
○当時の家の仕事は。

　報恩郡で農業をしていた。
○動員時について聞いていることがあればお話し下さい。

　面事務所の役人が連れて行った。貧乏でお金を稼ぐために行ったという。
②**兄が亡くなった後について**
○遺骨はどうしたのでしょう。

　遺骨は誰かが 1 人で取りに行ったと聞いている。旅費等のことは聞いていない。

　その後の母の悲しみは大きかった。兄の他に、朝鮮戦争で姉も亡くし、気がおか

　しくなり、列車に触れて 1975 年に亡くなった。
○韓国政府の真相糾明事業をどう思いますか。

　2006 年 4 月に被害者遺族の認定を受けた。その後どうなっているのか。
○日本人や日本の政府に思うことは。

　家が貧乏で高校にも行けなかった。今はアパートの管理人をして過ごしているが、

　息子にも金を送ってやらなければならない様な状態だ。生活は苦しいので、被害

　者への補償には期待している。

　日本は先進国になったのだから、お金もある。当時、強制労働させたのだから、

　その子孫に生活が出来る位の補償はしなければならないのではないかと考える。

　現在、炭砿の後継者がいるのなら、補償すべきだ。

○その他に言いたいことはありますか。

　兄が亡くなった時の戸籍*に、は届け人太田寛志という人の名前があるが、必ず探
して消息を聞かせてほしい。

> ＊沃川邑が保存する戸籍の全炳夏の項には、「福島県石城郡好間村大字上好間古河好間炭
> 鉱第一新斜坑南電車坑壱千弐百昇本卸左圧エソ（で）　サマン（死亡）　○　○　壱九四三
> ニヨン（年）壱ウォル（月）　入○クル同居オッ　太田寛志シンゴ（申告）」とある。
> （　）は龍田加筆

9　李榮愛氏（動員地死亡者遺族）　No.9

（1）聞き取りの経緯

　全潤家氏のアパートからそう遠くないアパート地区の前で小さなスーパーを営む
夫と一緒に聞き取りに応じてくれた。父の死後は、母が農業をして、李は小学校を
中退して縫製会社に勤めたという。お店の中の居間での聞き取りで、夫君が色々と
助言してくれた。

（2）証言者・被動員者経歴

①証言者

- 氏　名　李榮愛　被動員者の娘
- 生　年　1940 年（68 歳）
- 本籍地　忠北道沃川郡沃川面
- 現住所　沃川邑両水里

②被動員者

- 氏　名　李範龍
- 生年月日　1909 年 10 月 6 日
- 本籍地　証言者に同じ
- 当時の住所　報恩郡
- 職業　農業
- 炭砿名　古河好間炭砿
- 死亡年月日　1940 年 4 月 13 日

③聞き取り月日・場所

6月12日・スーパーの居間

④**調査協力者**

沃川邑の戸籍係　呉漢斗氏

（3）聞き取り内容

①**動員された当時のこと**

○お父さんのことで何か聞いていることはありますか。

私の「百日のお祝い」を過ぎてから父は動員された。遺骨は伯父が取りに行ったと聞いている。又、生きている時は会社から送金があったと聞いている。

②**父の死後のこと**

○お父さんが亡くなった後は、どの様にして生活して来たのですか。

報恩郡で母と農業をして暮らして来た。小学4年で女に教育は必要ないということで退学をして、縫物を習った。

その内そこが会社になってずっと勤めていた。金は少ししか貰えなかった。

○結婚したのはいつですか。

24歳の時、今の夫と結婚した。3人の子供達には孫が生まれ、6人にもなる。今は幸せだ。

○日本に対して言いたいことはありますか。

何もない。

＊後でお父さんの働いていた炭砿のことを写真と一緒に送ることを約して別れた。

１０　劉鳳出氏（生存者）　No.10

（1）聞き取りの経緯

沃川から南下して全羅南道茂朱に一泊、翌17日朝、郡庁を訪ね「真相糾明委員会」の協力を求める。お蔭で入山採炭にいた2名の帰国者の内1人が聞き取りに応じてくれた。茂朱に住んでいる日本人の通訳と担当官が同行してくれた。被害者は16歳から3年以上も入山採炭に動員された。青葉寮の写真を見たら、当時のことをよく記憶していた。懐かしい日本人の名前もあがり、厳しい戦時動員の様相を話してくれた。

（2）証言者経歴

①証言者

・氏　名　劉鳳出　創氏名　霧島九郎

・生　年　1925 年（83 歳）

・本籍地　全羅北道茂朱郡安城面

・現住所　本籍に同じ

・動員期間・炭砿名　1941 年 10 月～1945 年 2 月（3 年 4 ヵ月間）・常磐炭砿入山採炭

②聞き取り月日

　6 月 17 日午前

③調査協力者

　茂朱郡「真相糾明委員会」実務担当者厳承燮氏

　茂朱郡庁観光課通訳官　近藤町代氏

（3）聞き取り内容

①動員当時について

〇家族はどうなっていましたか。

　父は 7 歳の時亡くなって、母が子供 4 人を育てた。兄がいて、私は 2 番目、弟が 2
　人いました。土地は無かったので母は瀬戸物を売ったり、家の手伝いをして暮ら
　していた。

〇どの様にして連れて行かれましたか。

　面事務所の人と巡査が来た。日本人はいなかった。捕まえられて、無理に連れて
　行かれた。動員当時は 16 歳だった。

〇どこに集められましたか。

　面事務所に集まり、安成からは 50 人だった。学校に通っていた人は 4 人で、学生
　は運転手になった。班長は日本語が出来る人がなった。その後、郡庁から永同ま
　でバスで行き、そこから釜山まで汽車で行った。

②炭砿での仕事について

〇坑内はとても暑い所でしたか。

　とても暑かった。

〇どんな仕事をしていましたか。

劉○出夫妻（中央）。通訳官の近藤町代氏（左）と茂朱郡「真相糾明委員会」担当職員厳承燮氏（右）

水が出るので、機械（モーター）を使って水を汲み上げる仕事の手伝いをしていた。それと機械の修理。先山は日本人。ガスが多いのでダイナマイトは使わず、ピックで石炭を掘った。

○坑内では事故はありましたか。

一緒に行った人で死んだ人はいない。逃げた人はいる。その人は刑務所に送られた。酒ばかり飲んで、仕事はしないし暴れるので送還された。安城の金チョンシク氏という人で、日本人も恐ろしかったのではないか。

会社では逃走を防止するため、汽車の時間には駅前に「取締」を置いていた。

③賃金について

○賃金はいくらでしたか。

賃金は1円で、買う時は票を使って買った。

○送金はしましたか。

貯金は7,000円貯めていた。母が死んだ時、帰らしてくれと言ったが帰らしてくれなかった。それでその時、全部送金した。お金は受け取ったと言っていた。次男なので帰してくれなかったのだ。

○帰国時の清算について。

帰国する時、お金を貰ったかどうかは覚えていない。

④寮生活について

○食事はどうでしたか。

とにかくお腹がすいてたまらなかった。江原道の人は白菜を盗んで食べて捕まり、重いものを持たされたり、殴られたりした。「腹がすいて盗むのに何が悪い」と言ったという。

○宿舎の窓に格子の様なものがありましたか。

宿舎には逃亡防止のための格子の様なものはなく、信頼のある人は自由に外出できた。私は仙台まで遊びに行ったこともある。

○休日はどの様にして過ごしましたか。

日曜日は大体宿舎にいたが、近くの小学校でサッカーの様なことをやったこともある。

⑤帰国時について

○解放前の2月に帰国したことになっていますが、帰国出来のですか。

満期になったので、行った人が皆一緒に帰って来た。来た時と同じ様に汽車と船で帰って来た。あまり苦労などはなかった。

○一緒に帰って来た人は、今生きていますか。

チョンチョンス氏がいる。電話をすることが出来る。

  ＊電話をかけたが、丁度留守だった。機会を作り又お会いすることにした。被害申告は提出しているようだ。

○当時の仕事での後遺症などありますか。

下の弟はソウルで死に、末弟は軍隊で体を壊して死んだ。弟たちのことを思うと今も涙が出る。

○日本人や会社、政府に思うことを言ってください。

日本である時、仕事で重い鉄棒をつらい思いでようやく運んで来た。その時の監督に「何しに来た」と馬鹿にされたので腹が立ち、その監督を殴って逃亡したことがあった。でも、先輩たちが集まって、日本人と交渉してくれて無事におさまったということがあった。そんな訳で、特に「恨」の様なものはない。

  ＊奥さんの話。数年前、毎年5万ウォンずつ集めて、日本から補償金を取ると言った人がいて、洞内の2人が仲介になって、ソウルから来た女性が集めていた。その後どうなっているのか。これに対し、同席していた「真相糾明委員会」の事務担当官は「真相糾明関係は私が責任者なので、そんな話があったらまず私に連絡してほしい」ということであった。

⑥その他のこと

○楽しかった思い出などなかったでしょうか。

ない。

○60 年前の青葉第 4 寮の写真ですが、何か思い出すことはありませんか。

飯場には食事を作る娘さんとおばさんらが 4 人いて、60 人位が一緒に食べていた。寮には沢山の部屋があった（写真を見ながら）。ここで生活していた。寮は道路のわきにあって、売店もあった。タオルを票で買ったことを思い出す。

○この上に小学校の運動場がありましたよね。

うなずく。（突然）「君がーようが…」「かたのみ…」（と歌い出す。後半の意味は不明）

○皇国臣民の誓いなども言わされましたか。

日本では言わされていた。

○日本人で仲良く付き合った人などいませんか。

平松という人と一緒に仕事をしていて、近くの家まで遊びに行ったこともある。とても良い友達になっていた。

＊写真がきっかけで、すっかり和やかな雰囲気になり、訪問したことを奥さん共どもとても喜んでくれて、別れた。いい出会いを作ってくれた方々にお礼を言いたい。青葉第 4 寮の写真提供は永山亘氏、入山時の写真提供は長澤氏。

１１　李相来氏（動員地死亡者遺族）　No.11

（1）聞き取りの経緯

茂朱での聞き取りを終えた後、忠清南道大田にバスで戻り夕方、呉漢斗氏から紹介のあった 4 人の遺族の 1 人李相来氏に電話連絡を取ったところ、今すぐ会いたいという事で、市の西側のアパート街にある自宅を訪ねた。氏も管理人をしていた。奥さんと一緒に聞き取りに応じ、来訪をとても喜んでくれた。氏の話から、息子を亡くした祖母の悲しみが痛いほど伝わってきた。

（2）証言者・被動員者経歴

①証言者

・氏　名　李相来　動員被害者の甥

・生　年　1955 年（53 歳）

李○来夫妻（大田市自宅にて）

・本籍地　忠清北道沃川郡北面
・現住所　忠清南道大田広域市西区

②被動員者

・氏　　名　李(宮本)貴成
・生　　年　1920 年 2 月 27 日
・本籍地　証言者に同じ
・動員炭砿名　古河好間炭砿（先山夫、松阪寮）
・死亡年月日　1942 年 12 月 17 日　落盤圧死

③聞き取り月日・場所

　6 月 17 日、自宅（夫人同席）

（3）聞き取り内容

○動員当時のことで記憶していることがありますか。

　叔父さんの動員当時のことは何も分かりません。1960 年代に亡くなった祖母が、丁度私が 10 歳の頃、毎日、大門を開けて、泣きながら息子達の帰りを待ちわびていたのを思い出します。

　詳しいことは当時、分からなかったが、後に里長に聞いて分かったことは、祖母は長男も次男も三男も強制労働で取られ、三男の貴成以外は行く先も判らなかっ

た。長男と次男は途中で逃亡したので生きて帰ってこれた。しかし、三男の死が
信じられず、毎日待ち続けたのではないか。

○今回の政府の調査ではどの様にして申請したのですか。

亡くなった叔父の話を里長が証明してくれた。

＊訪問を心から喜んでくれた。おばあさんへの思いとダブるのか、伯父に対するどんな情
報も大切に聞いてくれた。親から子への思いが伝わる時、遺族訪問がどんなに大切かを
再認識させられた。

１２　孟泰燮氏（生存者）　No.12

（１）聞き取りの経緯

大田から大邱を経て慶尚北道慶州市へ。ここから、古代に倭が東海から攻め上っ
て来たであろう道をバスで逆にたどって目的地甘浦面に着く。甘浦は観光開発も進
んでいる。その日は漁村で美味しい刺身ご飯（フェパップ）を食べた。サービスの
あらのスープは特別に美味しかった。その日は港の旅館で泊り、翌 19 日、朝早くか
らタクシーで○○里へ。前日に慶州の「真相糾明委員会」の女性係官が面接の許可
を取り付けてくれていたが、いざ行って見ると留守。1 時間程自宅で待たせて貰った
が、里長によると病院に行った様だということであった。その日は面接をあきらめ
て、かねてから時間があれば訪問したいと思っていた、願成寺預かりの遺骨朴守福
の本籍地である慶尚南道蔚山の熊村面にバスで向かう。翌 20 日朝早く、甘浦の孟宅
にお伺いしたが、数年前自動車事故に遭い、その後も後遺症で、とても聞き取りの
出来る状態でないことが分かった。お会い出来たことだけでもよかったと思い、海
辺近くの自宅を後にした。

（２）証言者経歴

①証言者

・氏　名　孟泰燮

・生　年　1932 年（76 歳）

・本籍地　忠清南道唐津郡貞美面

・現住所　慶尚北道慶州市甘浦面

・動員期間・炭砿名　1944 年 4 月 24 日〜1945 年 9 月 3 日・古河好間炭砿

②**聞き取り月日・場所**

　6 月 20 日、自宅

③**調査協力者**

　子息の妻

（3）聞き取り内容

○「真相糾明委員会」への申告によると 12 歳（数え年 14 歳）で日本に動員された
　とありますが。

　私にはよく分かりませんが、主人がそう言っていました。祖父さんは交通事故に
　遭って耳が聞こえなくなり、体の具合が良くなくて、昨日も急に病院に行くこと
　になったのです。大きな声で話しても仲々聞こえない上、頭が痛くなるので、お
　話は無理だと思います。

Ⅳ　聞き取り調査の検討

　改めて録音テープを聞きながら未熟な語学力のために聞き違いや思い込みも多々
あることが分かった。今後正確な「読み取り」の必要性を感じながらも取り敢えず
いくつかの分析を試みた。

1　被動員者の強制連行性について

　対象者となる生存者は 7 人で、「募集期」1 人、「官斡旋期」5 人、「徴用期」1 人で
ある。

　動員時の証言があるのは 5 人で、一番早い 1941 年 10 月の劉氏は「募集期」であ
るが、巡査と面職員が来て「捕まえた」など強制的である。又、次男であるという
理由で母の死亡時も帰してくれなかった。但し、1945 年 2 月に満期（3 ヵ月延期か）
で、同期動員者と一緒に帰国している。入山採炭ではこうした事例はまだある様だ。
「官斡旋期」の全氏は長男であるにもかかわらず、逃げると「父が代わりに引っ張
られるので」と強制され、いずれも区長又は巡査、面職員が来て連れて行かれたと
している。「徴用期」の李氏の場合は、暴力を伴ったことを証言している。どの時期

も動員時の強制性は共通している。

2 動員の強制労働性について

　動員の強制労働性を検討する指標としては、「職種選択の自由」、「休息の自由」、「外出・通信の自由」、「退職の自由」が、労務管理の物理的「暴力」により束縛されたり、「警察力」により拘束されることが無かったかなどが考えられる。

　職種は全て坑内労働で、張氏は車や電気の修理、劉氏は排水管理などの職種の採用もあり、適正配置はある程度考慮されている。好間炭砿の早期入山者の犠牲者李貴成は先山である。技術資格の必要な職種就業者は、戦時動員の朝鮮人労働者の中に占める比率はそう高くはないと思われる。常磐炭砿の伊川郡満期者調べ（61 人）など、限られた資料により試算すると 29％である。その張氏も坑内労働の危険性に言及している。

　労務による就業督促の厳しさは、特に負傷時の取扱いに現れ、全氏の場合は「入院は勿論、炭車の事故で怪我をしても休めなかった」ことや、劉氏は「休んだことがばれると、労務に呼ばれ、叩かれた」ことを、宋氏は「夜昼なく働かされた記憶しかない」と証言している。

　劉氏によると外出の許可は、「信頼される人」にはあったともいい、駅には「取締」が逃亡を監視していた。逃亡した金昌越氏も休日を利用したなどの証言は、当時の入山採炭の 1942 年 9 月の「外出を中心とする訓練」から許可、集団、外出時間などの制限を加えながら、個人的な成果を見て与えて行った様子が読み取れる。

　逃亡時の暴力的制裁は全国共通であるが、金昌越氏は食事やその他のことはともかくとして、落盤を目の前にしての坑内労働の危険性を一番の理由として挙げている。

　退職の自由について。「官斡旋期」以後の「定着指導」という労働強制は、「家族呼び寄せ」、一時帰休、奨励金などの優遇策と共に、警察力を使ってまで執拗に行われた。劉氏の場合は、1945 年 2 月に満期により集団帰国した例である。この頃、1944 年の円満帰国率は全国では 10％以下である。常磐地区では入山、磐城を合わせた満期者は 1944 年 1 月から 45 年 3 月まで 1,519 人で、朝鮮人労働者の 30％である。その内どれだけ定着したかは掴めていない。44 年の 10 月には、400 人を超える集団帰

国の動きがあり、警察の介入により慰留されていることを考えると、こうした帰国があったことは興味深い例である。劉氏を支える同期の集団の繋がりが強かったことは確かである。

又、宋氏の場合は、恐らく常磐炭田で解放後、最初の帰国者で、8月中に8人の先輩たちと集団で帰国し始めたものと思われる。詳しくは聞けなかったが、解放前からの動きが一挙に現われたのではないか。

両氏の帰国を可能にした背景には、「帰国要求」の運動があり、それは「強制動員」そのものを否定する「本質的な要求」活動である故に、重要である。

3　賃金や待遇における民族差別性について

賃金についての質問に対し、李氏は「貰っていない」、全氏は「覚えていない」、張氏は「貰ったとしてもほんの少し」「マックォリー一杯にもならない」など否定的である。宋氏は「月15円位」、金昌越氏は「1日1円50銭、月30円～50円」と標準的な数値。劉氏は「1日1円で、買う時は購買票で買った」という。

送金された金は全員受け取っていた。「他人任せ」の張氏。「寮長が送った」という全氏。「7,000円貯めて母が死んだ時送った」劉氏。「月10円ずつ貯めて土地を1,000坪買った」金周讃氏など。「送らなかった」という李氏。「たばこだけ受け取った」崔氏。郵便局で受け取りに行き「お札の臭いまで覚えている」金周讃氏。こうした証言で見る限り、終戦の年に動員された李氏以外は、送金がそれなりに行われていたことを思わせる。戦後の賃金の清算については、きちんとした聞き取りが出来なかった。

食事については、「汁は人間の食えるものでなかった」（宋氏）。「お腹がすいてたまらなかった」（李氏・張氏・劉氏）。「水を飲んで腹いっぱいにした」（全氏）など、食べ盛りの若者には何よりもつらかったことを挙げている。挙句には「腹が減って盗むのがなぜ悪い」と、江原道の白菜を盗んで食べて暴力の罰を受けた人が述べた言葉を肯定的に振り返っている劉氏。好間の年輩の金昌越氏の「おかずは沢庵ならそれ一品」「少なかった」や、先鳳氏の「白い飯を腹いっぱい食べた」のとは違った印象を述べている。

寮の規模や、間取もある程度聞き取れるが、張氏や劉氏も窓の格子などについて

の「記憶がない」のはどうしてだろうか。両氏は比較的自由に寮生活を送ったというイメージが強い。先に触れたように、勤続年数や職種との関係もあるのか。又、「仙台に遊びに行った」り、仲の良い日本の友達がいたという人もいた。

4 「集団暴力事件」の性格について

今回の訪問の最大のテーマは、好間炭砿における「集団暴力事件」の実態を把握することであった。このことを通じ朝鮮人戦時動員時の自然発生的抵抗闘争である「集団暴力事件」の性格を掴むことであった。

幸い中央の「真相糾明委員会」と清原の郡庁の自治行政課の協力と忠清北道沃川郡沃川邑の戸籍係の協力もあり、区裁判所判決文にある 23 人の被告の内 9 人の死亡と遺族の存在を確認することが出来ると共に、2 人の遺族との接触を持てた。その内、今回の「集団暴力事件」の最長老で、懲役 8 年の刑を受けた金先鳳の子息金周讃氏より聞き取りを行うことが出来た。この事件の真相究明への一つの手がかりが出来た。

戦時下の朝鮮人社会は、日本帝国主義にとって最も厄介な自然発生的抵抗を生み出す温床であり、帝国を内部から突き崩す要因を成していた。事実、日本人の抵抗闘争が激減する時期にむしろ増加し、激化している。

常磐炭田の朝鮮人砿夫は、民族差別と最も危険な労働現場へ強制配置された植民地労働者として過酷な労働環境の中でも、北海道の様に逃亡が不可能な地理的環境でもなく、九州の様に故郷との地理的近距離にもない。西成田氏は労働争議の 2 つの形態として福岡地域（含む山口）の「逃亡」と北海道の「直接行動、集団暴力」を挙げている＊。常磐の場合は両者の中間的な発生状況といえる。

＊西成田前掲書、298 頁

好間炭砿における 1943 年 4 月の大規模な「集団暴力事件」は、当時、抗日戦争の根拠地延安の中国共産党の中央委員会でも日本における積極的な抵抗闘争として報告されている＊。

＊岩村登志夫『在日朝鮮人と日本労働者階級』校倉書房、1972 年、300 頁。『野坂参三選集戦時編』日本共産党中央委員会出版部、1962 年、431 頁。

しかし、この事件は決して意識的計画的な闘争形態でないことは、破壊の対象が

日本人の住宅であり、日本人の死亡者が出る中、『特高月報』4 月分*によると、労務係の説得により 2 日間で終息している。だからといってこの反抗が一時的、衝動的なものでなかったことも確かである。周讃氏によると犯行の動機は「監視が厳しくうるさく、すぐ叩き自由を与えない」という動機の正当性を述べている。父は日ごろから「決して喧嘩早い人ではなく、農業が上手であり、ユーモアがあり、民謡を歌えば周囲の人が聞き惚れ、送金は毎月行う」律義な人でもあったという。帰国後も、公民館など公衆の前で、話を面白く聞かせたという。

　＊前掲『昭和特高弾圧史』8、75 頁。

　又、被告の出身は殆どが忠清道という抗日意識の高い地域であることも一つの要素かもしれない。事件発生後、入山した江原道出身者からの聞き取りによると、会社を「優良炭砿」と述べていることなどから、会社の労務政策が宥和的なものに転じた可能性は強い。

5　労働災害について

　朝鮮人戦時労働動員者に対し、「内鮮一体」「産業戦士」ともてはやしながら、戦後は厄介者扱いで早期帰国をさせた後は、一顧だにしない日本政府や企業には少なからず憤りを感じる。労働災害被害者の調査では日本人の運動により大きく前進しながら、放置されている塵肺関係被害について、最初と思われる事例が出たことから述べてみたい。日本では、常磐の塵肺訴訟が和解の後に全国的な和解と被害者の調査が行われた。常磐炭砿では 500 人が検診を受け、認定者 48 人、死亡者 46 人という。大日本勿来炭砿では 1 人である。塵肺の症状は咳と痰が出て、突発性の場合は咳止めがきく。症状は進行し、呼吸困難のため歩行も困難になる。被害期間には関係なく、吸引した粉塵の量による。レントゲンを撮ればほぼ診断出来るとのことだ。

　忠清北道鎮川郡の宋甲奎氏は、1942 年 3 月から 45 年 8 月まで、大日本勿来炭砿で採炭補助員として勤め、粉塵の大量吸引をしており、それ以前も以後も粉塵と無関係の農業に従事している。現在、激しい咳に苦しめられ痰も出る。清州の病院に月一度の割合で通って、一般障害の認定は受けてるが、未だ補償は給されていない。

　「真相糾明委員会」によると、塵肺の救済支援組織は立ち上げ中で、支援立法は8、

9 月頃出来るので、症状と証明者がいれば申請が出来るとのことだ。

　日本での診断は高齢のため難しいが、会社は倒産していても労災による救済は出来るはずだ。日本における定期健診は 2 年前に終わっているが、原爆の救済が実現している今、こうした障害救済への道が開けないものか。

　その他の障害についても同様であるが、韓国政府の責任で補償を行っている。今、私たち加害国民として何が出来るかを明らかにしなければならない。

まとめ

1　調査の方法について

　今回は 2 週間、2 人で聞き取りをした。写真と録音は専ら斎藤氏が行ったため失敗もなく、聞き取りも全て録音が出来た。写真も調査の経緯が分かる程度には撮れた。

　聞き取りも打ち合わせをしながら行えたが、調査が優先して一部打ち合わせが出来ない時もあり、反省点である。通訳官が付いてくれた時は、やはり詳しく聞き取ることが出来た。単独での調査は、余程の下準備がないと抜け落ちることが多かった。今後とも出来れば数人での聞き取りが望ましい。

2　生存者の聞き取り

　今回は「真相糾明委員会」の協力により 6 人の生存者から聞き取りを実施することが出来た。あらかじめ頂いた名簿により、事前に訪問確認をしたが、訪問の趣旨が理解出来ていない場合もあった。

　拙い韓国語の電話では十分趣旨が理解して貰えず、2 人の被害者には訪問を断られた。その他は地方の「真相糾明委員会」の事務担当官の協力で、思いのほかスムーズに行った場合が多い。

　入山採炭の青葉寮など、具体的に写真等の資料がある場合は話がはずみ、良い結果を得ることが出来た。当時の写真集は寄贈分のみで現場では使えなかった。磐城内郷砿関係の被害者の聞き取りは今回出来なかった。

　好間炭砿の「集団暴力事件」については、生存者の聞き取りは既に難しいことが

分かったが、遺族の聞き取りも実態把握に役に立つことが分かった。

　今回、動員被害の調査の内で、一番重要な後遺症についての事例が出てきたことは大きい意味がある。予想はしていたが、今なお苦しんでいる姿を目の前にして、課題の大きさにショックは大きかった。

　質問についてはもっと工夫が必要で、とくに抵抗運動や強制動員者の連帯の視点が弱かった。

3　遺族への慰労と精神苦・生活苦の被害調査について

　今回、損害賠償訴訟の関係遺族と会うことが出来た。それだけに遺族の犠牲者への思いは強く、その思いをいわきの人達にも伝えたいと思った。

　現在の遺族の生活苦と磐城炭田における被害との直接的な因果関係を指摘することは難しくても、遺族の補償への願いが強いことを感じる事例があった。

　遺族からの聞き取りが、強制動員の実態を直接的に裏付けることには繋がらないとしても、今日においても身内、親族を犠牲者にもつ遺族の深い悲しみを今なお目のあたりにするにつけ、朝鮮人強制動員問題が今日的課題として調査の継続の必要を強く感じた。

附属資料　福島県常磐炭田戦時強制動員被害についての調査依頼について
日帝下強制動員被害真相糾明委員会委員長貴下

サークル平和を語る集い調査員　　　　龍田光司
在日朝鮮人運動史研究会員
強制動員真相究明ネットワーク会員
福島県いわき市江畑町

福島県常磐炭田戦時強制動員被害についての調査依頼について

1．依頼の趣旨

　福島県いわき市勿来のサークル「平和を語る集い」は 1984 に発会して以来、２２年間公民館公認サークルとして、毎年地域における戦争と平和に関する「展示会」（参加約３００人）、集会、戦争遺跡の調査、戦争体験の聞き取り，冊子の発行などを行ってきました。

　特にいわき市に所在した常磐炭田における戦時朝鮮人強制動員については地域におけるアジア諸国への加害責任の観点から重視して来ました。今までの研究の成果によると２万に近い朝鮮人が動員され、奴隷的労働と民族差別のなかで２９６人にのぼる犠牲者が出ています。

　そこで、会では２００５年５月，２００７年の２回の調査員を派遣して地域における戦時動員の実態調査と並行して、韓国に本籍を持つ犠牲者の名簿を手がかりに遺族と帰還者ついての調査を行いました。その結果、現在２４名の犠牲者の遺族と帰還者についての情報を得、そのうち８名についての聞き取り調査を行うことが出来ました。

　このため、各郡の邑事務所や面の戸籍係の個人的な献身に依ったり、地方の「真相糾明委員会実務担当者の協力による煩瑣な作業が必要であり、本来こうした情報を民間の一団体や研究者が得ることはプラバシー保護の観点からも限界があり、国家や当該企業が戦後責任を果たす観点からしかるべき手続きを経て行うべきものである。

　しかし、残念ながら、国家による遺骨の返還の事業すら，滞り、戦時労働動員の実態究明については民間人の努力にのみ依拠し、何一つしかるべき調査を行っていない。まして、当該自治体（いわき市）においては、その責任についてさえ、自覚されていないのが実態である。

　私たちこの問題に関心を持つ市民や研究者による「真相究明」の作業は「石炭統制会東部支部の労務関係文書の公刊（長澤秀「戦時下強制連行資料集」）はじめ一定の成果が出されているが、今必要なものは既存の成果をもとにして、行政や企業による、より有効な戦時強制動員被害者の実態調査を促し、広く市民の関心を高め、日本国民としての必要な謝罪と補償の問題に正面から向き合い、被害者との和解への道を開く

ための行動を起こすことである。

2．研究上の課題

現在解明を必要とされている課題は多いがとりあえず、

1）内鮮一体の掛け声にも関わらず、国家総動員体制確立後の労務動員計画に基づく朝鮮人労働力の本国への導入は直接本国の法令の適用不適用にかかわらず、実質的その賃金の支払い、労働環境、寮生活における衣食住や通信、外出の自由等の待遇に大きな民族的差異があったと思われる。

　注　石炭業における国民徴用令の適用の遅れ（１９４４年以後）は、朝鮮人の募集，官斡旋による労働動員が本国での徴用令適用の代替機能を果たしていたと考える。だとすると朝鮮人被動員者がそれを「徴用」として自覚していたことの意味も理解できる。

2）奴隷的拘束と民族的差別に対する朝鮮人の抵抗運動は戦時下の日本人の抵抗闘争が個別分散的非組織であったのに対し民族運動とも関係するより意識的、組織的なものを含み、「逃亡」とともに「暴動化する場合」も運動史的検討が必要と思われる。常磐炭田での抵抗闘争は、北海道や、九州に比して決して少なくない数が記録されている。戦後いち早く起こった朝鮮人運動の性格とも関連してその真相の究明が待たれる。

3）戦後混乱の中とはいえ、賃金、退職時の諸掛金の清算、遺骨の返還が政府や企業による意識的なサボタージュもあるが，個人的補償の問題は数多く残されていると思われる。また、清算された場合も帰国の途中で大部分が費やされてしまったのか実態はよく分かっていない。

4）　特に動員中に受けた傷害や疾病や精神的後遺症に伴う生活困難についての調査は戦後一度も雇用者や政府の手によって行われたことはなかった。その実体の把握は急務である。

3．調査の現状と経過

1）調査の成果

こうした中で、２回の調査を通じ、部分的ではあるが労働実態や民族差別への被害者の受け止め方や暴力事件被告のその後の足跡、特に帰国時から帰国後の実態が今次の調査を通じて被害者の生の声として戦後６０年にして初めて明らかになった。

父親の死んだ場所さえ分からなかった被害者の遺族への情報の提供、遺症のため働けない夫に代わり子供を育てた婦人や子息からの聞き取り。二男死を悼みつつ亡くなった父親の思いでを語る末弟からの聞き取りや、現在不遇のまま余生を暮らしている犠牲者遺族の消息など、帝国主義戦争の遂行のために本国の鉱山に駆り出された植民地人の受けた計り知れない犠牲の重みを極めて、部分的ではあるが明らかにすることができた。

しかしながら現在、判明したのは動員犠牲者２９６名中の２６人は犠牲者の１％に

も満たず,被動員者の０．００１％にも満たない。

　幸い当地域においても貴委員会が行ったサハリン「二重徴用」真相糾明の調査団の受け入れを契機に新たな真相糾明究明の動きもあり、貴委員会の真相糾明の事業と共同するならより大きな成果を得ることができると確信しています。

2）調査の経緯

　今までの調査の簡単な経緯を記すと

①　第１回目の調査時は第一次の申告締切前の２００６年５月に行い、当時５郡の地方実務委員会の協力で申告者３．４３８名の中から該当郡出身の犠牲者（現地死亡者）を調べていただきましたが１名の申告者も見つけることができませんでした。

　　しかし、常磐炭田では最も犠牲者が多かった横城郡では３名帰還生存者がいることが解り、そのうちひとりについて、申告者の了解を得て短い「聞き取り調査」をすることが出来、１０人の現地死亡者の戸籍上の確認と２人の遺族との面接もできました。

②　その後、貴委員会に対し、本会より常磐炭田関係被害申告者についての調査を依頼しました、一回目の調査で判明していた４名の被害者が被害申告をしているという回答を受けました。

③　2回目の２００７年６月の調査時においては、すでに第二次の申告の締め切りまでに２０万人を超す申告者があり、当時３万人を超す帰還生存者がいたと聞き及んでいました。

　　そうした中で「糾明委員会第１課や地方実務委員会の協力もあり、この度は、新たに１５人の被害者とその遺族の消息をつかむ事が出来、６人と面接も行うことができました。中には大日本勿来炭鉱で死亡した犠牲者の遺族を含む、１９４２年に起こった提川勤労報国隊４０人による「暴力事件」の判決文にある被告が被害申告者の中にいることが判明し、その遺族より聞き取り調査を行うことが出来、事件の性格の把握が進みました。

④　また、既に貴委員会が刊行された申告者よりの「口述記録集」６集の「兄の代わりに私が行ったのよ」権伍烈は常磐炭田における被動員者の貴重な記録であり、寮の見取り図始め、今後、私たちによる既存の聞き取りと照合することができると思われます。

3）調査の依頼

　　被動員者の高齢化が進む中で一日も早い調査が待たれています。

　私達は貴委員会のある地方担当者にお願いして、常磐炭鉱関係の被害者の申告状況を尋ねね、被害申告者の中に入山炭鉱、長倉坑への３人の被動員者がいることが判明しました。しかし、その１人は申告後の９月には亡くなられているということでした。機を失することなく出来るだけ早く、広く実態を知るため、今回貴委員会がすでに糾

明されている史実について、出来る範囲での調査への協力をお願いいたしたく、下記の項目についての解答をご期待申し上げます。

2．調査を依頼したい内容
　1）．（数値的把握）
　　第2次申告までの「真相糾明委員会」で把握している労務動員被害者の中で福島県への被動員者と思われる申告者について
　　① 福島県に動員されたと思われる被害申告者は何人ありますか？
　　② その内、常磐炭田に動員されたと思われる被害申告者は何名になりますか。
　　③ ②の申告者の内訳について
　　　　＊ 現地死亡者は何人になりますか。（イ）
　　　　＊ 生存帰国者は何人になりますか
　　　　　　そのうち既に亡くなった方は何人になりますか（ロ）
　　　　　　申告時の生存者は何人いらっしゃいますか。（ハ）
　　④ ②のうち以下の炭鉱について動員会社名または動員地名（鉱名または坑名）が分かるものについて、イロハの分類に基づきその人数は何人になるか調べていただけませんか。

炭鉱名	坑名	（参考資料）最多時被動員数	現在判明者
磐城炭鉱内郷鉱	（綴坑、住吉坑、川原坑）	２．４２７人	９人
磐崎鉱	（長倉坑）		
鹿島鉱	（小名浜坑）		
入山採炭湯本鉱	（3坑．4坑．5坑．6坑）	２．２９５	５
古河好間炭鉱		１．０４４	５
大日本勿来炭鉱		５５４	３
日曹赤井炭鉱		２６０	０
鳳城小田炭鉱		１４９	０
大昭上山田炭鉱		２５７	０

　　常磐炭鉱（内郷鉱、磐埼鉱、湯本鉱、）
　＊ 1944年3月に　磐城、入山の合併によりできました。それぞれ元の2社で数えましたが、合併以後で分類不可能な時は常磐炭鉱で取り扱ってください。

　2）（個別的把握）
　　常磐炭田への被動員者と思われる被害申告者についての個別事例について
　　① 帰国して現在生存している被害申告者について　　　（ハ）
　　　　氏名、本籍、生年月日

わかる限りの動員先、動員期間（入山年月日と帰国年月日）について

被害の内容について

申告者が本人でない場合は本人との関係と両者の現住所

現在の健康状態

②　帰国者で現在死亡している被害申告者について　　　（ロ）

被害者の氏名、本籍、生年月日、死亡年月日

申告者と被害者の関係、現住所、

被害の内容

わかる範囲での動員先、連行期間（入山年月日と帰国年月日）

③　現地死亡者について　　　　　　　　　　　　　（イ）

被害者（死亡）の氏名、本籍、生年月日,

被害申告者と被害者（死亡者）の関係、現住所

わるかる範囲での動員先、動員期間（連行年月日と死亡年月日）についての情
報

以上のうち①を最優先的に②，③についても可能な限り聞き取り調査を実施し出来な
いでしょうか。

なお、すでに聞き取りが行われている場合は申告者の了解が得られる範囲において、
そのコピーをいただけないでしょうか.

連行時の状況、連行過程、入山時の訓練、仕事の内容、賃金、災害など労働条件、寮生
活、通信、送金、外出、抵抗闘争、帰国時清算、帰国過程などについての概要がわかる
だけでも大きな助けになります。

3．常磐炭田への被動員現地死亡者の遺骨返還問題について

1）常磐炭田での戦時動員犠牲者（現地死亡者）遺骨返還問題についての現状は

①　現在市内寺院に保管されている遺体で分かっているものは三体あり、一体に
ついては貴委員会の調査団が入り、遺族についての捜索が行われているものと
思われます。他の一体については氏名のみが判明しているが遺族の捜索は難し
いとおもわれる。もう一体については本籍地部落名まではほぼわっているが現
地調査の結果は戦時中の戸籍簿の中からは探し出すことは出来なかった。以上
の3件については戦時動員によるものかどうかは判明していない。

②　死亡者名簿にもとずき、遺族から聞き取りが出来た5件については5件とも
親戚または関係者の手で遺骨は遺族に死亡後返還されており、戦争末期の44
年4月の事故死亡者についても、寺院より返還されている例があり、戦後死亡
者を含め、同郷者などにより、返還されている場合が多い。

③　戦時動員被害者（死亡者）の遺骨が寺院に残置されていたのは、上記3件の
ほか真言系の2寺院にあり、2003年に世界美術文化社の手で，京畿道普光

寺に移管されている。

　　④　　現在市内寺院の過去帳に記載されている朝鮮人は１８８名であるが一部炭
　　　鉱の菩提寺の調査が行われていない場合がある。調査を必要とする。

　２）　今後の課題

　　①　　３名の遺骨については、当時すでに遺族による引き取り手がなかったか、連
　　　絡を怠ったために発生した問題であるが、今の時点での遺族の捜索は難しいと
　　　思われる。国家の手による本国への引き取りが行われるよう、日本政府に要請
　　　したい。

　　②　　については韓国寺院がその慰霊管理権を主張しているようであるが、本来遺
　　　族の意思が最優先すべきものと思われる。

　　③　　犠牲者のうち被害申告により遺族が糾明委員会で判明しているものについて、
　　　遺骨の返還状況について調査していただけないでしょうか。

４．調査依頼資料の取り扱いについて

　１）原則として資料は申告者または貴委員会の同意なしに公表は行わない。

　２）研究会、集い（会）内部において研究する場合は、貴委員会の許可のない資料の
　　　転載は禁止する。

　３）資料の保管は平和を語る集いの責任で龍田が保管する。

第4回調査報告 (2009 年)

はじめに

　今回の調査は「平和を語る集い」メンバーを中心に、短期間であっても多くの参加者で構成する事を目指した。8 名をめどに多忙なメンバーの日程を繰り合わせての 3 泊 4 日の非常に厳しい条件の下での計画となった。福島空港のソウル便が一週 3 往復という制限と日本からの乗客は出発日と帰国日が使えないため正味 2 日の日程となった。こうした悪条件の中ではあったが、韓国の「真相糾明委員会」から調査官の派遣と被害者の住む忠清北道鎮川郡の郡役所行政課のご支援により、効率的な調査と研修を行う事が出来た。関係各位に改めてお礼申し上げたい。日本の統治時代の歴史と韓国理解のための旅についてはメンバーからの感想とビデオをもって充てることとし（省略）、ここでは主として動員被害者からの聞き取りについて、その課題と実態について報告したい。

Ⅰ　調査概要

1　目的・期間等

・主催
　平和を語る集い（会長　安島克久）
・訪問団の構成
　櫛田正行、宮川えみ子　宮川正　渡辺ふみ　龍田朋子　龍田光司
・目的
　いわきにおける朝鮮人戦時労働動員被害者と日本の朝鮮統治期の足跡を訪ね韓国朝鮮への理解を深める。
・期間

2009 年 10 月 19 日　月〜22 日　木

・調査協力者

　「真相糾明委員会」調査 2、3 課

　忠清北道鎮川郡庁行政課。調査官（通訳も）　李秉熙氏

　鎮川郡庁の協力者　盧ジャンホ氏、朴玉フィ氏

2　事前準備・調査日程

（1）事前準備

8 月 26 日　水　韓国「真相糾明委員会」調査第 3 課課長許光茂氏に調査訪問の協力
要請（通訳官の派遣と被害者の了解について）。ＦＡＸにて「歓迎
する」の返書あり。

9 月 17 日　木　調査・研修内容の細案を調査 3 課宛に送付

　　 29 日　火　動員被害者宋甲奎氏と再会のための依頼の手紙

10 月 5 日　月　訪問団事前打ち合わせ。調査項目、研修日程、経費、保険、係分担
など

　　 7 日　水　調査 2 課より李秉熙調査官の派遣決定、調査計画についての文書送
付

　　 8 日　木　調査官との打ち合わせ(鎮川郡役所との連絡、宋甲奎氏へ電話連絡、
訪問の了解得る)。

　　 13 日　火　宋甲奎氏の未払い賃金の「金銭供託元帳」と副本の閲覧について福
島法務局平支局訪問、委任状等の用紙を受け取る。

（2）日程

10 月 19 日　月　ソウル　福島空港からソウルへ—世安ＢＤ「真相糾明委員会」

　　 20 日　火　鎮川　宿舎発—高速バスで天安へ—独立記念館見学—鎮川郡庁行
政課の支援を得て宋甲奎氏宅で聞き取り—鎮川から高速バスでソ
ウルへ戻る

　　 21 日　水　ソウル　終日市内見学

　　 22 日　木　帰国

「真相糾明委員会」を訪問した調査団　10月19日

鎮川郡庁前で調査団と郡職員　10月20日

II　大日本勿来炭砿被害者宋甲奎氏の聞き取り

1　宋甲奎氏を調査対象に選んだ経緯

（1）第3回の韓国調査

　前回の調査は斎藤春光と龍田光司の 2 人による調査で、忠清道を中心とした動員被害生存者の聞き取りと抵抗運動を調査のテーマとしていた。宋甲奎氏については鎮川郡庁の行政課課長と盧ジャンホ氏の協力により実現した。宋氏は大日本勿来炭砿の初期の朝鮮人被動員者で、若くして大量の粉塵を吸引する採炭補助の仕事に従事し、呼吸器系の疾患に苦しめられていること。帰国問題では、常磐炭田では 8. 15 解放時に自主帰国した早期のケース＊であることが判明した。従って賃金等の清算は不明なまま帰国したことになる。

> ＊第 3 回調査報告書の証言（60 頁）では「8 月に出発して 9 月まで約 1 ヵ月かかった」とある。又、長澤論文（『朝鮮人強制連行論文集成』明石書店、1993 年、139 頁）には、「大日本勿来炭砿では、日本軍敗北の知らせに約 400 人の朝鮮人労働者の間から"朝鮮バンザイ"の声が上がり、ラジオ放送による職場復帰命令に従って逃走朝鮮人約 10 人が戻って来たのである。20〜30 人ずつのグループで 100 人の朝鮮人が帰国して…」とある。

（2）宋甲奎氏の経歴

　本籍地　忠清北道鎮川郡万升面（元広恵院面）。

　現住所　忠清北道鎮川郡万升面

　生　年　1922 年（86 歳）

　動員期間　1942 年 3 月〜1945 年 9 月（3 年 6 ヵ月）

　動員当時の家業と家族構成　土地が無いため、出稼ぎや薪（落葉）を売って生活していた。父（出稼ぎ）、叔父、弟、姉妹 3 人、本人の 7 人家族、母は既に亡くなっていた。

（3）今回も忠清道を調査地に

　そこで今回の調査と研修のための調査団のテーマとしては、調査期間の制限と団員の構成を考慮して、鎮川郡の宋甲奎氏からの聞き取りを第 1 案とし、第 2 案とし

て清州郡、現在の清原郡を中心とする古河好間炭砿における 1943 年の大規模な「集団暴力事件」抵抗運動の生存者や遺族からの聞き取りとした。幸いソウルの「真相糾明委員会」の協力と鎮川郡庁行政課の援助により第 1 案の宋甲奎氏の聞き取りを実施することが出来た。以下、聞き取り調査の結果とその後の取り組みと課題について報告する（附属資料 1〜5 参照）。

2　戦時動員について分かったこと

（1）連行の強制性に関して―「募集」による動員か、「官斡旋」によるものか

　動員時期は本人の申し出によれば 1942 年の 3 月。「石炭統制会東部支部文書」（前掲『極秘資料集』）によれば、大日本炭砿が最初に動員した 4 月の 80 人に該当すると思われる。従って連行形態はどちらの形もあり得る。

　聞き取りによると「動員時に令状の様なものはなかった。小隊が 50 人、大隊が 100 人の隊編成であったが、制服の様なものが支給されることはなかった。入山時に写真を撮ったが、無くした」とのこと。聞き取りの突っ込みが不十分で、動員時の強制性については特に本人からの証言は得られなかった。

　『特高月報』（1942 年 7 月号）の統計では、福島県における「官斡旋」は 3 月まではなく、6 月になって 901 人が記載されている。4、5 月は欠けている。磐城、入山では 9 月から適用し始めたようだ。

（2）同郷の豊田昌勲の死亡について

　「大日本勿来炭砿の犠牲者の菩提寺である出蔵寺の過去帳に名を残している同郷の豊田昌勲（万升面広恵院里 236）という人が脳溢血により 1945 年 3 月に 61 歳で亡くなっている。この人の事について何か聞いたことはないですか」と尋ねると、「既住の朝鮮人が親子 4 人で暮らしていた。死亡のことは分からないし、名前も覚えていない」ということだった。

（3）寮の写真を見て

　この炭鉱に動員されたのは俺たちが最初で、来た時は日本人の入っていた建物に入ったが、後で新しく寮が建った。食堂があり風呂もあった。寮の奥の方の長屋に

宋○奎氏

宋○奎氏宅で聞き取りをする調査団

調査に協力してくれた「真相糾明員会」調査官（兼通訳）と鎮川郡庁職員

食べものを売っている朝鮮人がいた。マッコルリー（どぶろく）を売っていた。寮の入り口に門はあったが、周りに板塀は無かった。逃亡は出来なかった。逃亡しても捕まえよう、捕まえようとしているのですぐ捕まる。佐藤という人は、朝鮮人よりも言葉が上手で何でも出来た。この人は「陸軍大尉」で長い刀と長靴をはき、逃亡した人を捕まえた。名前は覚えていないが、逃亡して捕まった人が何人かいた。捕まると事務所に連れて行かれ殴られた。人前では殴らなかった。

（4）休日の思い出について

　「前回の聞き取りの時には毎日仕事に追われて休んだ記憶はないと言われたが、何か少しでも休日にやったことなど覚えていませんか」という問いに対し、「タニシを採って食べたことがあった。マッコルリーを買って、タニシで飲んだ。山に行ってツルニンジンも採った」と話した。

3　呼吸器系の疾患について

（1）前回の調査で分かった呼吸器系疾患について

①症状

　咳が激しく、夜咳き込むことがあり、痰が出る。月一度病院に通っている。

②塵肺の可能性

　炭砿では採炭補助や発破の手伝いで、もうもうたる粉塵の中で仕事をしていた。3年半以上そんな状況で仕事をしていた。炭砿に動員される前も後も農業で、埃を吸う仕事はしていない。

③真相糾明委の対応

　塵肺患者の救済については、関連法と支援組織の立ち上げが出来るはず。症状と証明する人がいれば申請出来るようになる。

④日本の炭砿塵肺患者について

　常磐炭田の塵肺の患者同盟の支部長によると、塵肺訴訟の結果、認定患者 48 人、死亡者 50 人で、大日本炭砿は 1 人、患者の判定はレントゲンを撮ればすぐ分かる。発症は期間ではなく粉塵吸引の量によって決まるということだった。朝鮮人戦時動員の例は探したが、今のところ発見されていないようだ。

（2） 今回の聞き取りで分かったこと

①症状の発症

動員帰国後、咳がでるようになった。

②通院している病院

清州市の聖母病院（呼吸アレルギー内科）

③処方箋よりわかったこと

通院している病院の処方箋を見せてもらった。それによると、病名は「Ｊ449（慢性閉塞性肺疾患）」で、処方薬は気管支の狭窄を広げる薬の他、ベンドリンなど6種類の薬が処方されていた。

④たばこの吸引について

動員当時から吸い、8年前にやめた。

＊この疾患の原因は喫煙と粉塵等の吸引にあり、主な症状は気管支狭窄と肺気腫で、治療は症状の悪化するのを遅らせるだけという。

（3） 今後の課題

塵肺とこの疾病との相関関係は濃いと思われる。だが、原因が塵肺であったとしても、日本の労災適用には法改正を伴わなければ難しいと思われる。韓国での支援組織が出来るとすれば、それだけの被害者がいるという事で、「真相糾明委員会」の詳しい聞き取りを必要とする。現在、韓国における支援組織等は出来ていない。宋甲奎氏の場合も一般の医療支援金として一時金が支払われたにすぎない。氏は最近転んで怪我をしたこともあり、床に伏せっている。保険制度はあるが自己負担が何割か分からない。次男夫婦と孫達（4人の内2人はまだ通学している）と暮らしている。経済的負担も大変かと思われる。症状は戦時動員による被害も原因と思われるが、今後更なる調査が必要である。

4　帰国時の未払い賃金等の供託と清算について

（1） 戦時動員朝鮮人労働者の未払い賃金の供託問題について

①労働省調査「朝鮮人に対する賃金未払い債」の公開

戦後、朝鮮人戦時動員被害者の帰国時の賃金等清算問題は、戦時動員の性格を決

定する程の重要な問題であり、その実態の把握は大切である。この問題の解明に大きな転機となり、手掛かりを与えてくれたのは国立公文書館つくば分館で公開された「経済協力―韓国・105」と表記された公文書（附属資料 11 参照）の公開ではないかと理解している。

②原本の作成と保存

　この朝鮮人労働者の未払い金に対する供託金名簿等の原本は、日本政府へのＧＨＱの指令に基いて作成されたものである。この名簿原本は 1950 年以後のものは東京供託局に、1950 年以前は厚生省労政局関係の 60 の機関に保存されている。事業主が供託金の基礎資料を作成し、知事から司法省民事局長に提出されたものである。従って、当該地域の供託所には供託金の元帳と副本があるはずである。

③供託の背景

　未払い金が供託された背景には、戦後急速に発展した朝鮮人の民族組織、在日本朝鮮人連盟による未払い金の清算要求の高まりがある。事業主が「朝連」との交渉で支払いに応ずるのをＧＨＱは阻止するために、既に帰国した朝鮮人の未払い賃金等の供託策を進めたといわれる。しかも、被供託者の住所不明を口実に、その事実を本人に通知しなかった。

④日韓協定での取り扱い

　国交回復交渉の過程で、この問題は日韓の財産請求権の協定により無償、有償合わせて 5 億ドルとの引き換えに「完全かつ最終的に解決された」とした。しかし、「個人請求権の消滅」はなされていなかったので、国内法「韓国人財産請求権措置法」により財産権の没収を決めた。従って外交的請求権は 消滅しても、韓国人から見て個人の請求権は消滅していないことになる。

⑤韓国政府の立場

　現在この協定に基づき、未払い金のある動員被害者については「真相糾明委員会」への申請により被害を証明するものがあれば、その額の 100〜200 倍の計算で補償する事を決めているという。未払い金の供託証明書があれば支払われるということである。但し、日本政府は韓国政府からの名簿と副本の一括提供要求には応じていない*。尚、戦後の未払い金の供託に至る詳しい経緯については省略する。

　　＊2010 年 1 月 7 日付『朝日新聞』一面記事によると、「法務省、韓国民間人戦時徴用、未払い賃金記録も提供へ」が掲載され反響を呼んだ。国立公文書館つくば分館の資料に約1,000

万円、8万人を含むと思われる対象者 2 億円、20 万人という記載がある。民主党政権になっての対韓政策の変化の現われか。早期に実現されることが期待される。

（2）戦後帰国時の賃金清算について

①常磐炭田の戦後

　戦後、常磐炭砿湯本砿の朝鮮人労働者は一斉ストを打ち、10 月 23 日に 10 項目の要求を出した。その内容は早期帰国と退職金、戦前の賃金への割増金、今後の賃金の待遇改善、犠牲者や障害者への見舞金、逃亡者の預貯金の払い戻しなどが掲げられた。他の炭砿でも同じような要求が掲げられた。

②不明だった実態

　古河炭砿の営業報告書には、各自の郵便貯金の払い戻し金、厚生年金脱退手当、退職手当、徴用解徐慰労金など、8 万円の未払い金の清算がなされたと思わせる文書も残っている。又、ある炭砿では郵便貯金や賃金の清算もないまま、米 2 升と僅かの小遣銭を持たせて帰した場合もあり、その実態は多くの未払い金がある事を推測させる。

③1 人当たり 570 円

　今回、公開された労働省調査の未払賃金の文書（附属資料 11 参照）では、1950年 10 月 6 日付で、常磐炭田の 6 つの会社の未払い金の合計は 1,619,849.31 円、対象人数は 2,840 人に上り、1 人当たり 570 円とある。金額が一番多い古河好間炭砿の場合は 1,085,204.00 円、人数は 1,017 人で、1 人当たり 1,000 円近くの未払い金がある。鳳城小田炭砿の場合は 200,522.49 円、人数は 58 人で、1 人当たり最多の 3,457円に上る。大日本炭砿の場合は、11,626.93 円、人数は 564 人で 1 人当たり 20 円位の未払い金に、未払金預金通帳では 48,498.67 円、人数は 514 人で 1 人当たり 94.4円とある。

　宋甲奎氏の場合は、戦後、他の炭砿に先駆けて 8 月 15 日の解放直後に帰国した 1人。8 人の先輩達と自費で、1 ヵ月もかかりようやく帰国を果したという。帰国後も1 ヵ月は仕事も出来ない状態だった。その際、賃金等の清算はなかったと記憶している。会社側としてはいかなる取扱いとしたかは不明であるが、賃金が未払いであったことは十分予想される。

（3）今回の調査と供託書副本*の「閲覧申請」

　この度の調査では、未払い金の供託についての実態や韓国政府の方針などについて説明し、宋氏にも、福島地方法務局平支局は「委任状があれば供託書副本の閲覧と供託証明が可能だ」と伝えた。

　本人は事情が複雑で十分理解出来ない面もあったが、息子さんへ「真相糾明委員会」の実務担当者の説明もあり、宋氏の供託金の有無を調べる委任状と「供託書副本*」の閲覧申請書、供託証明書の請求に同意した。（附属資料 6 参照）

　　*正しくは『「金銭供託元帳」及びその「副本」』

（4）福島地方法務局平支局の対応

　現在、福島供託局平出張所の仕事は、福島地方法務局平支局の供託課に移管されており、帰国後ただちに委任状と供託書副本の閲覧申請書を提出した。結果は委任状に基づき閲覧申請を受け取り、11 月末日までには供託書副本の有無について回答を貰えるという事になった。但し、書類が大原甲奎名（創氏名）で出ていた場合は、宋甲奎との同一性について証明する戸籍等が必要となり、それらの書類提出後に閲覧が出来、証明書も発行される手筈となる。いずれの名前の供託も行われていない場合は、その旨の回答があるということであった。

　その後、12 月 2 日に平支局より、課長と係官が 2 人で「供託書副本」を調べたが、宋甲奎でも大原甲奎の創氏名でも掲載されていなかったと回答があった。大日本炭砿の敗戦時の朝鮮人労働者数は 340 人、1944 年 10 月の最多時でさえ 554 人の在籍者で、つくば分館文書の全被供託者 564 人には及ばない。戦時動員の最初からの在籍者である宋甲奎氏が、その中に含まれないとすれば、いかなる種類の未払い賃金かが問題である。この「元帳」の情報公開を請求している*。尚、宋甲奎氏と協力してくれた各機関にはその旨の報告をした。

　　*2010 年 1 月 28 日の福島地方法務局の「供託金受付帳」の開示により、1947 年 1 月 6 日付の弁済供託古河好間炭砿分は 108,525 円 67 銭であることが判明。同 47 年 2 月 28 日付、鳳城小田炭砿分は 20,525 円 49 銭であることが判明。従って、1 人当たりの平均金額は、古河好間炭砿が 106 円 7 銭、鳳城小田炭砿が 353 円 8 銭で先の労働省調査とは大きな違いがある。福島県分 6 社の合計は 463,170 円 98 銭で 1 人平均は 163 円 08 銭となる。尚、金銭供託書の「副本」の鳳城小田炭砿 58 人分については、2010 年 6 月 4 日付の開示請求によっても確認できた。

（5）今後の課題

　もし宋甲奎氏の供託証明書が得られれば、韓国政府への提出期限は来年（2010 年）の 3 月までという事なので、急げば他の被害者たちへの救済の道も開かれることになる。

（6）日本の朝鮮統治期の足跡を訪ねて

　日本統治期 35 年間の朝鮮「近代化」の過程に残した影響や傷跡は現在の韓国人の生活や社会全般に及ぶ。その歴史的評価は日韓の間に大きなギャップがあり、その思いを新たにした。一方、ソウルの街に残る日本統治時代の建物や歴史的遺物も数多く残っている。また身近な国でありながらその文化や生活の違いは知らないことも多い。初めて訪韓するメンバーも含め中身の濃い経験をすることが出来た。

（以下省略）

2009 年 8 月 26 日

日帝強占下強制動員被害真相糾明委員会

　委員長貴下

調査 3 課　許光茂　課長貴下

福島県いわき市

平和を語る集い会長　安島克久

常磐炭田朝鮮人戦時労働動員真相調査のための訪問への協力要請

　季夏の候、貴下ますますご清祥のこととお慶び申し上げます。日頃の当会へのご厚誼に心よりお礼申し上げます。

　さてこの度　下記の様な調査団を派遣する事になりました。つきましては貴委員会のご協力をお願いしたくお伺い申し上げます。

　今回の調査は韓国・朝鮮に対する会員の理解を深め、調査活動を通じ戦時労働動員の実相を明らかにするとともに広く市民に伝える事を目的としています。

　そこで 4 日間という短い期間において日本支配時代の歴史的な遺跡の見学と地方での被害者からの聞き取りを実施したいと思っております。

　聞き取り日（10 月 20 日）には前回聞き取りをした大日本炭鉱への被動員生存者である忠清北道鎮川郡の宋甲圭氏からの再度の聞き取りを実施したいと考えています。その際には塵肺等可能性や帰国の時のことなど聞き取りに正確を期すため通訳を兼ねた協力者の派遣をお願い出来ないでしょうか。

　詳しいご相談は別に調査員からの依頼を申し上げるとしてとりあえずお伺い申しあげます。

記

1.目的　　　常磐炭田における戦時労働動員の実相調査と会員のこの問題への研修を深めるとともに、広くいわき市民に日本支配下の韓国朝鮮人についての理解と日韓友好の絆を固める。

2. 期間　　2009 年 10 月 19 日（月）～22 日（木）

3. 聞き取り実施　　10 月 20 日（火）　　対象　　忠清道常磐炭田被動員者

龍田光司　様

　ご無沙汰しております。

　ソウルもここ最近朝晩の気温が秋の訪れを感じさせるくらい下がりました。昼間
は、なお残暑を思わせるほど汗ばみますが。

　さて、お送りくださったファックスは拝見しました。「平和を語る集い」のメンバ
ーご一行が聞き取り調査を兼ねて来韓されるとのこと、大歓迎します。10月20日の
聞き取り調査には、協力できる様に用意します。ただ、生存者の方が大分高齢のた
め、毎日の様子が激しく異なる場合があります。ご希望の第一案―聞き取り調査―
が、今から約2ヵ月もの先のことだと、今日はできると答えられても、いざという
時にはどうなるかは自信がもてません。その辺、ご諒承いただきたいと思います。

　通訳は、日本語の達者なリビョンヒさんが勤められる様、2課と相談します。聞き
取り調査の語り手となる宋さんには、こちらから連絡を取っておきます。

　その間、何かあったらいつでもお気軽にご連絡ください。

　それでは、取り急ぎご返答のみにて、失礼します。

2009年8月26日

許光茂　拝上

附属資料3　「真相糾明委員会」宛の調査協力への礼状

日帝強占下強制動員被害真相糾明委員会

調査3課　許光茂課長貴下

平和を語る集い会長　　　　安島克久

同常磐炭田朝鮮人戦時動員被害調査団

同上団員　　　　　　　　龍田光司

同上　　　　　　　　　　調査団一同

常磐炭田朝鮮人戦時労働動員真相調査訪問ご協力へのお礼

　秋も日一日と深まり、紅葉が一段と美しさを増して参りました。貴委員会の益々のご活躍をお喜び申し上げます。

　さてこの度の私たち平和を語る集いの調査と研修のための訪韓に際しましては許光茂課長様のご高配により短期間にもかかわらず貴重な成果と体験を得ることが出来ました。心よりお礼申し上げます。

　鎮川の被害者からの聞き取りにつきましては思いもよらぬ郡庁自治行政課の温かいおもてなしと全面的なご協力を受け、供託金問題、障害被害の実情把握にも本人の閲覧申請の提出や症状と治療の現状把握に手がかりを得ることが出来ました。

　特に李秉熙調査官の派遣を受け、適切な助言とご教示により順調に全行程を終えることが出来ましたこと調査団一同衷心より感謝しております。

　貴委員会の事業が被害者たちの救済に大きな導きの役割を果されていることが私たちのいわき市民の戦争・戦後責任を考えて行く仕事と一体となり、日韓の友好の証となることを信じてやみません。

　向寒のみぎり、課長様はじめ皆様のご健康とご発展を祈念し、略儀ではございますが書状をもってお礼とさせていただきます。

　　　　　　　2009年10月27日

附属資料4　鎮川郡行政課宛の調査協力への礼状

鎮川郡行政課　李정식課長貴下

同　　　　　정지권行政팀長貴下

鎮川郡　　　盧장호　　貴下

日帝強占下強制動員被害真相糾明委員会

朴玉희 実務担当官貴下

平和を語る集い会長　　　安島克久

同常磐炭田朝鮮人戦時動員被害調査団

同上団員　　　　　　　龍田光司

同上　　　　　　　調査団一同

常磐炭田朝鮮人戦時労働動員真相調査訪問ご協力へのお礼

　秋も日一日と深まり、紅葉が一段と美しさを増して参りました。貴委員会の益々のご活躍をお喜び申し上げます。

　さてこの度の私たち平和を語る集いの調査と研修のための訪韓に際しましては李장식課長様のご高配と정지권팀長のご配慮により、心のこもったおもてなしを受け、短期間にもかかわらず貴重な成果と体験を得ることが出来ました。心よりお礼申し上げます。

　戦時動員被害者からの聞き取りにつきましては被害者ご本人と家族の前向きな姿勢により、未払い賃金に関する供託金副本の閲覧申請書や証明書申請書の提出準備と、障害被害の実情把握のための症状と治療の現状把握に手がかりを得ることが出来ました。

　特に盧장호씨並びに朴玉희真相糾明委担当者におかれましては被害者宋甲圭할아버지の自宅に何度も足を運ばれ、聞き取りのお膳立てをして頂いたのみならず、当日は適切な助言とご教示により、順調に聞き取りを終えることが出来、할아버지の笑顔に接する事が出来ましたこと、調査団一同衷心より感謝しております。

　鎮川郡の行政が戦時労働動員被害者たちの救済に大きな導きの役割を果されていることが私たちのいわき市民の戦争・戦後責任を考えて行く仕事と一体となり、日韓の友好の証となることを信じてやみません。

　向寒のみぎり、課長様はじめ皆様のご健康とご発展を祈念し、略儀ではございますが書状をもってお礼とさせていただきます。

2009 年 10 月 27 日

平和を語る集い会長　　安島克久　様

同　　　　　　　　龍田光司　様

こんにちは。
鎮川郡庁の行政課長イジョンシクでございます。

紅葉の美しい季節となってきました。お元気でいらっしゃいますか。お手紙頂戴いたしました。無事に帰国して良かったですね。それに韓国で何か役に立つような手がかりがあったことは大変うれしいです。

この度鎮川でお会いしたことをまだ覚えています。戦時動員被害調査のため韓国鎮川郡までお越しくださいました調査団一同に厚くお礼申し上げます。ありがとうございます。

戦時動員被害はこれからも徹底に調査を行って事実を明らかにするべきだと思っております。その重要な役割を果たしている「平和を語る集い会」の調査団の皆様に感謝の言葉申し上げます。

これからも鎮川郡と自分に出来ることがありましたら何でも力になりたいですので、お声かけてください。これからもお互いの協力を通じて韓日の友好関係が続きますことを願っております。

さて、公式的あるいは個人的なご用で韓国をご訪問になる際には、ご連絡いただければいつでもご案内致します。また今度は観光でも鎮川郡にいらして下さい。お待ちしております。

最後に、安島克久会長を始め調査団皆様のご発展とご健勝を心よりお祈り申し上げます。

韓国鎮川郡庁行政課長　　イジョンシク

附属資料6　福島法務局平支局宛供託書副本閲覧の問い合わせ

2009 年 12 月 1 日

福島法務局平支局供託課課長様

平和を語る集い　韓国戦時動員被害調査団

櫛田正行

被動員者宋甲奎代理人　　　　　龍田光司

供託書副本の閲覧について

　向寒のみぎり貴下ますますご清祥のこととお慶び申し上げます。

さて、先に戦時中の朝鮮人戦時動員者の帰国時の未払い賃金等の供託金についてのお問い合わせの処、被害者本人の委任状があれば閲覧及び証明申請が可能だと言う事で関係書類の用紙を頂き、去る 11 月 8 日、大日本炭鉱への被動員者宋甲奎氏より委任状及び閲覧申請書に署名捺印の上、仮に提出し、昭和 22 年 2 月 17 日付けの宋甲奎または通名である大原甲奎名の供託金があるかどうかについて調べていただきました。

　　その結果去る 11 月 30 日にお電話でいずれの名前における供託もなされていない旨の回答を頂きました。

　そこで次のことについてご質問にお答え願えるでしょうか。

① 当時大日本炭鉱からの供託者は「筑波分館文書」によると 564 人、11.624 円となっており、その人数は大日本炭鉱における朝鮮人の最大雇用時（昭和 19 年 10 月）の 554 人を上回る数であり、敗戦時 7 月の 340 人から比べるときわめて多くの人数であり、恐らく、かなり長期にわたる期間の人々を含むものと思われます。そうした中で最初の戦時動員対象者あった、宋甲奎氏を含んでいないとすると、残存供託金の性格にかかわるものと思われますので、もしよろしければ、供託金の内容はいかなるものであるかお答え願えないでしょうか。

② なお未供託分として未払い金預金通帳 514 人、48.498 円がありますがこのことについての情報はないでしょうか。

　　　　　代理人住所　いわき市江畑町

委 任 状

私は、福島県いわき市江畑町　　　　　龍田光司

を代理人と定め、次の権限を委任します。

一．　福島地方法務局いわき支局　昭和21 年度 2月17日

をもって供託した供託金の 閲覧及び 証明に関する

一切の件

平成 21 年 10月 20 日

大韓民国忠清北道鎮川郡慶惠院面

● 　　　 ●

附属資料7　鎮川郡庁行政課宛動員被害者の戦後未払い金供託の現状報告

鎮川郡庁行政課

　　　　　課長　　　　　　　李　정식　貴下

　　　　　真相究明委実務担当者　朴옥희　　貴下

　　　盧장호씨　貴下

　いつの間にか木枯らしの吹く季節となりました。年の瀬もせまり何かとお忙しい日々をお過ごしのことと存じます。

　課長様からのご丁寧なお手紙をいただき、一同大変心強く、大きな励しとなりました。

　さてこの度の旅行の課題となった動員被害者の戦後未払い金供託についてとりあえず現状と経過についてご報告いたします。

　まず未払い金の供託については 11 月 5 日に福島地方法務局平支局に委任状にもとづき、閲覧申請を行いました。

　そこで 21 年度分の大日本炭鉱からの 564 名についての供託金受付名簿に宋甲奎、または大原甲奎名があるかどうか調べてくれることとなりました。回答は 11 月末日ということでした。

　その結果 11 月 30 日に電話にて問い合わせ、12 月 2 日に調査団員櫛田立会いのもとで回答を受けました。しかし残念ながら「宋甲奎の名は見つけだすことが出来なかった」ということでした。

　なお係官は供託課椎名課長と後藤係官の二人でかなりの時間をかけて調べたようです。ただ、受付名簿になかったので副本までは調べなかったということでした。このことから法務局のなかに、名簿と副本が保管されていることが判明したことは前進といえます。今後なぜ宋甲奎氏の名が記載されなかったのかを、引き続き調べていきたいと思います。

　本人の委任状や閲覧申請、さらには 2 通の証明書申請への承諾を促して下され、良い結果を期待させたにもかかわらず、このような結果が出て来たことは申し訳ありません。

　次にハラボジの呼吸器疾患については，清州の聖母病院の薬の処方箋より、疾患の種別は J 44.9「慢性閉塞性肺疾患」であることが判明しましたが、6 種類の薬の詳しい内容は把握出来ませんでした。いずれにせよ本人のお話から炭塵の大量吸引が疾患の大きな引き金になっていると思われますので、この種の被害者についての被害申請の状況を中央の真相糾明委員会にも問い合わせ、支援組織の状況についても明らかにしたいと考えています。

　日本の塵肺の患者同盟や支援組織では韓国の被害者の実態についてはほとんど把握されていないようですので、こちらとの連携も深めていければとも考えます。

　何はともあれ、ハラボジの健康と負担の軽減のために出来ることはないかを、しっかり考えていきたいと思いますので、引き続きよろしくお願い申し上げます。

　　　　　2009 年 12 月 16 日

　　　　　　　平和を語る集い第 4 次調査団　　龍田光司

なお、お預かりしているハラボジからの書類は返還されましたが、今しばらくお預かりさせてもらうことにハラボジにお願いしています。

宋甲奎おじいさんへ（一部省略）

　今年も暮れようとするこの頃、朝はめっきり寒くなりました。

　この間、お元気にお過しですか。私も相変らずです。でも、こちらでも新型インフルエンザが流行し、孫達も学校が臨時休校になりました。

　ところで、ほかでもありませんが、おじいさん（甲奎氏）からお預かりした書類―未払い賃金の有無を訊ねる書類は、去る 11 月 5 日、関係官庁（福島地方法務局）に提出致しました。その結果は大変残念ですが、供託金名簿にはおじいさんの名前はなかったという回答でした（12 月 2 日）。担当の職員は誠実に調査したとのことでした。なぜ存在しないのか継続して調べたいと思いますが、現状をご報告申しあげます。そこで、関係書類はそのままお預かりさせていただきたい。次回、お会いする時に説明致します。

　次に、おじいさんの呼吸器疾患については、清州聖母病院の処方箋により、疾患の名前は「慢性閉塞性肺疾患」ということが分かりました。塵肺ではないが炭砿で呼引された炭塵の影響もあるのではないかと思われます。

　ソウルにある真相糾明委員会にこのような被害者の実状と支援組織はどうなっているのか尋ねて見なければならないと考えています。

　いずれにせよ、おじいさんの健康のためにお役に立てばよかったのに、こんな結果で申し訳ありません。

　肌寒い天気が続きます。お体をお大切にお過し下さい。

　　2009 年 12 月 16 日

　　　　　　　　　　　　　　　　平和を語る集い調査員

　　　　　　　　　　　　　　　　　　龍田光司より

附属資料9　金銭供託受付帳開示決定通知書

総庶第１２２号

平成２２年１月２８日

行政文書開示決定通知書

龍　田　光　司　様

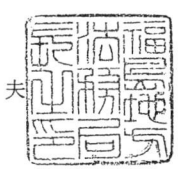

福島地方法務局長　　出　雲　範　夫

　平成２１年１２月１８日受付第４７０号及び第４７１号で請求のありました行政文書の開示請求について，行政機関の保有する情報の公開に関する法律（以下「法」といいます。）第９条第１項の規定に基づき，下記のとおり開示することに決定しましたので，通知します。

記

１　開示する行政文書の名称
　　福島供託局平出張所（現福島地方法務局いわき支局）の取扱いに係る次の文書
（1）金銭供託受付帳（昭和22年2月分）
（2）金銭供託受付帳（昭和23年3月9日，10日分）

２　不開示とした部分とその理由
　　上記１(1)及び(2)の行政文書には，供託者の氏名又は商号が記載されており，これらは，個人に関する情報であって特定の個人を識別することができるもの（事業を営む個人の当該事業に関する情報を除く。）又は法人その他の団体（国及び地方公共団体 を除く。）に関する情報若しくは事業を営む個人の当該事業に関する情報であって公にすることにより当該法人等又は当該個人の権利，競争上の地位その他正当な利益を害するおそれがあるものであり，法第５条第１号又は同条第２号イに該当するため，いずれも不開示とした。

※　この決定に不服がある場合は，行政不服審査法（昭和３７年法律第１６０号）の規定により，この決定があったことを知った日の翌日から起算して６０日以内に，法務大臣に対して審査請求をすることができます（なお，決定があったことを知った日の翌日から起算して６０日以内であっても，決定があった日の翌日から起算して１年を経過した場合には審査請求をすることができなくなります。）。
　　また，この決定の取消しを求める訴訟を提起する場合は，行政事件訴訟法（昭和３７年法律第１３９号）の規定により，この決定があったことを知った日から６か月以内に，国を被告として（訴訟において国を代表する者は法務大臣となります。），東京地方裁判所，福島地方裁判所又は行政事件訴訟法第１２条第４項に規定する特定管轄裁判所に，この決定の取消しを求める訴訟を提起することができます（なお，この決定があったことを知った日から６か月以内であっても，決定の日から１年を経過した場合には，この決定の取消しを求める訴訟を提起することができなくなります。）。
　　ただし，審査請求をした場合には，この決定の取消しを求める訴訟は，その審査請求に対する裁決の送達を受けた日から６か月以内に提起することができます（なお，裁決の日から１年を経過した場合は，この決定の取消しを求める訴訟を提起することができなくなります。）。

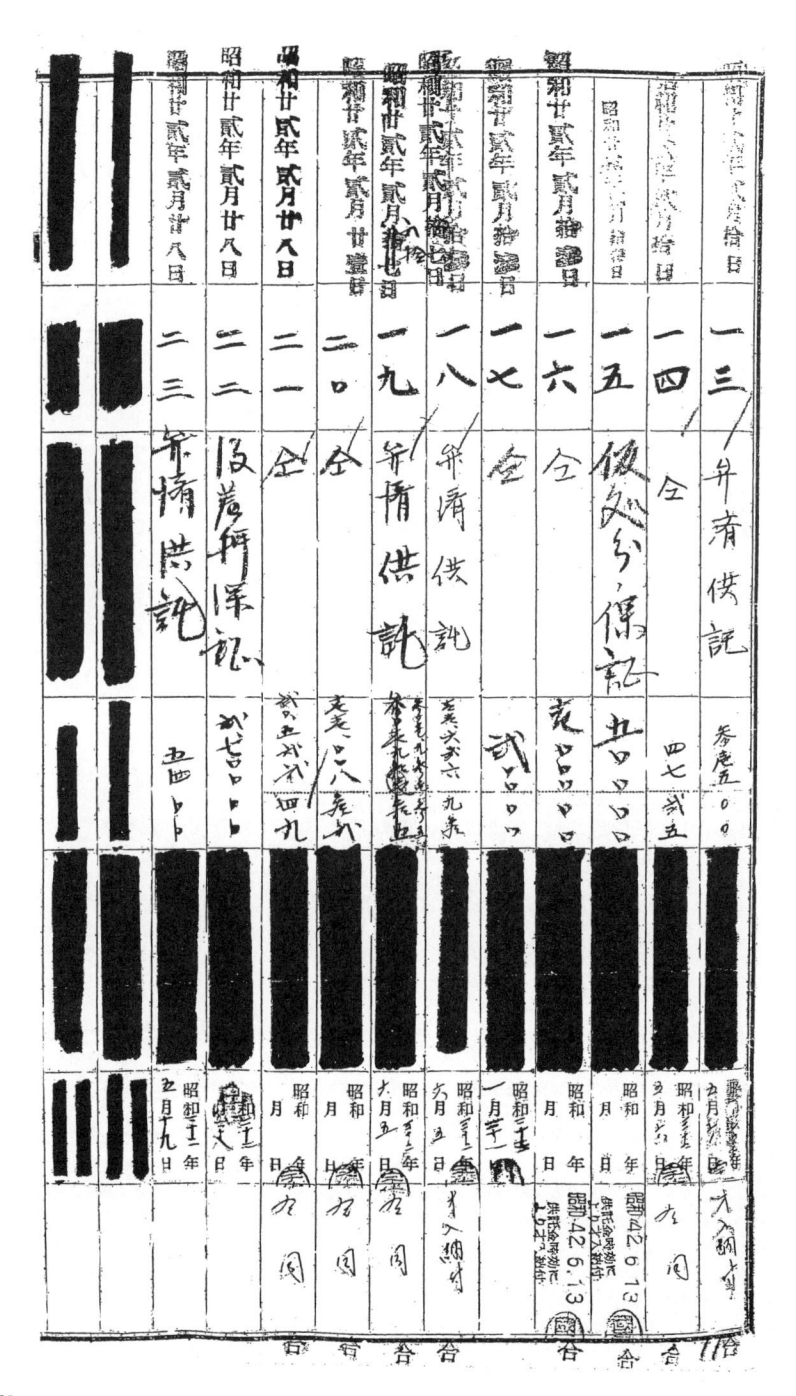

附属資料 10　金銭供託受付帳等開示再請求書

2010 年 5 月 7 日

福島地方法務局総務課処務係御中

陽春の候貴下益々ご清祥のこととお慶び申し上げます。

　さて、戦時中の朝鮮、韓国人の労務動員関係の未払い賃金の供託金について調べております。

　つきましては、先にいわき支局分の昭和 22 年 1 月 16 日分、2 月分、3 月 9,10 日分の「金銭供託受付簿」についての情報公開請求の結果、1 月 16 日分以外は開示の決定を得ました。

　そこでこの度、日時に誤記のあった 1 月 16 日を 1 月 6 日と改め「同受付簿」の開示、さらに 2 月 28 日(供託番号 21)に限っての「供託金副本の一覧表」の開示を請求いたします。

　手続き等で至らぬところはご指導ください。

以上

福島県いわき市江端町

龍田光司

標準様式第1号

行政文書開示請求書

平成 **22** 年 **5** 月 **7** 日

福島地方法務局長　　　殿

氏名又は名称：（法人その他の団体にあっては，その名称及び代表者の氏名）

　　　龍田　光司

住所又は居所：（法人その他の団体にあっては，主たる事務所等の所在地）

〒974-8201　福島県いわき市江畑町

連　絡　先：（連絡先が上記の本人以外の場合は，連絡担当者の住所・氏名・
　　　　　　　電話番号）

　　行政機関の保有する情報の公開に関する法律第4条第1項の規定に基づき，下記のとおり行政文書の開示を請求します。

記

1　請求する行政文書の名称等

（請求する行政文書が特定できるよう行政文書の名称，請求する文書の内容等をできるだけ具体的に記載してください。）福島地方法務局いわき支局にある以下の開示を請求・

① 金銭供託受付帳　昭和22年1月6日分

② 前回開示のあった 昭和22年2月28日（供託番号21）の「供託金副本の一覧」

2　求める開示の実施の方法等　（本欄の記載は任意です。）

ア又はイに〇印を付してください。アを選択された場合は，その具体的な方法等を記載してください。

ア　事務所における開示の実施を希望する。
　　＜実施の方法＞　①　閲覧　②（写しの交付）③　その他（　　　　　　　　　）
　　＜実施の希望日＞

イ　写しの送付を希望する。

開示請求手数料 （1件300円）	ここに収入印紙をはってください。	（受付印）

＊この欄は記入しないでください。

担当課等	
備　考	

日本銀行平代理店ヲ經由シテ供託局口座ニ拂込ムヘシ

昭和廿貳年貳月廿八日

福島供託局平出張所

司法事務官　吉田吉次　㊞

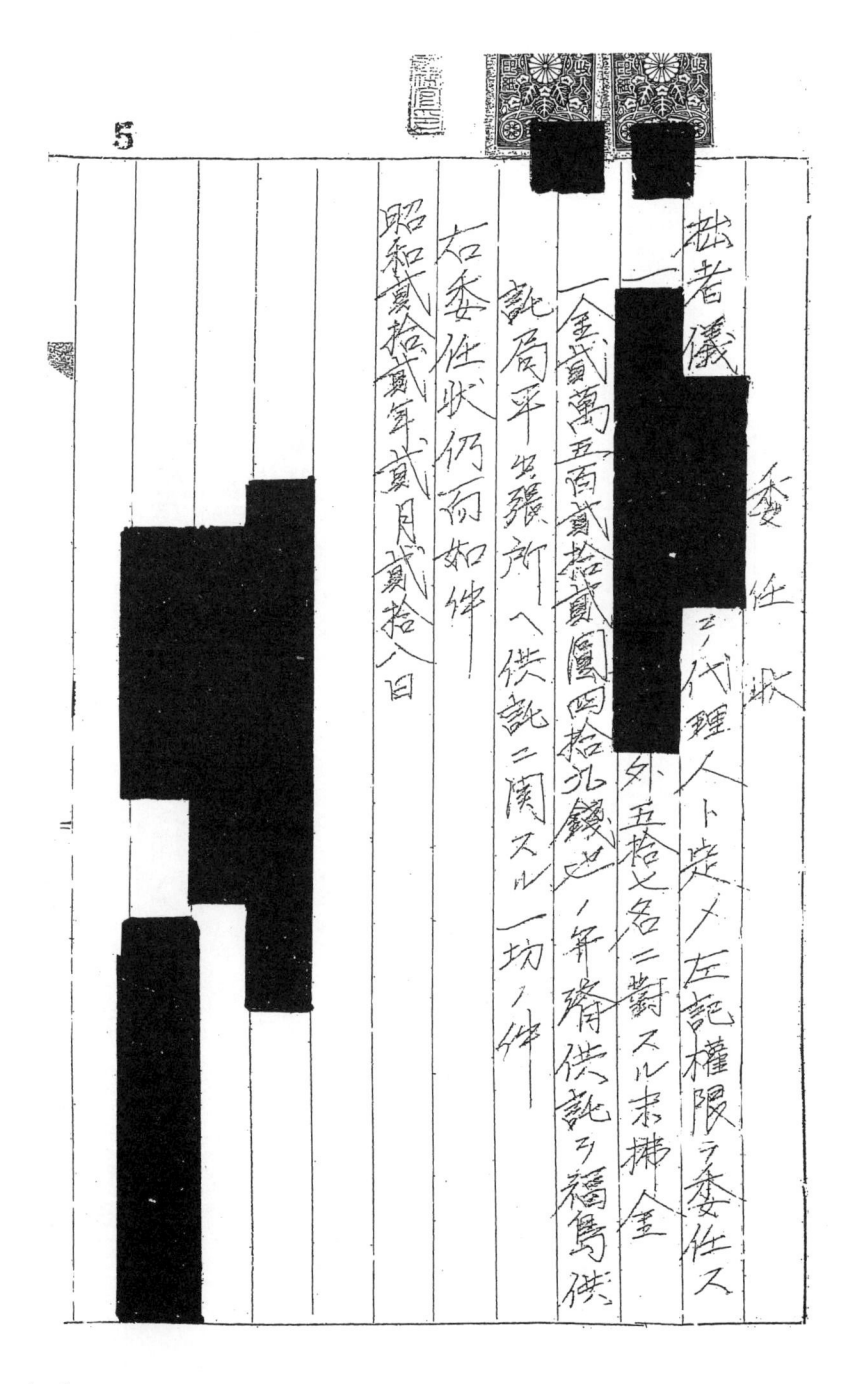

委任状

拙者儀 ■■■■■■■■■ ニ代理人ト定メ左記権限ヲ委任ス

一 ■■■■■■■■ 外五拾之名ニ対スル未拂金

一 金貳萬五百貳拾貳圓四拾九錢也ノ年賦供託ヲ福島供
託局平賀張所ヘ供託ニ関スル一切ノ件

右委任状仍而如件

昭和貳拾貳年貳月貳拾八日

六拾參圓參錢也

四百參拾圓參拾參錢也

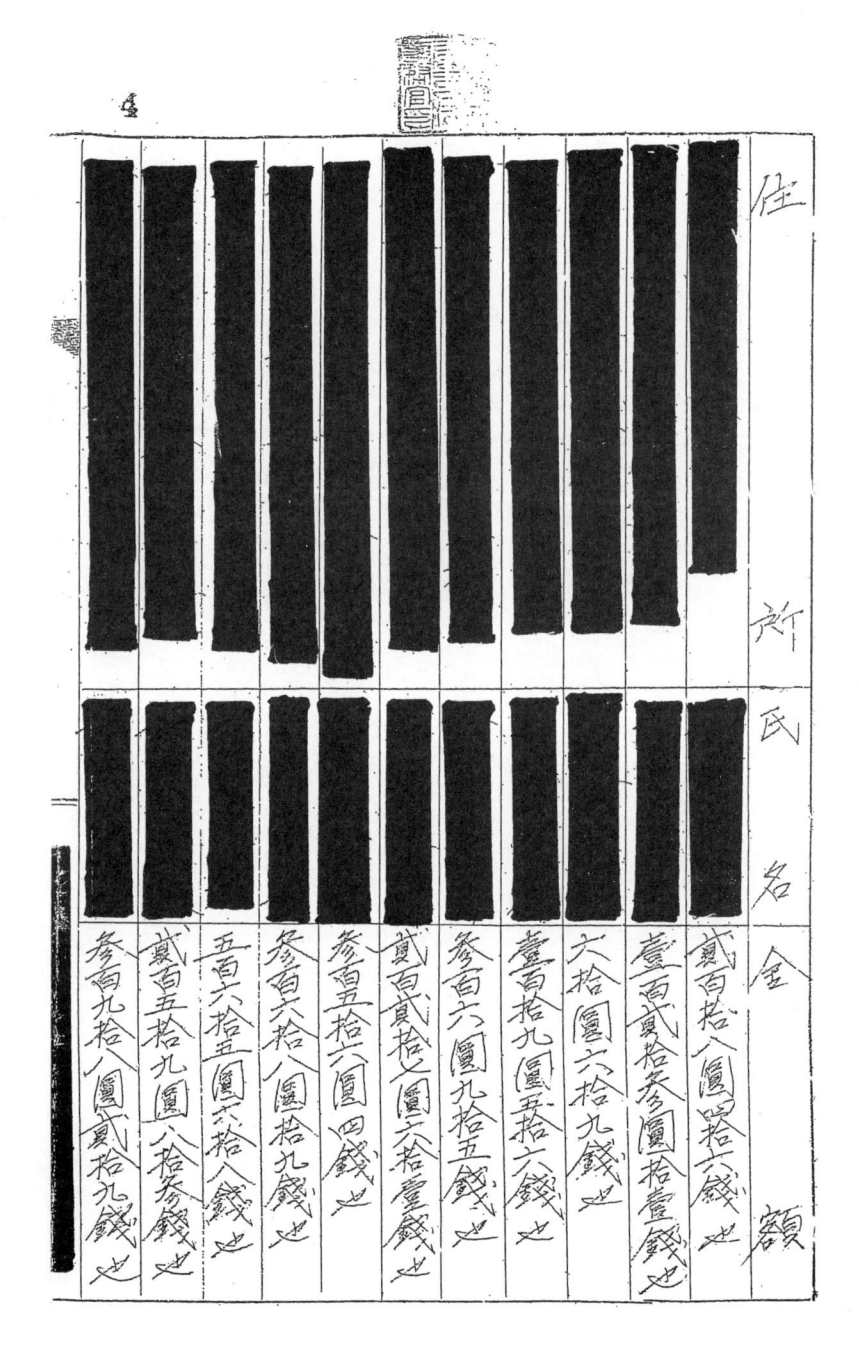

住所	氏名	金額
■	■	貳百拾八圓器六錢也
■	■	壹百貳拾參圓拾壹錢也
■	■	六拾圓六拾九錢也
■	■	壹百拾七圓五拾六錢也
■	■	參百六拾七圓四拾壹錢也
■	■	貳百貳拾七圓六拾壹錢也
■	■	參百五拾一圓四錢也
■	■	參百六拾八圓拾九錢也
■	■	五百六拾五圓八拾參錢也
■	■	貳百五拾九圓八拾參錢也
■	■	參百九拾八圓貳拾九錢也

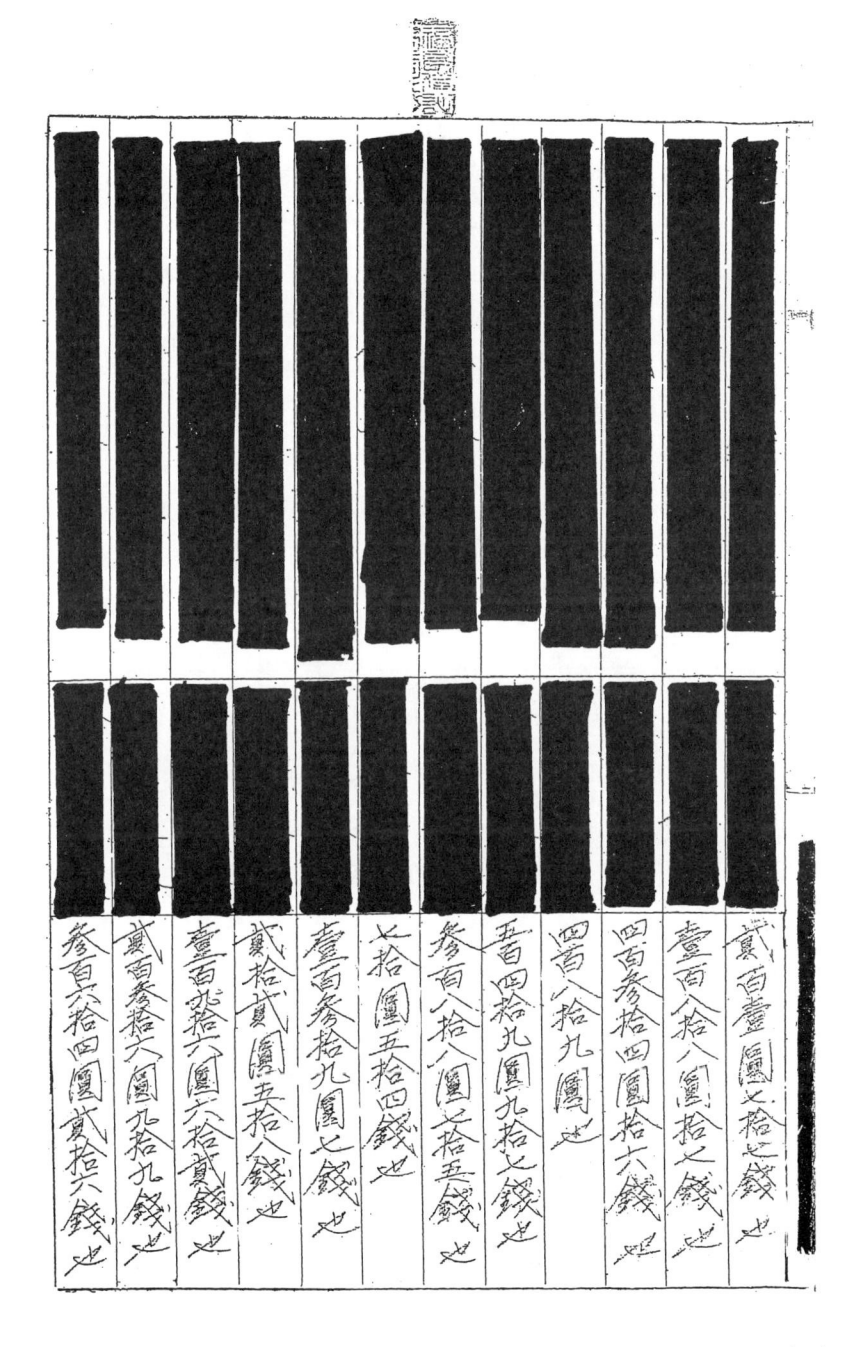

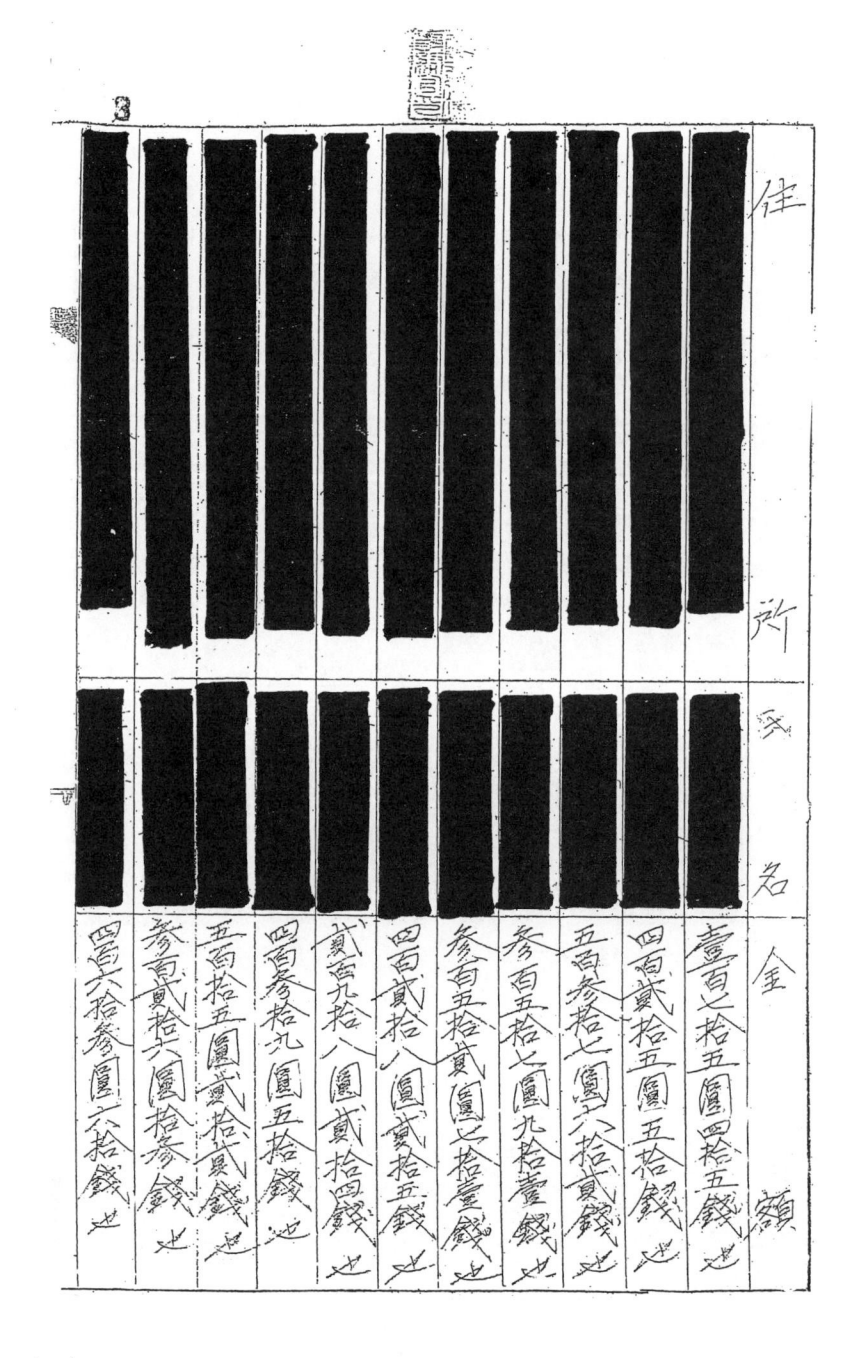

貳百九拾貳圓零拾壹錢也　八百五拾壹圓四錢也　壹千貳百參拾貳圓九拾參錢也　五百拾四圓拾五錢也　六百五拾五圓八拾九錢也　四百之圓拾八錢也　參百六拾四圓六拾六錢也　四百貳拾八圓六拾九錢也　四百拾六圓貳拾九錢也　五百之拾圓也　參百五拾四圓之拾壹錢也　參百貳拾五圓六拾壹錢也

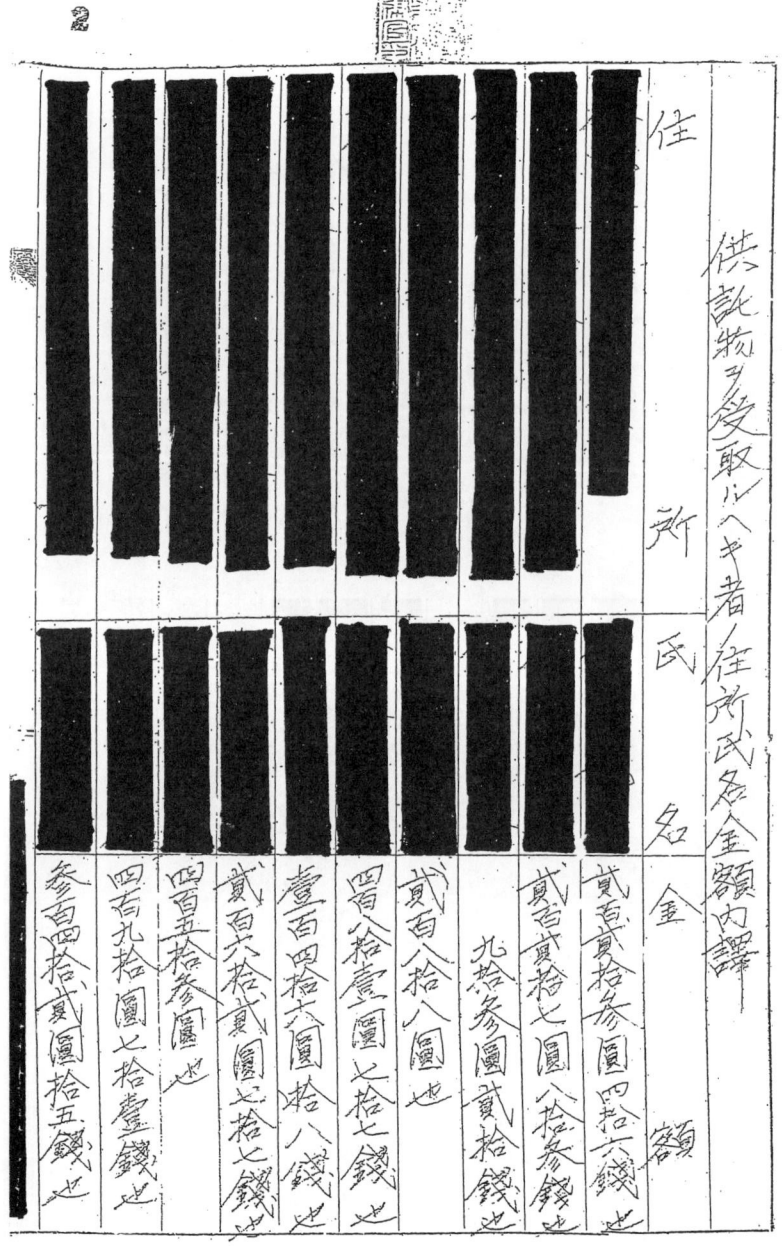

供託物ヲ受取ルヘキ者ノ住所氏名金額内譯

住所	所	氏名	金額

貳百貳拾參圓四拾六錢也

貳百貳拾七圓八拾參錢也

九拾參圓貳拾錢也

貳百八拾八圓也

四百八拾壹圓七拾七錢也

壹百四拾六圓七拾八錢也

貳百六拾貳圓七拾七錢也

四百五拾參圓也

四百九拾圓七拾壹錢也

參百四拾貳圓拾五錢也

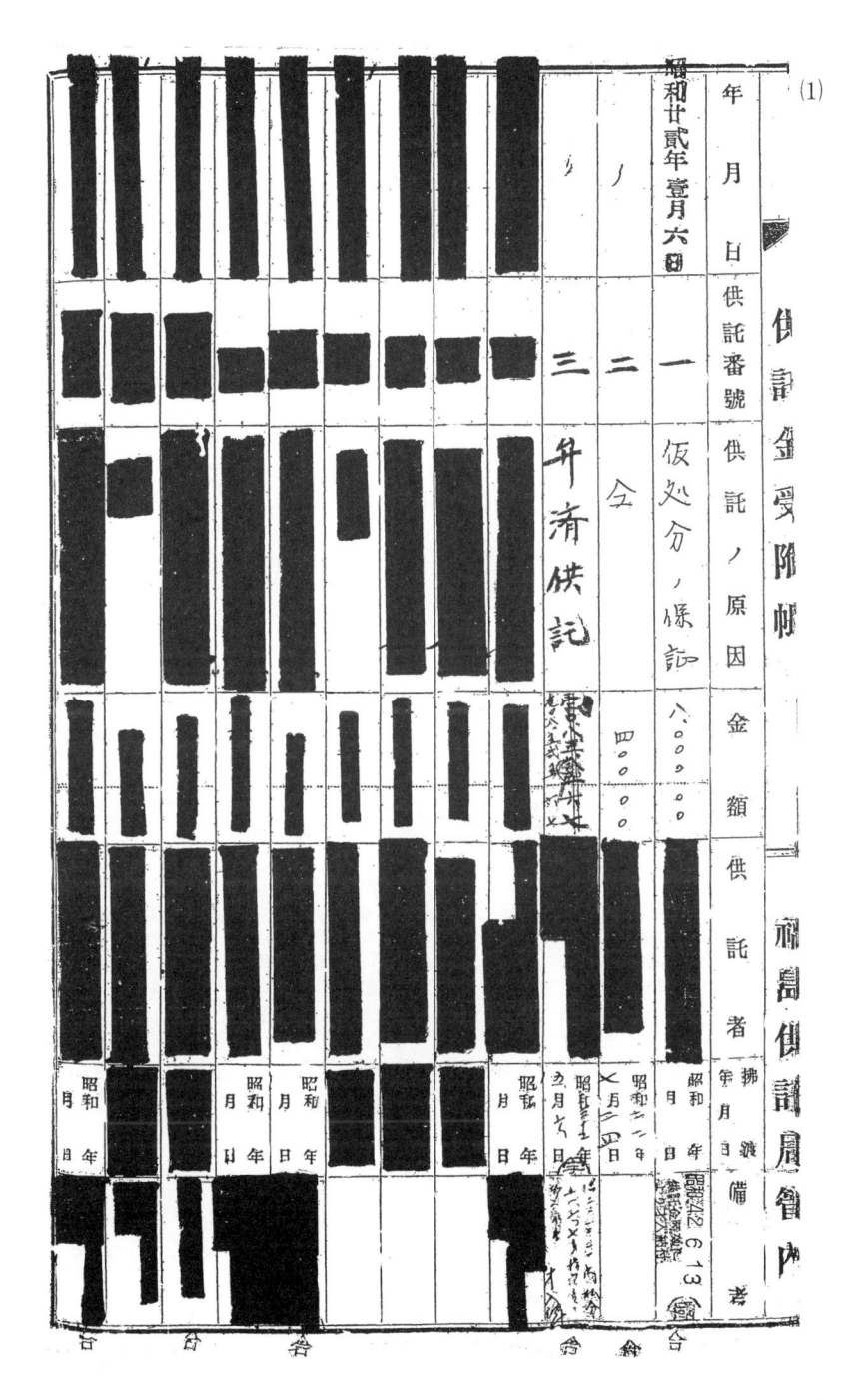

総庶第　６　７　２　号
平成２２年６月４日

行政文書開示決定通知書

龍　田　光　司　　様

福島地方法務局長　寒　河　江　　晃

　平成２２年５月１０日受付第２９号及び第３０号で請求のありました行政文書の開示
請求について，行政機関の保有する情報の公開に関する法律（以下「法」といいます。）
第９条第１項の規定に基づき，下記のとおり開示することに決定しましたので，通知し
ます。

記

1　開示する行政文書の名称
　　福島供託局平出張所（現福島地方法務局いわき支局）の取扱いに係る次の文書
　(1)　金銭供託受付帳（昭和２２年１月６日分）
　(2)　金銭供託の供託書副本（昭和２２年２月２８日受付供託番号第２１号）

2　不開示とした部分とその理由
　　上記１(1)の行政文書には，供託者の氏名又は商号が記載されており，これらは，
個人に関する情報であって，特定の個人を識別することができるもの（事業を営む個
人の当該事業に関する情報を除く。）又は法人その他の団体（国及び地方公共団体を除
く。）に関する情報若しくは事業を営む個人の当該事業に関する情報であって，公にす
ることにより，当該法人等若しくは当該個人の権利，競争上の地位その他正当な利益
を害するおそれがあるものであり，法第５条第１号又は同条第２号イに該当するため，
いずれも不開示とした。
　　また，上記１(2)の行政文書には，供託物を受け取るべき者（被供託者）又は
供託者の代理人の氏名及び住所，供託者の商号，本店及び代表者の氏名並びに
印影が記載されており，これらは，個人に関する情報であって，特定の個人を識別
することができるもの（事業を営む個人の当該事業に関する情報を除く。）又は法人そ
の他の団体（国及び地方公共団体を除く。）に関する情報若しくは事業を営む個人の当
該事業に関する情報であって，公にすることにより，当該法人等若しくは当該個人の
権利，競争上の地位その他正当な利益を害するおそれがあるものであり，法第５条第
１号又は同条第２号イに該当するため，いずれも不開示とした。

※　この決定に不服がある場合は，行政不服審査法（昭和３７年法律第１６０号）の規定により，この決定があっ
　たことを知った日の翌日から起算して６０日以内に，法務大臣に対して審査請求をすることができます（なお，
　決定があったことを知った日の翌日から起算して６０日以内であっても，決定があった日の翌日から起算して１
　年を経過した場合には審査請求をすることができなくなります。）。
　　また，この決定の取消しを求める訴訟を提起する場合は，行政事件訴訟法（昭和３７年法律第１３９号）の規
　定により，この決定があったことを知った日から６か月以内に，国を被告として（訴訟において国を代表する者
　は法務大臣となります。），東京地方裁判所，福島地方裁判所又は同法第１２条第４項に規定する特定管轄裁判所
　に，この決定の取消しを求める訴訟を提起することができます（なお，この決定があったことを知った日から６
　か月以内であっても，決定の日から１年を経過した場合には，この決定の取消しを求める訴訟を提起することが
　できなくなります。）。

経済協力　韓国・105

朝鮮人に対する賠償金未払債

労働省調査

<table>
<tr><td colspan="2">分類記号番号
9'20.7.4</td><td>類別</td></tr>
<tr><td colspan="2">国立公文書館</td><td>カ 1 類</td></tr>
<tr><td>分類</td><td>大蔵省
平成12年度</td><td>保存期間
永久</td></tr>
<tr><td>排架番号</td><td>つくば書庫5
5－53
3451</td><td>主管課</td></tr>
</table>

融局投資第二課

福 島	古河鉱業(株)(好間)	預 金 通帳	736	72,164	62	
"	大日本炭礦(株)	未払金預金通帳	514	48,498	67	
		計	1,250	120,663	27	

福 島	日本曹達 (株)	未 払 賃 金	160	9,546	22	23.3.10 福岡信越局 平出股師
福 島	古河鉱業(株)好間	"	1,017	1,085,204	00	22.2.16 "
"	大日本炭礦 (株)	"	564	11,626	93	22.2.17 "
"	常磐炭礦 (株)	"	867	301,931	35	22.2.20 "
"	大田鉱業 (株)	"	174	11,008	32	22.2.22 "
"	鳳城炭礦(小田鉱)	"	58	200,522	49	22.2.28 "
		計	2,840	1,619,849	31	

第5回調査報告 (2010 年)

はじめに

今回の訪韓は「在日朝鮮人運動史研究会」(以下「在日研究会」と略記) が「真相糾明委員会」の活動終了前に、活動の現状や結果、この間に集められた資料等の閲覧をさせて貰うことになり、「平和を語る集い」もこれを利用させて貰い調査を行った。

ところが「真相糾明委員会」と「被害支援委員会」の統合に伴う期間の延長が国会を通り、新たな組織として存続することになり、この委員会の今後の活動方針なども聞くことが出来た*。

又、これまで 4 回の調査で不十分だった事項も多く、「真相糾明委員会」の終了前に成果を挙げたいという思いもあった。又、一部の人の供託金の個人請求支援のつもりもあったが、この間、政府間交渉に進展があり、公的な手続きによる請求の可能性も見えてきたので、個人的接触は行わず、日程を早めて帰って来た。なお、願成寺保管遺骨の遺族との面会は実現した。

*2010 年 4 月、「対日抗争期強制動員被害調査及び国外強制動員犠牲者等支援委員会」となる (以下、「強制動員調査・支援員会」と略記)。

I 調査概要

1 調査目的

(1) 資料調査
・「真相糾明委員会」の調査活動の概要と諸資料の閲覧
・常磐炭田関係強制動員被害の申告者についての情報収集
・常磐炭田の茨城県側関係朝鮮人強制動員のいわゆる「厚生省名簿」の閲覧。当初

は国家記録院を通じて行うつもりであったが、「真相糾明委員会」の好意もあり、
日程に加える事が出来た。
・日韓民族問題研究会との交流——強制動員被害者支援の状況報告

（2）聞き取り調査
・忠清北道沃川郡出身者の古河好間炭砿での 1943 年「暴動」被告遺族の聞き取り
・前回の供託金閲覧申請者（宋甲奎氏）への申請結果の報告
・願成寺保管遺骨（朴守福）の遺族（妹朴チョン玉氏）との面会
・達城郡出身、樺太「二重徴用」朝鮮人（鳳城小田炭砿）の被害者調査
・江原道横城郡の古河好間炭砿帰国生存者への慰問と供託金についての情報提供
　（情報提供未達成）

2　調査日程

（1）期間
　2010 年 3 月 6 日　土～3 月 20 日　土（2 週間）

（2）日程
　3 月 6 日　土～8 日　月　ソウル　準備、調整
　　　9 日　火・10 日　水　ソウル　「真相糾明委員会」訪問調査
　　 11 日　木　ソウル　古河好間炭砿 1943 年「暴動」被害者の聞き取り
　　 12 日　金　鎮川　忠清北道鎮川郡、大日本勿来炭砿被動員者宋甲奎氏訪問
　　 13 日　土　清州　清州の上記「暴動」被害者の聞き取り
　　 14 日　日　慶州　慶州へ移動、見学
　　 15 日　月　慶州　願成寺保管遺骨の遺族との面会
　　 16 日　火　達城　達城郡被害者調査
　　 17 日　水　ソウルで調整
　　 18 日　木・19 日　金　ソウル　「真相糾明委員会」調査
　　 20 日　土　帰国

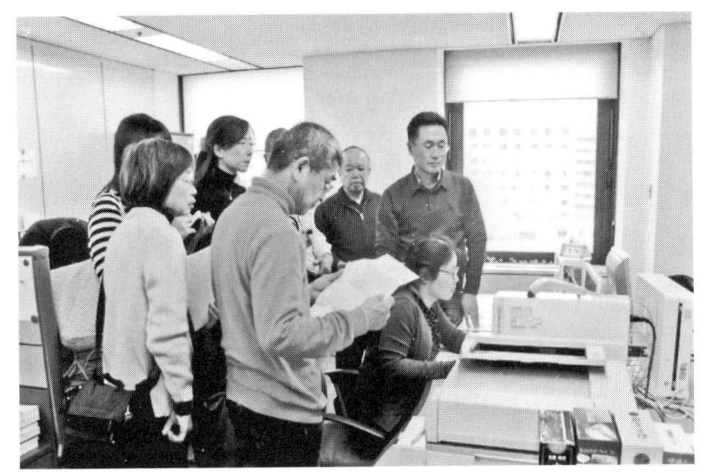

「真相糾明委員会」調査第3課長（右端）から説明を受ける「在日研」メンバー　2010年3月8日

II　調査内容

1　「真相糾明委員会」関連調査

「真相糾明委員会」の資料と活動の現状について、調査第 3 課長許光茂氏より下記の説明を受けた。

①資料室の資料

大きく分けて、国家記録院の資料（政府の正式資料）をＰＣに原文のままデータ保存している「基本的資料」と「真相糾明委員会資料」がある。

委員会資料には、i「申請者が所持していた資料」とii「被害申請書」がある。i は動員被害者が帰国の際、引率者に持たせた名簿などの証明書類で、内容を検討した上、同委員会に報告した「認定文書」である。これには「委認定」という印が付いている。この他証明のため提出した写真、職場で使用していたもの（食事の時の箸や帰国の時のカバン等）がある。ii は「真相糾明委員会」資料の中で最も貴重な資料である。現在 23 万人分あり、5 年かけて 55％の検討が終了している。

②未申請者の再検討について

既に被害申請の受付は 3 回で終了したが、まだ未申請者がいる。これをどうする

か。現在でも 10 万件も検討が残っているのに、これ以上無理だという意見がある。23 万人で終わるのではないか。新しい法律（統合法）の行方を見守る必要があるが、2011 年 2 月 28 日まで（1 年以内）に残りをやれという。

③認定作業に時間がかかる理由（認定基準について）

「疑わしきは認定とすれば、作業は進むのではないか」。 実は今まで終わった分はその方針でやっている。普通、被害者は文書を持っていない。聞き取りだけが頼りで、大体話を聞けば分かる。それを否定する材料がなければ認定している。被害者でない認定は難しい。それで時間がかかる。非被害者が申請している場合もある。しかし、その多くは今回の法律の内容が分からないで申請した人もいる。例えば「父は 1923 年に東京で死んだ」など。

④日本政府から提出された「供託金名簿」の未払い金の扱い

　「被害者支援法」による支援金とは別で、「被害者支援法」に基き、今回、日本から送られて来た「供託金名簿」を基にして行うことになるだろう。

⑤帰国時乗船者名簿について

　下関警察署に引率者が提出している（乗船地警察署にあるはず）。当委員会の強制動員名簿「解題集」の裏側を参照してほしい。

⑥資料の今後について

　2012 年までに釜山の「歴史館」に保存するために、476 億ウォンの予算で今、建設中である。運営についてはこれから決まる。個人情報は公開されないだろう。

⑦その他の付属説明

・認定数は毎日変わるので、新聞発表等で「どうしたといわれるが」仕方がない。

・事業所別統計を出すには、データ上で複雑な手続きが必要であるが遅れている。

・支援金の対象は 3 親等までで、甥は含まれない。来年 6 月まで受け付け、業務は 12 月で終わる。1990 年までのサハリンからの帰国者も含む。

・『口述資料集』は既に 14 巻まで出している。「報告書」の部数は少ないが PDS.HP で公開している。写真情報も読める様に公開。帽子のマーク*は 370 種あり、73 個が判っている。

　＊炭砿労働者のかぶる帽子には炭砿別にマークがついており、従ってそれによって所属炭砿名もわかる。

2 常磐炭田（福島県側）被害申告者についての調査—主として数的把握

（1）福島県の戦時動員被害申告者数　692 人

　現地死亡者　　　76 人

　帰国生存者　　248 人

　帰国後死亡者　368 人

（2）常磐炭田炭砿別戦時動員被害者申告者数　79 人

①常磐炭砿（入山採炭、磐城炭砿を含む）　19 人

　現地死亡者　　6 人

　帰国生存者　　8 人

　帰国後死亡者　5 人

　この数字は私が把握している申告者を含んでいないので、現実はもっと多くの申告者がいることが予想される。常磐炭田の最多戦時動員数を持つ同砿としては不十分な数字であるので、暫定的な調査資料と判断している。

②古河好間炭砿被害申告者数　28 人

　現地死亡者　　　4 人（この内の 1 人は新たに判明した死亡者）

　帰国生存者　　13 人

　帰国後死亡者　11 人

③大日本勿来炭砿被害申告者数　32 人

　現地死亡者　　　3 人

　帰国生存者　　22 人（その内、鎮川郡 4 人）

　帰国後死亡者　7 人（その内、鎮川郡 1 人）

④鳳城小田炭砿、大昭上山田炭砿、日曹赤井炭砿はゼロ

　以上、常磐炭田（福島県側）の被害申告者は 79 人である。動員時の年齢が幼い者が多い。例えば、大日本勿来炭砿の場合、洪城郡の最後の徴用者の着山写真にはまだあどけない子供の様な顔が写っている。申告者はここだけで 5 人に上る。この他、既に 5 回の訪問を通じ、被害申告が出ているのが確認されているのは 27 人で、私が把握している申告者は 106 人になる。

尚、最近、韓国の鄭恵瓊氏が戦時動員関係名簿の利用の具体例として、自身の論文の中で「常磐炭田朝鮮人死亡者名簿」を作成し、分析しているが、その中で305人の死亡犠牲者の内76人の申告者が記載されている。私が確認している23人以外に、まだ多くの遺族に面接ができる可能性がある。

3　常磐炭田(茨城県側)樺太「二重徴用」朝鮮人離散家族の調査

　樺太「二重徴用」で家族が離散した朝鮮人砿夫が、戦後、帰国を延期して茨城県の山一炭砿、関本炭砿で家族の到着を待っていた。これは、石炭統制会東部支部から福島軍政部に提出された「手書き」印刷の「英文」文書により明らかになった*。その人数は山一炭砿19人、関本炭砿4人であった。2008年、サハリンに残された朝鮮人家族が父や兄の足跡を訪ねて常磐炭田に来た。結果として、李氏1人以外は家族の消息を掴めなかった。今回の「真相糾明委員会」での訪問調査の結果がいくらかでも真相究明にプラスになればと思う。

＊長澤前掲「戦時下南樺太の被強制連行朝鮮人鉱夫について」

（１）関本炭砿の場合—いわゆる「厚生省名簿」茨城県分の閲覧を通じ

①常磐炭田に残る唯一の朝鮮人動員名簿

　今回の訪問で、いわゆる「厚生省名簿」[1]中の茨城県側の名簿を閲覧することが出来た。これによると、関本炭砿の97人の内72人が1944年9月14日の樺太からの転換労働者[2]で、25人が1945年5月30日、全羅南道から来た集団移入労働者（徴用）である。97人の内1人死亡、逃亡35人、4人は1945年6月に樺太に帰っている。逃亡はこの頃に集中している。他は1945年11月8日又は18日に帰国（集団）している（附属資料2参照）。

＊1　1946年7月24日、茨城県内務部長が厚生省勤労局長に提出した朝鮮人戦時動員についての文書。1991年に日本政府を通じ、韓国政府に送られた。国家記録院に原本がある。
＊2　樺太転換労働者の出身地は全羅北道2人、黄海道1人の他、69人は忠清南道であることから、この人達は2度目の「集団移入」の対象であったことが考えられ、「二重徴用」とも呼べる。

　動員者の内7人については、1946年の2月から12月にかけて個別に帰国している。この7人に関しては別紙（附属資料1参照）があり、「家族不明見舞金」として家族1人1,000円が支出されている。炭砿から茨城県の在日本朝鮮人連盟に一括支出した

ことになっている。この 7 人がいわゆる家族の到着を待って集団帰国しないでいた人達だろう。英文文書ではなぜ残留朝鮮人が 4 人となっているのかは分からない。

②2008 年、来磐した林正子氏の父の消息

　2010 年来磐した 4 人の内、関本炭砿に来ていた林正子氏（離散当時零歳）の父林原正雄は、1946 年 5 月 30 日に帰国となっている。又、今まで不明だった父の本籍地は、忠清南道燕岐郡西面起竜里 20 と記載されている。「家族不明見舞金」は家族が 3 人にもかかわらず、なぜか 7 人分 7,000 円となっている（附属資料 1 林原参照）。もし記載の通りであったとすると、林原正雄は 1945 年 11 月の「集団帰国」より 6 ヵ月遅れて、一度は故郷に帰ったことになる*。見舞金を受け取ったかどうかは、この文書の提出日が 1946 年 7 月 24 日になっているので不明である。

　　＊樺太に残る家族を待って帰国を遅らせていた 7 人には「家族不明見舞金」が支払われているが、「厚生省名簿」には 1946 年 5 月 30 日に帰国と記されているので、一旦は帰国したことは間違いない。サハリンから帰国した林正子氏の姉の話によると、父は一旦帰国したが、「なぜ家族を連れ帰らないのか」と義父からなじられ、その後消息を絶ったという。

　尚、この名簿には正式に解放前に帰国した 7 人がいる。又、「真相糾明委員会」のサハリン関係口述資料「過酷なわかれ」の中に、1945 年 4 月に家族を呼び寄せるため単独樺太に帰り家族を連れ戻し、解放後に故郷に帰った崔在弘（創氏名・山住在弘）の名前も見える。帰国や家族離散の多様な実態が浮かび上がる。

③「厚生省名簿」の検討——茨城県側の死者 4 人が判明

　新たに長澤氏の「殉職朝鮮人鉱夫名簿」にはない関本炭砿の死亡犠牲者が見つかった。以前から話には聞いていた神ノ山炭砿の死亡犠牲者を合わせて 2 人の北茨城側の犠牲者が判明した。「真相糾明委員会」への櫛形炭砿被害申告者 2 人（忠清南道出身）を加えて合計 4 人の茨城県側の犠牲者が明らかになった。

　関本炭砿の死亡者は、「米田將福」（運搬夫）。忠清南道燕岐郡出身、1906 年（明治39 年）4 月 28 日生まれ。1945 年 6 月、炭車が転倒して死亡した様である。1944 年 9月 14 日に樺太からの転換（徴用）労働者で 576 円の未払い賃金がある。

　神ノ山炭砿の死亡者は、「吉山用五」（採炭夫）。全羅北道完州出身、1912 年（大正元年）5 月 2 日生まれ。1945 年 2 月 14 日に「病死」している。1944 年 12 月 10 日、全羅北道から入所の 14 人の「徴用者」の 1 人である。その後 5 月に、6 人が「病気」のため退所している。賃金、貯金は未払いで、旅費と食料が支給されている。この炭砿でも、以後 5、6 月と逃亡が増え 20 人を超える。「厚生省名簿」の詳しい分析は別章（第 1 巻第 6 章Ⅲ死亡者名簿より見た常磐炭田の朝鮮人死亡者の実態分析）に

譲る。

④山一炭砿の場合とＳＣＡＰ（連合軍最高司令官）文書について

ⅰ 前掲長澤氏の「手書き英文」

　先に触れたように、ＧＨＱ（総司令部）に提出された「手書き英文」の石炭統制会東部支部文書には、帰国を延期して家族の到着を待っていたとされる山一炭砿の19人の朝鮮人砿夫名が記載されている。サハリンから 2008 年来磐したのは、先述した関本炭砿の林正子氏の他 3 人の離散家族で、山一炭砿である。「英文文書」には団長林大煥の父、林能所や李榮来の兄、榮植、鄭點愛の父、鄭チョンソップ（武田よしお）とその家族名が載っている。このことは長澤氏により明らかにされた。

ⅱ 鄭惠瓊氏の提示したもの

　今回の訪問時に調査 2 課の鄭惠瓊氏より提供された論文「戦時体制期樺太転換配置朝鮮人労務者関連名簿の微視的分析」によると、活字版「ＳＣＡＰ文書」（「真相糾明委員会」刊行『サハリン「二重徴用」被害真相調査』（韓国語）に掲載）には 18 人の家族待ちの砿夫とその家族名が記されている（附属資料 3 参照）。

　そして、「真相糾明委員会」に提出された樺太「二重徴用」被害者安明福の被害申請書を参考に、12 人の創氏名を含む氏名が確認されている。以下やや煩瑣であるが内容を検討してみた。

ⅲ 2 つの文書の比較検討

　まず、統制会東部支部の「手書き英文*1」を、今回、「真相糾明委員会」が刊行した『サハリン「二重徴用」被害真相調査』（韓国語）の活字版「ＳＣＡＰ文書」と比較すると（附属資料 3、4 参照）、「手書き英文」には「ＳＣＡＰ文書」より 1 名多く記載されている。両文書を精査して見ると「Kobai」と鄭惠瓊氏が読んだのは H.Matsuda（松田）であろう。又、平山は 2 人いるが「手書き英文」では、1 人は Hiranuma（平沼）と読め、もう 1 人の Rakin Yama は R.Yamanaka（山中）と読める。2008 年、来磐した李榮來の兄李榮植（青木）氏については、「手書き英文」によると家族構成が 8 人だが、「ＳＣＡＰ文書」では 2 人だけで、兄（28 歳）と本人（17 歳）が 2 番目に書かれているだけだ。

　こうして見ると、「手書き英文」で対応関係のないのは K.Takue（家族 5 人）のみで、他は家族構成から見てほぼ対応関係がある。家族構成と家族の関係、年齢、名

前の対応関係も考慮すると、「ＳＣＡＰ文書」では 1 歳年上の場合が数件あること、家族構成では 3 件について省略が見られ、家族関係については記載がないことから、「ＳＣＡＰ文書」は東部支部からＧＨＱ福島軍政部に提出された文書を基に作成されたことが分かる。しかし、それを省略したのではなく、後に提出された別の修正された文書を基に作られたものと思われる。

　いずれにせよ、いわゆる関本炭砿についての「厚生省名簿」と「真相糾明委員会」の「サハリン二重徴用」についての報告書と鄭恵瓊論文が、山一・関本両炭砿の離散家族への理解を大きく深めてくれた。尚、2008 年来日の 4 人の家族については長澤氏の詳しい報告がある*²。

*1 長澤前掲『極秘資料集』Ⅳ、245−248 頁
*2 長澤『第三次訪日関係資料』私家版、2008 年 10 月

4　戦時動員被害者の追加調査

（1）大日本勿来炭砿動員被害者宋甲奎氏の 3 回目の訪問
　今回、訪問の目的の一つは、前回（第 4 回Ⅱ宋甲奎氏の項参照）、宋甲奎氏から預かった未払い賃金の供託金名簿の閲覧に関する委任状と申請書類等をお返しし、この間の事情を説明することにあった。残念ながら福島地方法務局の「供託金名簿」に記載がなかった。

　前夜、予め訪問を連絡しておいた。前回もお世話になった郡庁の行政課に挨拶し、事情を説明したが、課長が私の話から通訳の必要を感じたのか、宋氏の訪問に若い通訳官（金民衛氏）と今回も「真相糾明委員会」の実務担当者朴玉フィ氏が同行してくれた。おかげで安心して訪問できた。

　子息の妻から前日電話があったが、結局、今回も宋氏 1 人で出迎えてくれて、家族とはお会いできなかった。前回お渡しした『戦争と勿来』24 号の写真や地図をいつも思い出しながら見ていると喜んでくれて、この訪問調査に元気を与えてくれた。未払い金や後遺症の問題が解決しない中でも、好意を持って接して貰えるのはありがたかった。1942 年 12 月の堤川勤労報国隊の抵抗運動については一切知らないということだった。

　東京教育大の交換留学生として、東京に 1 年間滞在したことのある通訳の金民衛

さんは、私達の運動に強い関心を示し、日本でのこうした運動に共感してくれた。次の訪問地である清州のバス乗り場まで見送ってくれた。

（2）古河好間炭砿の抵抗運動の被害者・周在勤の遺族を訪ねて
①被害者周在勤経歴
・生年・没年　1922 年生。帰国後、1970 年死亡
・動員炭砿　古河好間炭砿
・動員期間　1942 年〜1944 年（又は 45 年とも）
②子息・周グワンジョン氏（1957 年生）の聞き取り
<u>ⅰ聞き取り日時・場所</u>
　3 月 11 日　午前中・ソウル江南区地下鉄、道谷駅前喫茶店
<u>ⅱ聞き取りの経緯</u>
　3 回目の訪韓時（2008 年 10 月）、現地死亡犠牲者の戸籍調査に積極的に協力していただいた沃川郡の住民課民願室奉仕担当の呉漢斗氏に、同時に依頼した 1943 年 4 月「集団暴力事件」裁判記録にある沃川出身の「被告」中島在勤について、子息の周グワンジョン氏がソウルに住み、面接を望んでいるという報告を貰ったが、その時は都合でやり残した課題であった。今回、連絡したが住所の変更もあり、「真相糾明委員会」の訪問後に日程を組み、ようやく実現したのであった。氏は建築事務所を営み、成人した 2 人の子供の父親である。
<u>ⅲ聞き取り内容</u>
○動員時の状況
　祖父、祖母、父（長男）と五男まで他 4 人兄弟。父は結婚して、長男が生まれたが亡くなった。農業で食べられる程度の土地があり、出稼ぎに出なければならない程の状況ではなかったと思う。父は国民学校を出ており、日本語も話せ文字も書けた。
○動員当時のこと
　日本で「暴動」に参加し、警察で「いっぱいたたかれた」という話を聞いたことがある。刑務所に入ったとは聞いていない。食事や賃金その他のことも聞いていないのでよく分からない。
○帰国後の様子

帰国後は仕事は出来なかったが、里長をやっていた。農業は母と祖父母がやっていた。父は祖父母より早く、私が小学校の時に亡くなった。49歳であった。母は63歳で死ぬまで大変苦労した。私の記憶では、父は肺結核を患い、やせこけ、薬を多数服用し保健所に通っていた。パガジ（ひょうたんで作った容器）に多量の血と痰を吐き、一緒には生活できないので離れ部屋で暮らしていた。

○父の印象と日本について

父は背が高く、男らしい人で太っていたが、日本に行き病気になり、痩せて帰って来たと聞いている。母は叔父たちに助けられて生活していた。叔父達は次男の公務員や三男は薬剤師、四男は警察官、五男は洞長をやっている。父は日本については学校でよくは習わなかったが、悪いことは事実として認めて、今後良い関係を作っていけばよい、という様なことを言っていた。

○遺品等と清州の叔父の被害申告

父は字も書けたが、何回か引っ越しをしたので書類等は何も残っていない。清州にいる下から2番目の叔父が被害申請をしていて事情をよく知っている。

簡単な住所と電話番号を教えて貰う。

③周在勤の弟・周○ホック氏の聞き取り

i 聞き取り日時・場所

3月13日午後・清州市上党区内徳洞駐在所

ii 被害者との関係

下から2番目の弟、現在農業

iii 聞き取りの経緯

土曜日の午前中に清州市庁と清原郡庁を訪ね、第3回の訪問時にお世話になった方々への挨拶に行ったが、韓国も週休2日で会うことが出来ず、警備室に伝言を依頼した。その後、周氏の自宅に電話を入れて、午後ようやく駐在所の協力で面会にこぎつけた。

iv 周○ホック氏の聞き取り内容

○被害申請書から

同郷の同行者「諸鍾九」（1922年生）の陳述により申告。6ヵ月の服役の後帰国、在勤は病身となり、肋膜炎で闘病中49歳で1970年に死亡。国家記録院の名簿に登載され、添付書類（認定書等持参）がある。

○兄が刑を受けたことについて

　刑期は 6 ヵ月と聞いていたが、見せて貰った判決文から 5 ヵ月ということが分かった。兄は村でも当時数少ない小学校を卒業して、里長も務めるほど優秀だった。不満を持った人達を代表して、刑務所に行った。体も大きく、その分沢山殴られ、それで人より早く死んだのだと思う。

○刑終了後そのまま帰国したかどうか

　その様に受け取っていたが、解放後帰ったと言った様にも思う。はっきりしない。申請では 1944 年とした。

<u>v 最後に</u>

　区裁判所の判決文の写しを持って行った。遺族として事件の全容を知る権利があると思う。録音はして貰いたくないとのことであった。交番の警察官ともなじみの様で、乗って来た自転車で帰って行った。今後も連絡をすることで別れた。抵抗により刑を受けたことを隠したりする様子はなく、戦時動員被害の証拠として、真相を明らかにして行きたいという姿勢を感じた。

（3）願成寺保管朝鮮人遺骨・朴守福の妹朴チョン玉氏を訪ねて

①朴守福の経歴等

・本籍地　慶尚南道蔚山郡熊村面石川里

・生　年　1922 年

・死亡年月　1943 年 3 月（21 歳）

・死亡原因　肺結核

・死亡時住所　いわき市内郷白水町入山（旧住所入山 72）＊

　　＊「願成寺過去帳」と「太平洋戦争中犠牲同胞慰霊実行委員会の殉職者名簿」（第 1 巻第 6 章附属資料参照）

②聞き取り対象者

・氏　名　遺骨・朴守福の妹朴チョン玉氏と妹の長男崔海應氏

・訪問調査の日時・場所

　3 月 14 日午後・慶尚北道慶州市山内面・チョン玉氏自宅

③遺骨の遺族判明と訪問の経緯

　2005 年に市内残存朝鮮人遺骨 3 体の内、蔚山の朴守福については、韓国の政府機

朴○福氏妹朴○玉さんと長男
崔○應氏　2010年3月15日

関「真相糾明委員会」の遺骨問題特別報道班の最初の仕事として、テレビの放映までなされたが、その遺族は見つからなかった。

　2009年、3回目の訪韓時、たまたま蔚山の熊村に立ち寄った折、村役場の戸籍係から「1ヵ月前偶然に遺族が見つかって中央に報告した」との報を得た。その後、「真相糾明委員会」の中央の担当者に聞くと「いましばらく待てば送還は実現する」ということであった*。

　　＊遺骨返還については、2005年の小泉・ノムヒョンの首脳会談で、既に日韓の間で合意されていた。

　遺骨の返還は、その後、軍人・軍属については国の責任で行われるようになったが、民間企業の労働者については進まなかった。今回、願成寺の意向も確かめ、「真相糾明委員会」の2課（遺骨関係）の担当者とも会い、遺骨の早期返還を目指して、遺族と直接面接して意思を確かめることとした。

④聞き取り当日の経緯

　訪問前日（13日）に、宿泊地の慶州市内から山内面行きのバスで行くことを朴ハルモニ（おばあさん）に連絡しておいた。当日はまず、慶州市庁の「真相糾明委員会」の実務担当者と連絡をとり、早速、確認の電話をハルモニに入れてくれた。子息が大邱から来て対応してくれるとのことであった。

　担当者から「市庁まで息子さんを被害申請のためにも呼びますか」との提案もあったが、直接ハルモニと話すのが先と思い、予定のバスで行くことにした。ところが、このバスは山内面義谷止まりで、そこからはタクシーで行くしかなかった。しかし、タクシーのおかげで谷あいの曲がりくねった未舗装の道沿いに点在する家を一軒一軒捜さなくても、スムーズに目的地に到着できた。ハルモニは足が悪く出迎えられないということであった。部落の教会のそばまでハルモニの子息が迎えに出

てくれていた。小さな家のアンパン（居間）で挨拶の後、さっそく簡単な経緯を説明して本題に入った。

⑤経緯説明の内容

　まず、お兄さんの遺骨が保存されている願成寺の写真や納骨堂の写真、最後に亡くなったと思われる所に、今も残る炭砿長屋の写真を見せ、死亡に関する資料（死亡年月日等）をお渡しした。又、お寺の住職の「長い間遺骨を預かり、朝夕供養しているが、1日も早く政府の手で問題が解決するのを待っている」という言葉を伝えた。

　中央の「真相糾明委員会」の調査2課の話として、現在、日本政府との交渉が進まず、韓国から返還の要件として3つの条件を出している。①遺骨への誠意ある表明　②遺族を確認して遺族を招待する　③日本における追悼式を行うこと、である。しかし、日本側の態度は硬い。新政府になり若干の変化も見えているので、今しばらく待ってほしい、と言っていることを伝えた*。

> ＊担当者の話では、遺骨関係は強制連行時のものか、在日朝鮮人のものか、家族、親、子供のものか、又、状況判断だけでの推定では認定できない。物件を確認することが大切で、霊位だけのものや、過去帳記載はあるが確定が難しく、認定が難しい場合も多々ある。人道的立場からの返還を含め数は増えている。軍人・軍属含め2,600人いるという説明があった。

⑥聞き取り内容

<u>ⅰ朴チョン玉氏の聞き取り</u>（聞き取り中の（ ）は編者の補注）

　兄が日本に行ったのは、私が6歳の時と聞いている。私は1932年末生で現在79歳です（これから考えると、兄さんは1938年末に日本に行った可能性がある）。

　夫は1980年に亡くなった。母は私が70歳頃、蔚山で亡くなった。この時、今まで行方不明になっていた兄を実家の族譜（一族の系図）に載せた。その後、子息がここで亡くなった夫や義父母と一緒に、年2回チェサ（韓国風の祭礼）をやっている。

　私は17歳の時、ここに嫁ぎ、夫は9つ上で26歳だった。慶州は母の実家があり、その関係で嫁ぎ、そのまま今の住所で暮らしている。子供は2人おり、長男は大邱でタクシーの運転手をやり、次男は市内に住み孫もいる。

　蔚山の母は、父が死んだ後も1人で農業をやって暮らしていた。2番目の兄は6・25戦争で亡くした。母は兄のことをあまり多く話すことは無かった。兄の遺骨が日

本で見つかったと聞いた時はとてもびっくりした。預かっていただいたお寺にはほんとにお礼を言いたい。

ii 朴チョン玉氏の長男・崔海應氏の聞き取り

○「真相究明委員会」への申請について

大邱で運転手をやり、時々母を見に顔を出している。2年前ソウルから電話があり、申請をする様にと言われたが、どこにすればよいのか分からなかったのでそのままになっている。慶州市庁でよいのなら、早速、明日手続きをしたい。「真相糾明委員会」の仕事に期待している（真相糾明関係の申請は既に打ち切られているが、遺骨関係は申請しなくても返還の対象にはなるということだ。動員被害者への「支援金」の受け付けは、未払い賃金の「供託金」関係のみとすれば、「支援金」の対象になるのかどうかは分からない）。

○日本訪問について

近いうちに観光方々日本に行き、そのお寺に行って叔父の遺骨に会うことはできないか（これについては、遺族の意思が最も優先されなければならないと思う。しかし、経費面やお寺との関係、遺骨返還の実務的取扱上の問題など色々ある。今しばらく国家間のやり取りの進展を期待しつつ、一日も早い返還が実現することを願っている）。

iii 崔海應氏との話の中で

聞き取りが終わった後、大邱とは反対方向であったが、タクシーで慶州の市外バスターミナルまで送っていただき、食事を共にしようという申し出もあったが、これ以上迷惑はかけられないと思いお断りした。

車の中の話では「戦時中、日本に行った父の親戚がいた。富士山のあるところで仕事をしていたらしい。発破の技術をもって金を稼いでいた」ということだった。あるいはこうした繋がりもあり、朴守福も日本に来ることになったのかもしれない。前回訪問時の役場の戸籍係は、「強制的に動員されたと母から聞いた」と言うチョン玉氏の言葉を私に伝えている。

いずれにせよ、年若くして、旧入山の3坑附近の炭砿で働き、肺結核のため死亡しても、郷里に連絡さえ取れない状態で亡くなったとすれば悲惨なことである。強制連行で行ったという母の話があったということも前回電話では聞いたが、1943年といえば、戦時石炭増産のさ中、死亡場所から考えても、いずれかの炭砿で働いて

いたと考えるのが自然である*。連絡を取り合うことを約束して別れた。

*戦時中は、入山3坑の斤尖掘り（残炭掘り）を行う王城（おじろ）炭砿配下の寿（ことぶき）炭砿か矢郷（やごう）炭砿で働いていた可能性が強い。死亡の場所（入山72番地）から見て、寿炭砿と思われる。

（4）多額の未払い賃金の供託が記録されている古河好間炭砿と鳳城小田炭砿の被害者を訪ねて

①再度の訪問

前回、未払い賃金の供託金の有無を調べるため、大日本炭砿の動員者の委任状を受け、福島地方法務局に閲覧申請を出したが、当人の名前はなぜか見つからなかった。しかし、未だ生存者も多い古河好間炭砿や金額の多い鳳城小田炭砿の被害者や遺族に、このことを知らせようと思った。

今回の訪問の目的の一つは、支援申告の提出期限とされていた3月以前に調査を行うことであった。しかし、その後、政府間の名簿の引き渡しも決まり、支援金についての申請期間も延長される見通しとなったので、いわばその役割は無用となった。それにもかかわらず、大邱広域市達城郡の8人の小田炭砿犠牲者については、「樺太転換朝鮮人労働者」として一定の調査も進んでいたので、1回目の調査以来、再度の訪問をすることにした。

江原道横城郡の古河好間炭砿被動員生存者2人との面接計画は変更して、挨拶の便りをソウルから送って済ませた。

②達城郡庁の調査

達城郡庁は市内から郡部に既に移転していた。前回は農村部と思い込んでいた遺族のいる玉浦面や花園面は、今ではまさに大邱市の近郊地帯になっていた。高速道路と鉄道沿いの一帯は農家が見当らず、近代的なビルや建物が立ち並ぶ。郡役所は地下鉄の終点からバスで1時間、「科学技術中心都市」を目指すだけあってモダンな建物であった。

ここは、鳳城小田炭砿で1944年に災害で死んだ渡辺寮の6人とは別の樺太転換朝鮮人労働者2人の出身地である。花園面1人、智求面（番地も判明）1人、玉浦面3人、東面1人について、自治行政担当者と「真相糾明委員会」実務担当者に、被害の有無と被害申請があるかどうか調べて貰った。申請がなければ、各面の戸籍係を通じ、遺族の有無を調べて貰うことになった。しかし、突然の訪問でもあり、すぐ

に調べる事も出来ないので、ソウル滞在中に結果を連絡して貰うことにして辞去した。

　その後、1 人は甥との連絡がついたが、支援金の対象者になりえないこと、他の 3 人は遺族が見つからないという連絡があった。電話では意を尽くせないので、詳細は後に、文書での回答をお願いした*。

　　*帰国後、達城郡庁からの回答があり、それによると、6 人中 4 人の遺族の被害申告があり、2 人の慰労金支給が決定し、1 人は検討中。後、1 人は甥のため支給対象外であるという。再調査をしたい。

まとめ

（1）「真相糾明委員会」が停止になる前に成果を出したいというのが当初の目的であったが、幸い 2 委員会の統合による 2 年間の延長法案が、3 月までに国会を通過する予定ということで、今回やり残した仕事ももう一度チャンスを貰って継続したい。

（2）宋甲奎氏については後遺症問題もあって困難が多く、未払い金の問題についても見通しは暗いが、本人に訪問を喜んでいただき、それだけでも励ましになった。氏の他、大日本勿来炭砿には 3 人の生存者と 1 人の帰国後死亡者の申告があること、古河好間炭砿の 1943 年の抵抗運動被害者も 2 人いることが分かった。達城郡のいわき市との浅からぬ縁を感じる。郡庁の方々の協力もあるので、今後引き続き調査を進めたい。

（3）中島在勤こと周在勤の抵抗運動参加については、氏が若くしてリーダー的素質と役割を果たしたことについて感触を得る事が出来た。帰国時期については疑問も残るが、刑期終了後直ちに帰った可能性はある。申請者である弟○ホック氏は、被害者団体との接触もある様に思われたので、慎重に連絡を取っていきたい。

（4）遺骨の奉還問題については、個人的な接触を深めると共に、政府間交渉の行方を注意深く見守りたい。又、未払い金の供託者名簿が政府より引き渡された今、それがどの様に被害者に知らされるのかを見守りたい。必要に応じて、既に連絡の取れている被害者には、このことをきちんと知らせる必要がある。

（5）今回は短期間の個人的調査で終わった。写真や録音は相変わらず手際はよくない。第 6 回目を目指すには今後は組織的な広がりを強め、遺族や帰国生存者のいわきへの招待等も日程に上がるような幅広い運動にしたいものだと思う。又、戦時動員被害者の名簿の収集の可能性についても、検討していきたい。課題は多いが今後を期したい。

別紙

氏名	支給額	備考
木村栄	五〇〇〇円	本人及家族ノ人トシテ老朝鮮ニ
林原兵衛	七〇〇〇	〃
權泳金	三、〇〇〇	〃
頼世利吉	四、〇〇〇	〃
吉井旭	五、〇〇〇	〃
山中道王	六〇〇〇	〃
伊珠義雄	七、〇〇〇	〃

註
右支給金額ハ本人ノ表示記載ノ支給額（退職時得過）以外ノ分トシテ
搭乗乗船前申込ノ残留家族生死不以見舞金トシテ
搭乗死前申告渡志ヲ支給セラルルテナリ
在金額見朝鮮人移住其年並可跟
新ニ帰去居有寄任スルモノナリ

関本炭鑛株式會社

勤政第八五號

昭和二十一年七月二十四日

茨城縣内務部長

厚生省勤務局長殿

朝鮮人労務者に関する調査の件

六月十七日勤発次三三八號遞牒で御照會があった標記件別

他の通り報告致します

尚在日朝鮮人聯盟に関係書類を貸与に返却されない為調査
困難の工場事業が二・三ありますが極力調査致し一度り
まつり業次回送付致します

茨城縣多賀郡関本村
関本炭礦株式會社

入所経路別	氏名	生年月日	本籍	入所年月日	退所年月日	退所理由	職種	種別名退所婦待遇
入所	全●男							
〃	水●衆							
〃	回●紫							
〃	白●法							
〃	當●産							
〃	徳●産							
〃	伊●求							
〃	黄●奉							
〃	文●國							
〃	李●祇							
〃	趙●ゐ							

附属資料 3　解放後、日本に残った山一炭砿朝鮮人

<해방이후 일본에 남은 야마이치현 탄광의 조선인>

성명	당시 본적	창씨명	기타
康俊漢	충남 연기군	谷川俊漢	
具丁赫	전북 진안군	아야시로	
金東石	충남 논산군	金城東石	
申鶴日	충남 논산군	平山鶴日	
安七奉	충남 연기군	安田七奉	
윤지건	충남 논산군	伊東	
李鳳錫	충남 논산시	廣瀨鳳石	
李榮植	충남 논산시		
林能所	충남 논산군		
정寶泳	경북 울주군	須田寶泳	
정正燮	충남 논산군	竹田正燮	
한택	충남 논산군	西原	
崔鍾燮	충남 논산군	山本鍾燮	
Kobai ****	충남 논산군		
Rakin Yama****	충남 연기군		이씨로 추정
Rochin Kobayashi	충남 연기군	小林	이씨로 추정
Sai** Yeku	충남 논산군		
Chiyakuei Hirayama	충남 논산군	平山	신씨로 추정

『崇實史學』第 22 輯（出版社不明）、2009 年、170 頁

KOREANS FROM SAGHALIEN

YAMAICHI MINE

The following Koreans who have their families in Saghalien have been been waiting for families coming back

They have no will to work at the coal mine and to go to meet their families

If their families come back, they will leave for Korea willingly

NAME		AGE	THE ACTUAL RESIDENCE
T. Suda		38	Takahagi Jagu Sharaki Prefecture
Step-Mother	Junko	41	Toyohata mine Nayoshi Saghalien
Wife	Tsutue	24	"
Sister	Eiko	19	"
Children	Toshiko	7	"
"	Teruo	5	"
"	Satsue	3	"
Bachelor	K. Kirayama	18	"
"	S. ...	32	"
K. Tohee		40	Takahagi Jaga Ibaraki Prefecture
Sister	Shisei	32	Nayoshi Nayoshi Saghalien
Children	Shokan	10	"
"	Kikeko	7	"
"	Shyuko	3	"
J. Kanashiro		32	Takahagi Jaga Ibaraki Prefecture
Wife	Kinzen	31	Toyohata mine Nayoshi Saghalien
Children	Seiko	4	"
"	Keiko	2	"
J. Hirayama		35	Takahagi Jaga Ibaraki Prefecture
Wife	Kuninin	26	Toyohata mine Nayoshi Saghalien
Children	Keitei	9	"
"	Nao	7	"
"	Hideko	6	"
"	Seiken	2	"
S. Tanikawa		41	Takahagi Jaga Ibaraki Prefecture
Children	Kinseki	16	Toyohata mine Nayoshi Saghalien
"	Eiki	13	"
"	Kinrei	11	"
"	Shoki	3	"
Wife	Shozu	37	"
M. Ikeda		40	Takahagi Jaga Ibaraki Prefecture
Children	Sanrei	13	Toyohata mine Nayoshi Saghalien
"	Tanju	9	"
"	Jentou	4	"
K. Miyazan		55	Takahagi Jaga Ibaraki Prefecture
Wife	Kichirei	37	Toyohata mine Nayoshi Saghalien
Children	Ume	13	"
"	Tamahime	9	"
"	Fukuhime	6	"
"	Takio	3	"
S. Yasuda		39	Takahagi Jaga Ibaraki Prefecture
Wife	Junsei	31	Toyohata mine Nayoshi Saghalien
Children	Akio	6	"
"	Maikuko	3	"

Relation	Name	Age	Origin
Children	Meishuku		Toyohada mine Nayoshi Saghalien
"	Eihuku		
"	Akiko		
	J. Etō	37	Takataga Taga Ibaraki Prefecture
Wife	Kōjun	35	Toyohada mine Nayoshi Saghalien
Children	Shakuhon	10	
"	Shakuken	7	
"	Shakugun	3	
	H. Hirose	39	Takahagi Taga Ibaraki Prefecture
Wife	Janui	28	Toyohada mine Nayoshi Saghalien
Children	Kōmei	8	
"	Kōmei	3	
	S. Nishihara	37	Takahagi Taga Ibaraki Prefecture
Wife	Shōjun	30	Toyohada mine Nayoshi Saghalien
Children	Tsutaki	10	"
"	Kijun	7	
"	Gyokkei	4	
	H. Matsuda	38	Takahagi Taga Ibaraki Prefecture
Wife	Shōfuku	30	Toyohada mine Nayoshi Saghalien
Children	Keshu	11	"
"	Suigaku	8	
"	Bungaku	5	
"	Dōjūko	2	
	S. Ayoshiro	37	Takahagi Taga Ibaraki Prefecture
Wife	Sunan	28	Toyohada mine Nayoshi Saghalien
Children	Ichijo	6	
"	Shōichi	4	
	H. Kobayashi	38	Takahagi Taga Ibaraki Prefecture
Children	Jotsun	1	one of ... Hirose Toyohada mine Nayoshi
	J. Miranuma	30	Takahagi Taga Ibaraki Prefecture
Wife	Yōjun	21	Toyohada mine Nayoshi Saghalien
Children	Kidō	2	"
	Y. Yamamoto	36	Takahagi Taga Ibaraki Prefecture
Wife	Rijunn	35	Toyohada mine Nayoshi Saghalien
Children	Eishuku	11	"
"	Kenoshi	3	
	R. Yamanaka	41	Takahagi Taga Ibaraki Prefecture
Wife	June	47	Toyohada mine Nayoshi Saghalien
Children	Junyoshi	31	"
"	Fukuo	25	"
"	Shōgetsu	8	
"	Shōhen	2	
	E. ...	18	Takahagi Taga Ibaraki Prefecture
SISTER	...	22	Toyohada mine Nayoshi Saghalien
FATHER	...	49	
MOTHER	Aozee	40	"
BROTHER	...	4	
SISTER	Kijun	13	
"	Eishuku	10	
Uncle	Tasuke	56	4 chōme Nayakawa Maoka Saghalien
BROTHER	Shōichi	28	" Takahagi Taga Ibaraki Prefecture
	S. ...	31	Takahagi Taga Ibaraki Prefecture
MOTHER	Seijo	66	Toyohada mine Nayoshi Saghalien

SEKIMOTO MINE

Koreans in Sekimoto mine determined to remain in their mine until their families in Saghalien come back. They have no will to work at their mine.

NAME		AGE	THE ACTUAL RESIDENCE
S. Ri		36	#1950 Sekimoto Taga Ibaraki Prefecture
Wife	Gyokuzai	28	Toyohata mine nayoshi Saghalien
Children	Huiko	11	"
"	Sokon	7	"
"	Heiryu	3	"
K. Gonkō		48	#1950 Sekimoto Taga Ibaraki Prefecture
Wife	Fukuku	40	Toyohata mine nayoshi Saghalien
Children	Gyokmei	15	"
"	Shogun	11	"
M. Hayashihara	32	#1950 Sekimoto Taga Ibaraki Prefecture
Wife	Sampuku	29	Toyohata mine nayoshi Saghalien
Children	Karishuku	6	
M. Kimura		34	#1950 Sekimoto Taga Ibaraki Prefecture
Wife	Junki	35	Toyohata mine nayoshi Saghalien
Children	Eiko	11	"
"	Eigouro	8	"
"	Shigeru	5	"

前掲『極秘資料集』Ⅳ、245－248頁

第6回調査報告 (2011年)

はじめに

　今回の韓国訪問調査も、「在日研究会」の活動と連動して行うことになった。初めの4日間は、「在日研究会」の日韓合同研究会や関連機関の訪問に同行させて貰った。その後は、1週間近くソウルの「強制動員調査・支援委員会」で関連資料を閲覧させて貰った。その次の週は、全羅北道茂朱の帰国生存者の聞き取り調査から始まり、忠清北道での「集団暴力事件」関係調査、最後の1週間は慶尚北道の蔚珍、そして又、忠清北道に戻り、堤川の調査で終わった。この間、一貫して「強制動員調査・支援委員会」の支援を受けた。改めてお礼申し上げたい。小さな成果ではあるが、積み重ねが大切と思う。簡単ではあるが、協力いただいた皆様へのお礼の気持ちを込めて、凡そ1ヵ月の訪問調査の報告としたい。

I　調査概要

1　調査期間・日程

（1）期間
2011年8月4日～29日

（2）日程
8月4日　木　出発
　　　　5日　金　「日韓民族問題研究会」と「在日研究会」との合同研究会（光云大学）
　　　　6日　土　同上　仁川港元共同租界等巡検、「日帝強制動員と平和研究会」創立大会（崇実大学校）

7日　日　ソウル　「民族問題研究所」訪問

8日　月　ソウル　南山図書館と「強制動員調査・支援委員会」での資料閲覧

8日　月～12日　金　ソウル　「強制動員調査・支援委員会」の資料閲覧

13日　土　曺ヨン淳氏（「集団暴力事件」池本達根氏末弟）の聞き取り

15日　月　光復節　宿舎移動

16日　火　茂朱　金釘柱氏及び禹在煥氏の聞き取り（沈在昱氏協力）

17日　水　茂朱　黄點洙氏の聞き取り、清原郡庁訪問（同上）

18日　木　清原　金昌越氏と再会、韓チャンソク氏（「集団暴力事件」林興喆氏夫人）の聞き取り

19日　金　清州市庁訪問（延濟昌氏再会）　市立図書館訪問、周〇ホク氏と再会

20日　土　清原　玉山面の韓（西原）洙徳氏、文義面の金賢九氏訪問するも不明

21日　日　蔚珍へ移動

22日　月　蔚珍　張明達氏（犠牲者張田特伊氏息子）の聞き取り

23日　火　堤川市庁訪問、徳山面曺達根氏子息の妻の聞き取り。本籍地訪問

24日　水　堤川　鄭ドンチャン氏（市立図書館司書）と再会。地籍博物館等訪問

25日　木　堤川松鶴面　鄭（本田）奎萬（大日本勿来「集団暴力事件」）本籍地訪問、甥キソク氏からの聞き取り

26日　金　ソウル「強制動員調査・支援委員会」に訪問の報告、挨拶

29日　月　帰国

2　成果

（1）「日韓合同研究会」参加を通じて

「合同研究会」のテーマである「戦後日本の市民運動を通じて見る日韓関係と在日朝鮮人」では、山田昭次氏の「関東大震災時朝鮮人虐殺事件を巡る戦後日本人の運動─朝鮮人犠牲者の追悼・調査から国家責任の追及へ」、樋口雄一氏の「私の見た戦後日本の朝鮮関連の研究と運動─日本朝鮮研究所を中心に」、飛田雄一氏の「私の見

た日本の戦後補償問題の役割と課題」、堀内稔氏の「神戸における朝鮮関連市民運動の役割と課題」の報告に対し韓国側研究者からのコメントがあった。「学術的方法での整理のきっかけにする」という意欲的な意図があった。2日目の「仁川港周辺の旧共同租界」や日本人集住地の建物や関連施設のフィールドワークでは、ソウル以上に日本統治時代の影響が残っていることが分かった。ソウルに戻り「日帝強制動員と平和研究会」の創立大会と『強制動員を語る―名簿篇(1):名前だけが残った叫び』[強制動員と平和叢書1 - 研究叢書第1巻]の出版記念会に参加した。「記念論文集」には常磐炭田の動員犠牲者に関する論文（鄭惠瓊論文）もあった。

（2）資料収集関係

　「在日研究会」関係行事の終了後の7日に、樋口雄一氏や京大の水野直樹氏の案内で、清涼里近くにある「民族問題研究所」を初めて訪ね、展示室や資料室の閲覧や案内をして貰った。親日派辞典の出版や在日関係団体の辞典作りや、軍慰安婦関係の運動や戦後補償関係の事務局等もあり、研究と運動の拠点になっている。動員犠牲者遺族会のことで研究員の方にお世話になった。

　8日には南山図書館に行き、午後は「強制動員調査・支援委員会」に伺う。今回訪問の目的の一つである常磐炭田関連資料の閲覧をお願いした。調査3課の鄭課長始め、調査員沈在昱氏には忙しい勤務時間を割いて貰い1週間、連絡・調整など大変お世話になった。お蔭で基礎的な資料を閲覧できた。今後の調査・研究に生かしていきたい。

（3）帰国生存者や遺族の聞き取り

　今回の訪問では、あらかじめお願いした「強制動員調査・支援委員会」への協力要請は、資料閲覧の他に、忠清北道出身者が中心の1943年4月、好間炭砿における「集団暴力事件」関係の遺族の聞き取りにあった。特に鎮川郡、報恩郡、清州・清原郡、堤川郡の動員の地域史的な背景を含めた新たな強制動員史分析の糸口を掴みたいと思っていた。残念ながら現実は厳しく殆ど実現しなかった。しかし、「強制動員調査・支援委員会」の支援により、茂朱の生存者と、清原、蔚珍、堤川の遺族の聞き取りが実現し、いくつか聞き取りの新たな視点も見えてきた。行政の支援と調査における「現地主義」の重要性を実感した。

Ⅱ　資料閲覧から

1　常磐炭田関連名簿の閲覧

　「強制動員調査・支援委員会」では「強制動員名簿解題集」が出版され、同委員会に保存されている名簿 303 件についての解題があり、公開されている。今回の閲覧対象として申請したのは、以下の 3 件 5 名簿である。
（1）「朝鮮人労働者に関する調査結果」所謂 16 県分の内「茨城県分」
（2）「所謂朝鮮人徴用者等に関する名簿」の「殉職産業人名簿」と「朝鮮人労務者単身在寮者名簿と朝鮮人炭砿労務者家族持ち名簿」（通称「大塚一二名簿」）
（3）「日帝下被徴用者名簿」の「産業殉職者名簿」と「常磐炭田朝鮮人労働者殉職者名簿」（通称「長澤第 1 次名簿」）
　一般的に名簿はプライバシー保護の観点から、当事者の他、研究のためにも閲覧できるが、分布など数的な利用等に厳しく制限されている。但し既に日本で出版、公開されている名簿は制限しても意味がない。5 つの名簿は、いずれもまだ日本では公開されていないものや入手が困難なもので貴重な資料である。

2　常磐炭田動員被害申告者に関する情報

　被害申告者統計の公表は、その都度なされているが、申告書の作成は申告者の被害調査と被害支援のための事業である。現在既に半分以上の審査が進んでいるが、来年（2012 年）の 3 月までに終わらせなければならないという。被害者の数字は審査の進行状況により変化するもので、発表の時点のものと考えねばならない。福島県関係についての数字は前回聞いていたが、今回分かった常磐炭田の炭砿毎の認定申告者数は以下の通りある。

（1）全体

常磐炭田の炭砿別動員被害者調査現況

	全体	現地死亡	生存	帰国死亡	後遺障害	行方不明
常磐内郷	3 (18)	3 (7)	(5)	(6)		
常磐磐崎	1 (3)	(1)	1 (1)	(1)		
常磐湯本	49 (59)	2 (9)	22 (22)	22 (24)	2 (3)	1 (1)
常磐(所属不明)	63 (29)	13 (3)	16 (7)	32 (15)	2 (4)	
古河好間	35 (44)	6 (6)	13 (20)	15 (18)	1	
大日本勿来	24 (32)	(3)	15 (22)	7 (7)	1	
日曹赤井	11 (11)	1 (1)	5 (4)	5 (6)		
大昭上山田	6 (6)	1 (1)	3 (1)	2 (4)		
鳳城小田	4 (4)	2 (2)		2 (2)		
関本	24 (22)	4		19 (20)		1
常磐神ノ山	4 (11)	(1)	1 (2)	2 (7)	1 (1)	
山一	3		1	2		
東邦櫛形	7 (8)	3 (4)	3 (2)	1 (2)		
常磐中郷	0					
山口	?	?	?	?	?	?
合　計	233(247)	35(40)	80(86)	109(112)	7(8)	

2011 年 8 月現在

（ ）内は龍田の確認状況である。所属が分からない者は「常磐（所属不明)」とした。合併前に動員或いは、解除されている場合も合併以前の入山採炭、磐城炭砿の分類はせず、入山 4、5、6 坑、川平、小名浜（鹿島）は湯本に、長倉、磐崎本坑は磐崎に、住吉本坑、1 坑、綴は内郷に分類している。内郷、磐崎は極端に少ないが、多くは「常磐（所属不明)」に含まれていると思われる。それと反対に湯本はかなり多いのは、「常磐（所属不明)」の中には湯本はあまり含まれていない。又、日曹常磐（ときわ）を常磐の中に 3 件含めているのは誤りである。（ ）ではすべて修正している。多少の間違いは提供された資料が調査のための便宜的なものであるためだろう。又、（ ）内の数が多くなるのは過去の調査で既に確認出来ているものを含めたからである。

（2）動員時期と回数の確認

　動員場所や回数は 1942 年の入山採炭、磐城炭砿の場合は、常磐炭砿の 1944 年 1 月の「満期者調」で分かる。1943 年は石炭統制会の京城出張所の各炭砿別割当、移入数調で分かる他、常磐炭砿の死亡者の入所年月日の記録で分かる。ここで申告者による動員時期の記録が追加された訳だが、どの程度一致性があるかを調べてみた。大日本勿来と大昭上山田炭砿、日曹赤井炭砿、古河好間炭砿について検討してみる。尚、入山採炭、常磐湯本炭砿の茂朱郡関係については聞き取りの所で検討する。統計資料との比較を試みた。1 ヵ月違いは一致と見なした場合もある。

　　大昭上山田炭砿　　6 回の内 1 回一致

　　大日本勿来炭砿　　9 回の内 6 回一致

　　日曹赤井炭砿　　7 回の内 1 回一致

　　古河好間炭砿　　17 回の内 7 回一致

　こうして見ると大日本勿来以外は一致率が低いことが分かるが、2〜3 ヵ月位の差があることは普通である。記憶力には差があるが、逆に一致する場合がかなりあることに驚いている。「一致」が少ないのは申請者が少ないためで、口述資料としての真実性とは関係がない。

（3）各炭砿別の申告状況

①常磐炭砿

　63 人（所属不明）中把握出来たのは 61 人である。しかも、中身はかなり複雑で、所属砿が明白なものは 26 人にすぎず、内郷 9 人、神ノ山 7 人、磐崎 4 人、入山 2 人、日曹常磐 3 人、川平 1 人である。私の調査では、現地死亡 11 人は全て「長澤名簿」にある。生存者 17 人、帰国後死亡 33 人（後遺障害者 2 人を含む）で分からないところがあった。尚、後遺障害を主張する者 2 人の内 1 人は塵肺であるが、認められていない。特徴的なのは「家族呼び寄せ」が 3 人いて、2 人は宿舎の住所が分かる。資料としては写真が 3 枚ある。寮の前で撮った集団写真と背景なしの集団写真が 1 枚ずつあり、更に同僚と 2 人で撮った写真が 1 枚ある。

②常磐湯本炭砿

　49 人は常磐湯本炭砿だけでなく、合併以前の入山採炭を含む。動員時期は 32 人が 1942 年以前で、1944 年 4 月以後の者は 2 人にすぎない。「常磐」の「所属不明」の

中に何人か入ると思われる。現地死亡者は 2 人にすぎず、他に何人かは申請している模様。今まで知られていなかった現地死亡者 1 人が戸籍名簿の記載から認定されている。申告者は茂朱が 12 人で最も多く、江陵 7 人、南揚州 3 人等が多いところである。動員障害者が 3 人認定されているが、いずれも手の指切断や足の指の骨折変形などである。内郷分が 2 人誤判定されている。資料として写真 2 枚、遺品 1 件ある。

③常磐炭砿内郷坑

3 人、常磐磐崎砿 1 人については既に触れた通りである。

④古河好間炭砿

前回調査で 43 人確認。現地死亡者の 6 人いずれも「長澤名簿」に出ている。生存者の内 6 人は聞き取りで、現在 18 人把握。帰国後死亡者 18 人把握。後遺障害認定の 1 人は把握できず、塵肺による後遺症 1 人は認定されていない。申告者が多いのは江原道横城郡 5 人と忠清北道報恩郡 4 人で、清州郡 2 人、沃川郡 2 人、堤川郡 1 人の 5 人を加えると忠清北道は 9 人となり、道別で際立って多い。入山分が 1 人誤判定されている。資料としては、写真 1 枚、遺品 1 件である。

⑤大日本勿来炭砿

前回調査で 32 人確認。内現地死亡者 3 人と生存者 22 人を確認している。地域的には、洪城郡（5 人）、鎮川郡（4 人）、益山郡（3 人）に集中している。帰国後死亡者は 7 人。後遺障害者 1 人は確認できず、4 人が腰、胃腸、足負傷、塵肺の障害を訴えているが、認定はされていない。

⑥日曹赤井炭砿

申告者 11 人中現地死亡者 1 人は「長澤名簿」で確認出来る。生存者は 4 人確認。いずれも 1926、7 年生れで、動員当時は 17、8 歳。陰城郡の出身者は 1941 年に 14 歳で動員されている。帰国後死亡者は 5 人である。尚、常磐炭砿の項に「日曹常磐」とあるため、「ときわ」と読まず「じょうばん」と読み、常磐炭砿分に誤入された者が 3 人いる。又、動員地の寮名が記されているのは 2 人で、1 人は弟に送った手紙に赤井町日曹鉱業所吉田合宿所と書かれているという（手紙未確認）。もう 1 人は動員地が赤井町第 2 飯場と記載されている。日曹赤井が比良地区で操業し始めたのは1937 年で、1940 年から朝鮮人（278 人）を動員し始めている。一方、浅口地区では、妙高企業（株）が 1941 年に資本変更して日曹鉱業常磐炭砿となり、1944 年から朝鮮

人（78 人）を動員し始めている。この独身寮は、浅口に残っていた建物と思われるが、これが「第 2 飯場」と呼ばれたかどうかは分からない。

⑦大昭上山田炭砿

申告者 6 人中現地死亡者は 1 人である。「長澤名簿」には「榮一」とある。申告の「榮山」と違うが、戸籍簿の死亡年月日（1944 年 10 月 15 日）、本籍（牙山郡）が一致するので同一人物である。死亡地は石城郡山田村大字上山田字毛内 17 番地である。申告者中 4 人は公州で、2 人が牙山。生存者 3 人とあるが確認出来ない。

申告者の内の 1 人の陳述は、具体的なので簡単に記す。動員当時 1943 年 12 月（26 歳）、着の身着のままで公州から 30 人一緒に動員された。下関から汽車で 1 日かかり、「平」の町より 10 里離れた上山田という所に着いた。日本語は分からず、炭車への石炭積み込み作業を見様見真似で覚えた。100 人程度の小炭砿で、賃金は現金、貯金にいくらか引かれ、送金は手紙と一緒に送る。酒は何日かおきで支給された。寮は炭砿の目の前にあり、一部屋 6〜8 人ずつ入る。電気事故で 1 人死亡、遺骨を募集係が届ける。全羅道、慶尚道、平安道の人もいた。休日は許可を得て平の見学をした。逃亡するとみんなの前で殴られ、怖くて逃げられなかった。3 年程度で解放され、新潟から元山をめざすが船がなく、九州から仁川を経て 3,000 人程で帰った。帰国してからは農業をして暮してきた。

⑧鳳城小田炭砿

申告者 4 人中 2 人は現地死亡で「長澤名簿」にある。尹（平沼）炳吉は 1943 年に動員され、現地死亡のもう 1 人と帰国後死亡した 2 人の 3 人は 1940、41 年代に動員されている。樺太への 1 次動員の年であろう。出身は皆達城と思っていたが、忠清北道出身が 2 人いることは注目される。更に咸鏡道出身者も死亡者の中に 2 人いるが、これは住居（椎木平）が一般日本人と同じことから樺太経由ではないように思える。

⑨関本炭砿

申告者 24 人の内、現地死亡者 1 人で、厚生省名簿「調査結果」で確認（米田將福）できる。同名簿によると、黄福榮は 1945 年 7 月 1 日に「家族呼び寄せ」のため「渡樺太」したが、そのまま 1977 年に韓国に帰還できずにサハリンで死亡した。説明から推測して、名好町豊畑字豊畑 1 番地生の 3 人の子供がいて、その内の 1 人が申告した様だ。他の 2 人の現地死亡者は、後の調査で確認された*。他の帰国後死亡者

19 人は「調査結果」によると逃亡 9 人、集団帰国 4 人、一時帰国のまま戻らない者が 3 人いたことが分かる。龍田の調査時の記録漏れが 2 人あり。行方不明 1 人が確認できた。申告地は燕岐郡が 12 人で、霊光郡が 3 人で他は 1 人である。

　＊第 7 回の調査で福榮の甥からの聞き取りによって判明した。

⑩東邦櫛形炭砿

　表とは違い、現地死亡者 4 人、生存者 2 人、帰国後死亡 2 人と思われる。現地死亡者の内 2 人は、「鄭恵瓊名簿」で確認されたもので、他の 2 人は新たな死亡者である。いずれも、「対日民間請求権禁止決定対象」など対日請求権との関わりの記録の中にあると思われるがよく分からない。

⑪山一、山口、中郷炭砿

　未調査である。

　（4）遺品や写真等の資料について
　常磐炭田の朝鮮人戦時動員を裏付ける文献資料以外の遺品資料は非常に少ない。今回と前回の資料閲覧を通じ明らかになった常磐炭田関連の遺品や写真について、遺品 3 つと 4 枚の写真を紹介しておく。

資料 1　協和会会員章の事例

福島縣協和會平支會會員章（附属資料 1 参照）

表　　紙

　　　　　昭和拾七年壹月卅日交付

　　　　　平支會　第五二四五號

　　　　　有効期限　昭和拾九年壹月廿九日

　　　　　會員章　協和會

　　　　　福島縣協和會

裏表紙　皇居二重橋の写真と君が代の歌詞

2　面　會員氏名　本名　金本○○

　　　　　　　　　（通称）（記入なし）

　　　　　生年月日　大正一五年○月○日生

　　　　　出生地　全北茂朱郡赤裳面○○里○○○

　　　　本　籍　　〃

　　　　現住所　福島縣石城郡湯本町大字湯本字日渡六〇番地第三西寮方

3　面　最初内地渡航年月日　昭和拾七年壹月卅日

　　　　最初協和會ニ所属シタル年月日及協和會名　昭和拾七年壹月卅日　福島縣
　　　　協和會

4　面　（本人写真）（氏名）昭和　年　月　日撮影　歳（記入なし）

5　面　職業欄

　　　　就職年月日　昭和一七.二.一

　　　　職業　鉱夫

　　　　就勞場所　福島縣石城郡湯本町入山採炭株式會社

　　　　（6・7面欠）

8　面　所屬協和會支會欄

　　　　協和會支會名　福島縣協和會平支會

　　　　所屬年月日　昭和一七.一.三〇

　　　　會員名簿登録番號　五二四五

　　　　摘要

9　面　豫備欄（手書き）

　　　　一九七一年一月廿日　부터（から）　酒代

　　　　二月十五日（略）

　　　　二月十六日（略）

　　　　　　〃　　（略）

　　　　二月十七日（略）

　注・文中〇印は伏字

　以上は 1943 年 1 月 31 日に入山採炭に「募集」により動員された全羅北道茂朱郡
出身の金本某氏の協和会会員証（福島県協和会平支会 5245 号）である。常磐炭田の
1944 年 1 月の「満期者調」にある 2 月 1 日入所 50 人の 1 人であろう。6、7 頁が欠
けている。未だ協和会会員証の完全なものは見ていない。私が他に今まで写真で見
たものは、1940 年の高島炭砿の長崎県協和会[1]、1944 年の樺太協和会[2]、1943 年の
松前線鉄道工事の北海道松前協和会[3]の 3 点にすぎない。「在日韓人資料館」の「実
物」は未調査である。

さて、協和会の役割や実態を知る上で「協和会手帳」から何が分かるのか。協和会とは戦前、朝鮮人の融和と管理のために作られた団体で、全ての在日朝鮮人が登録され、その会員証である手帳は所持が義務付けられていた。会員証は寮長や会社が一括管理して、会員には手渡さなかった。そこで逃亡者はこれを所持していないため警察による識別の手段とされたと理解していた。そうだとすると会員が所持して帰国するはずはないわけだが、現実に本人が持ち帰っているので、帰国時に手渡したか、或いは個人に手渡していたのではないかという疑問も生じる。現物を見ていないが北海道松前のものは黒い表紙が付いている様だ。戦後の外国人の登録証の様に常時携帯していればすり減っているはずだ。手帳からは他に個人の管理を証明するものはなかった。

　協和会手帳の運用については樋口雄一氏の指摘がある。それによると 1940 年から中央協和会では 45 万部発行、正会員と準会員があり、子供・無識者は対象外で学生・医師・会社員等のインテリも義務付けていない。1941 年以後の「国民労務手帳」と同じ様に労務統制が主な目的だったという。就労時、国内移動時、帰国時、配給を受ける時に提示を求められた*[4]。

　入山採炭に「集団移入」された朝鮮人が、仲間から聞いた宇都宮の朝鮮人の飯場に逃げ込み、その後、金を出して手帳を手に入れたという証言*[5] や見つかってもお咎めはなしだったという証言がある*[6]。『特高月報』でも 1944 年以後地域毎に実施した一斉調査の結果では、一律に元の職場に送り返したのではなかった*[7]。

*1 強制動員調査・支援委員会『強制動員寄贈資料集』153 頁、就業は 1937 年、三菱高島炭鉱となっているが、写真の撮影日は 1940 年となっている。協和手帳の有効期限は 2 年なので更新されたものだろう。戦時動員された朝鮮人ではなく既住朝鮮人のものか。4、5 面だけの、写真と職業欄のみである。
*2 同上『強制動員寄贈資料集』164 頁、豊原炭鉱に戦時動員された朝鮮人に発行されたもの。「砿夫」に発行されたものかは 1、2 面のみの撮影で氏名以外の内容はよく分からない。
*3 同上『写真で見る強制動員の話』日本北海道版、140−142 頁。募集により土木現場へ戦時動員された朝鮮人「労務者」に発行されたものだという。「皇国臣民の誓い」があるという裏表紙以外すべて撮影されている。
*4 樋口雄一『日本の朝鮮・韓国人』同成社、2002 年
*5 『戦争と勿来』7　入山採炭より逃亡した趙泰久氏の証言
*6 『戦争と勿来』24　古河好間炭砿から逃亡した金昌越氏の証言
*7 『特高月報』1944 年 10 月分、「北海道東北ブロック一斉取締の結果」より

　前回の調査で得た古河好間炭砿の犠牲者の李秉台（申告、全羅北道）の遺族が提出したもの。遺骨が届く前に送られて来た遺品の一つである。何の変哲もないノートで東北連合教育会が編修したもの。学年組を書くところとその下に5、6年用、40枚と書かれている。ある程度上級用の練習帳の様である。国語学習は動員された朝鮮人に対し、入山採炭では国語の等級による試験を行い、国語手当が支給された様に、会社側でも国語（日本語）の習得には力を入れていた。入山採炭以外でもこれと似た制度があったと推測できる。

資料3　「送金用現金封筒」─判明した「送金方法」（附属資料3参照）

表　宛名　忠清南道公州郡新豊面○○里　　徳村○○殿

　　價格表記　通貨　金　参拾圓也

裏　差出人　福島縣石城郡山田村上山田　　大昭鑛業株式會社上山田炭礦　協和寮

　　　　　　徳村○○

　注意（省略）

　1943年から45年まで上山田砿に動員された砿夫の子息が被害申告書に添付した資料である。宛先は創氏して同姓となった妻と思われる。「送金は手紙と共に送った」と公州から1943年12月に同行した被動員生存者の証言がある。封筒の宛名の筆跡は達筆な楷書で、普通の農民出身の労働者が書けるようなものとは思われない。寮長か事務員が代筆したのだろう。送金の月日は読み取れない。

　従来、送金は郡役所や面邑事務所に一括送付し、国債などに協力させられる場合もあり、差し引いたものを手渡されたとも言われていた。私の聞き取り（古河好間炭砿）では国元の家族が郵便局に取りに行き、日本の「お札」の匂いまで記憶していた。この例を聞いて不思議に思っていたが、少なくとも現金封筒による送金がかなり広く行われていたとすると納得がいく。しかしこの方法は人数が多くなると大変な事務量になるだろう。実際的には毎月送金が出来るほどの余裕のある者はそう多くなかったと言われる*1。個人宛に現金封筒でなく「送金為替」が用いられたとすると、労働者の家族が貯金通帳とその番号を分かっていなければならない。その様なことは考えられないので、一括送付の方法も採られたのであろう。

　初期の送金方法としては入山採炭には1941年12月、実施予定の「預金送金取扱

伺」がある[*2]。送金の基準は 20 円以上で一時預金より郵便貯金に切り替えてから送金する。本人から「送金願」を出し、払い戻用紙に捺印し、送金料は別に前借りとなっている。この規定では「現金封筒」か「郵便為替」かの区別はつかないが、現金封筒の可能性も大いに考えられる。「送金受領書」は世話所を経て本人に交付することになっている。

　それでも送金上のトラブルは絶えない。1944 年 9 月 1 日、統制会東部支部が「朝鮮人労務者内地送金強化策」として各炭鉱に通知したものでは、「一括送金」「郡島送金」「毎月送金」が指示されている[*3]。郡島一括送金となると、その後「邑面」から本人へと事務が重複することになり、この方式がどこまで実施されたか常磐炭田では確認することは出来ていない。守屋敬彦氏の指摘では北海道では郡島とか、警察署、邑面事務所への一括の送金方式が採られたとされている[*4]。

　送金が戦争末期の農村のインフレーションとの関係が指摘される場合があるが、一方「送金」の滞りと「貯金強制」そして戦後の「未払い」「供託」問題が朝鮮人の賃金上の最大の民族差別であったとする古庄正氏の指摘[*5] がある。現金封筒による送金がどれくらい行われていたか、更に実証を必要とする。

*1 守屋敬彦「強制動員真相調査報告書」2012 年 5 月の「賃金」の項などの様に指摘する人は多い。私の聞き取りでも毎月送金は 1 人のみだった。
*2 長澤前掲『極秘資料集』Ⅲ、306 頁、「半島労務者預金並びに送金取り扱いの件伺い」「半島労務者預金並送金取扱規程」
*3 長澤前掲『資料集』Ⅱ、215 頁
*4 「真相究明ネット第 2 回全国研究集会 2007 年 11 月」の資料の送金の項。*2 の「送金」の項では朝鮮人への徴用制の適用による援護体制の創設の流れの中で、この方式による送金は手数料の負担、事務の複雑化の問題が発生し、総督府の意向もあり、手数料の会社負担、邑事務所への一括送付の方式になったという。
*5 古庄前掲「朝鮮人戦時労働動員における民族差別」99−100 頁

写真資料1　寮の前で撮った写真のコピー　丁○○氏所蔵（写真省略）

　寮長、賄い夫、賄い女性 4 人と朝鮮人砿夫と思われる 16 人の写真、撮影場所不明。

　当時、住吉 1 坑で仕事をしていた運搬砿夫太田氏は写真を見て、どこの寮かは分からないが、一緒に仕事をしていた朝鮮人 4 人の顔を確認し、特に 1 人はいじめられていたのでよく覚えているという。従って、内郷住吉坑の御殿寮か金坂寮か協和寮の前で撮ったと思われる。氏の住んでいた近くの川口寮ではないとの証言であった。

写真資料2 伝送写真　鄭○○所蔵（写真省略）

　この写真は背景が不明。写真資料1と同じ朝鮮人のみの写真と思われ、人数は16人である。

写真資料3　絵葉書付き写真と封筒（写真省略）

「湯本名勝　入山採炭坑口」という絵葉書に柳○○氏、李○○氏の2人の背広姿の写真。封筒には福島縣石城郡湯本町入山炭鑛内第二西寮四七番地　高知九郎殿（柳○○氏の創氏名）とある。2人の申告地は忠清南道の公州である。

写真資料4　未帰国「行方不明」の徐○○氏が炭砿の事務所前で同僚と撮った写真（写真省略）

　遺族（子息）が申告。1900年1月生。1942年に動員され未帰国で「行方不明」と判定されている。どの様にしてこの写真が送られて来たのかは不明であるが、バックの建物に「第四…」の看板の字が見える。青葉第4西寮か。詳しい事情は再調査する必要あり。

　これらの写真は「写真を撮って手紙を故郷に送ることは、家族を安心させるために重視した」という入山採炭の朝鮮人労務係の責任者の証言がある。宥和的労務管理の一端を担っていたと思われる。

Ⅲ　聞き取り調査

1　全羅北道茂朱郡での聞き取り—動員回数、帰国時期、地域性

（1）戦時動員生存者の聞き取りは益々困難になりつつある中、今回も「強制動員調査・支援委員会」の協力で、生存者3人（金圢柱氏・禹在煥氏・黃點洙氏）から聞き取りが出来ることになった。入山採炭への被動員者で、多くの生存者が申告をしている全羅北道の茂朱に連絡を取り諒解を得た。

（2）動員時期と人数—5回（？）　150人以上
　茂朱郡の被害申告者13人と現地死亡者3人を足した16人は身元が分かる。申告

者が同行者として挙げている氏名を合わせると 24 人にも及ぶ。入山採炭における労働動員の実態を知る上では一つの重点地域ということが出来る。動員時期・人数の記録文書として 1944 年 1 月、常磐炭砿株式会社（入山採炭の後身）が作った「満期者現在調*」によると、「採用人員」は 1942 年 2 月 1 日の 50 人、同年 12 月 12 日の 100 人とされていて、「満期者」では夫々26 人、37 人で、この人達に該当すると思われる。

* 長澤前掲『極秘資料集』Ⅲ、374 頁

申告者と現地死亡者名簿に見る動員時期他

	動員時期	申告者数	同行者数	その他
1 回	1940 年 12 月	1 人	3 人	徐○○
2 回	1941 年 10 月	3 人	3 人	劉鳳出他
3 回	1942 年 2 月	6 人	2 人	黄點洙他
4 回	1942 年 12 月	3 人	0 人	禹在煥他 現地死
5 回	1943 年 2 月	2 人	2 人	金玎柱他

動員時期不明 1 人・林鐘弼（現地死亡）

　前回の調査で劉鳳出氏は 1941 年 10 月と証言されていたが、今回の同行者である黄點洙氏は 42 年 2 月であると証言している。今のところ断定できない。一方、金玎柱氏は 43 年 2 月と証言しているが、43 年には入山採炭では江原道以外での大規模な動員はないはずなので、42 年の可能性もある。禹在煥氏は 42 年 12 月と言っている（在籍 3 年余から逆算して）ことと、郡内の動員人数 100 人という証言（申告書）とも合うので、この動員によるものと考えられる。最初の徐○○氏の場合、聞き取りはないが、同行者として挙げられている人が他と重複しないので、別に動員があったとも考えられる。総合すると最大限、茂朱郡の動員が 5 回と考えられる。記録文書の裏付けがない場合、どこまで合理的に解釈するのかは難しい。その他磐城炭砿に 1 人いる。

（3）帰国時期—「定着」を拒否して帰国したのか、解放後か？
　1944 年 1 月の入山採炭労務部作成の「満期者調」*では、1942 年 2 月組は 50 人の内 26 人が在籍して残っている。前回の調査で、常磐における 1944 年 9 月末から 10 月初めの定着指導拒否の大規模な運動を経た後、45 年 1 月帰国したという劉鳳出氏

の証言は注目された。しかし、今回の同行者である黄點洙氏は、解放前の1月に帰国したことは否定し、解放後の帰国を証言した。ただ、それにしては今まで言われていた新潟経由のルートでは無い、という帰国の経路に疑問が残る。しかし、今回の様に1つの地域を集中的に調査することにより、証言を積み重ね、比較検討することが可能となり、その意義は大きい。

　＊長澤前掲『極秘資料集』Ⅲ、374頁

（4）地域性―山間の零細な水田農業地

　さて、1939年の旱害では全羅北道は全農家の95％が被害を被り、南部地域でも被害の最も大きかった所である。しかも、茂朱郡は当時全羅北道の中でも万頃江流域の大規模な灌漑農業の湖南平野と違い、小規模な天水を利用した沓（水田）が多い地域（61％）であり、1町歩未満の零細農が支配的な小白山脈から蘆嶺山脈に至る山村地域である。水系も忠清北道の報恩郡、沃川郡、永同郡を流れる錦江の最上流域に属する。徳裕山の麓に位置し、7つの邑・面からなる。南は鎮安郡、任実郡や長水郡の山岳地に続く。現在人口は3万余人、特産物は葉タバコと山ニンジンの過疎地域である。

2　金玎柱氏の聞き取り

（1）聞き取りの経緯

　最初の聞き取り者は、第3回の調査で一度拒否された赤裳面の金玎柱氏であった。「強制動員調査・支援委員会」で実績ある研究家で調査員でもある沈在昱氏がお膳立てをし、同行もしてくれた。高速京釜線で3時間余、徳裕山インターで降りる。予定していた安城面の黄點洙氏を訪問したが留守だった。そこで、車で30分程北上した所に住む赤裳面の金玎柱氏を訪ねる。奥さんが出迎えてくれた。残念ながら金氏は3年前に倒れて、寝たきりの状態となり、奥さんの介護でようやく話が出来る程度であったが、記憶はしっかりしていた。約1時間半足らず、頭痛に耐えながら聞き取りに応じてくれた。心からお礼申し上げたい。

（2）証言者経歴

・本籍地　茂朱郡赤裳面

・生　年　1925 年

・創氏名　田村四郎

・動員期間　1943 年 2 月〜1945 年 12 月 22 日

・当時の家族　父母と本人（長男、男 1 人）と姉妹 5 人

・職業　農業、土地は多かったが次第になくしてしまった。

・学歴　学校には行っていない。

・聞き取り日時・場所　8 月 16 日、午後・赤裳面自宅

（3）動員時の状況—長男にもかかわらず

　面長や里長が来て「行け」というので、恐ろしくて拒否出来なかった。面事務所に集まり、一緒に行った人は 30 人程だった。茂朱の郡庁に集まり、バスで永同に行き、そこから列車で釜山まで行った。その後は、80 人程の人数で、約 1 日かけ日本の福島県石城郡湯本町の入山採炭に着いた。

（4）動員地での生活—送金は届いていた

　青葉第 2 寮から歩いて坑口に行き、そこから 80 人位が人車に乗って仕事場に行った。仕事は石炭の運搬だけで、大きな事故はあったが直接見たことはない。仕事場はとても暑かった。

　賃金は月毎に出ていたが少なかった。炭砿に任せて貯金をして、送金は家に届いていた。

　同行者はいる（名前 5 人を挙げる）。舎監はWと言った。逃亡して捕まり叩かれるのは見たことがない。

　近くの場所で軍隊の訓練は受けた。君が代も覚えている（歌って見せようとする）。

（5）解放・帰国—下関から仁川に

　解放後、列車で下関まで来て船に乗り、仁川港に上陸して又列車に乗って帰って来た。富南面のハンヨンソクと一緒だった。

　帰国後は農業を続け、6・25 戦争後に結婚した。子供は男 2 人で、末の息子はアメリカにいて、長男は茂朱で果物屋をやっている（奥さんは、あと 3 年早く来れば元

気な姿で会えたのにと言った。本人は「良いことは何もない」と節をつけてうなっていた。最後に写真を撮って別れた）。

3　禹在煥氏の聞き取り

（1）聞き取りの経緯
　金玎柱氏の聞き取りの後、同じ赤裳面に住む禹在煥氏を訪ねた。老齢のため聞き取りは無理とも聞いていたが、行くと本人は仕事に出ていて、門のある家の庭で少し待っていると元気な姿を見せた。廊下に腰掛けて聞き取りに応じてくれた。奥さんは足が悪いが、禹氏が帰るまで応対してくれた。

（2）証言者経歴―学校には行った
・本籍地　現在の住所とは別で同じ部落内。
・生年月　1926 年 4 月（当年 85 歳）。戸籍上の 1928 年は間違い。
・動員期間　1942 年 12 月～1945 年 12 月まで 3 年位。
・動員当時の家族　父母と長男と本人（次男）
・職業　農業で土地はあり、出稼ぎをしなければならない程ではなかった。
・学歴　赤裳小学校卒。生徒は全て韓国人で、先生は日本人の駐在巡査の娘。いたずらをして先生を怒らせ、叱られた思い出がある。

（3）動員時の状況―面から 2～30 人一緒に
　1941 年 12 月の寒い日だった。区長が来て止むを得ず募集（動員）に応じた。
　面からは 2～30 人行った。茂洙郡庁では 100 人いた。茂朱から永同に行き、列車で釜山に、連絡船に乗って日本の福島県に行った。炭砿は入山炭砿といった。3 年程いた。

（4）動員地での生活―坑口まで初めは引率されて
　仕事は採炭、人車で昇り降りして採炭場に着いた。大きな事故に遭った記憶はない。
　寮から歩いて坑口まで行き、初めは監督が引率したが、後は自分達で行った。外

禹○煥氏　2011 年 8 月 16 日

出も初めは引率されたが、後は自由になった。

　賃金は 1 円 70 銭で送金は少ししたが、後で家族に聞くと受け取っていた。

　寮は 1 部屋 7〜8 人で、朝食と夕食は飯場で食べ、昼は弁当。飯場は広くて 4〜50 人は食べられた。ご飯は米の飯で、おかずにはイワシも付いた。

（5）解放・帰国—「補償はあっていいのでは」

　帰国は解放後、列車に乗って下関まで来て、その後は船に乗って釜山まで来た。新潟に行った記憶はない。

　帰国した時は独身で、1947 年 1 月に結婚し、6・25 戦争では苦労した。後遺症はない。つらいことも楽しいこともあったが、日本で大変苦労したのだから、補償はあってもよいのではないか。

（6）最後に

　今は 2 人住まいで、ハラボジ（祖父）が元気なので奥さんも助かっているとのこと。

　お別れに奥さんも一緒に写真を撮り再会を約した。ちょうど飼っている犬が妊娠中。良い子犬が生まれるよう願って別れる。

4　黄點洙氏の聞き取り

（1）聞き取りの経緯

　16 日は茂朱市内に泊まり、翌日、安城面を再び訪問する。昨日は市場に出かけていたとのことで、一人住まいの自宅で、午前中の聞き取りとなった。引き続き「強制動員調査・支援委員会」の沈在昱氏の協力を受ける。最初に入山採炭の自治会館での入山時の写真や青葉第 4 西寮の写真を見せたが覚えはないという。

（2）証言者経歴

・本籍地　茂朱郡安城面
・生年月　1923 年 4 月（88 歳）
・動員期間　1942 年 1 月〜1945 年 1 月（3 年間）
・動員当時の家族　父母と子供 3 人（長男と姉と本人・次男）と兄嫁の 6 人家族だった。
・職業　農業で土地は多い方だった。出稼ぎをしなければならない状態ではなかった。
・学歴　学校には行っていない。日本語は出来なかった。

（3）動員時の状況

　日本へは行きたくなかったが仕方なく行った。面長や里長に勧められれば拒否することは出来なかった。特に、災害とか干ばつがあって困窮していた訳ではない。行きたくても定員になれば行けない人もいた。

　茂朱からは 7〜80 人行き、劉鳳出や鄭萬シップが一緒だった。行く時に賃金やどこで働くとかの話は何もなく、ただ連れて行かれた。

　どの様にして行ったかというと、茂朱に集まり、永同から汽車に乗って釜山まで行き、下関までは船で渡った。途中で逃げ出す人もいた。汽車の中に監視がいたかどうかは覚えていない。

（4）動員地での生活

黄○洙氏
2011 年 8 月 17 日

　動員された所は入山炭砿と言った。常磐炭砿といったかは分からない。毎日食べて働くことだけで他は何も覚えていない。

　坑内へはずっと人車で行き、仕事場は暑かったので裸になって働いた。石炭を砕いたり、掘る仕事をしていた。大きな事故は無かったが、上から岩が落ちて負傷することはあった。病院に行ってもすぐ出された。

　休日はあった。店はあってもお金がなく、お酒を飲む所があったとしても食べることが先だった。

　賃金や小使いも貰わなかった。

　食事は米と麦の混じったもので、量は少なかった。肉などはとんでもない。魚はイワシなどが付いたことがある。食事の内容は炭砿に入った時も戦争末期もずっと同じで良くなかった。

　不満はあっても言葉が分からず言えなかった。逃亡はしたくても出来なかった。逃げても日本語が分からないのに出来る訳がない。人が叩たかれるのを見ても止めろとは言えない。

　契約期間の延長は、本人に聞くこともなくそのまま延長になった（同行者である劉鳳出氏は 1945 年 1 月に帰ったことになっているが、延長を拒否して帰ったのかと聞くと「とんでもない解放後に帰ったのだ」という）。

（5）解放・帰国
　解放後は自由になった。米軍が炭砿に来たことも覚えている。解放後要求を出し

テストをやったことも覚えている。

　帰る時は汽車で下関に行き、そこから帰った。新潟に行った覚えはない。釜山からは汽車で永同まで来て、家に帰って来た。帰ると父や母がとても喜んでくれた。

　解放後は農業をやって生きてきた。子供は男 4 人、女 5 人で、長男はソウルに住んでいる。子供達に来るように言われても行かない。1 人で住んでいるここがとても良い。出かければみんな知っている人で、気楽だ。市場が近くなのでそこに行って過ごす。

（6）最後に

　炭砒では大きなお風呂があったことを記憶している。真っ黒になって働いたので、陸に上がると風呂に入った。当時の寮の附近の地図を見ても、お店がどこにあったか等は思い出せない。

5　常磐炭田戦時動員朝鮮人の「抵抗運動」の先行研究と課題

　戦時期の総動員体制下の人々の抵抗運動が、どんな形で行われたかあまり知られていない。日本人の徴用工や動員学徒の怠業や罷業など自然発生的な抵抗運動はある程度知られている。しかし、強制動員された朝鮮人の抵抗運動については殆どその実態は知られていない。既に「在日研究会」の故朴慶植氏始め、岩村登志夫氏、戸塚秀夫氏らの労働運動史や現代史からの研究もある。中でも外村大氏や樋口雄一氏らの運動史に限定されない宗主国日本に移住した植民地朝鮮人の「日常生活や社会的条件」の視点から運動とのかかわりを見る研究がある。民衆思想や意識についての趙景達氏や佐々木啓氏の一連の研究にも注目している。

　今こうした研究に依拠し、主として『特高月報』など権力側で作成した文書の検討をまず行いたい。他に今まで蓄積された九州、北海道や各地の「強制連行真相調査」運動の聞き取りの成果や地方新聞の記事なども取り入れたいが、現地での実地調査もままならない。まず、常磐炭田の事例を出来るだけ深めたい。

　さしあたりまず重視したいのは「直接行動、集団暴力事件」と「逃亡」である。「産業戦士」「内鮮宥和」の支配イデオロギーや、民族差別や強制という「統制」する側の枠組みからだけでなく、それを掘り崩した抵抗主体の意識や民衆の抵抗の伝統の

論理を掴みたい。例えば1943年の古河好間炭砿の「集団暴力事件」被告の抵抗の根底には同郷意識が強く働いているのではないか。日頃の抑圧体制への不満、同郷者の相次ぐ無残な死に方や会社の粗末な取り扱いに対し、死者への尊厳と身内としての怒りが爆発したのではないか。この様な事例は1940年の入山採炭での「リンチ死亡事件」にも通ずる。日常の意識や伝統的意識が突出した「事件」とどうかかわっていたかを追究したい。

又、こうした大規模化する「集団暴力事件」への対応策として、1943年以後の「災害」の援護・扶助制度への国の関心（朝鮮人への対応は遅い）や労務管理の転換、「優良炭砿」の出現・宥和政策との関連も課題である。又、今のところ「逃亡」する時の計画性は明白であるが、「暴動」と「在日朝鮮人世界」との繋がりについては掴めていない。これも視点の一つとしたい。戦時中の朝鮮人の抵抗運動の闘争形態、1930年代の労働運動や戦後の平事件に繋がる朝連の運動との連続性も重要な視点である。朝鮮国内の運動との関連は白紙状態である。

6　抵抗事件聞き取り1—1943年古河好間炭砿・曺達根氏末弟永淳氏

（1）聞き取りの経緯

1943年の「集団暴力事件」の被告の抵抗運動については、第3回目の調査で最年長の金先鳳氏の子息や周○勤氏の弟の聞き取りを行ったが、まだまだ不明な点の方が多い。今回は2度に分かれた判決で、判決が先に出た6人の内のリーダー格と思われる池本達根こと曺達根氏の末弟である永淳氏の聞き取りが実現した。氏はソウル市内で食堂を営む。韓国訪問2回目の土曜日、食堂を訪れ食事をしながらお話を伺った。従って、体系的な聞き取りというようなものでなく、種々聞きながら、筆者がまとめたものである。

・聞き取り日時・場所　8月12日、午前・永淳氏食堂

（2）証言者・被動員者経歴
①証言者
・氏　名　曺永淳氏
・生　年　1941年（70歳）

・現住所　ソウル市江南

②**被動員者**

・氏　　名　曺（創氏名　池本）達根氏
・本籍地　忠北堤川市徳山面
・生年月　1917 年 5 月生（27 歳）
・動員期間　？ 〜1945 年 11 月

（3）「集団暴力事件」の概要—400 人が立ち上がる。

　1943 年 4 月の『特高月報』によると、「言語の不通」から朝鮮人と日本人の砿夫が炭砿の巻上附近で喧嘩となり、朝鮮人がやられそうだという報に朝鮮人長屋から 400 人近くが日本人長屋付近に押し寄せ、共同浴場や日本人長屋を破壊した。一方では、日本人 1 人の死亡を含む負傷者が出て、朝鮮人が説得に応じたともいわれる。又、一説によると、原の町から憲兵隊が来て鎮圧されたともいう。現在残っている判決文では、先に判決が出た 6 人は最高 3 ヵ月の懲役から罰金刑が、第 2 組の 17 人には最高 9 ヵ月の懲役から罰金刑が出ている。事件の原因には、「普段の朝鮮人に対する差別や暴力、自由の制限」「坑内事故や死亡者への取り扱いに対する不満」などがあったのではないかという遺族や当時の労務係の証言がある。動員された朝鮮人の殆ど全員が参加し、その後の会社の労務政策に大きな影響を与えたと思われる。天皇制ファシズム体制下の日本における厭戦気分と抵抗の現われとして、海外（中国の延安）でも取り上げられた事件である。

（4）曺達根氏は部落の長老の家柄

　裁判第 1 組の判決文では、達根氏は集団破壊による威圧行為の罪で、この組では最高の 3 ヵ月の刑が科されたが、傷害事件とは切り離されている様である。又、氏らの調書が第 2 組の判決に使われていることや、寮生活の上でも他の人達とは違う合宿所で生活をしており、特別な立場を思わせる。氏の社会的立場について永淳氏の聞き取りで明らかになったことは、氏の出身は、月岳山の麓にある堤川郡徳山面の 65 軒程の部落の里長を務める家柄であり、その父は書堂の先生を務める知識人でもある。土地もあり、小学校を出て、農業の学校も出たという。「官斡旋期」に、27 歳で長男でありながら古河好間炭砿に動員されるには、それなりの理由があったと

曺○根氏の末弟曺○淳氏
と夫人　2011 年 8 月 1 日

思われる。2 番目の兄は、早くから日本と朝鮮を行き来していたということであり、帰国も他の人より遅くなっているという。達根氏は解放後、集団帰国している様なので、刑の終了後も引き続き同じ炭砿で働いたものと思われる。帰国後は農業を続け、6・25 戦争ではこの村も巻き込まれ、軍隊の出入りがあり大変な混乱に陥り、父は何らかの事情でこの戦争中に亡くなった様である。この時、永淳氏は 13 歳で「初等学校生」であり、長兄と一緒に行動した。兄はその後も公務員にはならずに、農業を続けた。亡くなったのは 1960 年だという。

（5）離散した一族

　現在、一族は離散状態にある。本籍地の土地は無くなり、達根の子息は仁川で生活し、2 番目の兄嫁が本籍地で 1 人暮らしをしている。80 歳を越え、人に会える状態ではない。昔住んでいた家は大きくて立派だったが、今はその痕跡も無いという。

　永淳氏は高校を卒業した後、ソウルに来て 30 年以上になる。当時の実家の写真は一枚も残っていない。6・25 戦争で全て燃えてしまった。現在、妻と食堂を営み、3 人の娘と 2 人の息子がいる。聞き取りの間、夫婦は仕込みのために市場に行ったり、キム（のり）の味付けをしながら話をするという具合であった。昔のことはあまり考えていなかった。3 番目の兄が故郷で被害申告を出した後亡くなった。達根の子息は仁川にいるが、忙しいので会いたがらないだろう。「また来てください」と励まされて別れた。

7　抵抗事件聞き取り 2—1943 年古河好間炭砿・曺達根氏の第 3 弟夫人盧玉ヨン氏

（1）聞き取りの経緯—久しぶりに堤川へ
・聞き取り日時・場所　8 月 23 日、午後・堤川市水山面
・協力者　「強制動員調査・支援委員会」係官　沈ウンビ氏、通訳　林湖熔氏

　蔚珍を朝出発して昼過ぎには、協力依頼をしていた堤川市庁を訪れた。早速、打ち合わせをしたところ、3 番目の弟が達根氏の被害申告を出したが、本人は申告をした後亡くなった。奥さんがいるので面会を申し込んだら諒解したという事で、係職員と通訳を付けて案内してくれた。行く先は達根氏のいた隣の面の水山面にある弟の家であった。景色のよい湖水辺にある錦城面、清風面を南下して徳山面に入いる直前にあった。家の庭では年寄り達が集まり花札を楽しんでいた。中に通され聞き取りをした。

（2）聞き取り内容—穏やかな賢い人だった
　結婚する前は曺家の近くに住み、結婚後 7 年間は夫の長兄である達根氏の本籍地で生活を共にしていた。6・25 戦争の時は未だ結婚していなかったが、一族は南に移動した様に思う。一緒に生活する様になった義兄は、学問と農業に明け暮れて、穏やかな賢い人であった。又、仲の良い兄弟だった。書籍類は火災で燃えてしまい何一つ残されていない。1960 年頃の 6 月に血を吐いて死んだことが印象に残っている。

（3）達根氏の本籍地を訪れて—月岳山の麓の静かな村に戦禍
　その後、本籍地である道田里を訪ねた。達根氏の遠い親戚に当たるという方の案内で、山間の小さな部落の一角にあった屋敷跡を訪れた。道路沿いに小さな家があったが、その上にかなり広い所があり、ネギやエゴマの畑となっていた。ここがかつて曺家の 4 世代の家があった所だ。朝鮮戦争で焼けた後、再建されたが、再び火事で焼けたという。後で分かったが、道路沿いの小さな家には親戚の人が住んでいるという話だったが、実は、2 番目の兄のお嫁さんの家であった。お会いできなかったことが残念であった。部落には親戚を名乗るおばさんの家も少し離れた所にあり、一族が根を張った部落であることがよく分かった。こんな静かで平和な村が戦場に

なったとは信じられない。

（4）戦時動員犠牲者・同郷の朴（新井）先奉氏ともう1人の「被告」姜鳳出氏（徳山面）―事件の引き金は朴先奉氏の死亡（？）

　徳山面は同じ判決文の6人の中の1人である姜鳳出氏の本籍地である。消息について調査を依頼しておいたが、「何もつかめなかった」という係官の話であった。部落に行ってゆっくり探せば手掛かりは掴めるかもしれない。

　又、帰る途中の寒水面は、1943年の事件が起こる14日前に、「災害原簿」によると「炭壁の崩壊」で死亡した朴先奉の本籍地である（「在日本朝鮮人連盟」の調査資料「殉職者名簿」では病死）。龍田はこの死亡事故が、この事件の原因となったのではないかという労務係の証言を得ている。当時、労務関係の仕事をしていたS氏は「排気坑での死亡事故への会社の対応の仕方が、事件の原因の一つではなかったかと思う」と証言している。被告22人は忠清道と黄海道出身で、寮は「忠黄寮」という同じ寮生達だ。巻上附近で日本人と言い争いを始めた黒い制服の朝鮮人は黄海道出身者だ。係官の調査で死亡者先奉の甥が、陰城郡の笙極面で被害申告を出していることが分かった。早い時期に訪問したい。

　協力してくれた若い係官と通訳嬢は事件に関心を示してくれた。帰りは宿舎近くまで送ってくれた。

8　抵抗事件聞き取り3―1943年古河好間炭砿・林興喆氏の夫人韓チャンソク氏

（1）聞き取りの経緯―係官ががらりと変わる

　第3回目の調査の折、郡庁の自治行政課の課長始め全面的な協力をもらい、忠清北道の清原郡で抵抗事件の1人の遺族と帰国生存者の聞き取りが実現した。特に、古河好間炭砿での抵抗事件の金先鳳の子息や同行者金昌越氏の聞き取りが出来た。今回訪問すると、その時調査に同行してくれたメンバーは全て転勤や産休で会えず、課の構成は3年前とは一新していたので、送った依頼文も不明だった。ソウルから同行した沈在昱氏の協力もあり、ようやく翌日、前回聞き取りをした金昌越氏の再聞き取りと、新たな被害申告者林○喆氏の遺族の聞き取りが出来た。

　＊協力してくれたのは、清原郡自治行政課「強制動員調査・支援委員会」担当官金哲ホ氏

（2）金昌越氏の再聞き取り―以前に起こった「事件」より「切羽詰った毎日」

・聞き取り日時・場所　8月18日の午前・玉山面昌越氏自宅

　前回は記憶力と機知でみんなを笑わせた昌越氏は今回病気で倒れ、手術をしたとあっていくらか衰えてはいたが、記憶も言葉もしっかりしていた。3番目の息子夫婦と暮らしており、息子さんは気軽な方で奥様もピアノの先生をしていた。今回は抵抗事件の金先鳳との関わりを重点に聞こうとしたが、自分も逃亡を図るまでせっぱ詰った状態なので、以前起こった「事件」について詳しく聞く機会は無かったという事だった。豊富な動員時の経験や解放後の生き方等に重点を置くべきだったと反省している。再会を約して次の訪問者のいる〇〇里へ向かう。

（3）林興喆氏の遺族韓チャンソク氏からの聞き取り

①動員被害者の経歴

・氏　名　林興喆（創氏名　北村透）

・本籍地　忠北清州郡玉山面

・生年月　1923年1月

・動員期間　1940年月2月10日～45年10月11日

・動員地　福島県石城郡好間村古河好間炭砿

②証言者の経歴

・氏　名　興喆氏夫人・韓チャンソク氏、1926年生(85歳)

・動員期間　1943年頃か～45年10月（「家族呼び寄せ」による）

（4）林興喆氏は被告「北村敬」か？

　初めは3回目の訪問時に、中央の「真相糾明委員会」の実務担当官が調査してくれた資料に基づき、43年の「抵抗事件」の被告「北村敬」氏が、清原郡の被害申告者林興喆氏であるという前提で訪問したが、帰国後、精査する中で北村敬氏と林興喆氏は別人ではないかという疑問を持った。一つは年齢から考え、興喆氏は当時の年齢が20歳で、北村透は裁判記録では37歳、住所も違うことである。しかも、夫人が抵抗事件について何も知らないのも不思議であった。しかし、「家族呼び寄せ」、渡日は20歳の頃と証言しているので、1945年の戦争末期のことと思われ、事件から歳月が経っているためとも考えられる。興喆氏のその後の炭砿での行動とも合わな

林○喆氏（左端学生服　同氏夫人提供）

い面もあるが、「真相糾明委員会」が同一人物としたのはそれなりの根拠があっての
ことと考えた。特に申告によると、動員時期が 1940 年 2 月の初期であることから、
年齢は若くとも中心的な役割を果たす場合も考えられる。「抵抗事件」関係者と判断
できるなら貴重な証言である。夫人の話は主として「家族呼び寄せ」関係である。

（5）聞き取り内容―夫に連れられて好間の長屋に

　○喆氏が動員されてから 3 年程遅れて、チャンソク氏は結婚した。その後○喆氏
は家族を呼び寄せ、夫人を連れて古河好間炭砿の長屋に住むこととなった。細かい
ことは覚えていないが、夫は私よりは 3 歳上で、夫について汽車に乗り、釜山から
連絡船に乗った。その後又汽車に乗り、炭砿に着くまで 12 時間はかかった。20 歳の
時であった。

　住んだ所は炭砿の長屋で小さな部屋がいくつもあり、何軒も続いていた。ここで
子供を 1 人生んだが、この長男は病気で死なせてしまった。

　夫は良く働き、「日曜にも出勤して働いた」とみんなの前で社長からほめられたこ
とがあったと聞いている。又、日本語も上手で、座ってお辞儀をするなど日本の習
慣もよく知っていた。

　当時の同僚と一緒に写真を撮っている。日本人は礼儀が正しく、政治が得意だ。

私は家にいて家事だけをし、お金も全て夫が扱ったので、賃金がいくらだったかということも分からなかった。長屋では韓服を着ていて、それをとやかく言われる様なことは無かった。働いたお金は弟達のために送金した。社長は毎朝、仕事をする前にみんなを集めて話をした。私は朝食と夕食を作りった。弁当を作った記憶はない。韓国風の食べ物を作って食べた。一番いやだったのは戦後、強制的に日本から帰らされたことだ。解放になって1ヵ月程かけてやっと韓国に帰って来た。日本に行く時は、夫がいたので心配するようなことは何もなかった。

（6）最後に―あと1年早ければ

　聞きたいことは沢山あったが、昼ご飯も食べずに話しを聞いた。しかし、係官の勤務の関係で仕方なく打ち切った。夫人は4年前に亡くなった興喆氏のアルバムを見せてくれた。前回訪問の1年前で、申告当時は存命だった。孫と一緒に撮った写真や海外旅行の写真と共に、動員当時の現地での集団写真や社長と呼ぶ前田氏の写真も見せて貰った。今は息子夫婦と孫と同居している。帰国後は農業をして暮らし、良い夫であったと回想した。面接時には息子が入院中で妻も付き添っていたため、この日は1人で応じてくれた。胡麻の種を干した玄関前の台の上に腰掛け、飲み物をいただきながらの聞き取りで、最後に写真を撮って別れた。「呼び寄せ家族」の夫人の初めての聞き取りであった。

9　抵抗事件聞き取り4―1943 年古河好間炭砿・周在勤氏の弟周〇ホック氏との再会

（1）聞き取り日時・場所
　8月19日、午後・昨年と同じ清州市上党区内徳洞の警察派出所

（2）聞き取り内容―「調査や研究の立場はどこに」と問われ
　持参した強制動員のパンフと会誌『戦争と勿来』を最初に説明した。興味深く聞いていたが、やがて居ずまいを正して「実は我々遺族は日本の政府にも、韓国の政府にも不満を持っている」「あなたの調査や研究にどういう意味があるのか」という様なことを聞かれた。又、「韓国での知人や友人にはどんな人がいるのか」など警察官上りの人らしい聞き方をされたので、やや不愉快な気持ちになった。逆に、この

地域の「遺族会等を紹介してほしい、お話を聞きたい」という問いには答えないまま終わった。今後の運動の在り方については問題があることは分かるが、お互いの立場を尊重し合いながら交流を深めることが大切だと感じた。尚、民族研究所に清州の遺族会との連絡をお願いしていたが、この方面の接触も実現していない。気長に接触を深めたいと思う。

（3）最後に

　この日の午前中は清州市役所に、前回お世話になったお礼を言うつもりで行ったが、清原郡と同じくメンバーは全て変わっていた。ようやく福祉支援課に移っていた延済昌氏と再会し、被害申請者 2 人との面会について調べて貰った。結局、古河好間炭砿の帰国生存者との面会は時間がなく実現しなかった。

10　抵抗事件聞き取り 5—1943 年古河好間炭砿・韓(西原)徳洙氏と金賢九氏

（1）韓徳洙氏の遺族との面接を目指して

　清州 3 日目は土曜日で、役所は休みである。何とかして部落の長老を訪ねて、事件関係の遺族と会うことを目指したが、極めて難しいことが分かった。22 人の抵抗事件の「被告」が、既に全員死亡していることは、前回、面の戸籍係の調査で明らかになっていた。役所の手を借りないで遺族を見つけようと、まず、玉山面佳楽里の韓徳洙の遺族を訪ねた。タクシーで佳楽里へ向かう。運転手や村人達の努力にもかかわらず見つけることは出来なかった。結局、戸籍係の手を借りられる平日に来るしかないという結論に達した。

（2）金賢九氏の遺族との面接を目指して—部落の「歴史家」まで動員

　それにもめげず、午後には市街より南の文義面の金賢九の遺族を探すためバスに乗る。駐在所や部落の人が進んで協力してくれた。しかし、分かったことは賢九氏の孫が一度お墓参りに部落を訪ねて来たことがあるということだけで、しかも、その孫が今どこに住んでいるかは分からないということだった。結局、これといった成果はなかった。反面、地域の人達がみんなで遠く日本から来た「客人」に対し心から協力をしてくれたこと、動員問題に対する韓国の人たちの関心の高さを知るこ

とが出来た。

１１　抵抗事件聞き取り 6—1942 年大日本勿来炭砿・鄭(本田)奎萬氏甥・鄭キソク氏

（１）訪問の経緯—現地に行かなければ何も分からない！

　忠清北道堤川市の訪問の最後は、第 2 回目の訪問でも市内から一番遠いという思いで実現していなかった鄭奎萬の遺族を捜し出すことであった。奎萬は 1941 年、堤川勤労報国協力隊 60 人の大日本炭砿「抵抗事件」の中心的人物と思われ、一番長い 6 ヵ月の刑を言い渡された。奎萬本人の生存や死亡の情報はなく、市の係官からも分からないとの報告であった。しかし、「一度は現地に行って確かめたい」と松鶴面立石里を訪問することにした。朝一番のバスで約 30 分乗り、松鶴面の面事務所を訪ねた。勤務開始前の 30 分程待合室で過ごす間に、住宅地図のような詳しい冊子が置かれているのを見つけて、本籍地が分かると思い調べていた。すると出勤して来た係官が気付き、「昨日、市から連絡のあった方ですか」と、一緒に調べてくれた。番地は一部変わっていたがほぼ検討がついた時点で、さっそく出勤した女性の職員が車で案内してくれた。まず里長の所に行き尋ねると、その家の下の保育所のあった所に奎萬が住んでいたという。部落内で徴用に行った人は 5 人という事で早速、その遺族の 1 人に電話をかけるとすぐやって来て、奎萬の甥が市内にいるという。連絡を取ると会ってくれるという。詳しい住所を聞いて、バスで市内に戻り、面会することが出来た。自宅近くの食堂で食事をしながら聞き取りをした。

・聞き取り日時・場所　8 月 25 日、午前・堤川市トンヒョンドンの自宅近くの食堂

（２）鄭奎萬経歴
・本籍地　堤川郡松鶴面
・生　年　1916 年（当時 26 歳）
・事件の概要　区裁判所判決文によると、きっかけは労務係の暴力的制裁に対し、
　　　　　　　同情した堤川勤労報国隊 60 人が事務所や日本人宿舎を破壊し、労務
　　　　　　　係等に暴力を加えた。警察に検挙され、9 人に懲役 6 ヵ月から罰金刑
　　　　　　　までを科した。
・動員当時の家族構成　父母と 4 人兄弟（男 3 人、女 1 人）。

・死亡　40 年位前に死亡
・奎萬とキソク氏との関係　奎萬の兄（長男）の子息（甥）（75 歳？）

（3）聞き取り内容—兄弟の中で一番早く、肺の病気で亡くなる

　叔父は日本から帰国後は家で農業をし、私といつも一緒に仕事をした。まじめに働いている姿しか記憶にない。肺疾患に苦しみ、兄弟の中で一番早く亡くなった。一度は結婚したが子供はなく、妻も早くに亡くなった。墓は私が守っている。本籍のある面（村のこと）には現在、本家の家もなく一族は住んでいない。

　叔父は三男。6・25 戦争で実家の辺りは丸焼けになり、写真等は何一つ残っていない。戦時中、叔父がどこの炭砿に動員されていたかとか、事件があったことなどは分からない。ただ、いつも咳をしていた。動員中に悪くしたのかもしれない。（龍田が見せた様な）写真を昔持っていて見せて貰ったことがある。被害申告はしなかった。

（4）最後に

　カメラの故障で、本籍地の様子やキソク氏の写真も撮れなかった。奎萬氏の本籍地情報を貰った部落内で「徴用された 5 人の内の 1 人」の遺族である尹チャンフン氏は、「父は後遺症で網膜を悪くし、働けないまま過ごした。嘘を言っていないことを知りながら、30 万ウォン位のお金で済まされるのは納得がいかない。きちんとした補償を行うべきだ」と憤っていた。

12　現地死亡者遺族の聞き取り—張(張田)特伊氏の子息張明達氏

（1）証言者経歴
・氏　　名　張明達（現地死亡者張特伊氏子息）
・現住所　蔚珍郡箕城面
・生　　年　1941 年(但し「真相糾明委員会」調では 1932 年)
・聞き取り日時・場所　8 月 22 日、午前・明達氏自宅と面内食堂

（2）聞き取りの経緯—東海のへき地から湯本に動員された人達

第 2 回目の調査の折、現地死亡者のいる面、邑、市に戸籍調査の依頼状を出した。その中で回答があった数少ない自治体に蔚珍邑があった。4 人の犠牲者の内 2 人の遺族の情報を得た。しかし、訪問調査をお願いしたまま、4 年の歳月が過ぎてしまった。

　今回はどうしても訪問したいと、依頼状を作成して、日程を調整した結果、ソウルの「強制動員調査・支援委員会」の協力もあり、現地で被害申告を出している張特伊氏の子息明達氏を訪ねることとなった。とはいえ、蔚珍への直行高速バスは無く、慶尚北道の栄州か江原道の江陵を経由しないと行けない。結局、清州からの直行高速バスで 4 時間近くかかり江陵へ、更に 2 時間かけて南下して、午後 3 時頃蔚珍に着いた。

　蔚珍郡は人口 5〜6 万人の地方都市。邑事務所の位置を確認して市内を見学した。ここから入山採炭には数回の動員があったといわれている。

（3）やっと明達氏の家に到着

　翌朝、邑事務所の紹介があってお会いするのが順当だとも思ったが、昨夜の電話で訪問意図などを聞かれていたので、ここは一つ自分で直接お話しすべきと思い、バスで 30 分の箕城面を訪ねる。氏の住む○○里は歩くとかなりの距離で、部落の入口の機械修理店で尋ねると、車で家まで送ってくれた。牛を数頭飼っていた。挨拶をして来訪の趣旨を話す。

　写真や資料を手渡し、父の話に入る。父がいないためどんなに苦労したか、それなのに何の補償もなく、不満だ。ソウルへ行ってデモも何回かやった。朴政権下で 20 万ウォン、今回 2,000 万ウォン受け取ったが、これは慰労金で補償ではない。補償を望んでいる等の話になった。

　その内に言葉がよく通じないので「誰か通訳を頼もう」と言う。そこで耕耘機に乗って又、面事務所のある所に戻り、警察派出所の世話で元「在日同胞」の方が通訳として来てくれた。近くの食堂で、いよいよ聞き取りとなった。

（4）被動員者経歴
・氏　名　　張(張田)特伊
・本籍地　　江原道蔚珍郡箕城面990（190）
・生年月日　1919 年 6 月 22 日

張○伊氏の子息張○達氏

・動員地　福島県石城郡湯本町入山採炭（株）
・動員期間　1943 年 8 月 31 日～1944 年 9 月 25 日（30 日）
・死亡原因　顔面・頭蓋骨骨折

（5）動員時と死亡時の様子—会社は一時金で「よろしく」

　当時の家は祖父（40 年前に死亡）と祖母（30 年前に死亡）と母が、僅かばかりの土地を耕し農業で食べていた。父は長男であるにもかかわらず、「行け」と言われた。祖父は面事務所に行き机を叩いて抗議したという。しかし、その後死亡の通知があり、会社は似顔絵の写真と遺骨と一時金を渡して「よろしく」という事であった。

（6）その後の生活—食べ物に困り、学校にも行けなかったのが一番恨めしい

　祖父母と母が大黒柱を亡くし、その後、どれ程苦労したことか。何よりも食べることが出来ないので、松の皮まで食べて飢えをしのいだ。私も学校へ弁当を持って行ったことはない。当時 3 分の 1 の子供は弁当を持って来なかった。ヨモギ、サツマイモ、何でも食べた。食べられないので国民学校にも碌に行けなかった。僅かに一時金で買った牛を飼って、育てるのが私の仕事だった。小学校卒業後は他の人は中学校に行ったが、私は家の手伝いをしていた。そのことが今になって一番恨めしい。ハングル位は書けるが、毎日、畑で農作業に明け暮れた。

私は父が行った時は 3 歳位であった。だから兄弟は誰もいない。それで祖父母は早く嫁をとって孫を見たいと、21 歳で結婚をした。現在 6 人の子供（男 2 人、女 4 人）に恵まれ、長男は大邱に住み、孫が 3 人いる。傍系は数え切れない。妻は 5 年前交通事故で両足を失い苦労している。今は 1 人住まい。

（7）日本や政府に望むこと―「過去」の補償を！

　父の様に直系の長男が徴用にとられた人は、遺族会の中でも少ない。過去の犠牲者への補償はすべきだという事の他にない。韓国の政府も朴政権の時の条約で得た金で製鉄工場を作るために使ったのだから、そのお金を出すべきだと、何回かソウルでデモもした。蔚珍では遺族が 500 人位いたが、今は少なくなって運動は下火になっている。通訳が「ドイツの様に戦後補償を全面的にやれという意味ですね」と確かめる。

（8）最後に―はるばる行った甲斐があった

　張氏の死亡年月日、原因、会社名、住所をメモして手渡すと、とても喜んでくれた。一度日本に行って、父の死んだところを見たいという。実は九州で死んだと思っていた。死亡年月日もよく分からなかったのでとても感謝してくれた。昼食にどじょう汁をいただいた。他の人達にも「日本から来てくれた」事情を説明し、喜んでくれた。「来た甲斐があった」と思った。バス停で別れ、いつまでも手を振って別れを惜しんでくれた。

　その後市内に戻ってから、蔚珍邑事務所に寄って挨拶と報告をした。これまでの協力に感謝し、詳しい話は出来なかったが、今後の窓口となる方を決めてくれた。宿まで送ってくれた。後で分かったが、宿賃は支払い済みだった。帰国後気付いたが、邑事務所で教えてくれた張德伊氏は「德」の字が違い、番地も、年齢も、家族構成も違うので、同じ部落に住む別人ではないかと思ったが、朝連「殉職者名簿」の張田特伊氏と住所、番地も一致するので、本人に間違いない。

まとめ

1　市民レベルの調査と交流

26 日間、約 1 ヵ月近い韓国滞在は久しぶりで、日程的には余裕のある旅であった。特に土、日の休みはゆっくりできた。中央・地方の行政官庁の協力に大変お世話になり、頼りがちになる姿勢を反省しながら、市民レベルの調査と交流のあり方を考える機会でもあった。語学研修の怠りも、今回益々身にしみるようになった。今回の会話の機会も向上するどころか焼け石に水、ざるで水を掬う感を強くした。無理をせずにカバーする方法を考えて行きたい。

2　合同研究会

　はじめ「在日研究会」のメンバーとご一緒した数日間は日程も立てこみ、かなりハードなものだったが、日韓両国の若い研究者たちの意欲的な研究姿勢やご活躍の先輩先生方の発表や身近な会話の中から学ぶものが多かった。

3　「強制動員調査・支援委員会」での資料の閲覧について

　約 1 週間の「強制動員調査・支援委員会」での資料の閲覧では、まず常磐炭田関係の名簿資料をお願いし、「大塚一二作成名簿」を確認出来た。内容的には既成の資料が多いことが分かった。茨城県側「調査結果」の日立鉱山関係は数が多いだけに、整理をするとなると大変だが、意義があることが分かった。戦時動員被害申告者の状況については、現段階での概要は掴めた。生存者、遺族ともに高齢化し、残された時間は少ない。被害者認定に使われた資料の公開は望めない状況の下では、本人の了解を得ての聞き取りによる方法が一番だが、聞き取りに至る同委員会の関係者への負担が大きかった。それだけに、今後の調査には問題点もあるが、残された時間も限られている。写真、遺品関係の資料も数点閲覧出来た。

4　聞き取り調査について

　（1）茂朱郡の 3 人の聞き取りは、特に新しい事実はないが、動員時期、帰国経路など記録文書との整合性を含め、更なる検証の必要があることが分かった。動員と災害との関係など地域社会全体の動員実態を掴むには、茂朱郡の申告者も多いこと

から今後の集中的調査の対象と言える。

（2）次に抵抗事件の遺族からの聞き取りについては、既に生存者がいないことは
ほぼ明らかな状態の中で、事件の歴史的な意議を検討するには、今後のいわきでの
聞き取りを含め、我々の地域社会での在り方や意識面からの追究が重要になってく
ると思える。曺達根氏の遺族からの聞き取りは、そのことを示唆するものであった。
又、現地まで行って調べる意義は、今回の鄭奎萬の場合を始め痛感した。林興喆氏
夫人の聞き取りでも、「家族呼び寄せ」や当時の写真など貴重な情報資料が得られた。

（3）現地死亡者遺族からの聞き取りは、戦後補償の問題を考える上で、益々重視
されなければならないことを実感した。

5　最後に

　この他、戦時動員の調査とは直接関係しないが、堤川市では市立図書館司書の紹
介により、地籍博物館を営む研究家との地域交流があった。蔚珍では遺族との通訳
を務めてくれ、余生を故郷の蔚珍で暮らす「元在日」の思いや経験等大切な証言を
聞く機会もあった。報告は別の機会に行いたい。

附属資料1　福島県協和会会員章（平支会）表紙・裏表紙

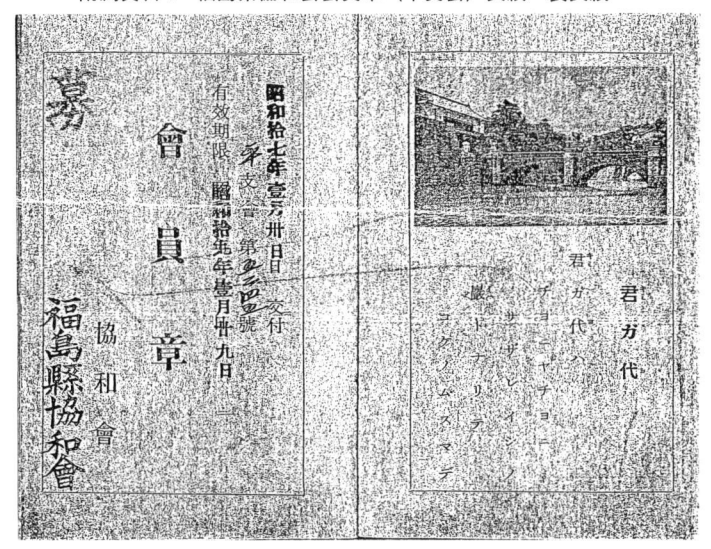

韓国「真相糾明委員会」資料室提供

附属資料2　古河好間炭砿被動員者使用の国語学習帳

韓国「真相糾明委員会」提供

附属資料 3　大昭上山田炭砿に動員された砿夫の送金用現金封筒

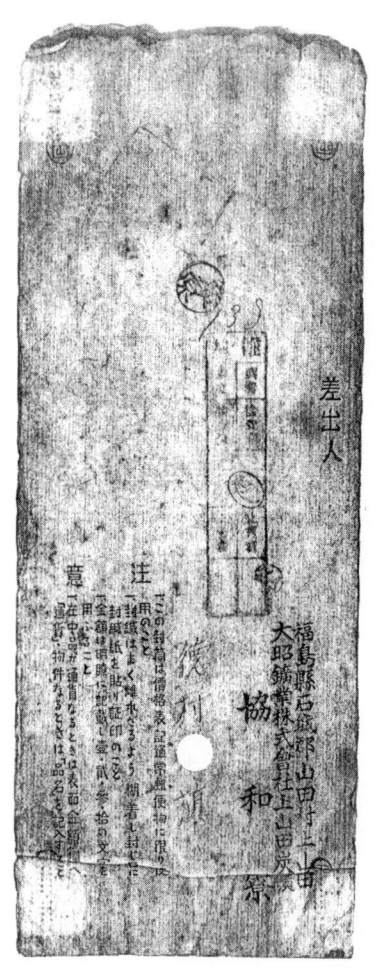

韓国「真相糾明委員会」提供

230

第7回調査報告（2012年）

はじめに

「平和を語る集い」の常磐炭田戦時動員被害者を訪ねる慰労・慰霊と調査活動も7回目を迎えた。公民館のサークル活動の一環であるとはいえ、幅広い市民活動をめざして、戦時中のいわきの地域の負の遺産である炭砿の強制動員を中心に、市民レベルでの交流を心がけて来た。

しかし、実際は韓国の「強制動員調査・支援委員会」や郡・市・邑・面の行政の支援・協力なくしては成り立たなかったことも確かである。同委員会活動がこの6月で未払い賃金等の被害受付を終了し、12月には法的な期限も切れ*、地方での事務担当官も無くなった。勿論、この8年間の国家事業の成果は引き続き受け継がれる。

*その後、事業は縮小されても、翌年までの6ヵ月延長が決まった。

こうした中で、今回の訪問を通じ、今後の活動の方向を考えてみた。それは韓国の被害補償とアジアの平和を一体として捉える運動の一環であったことを、今一度考えて見る必要があるという事だ。今、韓国では戦時労働動員被害者が新日本製鉄や三菱重工業など、戦時動員企業の後継者に対する被害賠償を求める裁判を起こし、韓国大法廷において補償を認める判決が出たことをきっかけにその動きが広がろうとしている。

今回の忠清北道清州の古河好間炭砿「家族呼び寄せ」後に事故死した遺族が、裁判に関わっていた。遺族会等は被害者の高齢化に伴い、活動が停滞しているとも聞いている中、こうした動きが市民の中に根付いていることも確かな様だ。国家間の補償や遺骨返還の問題が解決したとしても、犠牲者達の思いに対する日本人の姿勢が変わらない様では、戦後、私達の先輩が残した憲法を中心とした戦争放棄による平和への願いが実現する保証はない。今こそ自国のみの被害者意識から脱してアジアの人々に与えた加害について、正面から向き合うべき時ではないか。

直接被害者の声を聞くことも大切だし、動員した会社の責任や戦後処理の不充分さなども議論していく必要があると思う。いずれにせよ、地域においてこの問題について正面から考える機会はなかった。常磐炭砿、古河好間炭砿の 2 大炭砿だけでなく、大日本炭砿、鳳城小田炭砿、日曹炭砿、大昭上山田炭砿などの後継企業がはっきりしない会社を含め、いわき地域に住む市民としての責任についても考えなければならないと思う。

　地域のプラスの遺産を引き継いでいる私達は、負の遺産も受け継がなければならない。そのための費用負担も避けられないのではないか。

I　調査概要

1　調査期間・日程

（1）期間
　2012 年 10 月 3 日〜31 日

（2）日程
10 月 3 日　水　ソウル　到着
　　　4 日　木　ソウル　「強制動員調査・支援委員会」訪問（打ち合わせ）
　　　5 日　金　ソウル　調査（連合通信インタビュー、医療障害審査官、福島県被害申告調査）
　　　6 日　土　ソウル　大昭上山田炭鉱・金碩奎氏（現地死亡者榮山の子息）聞き取り
　　　7 日　日　ソウル　地方調査準備等
　　　8 日　月　鎮　川　忠清北道鎮川　柳寛順記念館見学、鎮川郡庁訪問、古河好間炭砿抵抗事件（以下「古河抵抗」と略記）被告調査打ち合わせ、大日本勿来炭砿申告調査
　　　9 日　火　鎮　川　古河抵抗、徳山面（重光晃鎮）、文百面（木村貞石）調査
　　10 日　水　陰　城　忠清北道清州　古河抵抗・陰城郡笙極面・朴吉興氏（朴〈新井〉先奉の甥）聞き取り、清州へ

| 11日 | 木 | 清　州 | 古河抵抗・清原郡江西面・禹榮喆氏（鳳子息）聞き取り（燕岐郡南面出身）、南面生存者聞き取り出来ず、鳥致院市庁訪問 |

11日　木　清　州　古河抵抗・清原郡江西面・禹榮喆氏（鳳子息）聞き取り
　　　　　　　　　　（燕岐郡南面出身）、南面生存者聞き取り出来ず、鳥致院
　　　　　　　　　　市庁訪問

12日　金　清　州　古河抵抗、清原郡庁、北一面（現内秀面）事務所、清州
　　　　　　　　　　市福祉課、古河「家族呼び寄せ」被害者・安銀子氏（現
　　　　　　　　　　地死亡京謨娘）聞き取り

13日　土　燕　岐　忠清南道燕岐郡　鳥致院へ移動

14日　日　燕　岐　燕岐郡、「二重徴用」（樺太転換）関本炭砿（以下炭砿略）
　　　　　　　　　　被動員者調査準備等

15日　月　燕　岐　関本・南面陽化里・林範洙氏（奇男子息）聞き取り、燕
　　　　　　　　　　岐南面事務所訪問、「ウリ朝鮮独立運動グループ」丁洛鎭
　　　　　　　　　　遺族生存確認

16日　火　燕　岐　関本・全義面邑内里・黄松芳氏（福榮の甥）聞き取り、
　　　　　　　　　　黄豊子氏（金馨娘）不在、全義面事務所、東教里・邑内
　　　　　　　　　　里調査

17日　水　燕　岐　関本・東面鷹岩里・田基元（方錫次男）氏聞き取り
　　　　　公　州　忠清南道公州へ移動、儀堂面徳鶴里・林永洙氏（上山田
　　　　　　　　　　生存者）聞き取り

18日　木　公　州　長岐面松院里、面事務所、「ウリ朝鮮独立運動グループ」
　　　　　　　　　　玄昌碩調査、ハンソン洞事務所（元松院）、丁洛鎭氏生存
　　　　　　　　　　確認・大田自宅で聞き取り

19日　金　大　田　大田市庁訪問、市立図書館調査

20日　土　公　州　「神戸神学校朝鮮人学生グループ」治安維持法違反事件、
　　　　　　　　　　金萬濟、鶏龍面敬天調査、李鍾喜教会長老聞き取り

21日　日　論　山　忠清南道論山　大日本勿来・錬武面金谷里・朴昌根氏（生
　　　　　　　　　　存者）聞き取り
　　　　　　　　　　光石面恒月里調査、崔在弘氏（生存者）ら５人と会えず

22日　月　全　州　全羅北道全州へ移動

23日　火　全　州　常磐内郷坑・完山区平和路・尹漢龍氏（判スェの子息）聞き
　　　　　　　　　　取り、東學革命記念館見学

24 日　水　ソウル　ソウルへ移動、「強制動員調査・支援委員会」訪問
25 日　木　ソウル　同委員会福島県関係申告者調査 700 人
26 日　金　ソウル　　　〃　　　　　　　　376 人
27 日　土・28 日　日　ソウル　訪問整理、友人訪問等
29 日　月・30 日　火　ソウル　国立国会図書館調査、訪問整理他
31 日　水　帰国

Ⅱ　常磐炭田朝鮮人戦時動員「名簿」の深化

1　「強制動員調査・支援委員会」での聞き取り調査・打ち合わせと情報収集

今回もあらかじめ「強制動員調査・支援委員会」へ調査の協力要請をし、短期間ではあったが、多忙の中メールによる打ち合わせを行い、ようやく訪問にこぎつけた。

前回の報告で常磐炭田の企業動員が分かっている 247 人については、現地死亡者、生存者、帰国後死亡者毎に明らかにした。帰国者の内、現在までに死亡者が半数を超え、聞き取りを出来る人数は十指を数える位だろうと述べた。今回、委員会より 8 人の聞き取り対象者を紹介して貰ったが、生存者は 1 人だけだった。結局、3 人の生存者から聞き取りは出来たが、生存者からの聞き取りはそろそろ限度の様である。大昭上山田炭砿関係生存者と遺族、燕岐郡関係の聞き取りは、同委員会の李宣姈調査官の行き届いた連絡を基に非常にスムーズに行う事が出来た*。鄭恵瓊課長の全般に亘るご高配にこの場を借りて感謝申し上げたい。

＊依頼した主な項目は、①前回内郷砿の集団写真を頂いた完州からの被動員者と大昭上山田炭砿、関本炭砿の生存者からの聞き取り、②樺太転換・関本炭砿へ動員された 52 名の燕岐郡出身者の内、何人かの遺族からの聞き取り。古河好間炭砿の 1943 年の抵抗事件被告の遺族の聞き取り、③その他「強制動員調査・支援委員会」での常磐関係情報の継続収集であった。

（1）福島県の「強制動員調査・支援委員会」への被害申告者について

前回常磐炭田の企業別被動員者の数的把握を基に、企業名等の分からぬ人も含め

福島県に動員されたと思われる被動員者の申告状況の把握が出来た。総申告者は
1,177 人となる。発電所の建設現場や軍工場関係施設の建設現場などを含み、動員企
業や場所が特定出来ない人が多い。これまで頂いた情報では、福島県分は 592 人と
聞いていたが、認定作業の最終段階での判断の結果であろうか、ほぼ倍近い増加で
ある。大塚氏の『トラジ』によると、特高課の作成文書では、1944 年の福島県分と
して 19,133 人の朝鮮人が記されているという。この数字を参考にすると、被害申告
を出したのは戦時動員された朝鮮人の 1 割にも満たないことが分かる。

2　労働動員死亡者遺骨返還の政府間交渉の進展

　遺骨返還問題は「強制動員調査・支援委員会」審査課が担当し、担当官の呉日煥
氏から説明を貰った。返還について報告した韓国側の 3 つの条件の内、①返還は行
うこと、②追悼式を行うことについては既に合意している。追悼式参列者の範囲に
ついては条件が折り合わないでいたところに竹島（独島）問題が起こり、交渉が中
断した。あくまでも一時的な中断である。政府間交渉に頼らず民間で進めるという
考え方が日本にあることは知っているが、しばし待ってほしいと話している。
　願成寺の朴守福氏の遺骨については、もし動員時が 1939 年で「病死」であっても
問題はなく返還の対象となること、又、呉氏によると、いわきでは 2010 年に民間の
手により数体の遺骨を返還したという情報を受けているという。龍田は知らないの
で帰国後確認することにした。
　又、呉氏は返還運動について、日本政府はその調査対象を寺院に限り、しかも申
告を受けるだけであるが、民間の墓地等に残る遺骨を含め全面的な調査を行うべき
だという事を指摘された。

3　塵肺等の身体障害を受けた被害者の認定救済について

　まず、支援審査課審査 1 課長の許光茂氏から全般的な説明を受け、翌日、具体的
な審査事例について審査官からお話を伺った。

（1）許光茂氏による被害審査

現在、私は審査1課(遺骨関係)に所属しているが、それ以前は審査2課(後遺障害)に属していた*。審査2課は塵肺など身体障害以外の審査判定も行っていた。当然、私は病気毎のデータが入るものと考えていたが、実際は支援金の支給の有無だけしか入らず、将来、事由調査の出来るものとはなっていない。

　後遺障害の審査は医師が委員に委任され、泌尿器科、内科、外科、整形外科などに分かれて審査している。審査の方法は、診断書が多くの場合残っていないので、同行者の証言、身内の症状証言などを総合判断する。例えば、内科も14等級に分類できる程度の症状が確認出来れば認定している。胃病の症状でも現在まで続いている場合は難しいが、6・25戦争までに亡くなったと判定されれば、現地死亡者と同じ1級の扱いになる*。

　*元支援審査2課長許光茂氏談。10月4日、「強制動員調査・支援委員会」で聞き取り

　申告者の認定数は37万人で全てが終了した。しかし、最後に変更があり、強制動員被害者としては認められているが、職場とかが不明な者が残っていた。そうした人が認定されて数に違いが出た。但し、昨年(2012年)の8月からはそれ程大きな差はない。福島県全体では土木現場等もあり、常磐炭田だけではないがそう大きな変化はない。

　塵肺については、再延長で5〜6年動員されていた人もいたが、塵肺になった人がいたかどうかは分からない。データには出てこないので、審査した医師から直接聞くといくらか分かるかもしれない。翌日審査に携わった医師の委員を紹介するとのことであった*。

　*同上、許氏より10月5日聞き取り

（2）鄭榮竜医療障害審査官の話—塵肺関連の審査認定

　塵肺症についての専門的な立場からの詳しいデータを貰い、原因の多様性、症状発生に至るメカニズム、症状について理解できた。炭砿の場合、通常5〜7年で症状が出る場合が多いが、状況によっては数ヵ月から数年で発症する。診断書がなく判断する場合は肺疾患として扱われ、6・25戦争以前に亡くなった場合は、結核などによることを考える必要ある。唯一の認定患者は、北海道の炭砿で2年間働き、6・25戦争の時、肺疾患で早期除隊になる。漢方薬局を営んで自分で処方し、2004年に一般病院でも認定された。他に粉塵を吸う機会はなかったと判断され、動員被害者と

して認定された。

 ＊「強制動員調査・支援委員会」で 10 月 5 日聞き取り

4　好間村役場寄留者名簿—「家族呼び寄せ」後の死亡犠牲者遺族を訪ねて

（1）関係資料—調査の前提

　大塚氏が採取された 8 家族の「好間村寄留者退去簿」の中に、1945 年度分として次の様な記録がある。

・寄留地　福島県石城郡好間村大字北好間字松阪 6 番地　家主古河
・本籍地　忠清北道清州郡北一面細橋里 78 番地
・戸主　採炭夫　世帯主　安京謨　明治 38 年 1 月 3 日生

　　　　　昭和 20 年 3 月 4 日寄留同月同日届出

　　　　　昭和 20 年 3 月 22 日死亡届ニ依リ職権抹消

・妻　　　鐘姫　大正 5 年 9 月 23 日生、昭和 20 年 3 月 4 日寄留同日届出
・長女　　銀子　昭和 10 年 11 月 3 日生　　同上
・次女　　銀順　昭和 13 年 7 月 21 日生　　同上
・長男　　殷根　昭和 17 年 2 月 28 日生　　同上

　尚、1945 年 9 月 1 日現在調の「人口調査用照査表」には、25 人の朝鮮人と共に「安田鐘姫、女、男 2」が同じ住所で記録されている。

（2）「名簿」に光を—調査経緯

　この「安京謨」については第 6 回の訪問時、「大塚一二名簿」の「家族持ち名簿」の検討の折に取り扱った。「家族呼び寄せ」後 1 ヵ月足らずで一家の大黒柱が事故で亡くなる悲劇的事例として取り上げ、残された家族のその後の調査の必要を提起した件である＊。幸い今回の訪問で残された遺族・長女銀子氏（当時 10 歳）に、その一端を聞くことが出来た。以下、この経緯と聞き取りについて報告する。

　＊龍田「常磐炭田朝鮮人戦時動員被害者を訪ねて」『在日朝鮮人史研究』42 号、緑蔭書房　2012
　　年、123 頁。『朝鮮人炭鉱労務者家族持名簿』28、「強制動員調査・支援委員会」提供

①忠清北道清原郡庁行政課職員の協力

　地方訪問調査の第 4 日、10 月 12 日（金）は、前日と同じ清原郡ではあるが、むし

ろ燕岐郡に近い江西面の訪問調査の後、いよいよ清原における本格調査を始めるため郡庁を訪問する。顔見知りの担当者のいる行政課を訪ねる。受付でどうも様子がおかしいと感じたが、当日は郡を挙げての祭典が行われ、職員は皆出払っていた。前回お世話になった女性職員に電話をかけると、「私もこれから出かけるところだ」という。とりあえず行政課に行って見ると、残っていた職員の中に昨年聞き取りに同行してくれた金哲ホ氏がいた。「出かける前で十分対応できないが」という。協力をお願いした北一面出身で古河好間炭砿で亡くなった3人の犠牲者の名簿を示すと、該当面へ協力要請の電話を入れておくということであった。

②忠清北道北一面（現内秀面）の現地死亡者遺族を訪ねて

　内秀の面事務所は郡庁からそれ程遠くない近郊地域にある。事務所前で下車すると、連絡を受けた職員が現れ、戸籍係の女性がネットで本籍地の住所を捜してくれた。しかし、3人ともそこにはいないという。「ここで引き下がっては調査の面目が立たない」と思っていると、現地まで確認のために送ってくれるとのこと。早速、車で北一面の細橋里に向かおうとしたところ、入口で北一面の祭典参加の帰りの部落長に会う。事情を聞いてくれたが、この名には聞き覚えがないという。後で分かったが、該当部落の細橋は2里に分かれており、もう一つの里の里長だった様だ。3人の現地死亡者は、龍田作成の「道郡別死亡者名簿」の清州郡の項に

　　金村昌善　北一面菊洞里　古河好間又は小田　〜1944.10.15　33年　朝連名簿
　　金本光殷　北一面細橋204　古河好間　1915.7.1〜45.3.21　朝連名簿
　　安本京謨　北一面細橋68　古河好間松坂寮　〜1945.3.21(4.9) 40年　朝連名簿、
　　　　　　長寿院、頭骸骨骨折頭底骨折

とある。同じ部落から3人の犠牲者が出ており、金村以外の2人は同一事故で亡くなったと思われる。この部落から古河好間炭砿へはかなり多くの動員者があったことと思われる。

③竹島（独島）問題の影響

　部落長と話をしていた時、連れかと思われるアーミールックのおじさんが、いきなり日本人と見て言い掛かりをつけてきて、「独島問題」などを口走り詰め寄られたことがあった。職員の方もとりなしてくれ、いささかあきれ気味であった。最後に当人曰く「聞きたいが、日本は中国と韓国とではどっちが脅威か」と聞く。「どちらも脅威ではない、私達は戦争をする気がないから」と言うと、納得したという顔に

なり、和解して別れた。今までこの様な場面には接したことはなかった。初めての経験である。内心はどう思っていたとしても、正面切ってなじられたことはなかった。そういえば、昨日の訪問でも、部落で唯一の動員体験者という老人から、「補償をするのかどうか」と詰め寄られ、聞き取りを拒否されたのも、日本人への悪感情に起因する様に思える。同行してくれた被害者の遺族は、「少し様子を見て今度は食事に誘うなどして又、行きましょう」と慰めてくれた。歴史問題についての感情は、何時でも右翼的排外主義に利用される可能性を感じる。同時に、それを乗り越えようとする多くの韓国の人達の好意も少なくないことの確信を深めた。

④犠牲者の本籍地に立って

　2人の犠牲者を出した細橋里204番地には、老人会館の建物のみで、他には何も残っていない。68番地の京謨氏の本籍地には小さな家があるだけなので引き返そうとした。ところが、そこにいたおばあさんに、安銀子氏について聞いて見ると「知っているよ。一緒に遊んだ」という耳よりの話である。「普通の人だった。今は清州市の方に引っ越した」という。情報の提供者はピョンウイスン氏（80歳）であった。再び面事務所に取って返し、戸籍係に再度調べて貰ったが、埒が明かなかった。

⑤清州の安京謨氏の息女を訪ねて—安銀子氏との出会い

　バスで今度は清州市に。ここでは行政課の強制動員関係の係ではなく、新たに福祉支援課が対応してくれることになり、事情を話して、2人の職員が詳しく調べてくれた。しばらくして、夫の話で、銀子氏姉妹は健在で、銀子氏は「今、町の行事のカラオケ大会出場のため出かけている」とのことだった。市職員とまず銀子氏の自宅を訪ね、しばらく帰りを待ったが時間がかかりそうなので、カラオケ大会の会場を訪ねた。子供達が今、はやりの歌を歌っていた。そこに元気な銀子氏の姿を見つけるのに時間はかからなかった。まさかの思いで万感胸に迫る。近くの建物に入り、早速インタビューが始まった。

（3）安銀子氏の聞き取り内容

　9歳の時日本に行った。当時は、女の子供は私と妹の2人、男の子供は2人で長男は3歳、次男は2歳だった。それに父と母を合わせ6人家族だった。長男と次男は、父が死んだ時の騒ぎの衝撃で精神的におかしくなり、帰国後亡くなった。炭砿の名前は福島好間、これだけはよく覚えている。

安〇子氏（右端）と清州市動員被害者遺族会会長（中央）、通訳官（郡庁職員）（清州市内で）

　今度の政府の調査に申告はしたが「こんな端金は受け取れない」と 2,000 万ウォンを受け取らなかった。全国の被害者団体で裁判をしている。会長は鄭相基氏（清州市）だ。子供は長男が 46 歳で、長女は 55 歳の 2 人だ。結婚は 20 歳の時にしてもう 56 年になる。

　大きくなるまで母の手一つで育てられた。母は生活用品を担いで村々を売り歩いて、お金を稼いだ。私は学校へ行きたくて、遅れて 3 年時に 1 年生として入学して卒業した。妹は学校へも行けなかった。卒業後はいくつかの工場に勤めた。ここの前のゴルフ場には元小麦工場があり、そこにも勤めたことがある。結婚して北一面から清州の今の所に移り、夫と生活する様になった。母は 30 年前に亡くなった。苦労のしっぱなしであった。今日はこの様に日本から訪ねて来てくれて胸のつかえが取れた。

　母は父が亡くなった時は、突然、部屋に入って来て大声で泣いた。父が亡くなったことは、私達が小さかったので話はせず、弟たちと一緒に近くの病院に連れて行った。父の顔には包帯が巻かれ、白い布が置かれて見ることは出来なかった。遺体は近くの寺で火葬にして、遺骨はずっと長屋部屋に置いていた。帰国してから、後に黄海道の人が届けてくれた。

　父の死後も同じ部屋で生活し、生活費は会社が出したのか、配給があったからか

は分からないが、母が父の代わりに働きに出る様なことは無かった。解放後 3 ヵ月程いて、冬に新潟港に行くと、そこには米軍がいて、爆発騒ぎがあったので、すぐには帰れなかった。その後、大きな船で韓国のどの港か知らないが帰り、列車で内秀駅まで来た。

　帰ると外祖父母が迎えてくれ泣いた。親祖父母（直系の祖父母）＊はその時はもう亡くなっていた。父は長男であった。母の弟（外叔父サンチョン、87 歳位）がいて、今も清州の近くに住んでいる。同じ洞内で動員された人は 1 人だけ知っている。

　＊親祖父は父方の直系の意味。外祖父は傍系（母方の）祖父の意味

　父は背が高くて痩せていて、恐ろしいよりもやさしい人だった。炭砿で撮った写真があるので見て下さい。このメガネをかけた人が父です。父が動員されたのは何時だったかは分からない。私達が日本に来る数年前の様だ。好間はとても田舎だった。日本式の長屋で部屋は 1 つだった様に思う。

（4）被害者遺族の会会長の話—交流会で

　聞き取りの途中で被害者遺族の会会長も同席してくれて、もう 1 人の会員と共に話に加わった。会長の父は軍属として動員された人だ。

　被害申告をした人の中で、政府から慰労金を受け取ったのは 15,000 人で、他は受け取りを拒否している。清州では 120 人〜130 人受け取った。日本は 1965 年の日韓協定の 5 憶ドルの援助金で解決したと繰り返している。しかし、遺骨返還の問題も、軍人・軍属は帰ったが、労働者関係はまだそのままで、政府は何もしていない。未払い金も中国人には支払ったが、韓国人には支払っていない。又、靖国神社に 22,000 人の軍人の位牌を保管し返さないのは、自分の借金を隠すためだ。政府は 2,000 万ウォンを受け取るかどうかは本人の自由だという。しかし、5 憶ドルは韓国経済のために使い、被害者へは来ていない。

　私の父はニューギニアで死んだ。そのため一家は破綻した。日本への抗議に行った時、韓国大使館からは誰も来なかった。日本の市民団体の人が来てくれた。日本にも良い人達がいると思った。今回、日本から動員被害者を訪ねて来てくれて大変嬉しい。

　「被害者の話を聞いて、後々までの歴史の教訓としたい」と私が話したのを涙ぐんで聞いていた。心やさしい人だ。

（5）今後の交流を約束して

　清州市役所から同行してくれた通訳官から道々話を聞いた。父が北の出身で、母は２度目の結婚、今日は私の誕生日だとも親しげに話してくれた。自力で日本語を勉強し日本への関心は強い。連合通信の私に関する記事を読んでいた*。

　　＊連合通信記者からのインタビュー

　　　韓国のマスコミには、最初の訪問時、こちらからハンギョレ新聞に、動員犠牲者歴訪の意図をお願いして取材していただき、それ以後の調査に大変大きな助けとなった。今回は一般記事として依頼されたが、韓国訪問調査の意図については、既に前回で十分だと考え、辞退しようと思ったが、調査協力してくれている方々への礼儀とも思い取材に応じた。なぜ朝鮮人の戦時動員なのか、私の経歴を含めて語ることになったが、いくらか自己嫌悪気味である。

　話は尽きず、弾んでいたが、時間も６時半を過ぎたので、今日はここまでとした。又、母親の戦後の生活についての聞き取りをさせて貰うことを約束した。最後に皆で写真を撮り別れる。福祉支援課の金柄炊氏の運転で、モーテルまで送って貰った。市福祉支援課の協力に心から感謝申し上げたい。

Ⅲ　「抵抗事件」被告遺族・関係者の聞き取り

1　柳寛順記念館と実家の訪問

　今回は古河好間炭砿「集団暴力事件」の他に、『特高月報』*に出ている治安維持法違反関係検挙者の本籍地を、忠清南道に限定して調べてみることにした。勿論、戦時動員労働者の抵抗運動との関わりを調べる一環として、これからの見通しを持つことが出来ればという期待はある。即ち、抵抗の地域的な気風や伝統など、暴動や争議に至る精神的、人的関連が分かれば面白いと思う。出来れば忠清北道、全羅南道にまで範囲を広げてゆきたい。

　＊『特高月報』各号の朝鮮人関係を集録したもの（『昭和特高弾圧史』6、7、8巻）

　さて、ソウルでの金碩奎氏訪問の後、日曜の一日を置いて10月8日（月）は、いよいよ地方の訪問調査で最初は忠清北道鎮川郡である。いつもの様にまっすぐ鎮川に行くには、高速バスも少ないので、さしあたり天安を経由して市外バスで行くことになる。途中、独立記念館の少し先に女性独立運動の「英雄」柳寛順の記念館や

生家があるので立ち寄ることにした。研修旅行の季節を過ぎたのか、ガランとした館内では男性の係員が丁寧に説明してくれる。映画に案内された。学生が入ってきたので女性の職員が代わって説明してくれ、少し離れた柳寛順の生家まで自家用車で案内してくれた。生家はそれ程大きくない農家である。にも関わらず、彼女がソウルの女子教育機関の梨花学堂に進学出来たのは隣に教会があり、そこで認められてのことではないかと考えた。近くに柳寛順らが手造りの太極旗を持ち、ビラをまいて民衆にデモを呼び掛けたアウス市場があった。

　案内をしてくれた鄭ヨンソク氏の話も興味深かった。母は父より2歳下だった。強制動員の通知が来たが、母は父を甕倉に隠し、数ヵ月間、警察が来て殴られても白状しなかった。そのため体を悪くして父より早く死んだ。家は望郷の丘の近くにあるという。動員が強制的であったこと、動員を拒否して逃れた事例である。

2　古河好間炭砿1943年「抵抗事件」被告の聞き取り—忠清北道鎮川郡

（1）宋甲奎氏の聞き取りですっかりお世話になった鎮川郡庁は2年ぶりの訪問となった。昨年はあらかじめ依頼文を出しながら時間の都合で訪問出来なかった。課長始め係の朴玉フィ氏は移動していた。しかし、強制動員関係担当ではないが、引き続き行政課の若い職員の呉世益氏が対応してくれた。この日は2人の抵抗事件「被告」の行方を追って、関連面里との連絡を取って貰ったり、大日本炭砿勿来に動員された4人の申告者についての情報と2人の現地死亡者の遺族調査をお願いした。被告について既に分かっていることは、平区裁判所の判決文によれば、

　重光晃鎮氏（32）　　徳山面龍夢里572　懲役5ヵ月

　木村貞石氏（25）　　文白面文徳里（番地不明）　懲役5ヵ月

であり、2人の現地死亡者、辺（海原）七子（梨月面）・頭蓋骨骨折（古河好間炭砿）と豊田昌勲（大日本勿来炭砿）についての進展はなかった。

（2）大日本勿来炭砿の4人の申告者について

　一定の情報が得られたので以下記しておく。

①A氏　生存　広恵院面（現、万升面）＊

　動員期間は1942年2月2日から1945年2月までの3年間。福島県石城郡勿来町

大日本勿来炭砿で採炭作業に従事した。動員は面職員が選出し、強制的だった。面からは 20 人、同行者は○と○で面事務所に集合した。食事はまあまあだった。賃金は現金で少し貰った。貯金はしなかった。動員期間は 2 年だったが 1 年延長した。博多から釜山を経由して帰国した。

②B氏、C氏

帰国後死亡。D氏の証言とほぼ同じ。

③D氏　生存（1924 年生）　広恵院面

動員期間は 1942 年 3 月から 1945 年 10 月まで。当時、行政機関が関係面に 40 人を労働者として割り当て動員した。面事務所が選抜して送った。万升面からは 20 人、面事務所の前に集まり、トラックで釜山まで行き、船で日本（下関）に渡った。動員地は大日本勿来炭砿で、採炭の仕事をした。給与は受けたが、少しの金額の様に思う。小使（煙草）銭程度であった。空襲の退避訓練をした。帰国は解放後、団体で 9 月に出発して 10 月に帰った。帰国時の待遇は、お金を若干受け取ったと記憶している。東京、釜山を経由して故郷に帰った。父母はとても喜んでくれた。兄弟は兄と弟 4 人、姉 1 人。家は経済的に貧困だった。同行者B、C氏は帰国後の健康状態はいい方だった。昔と同じ所に住んでいる。

＊戦時中は現在の万昇面は広恵院里が中心であったため、広恵院面と呼ばれていた（宋甲奎氏の証言）

（3）抵抗事件被告の聞き取りをめざす―残念ながら実現せず

翌 10 月 9 日（火）は、呉世益氏の運転で、はじめに重光晃鎭氏の本籍地という徳山面をめざす。途中、世益氏から聞いたことを記す。

鎭川郡の人口は 66,000 人、10 年前は 58,000 人位で、最近は増加傾向にある。機械・電気関係の工場が進出しているからだ。現代の大型工場も進出している。世益氏は報恩郡出身で、清州で育ち 16 年間住んでいた。高校では日本語と英語を学んだ。忠北大学の行政学科卒業。父母は今も報恩郡に住んでいる。世益氏は結婚して鎭川に住んでいる。従兄弟は東京に住み、銀行に勤めているという。

（4）徳山面龍夢里・重光晃鎭氏の調査

龍夢里附近はすっかり都市化し、昔の面影はない。本籍地 572 番地の辺りには工

場の他住宅は見当たらない。1 軒残った農家風の庭で、収穫した大豆を手入れしていた金夫妻に話しかけた。

①金基弘氏（1934 年生）の聞き取り

　確かに隣に「辛」という姓の夫婦が、1950 年頃まで生活していた＊。解放当時 11 歳だった私には詳しいことは分からないが、私と同じ番地で 2 部屋位の小さな家に住んでいた。息子が死んだことをきっかけに、故郷の慶尚道に帰った様だ。私は昔からここに住み、水田と畑の自小作農家だった。供出はとても厳しかった。私の叔父も日本のどこかに動員されていたが、もう亡くなった。近所の人が 3 人位徴用されたことは覚えている。当時の区長は大きな権限を持っていたが、地主ではなく農業をやっていた。私は小学校を卒業して土木建築の仕事をしていた、という話だった。

　＊呉世益氏の調べでも重光は本名は「辛」氏ということであった。

　そこですぐに面事務所に行き戸籍を調べて貰った。しかし、戸籍には辛という記載は無い。この面では 6・25 戦争でも戸籍は焼失しなかったので、古い戸籍の分もデータには残っているという。それにしても不思議なことだ。現に住んでいたという証人もいるのに、戸籍は無いという。いずれにせよ、重光晃鎮氏の聞き取りは出来なかった。

（5）文白面文徳里・木村貞石氏の調査

　文徳里には 2 つのマウルがある。初めに○岩マウルに行き、老人会館を訪れたが、人はいなかった。通りかかった老人に聞くと、朴氏を名乗る人でこの部落に最近来た人はいるが、元からの人はいなかったという。もう 1 つのマウル、「未来マウル」には沢山いるという。世益氏は電話連絡をして元「未来マウル」に住んでいた 81 歳の李俊祥氏を訪ねて話を聞いた。

　氏によれば、「未来マウル」には朴氏で「石」の付く人は 2 人いる。1 人は朴チャンソク氏で私もよく知っている人だ。電話番号は分からないが、今はソウルに移転した。調べれば分かる。もう 1 人は 1918 年生（1943 年当時は 23 歳）の朴フンソク氏でチャンソク氏の兄だ。この人が年齢（生きていれば 94 歳）からみると貞石氏のことであっても不思議はない。ただフンソクと貞石（チョンソク）とでは名前が違うので、事情をチャンソク氏に聞いて見ると分かるかもしれない、という事であっ

た。フンソク氏は里長をしていたという。

　そこで、面事務所に行き、朴貞石氏について戸籍を調べて貰ったが、貞石という人はいなかった。あとは李俊祥氏から電話番号を知らせて貰う以外に方法はない。そこでひとまず調査はここで打ち切るしかなかった。それでも住所番地も分からないが、「未来マウル」に行って見るべきと思ったが、昼食時も過ぎていたので、郡庁近くで昼食をとり、翌日の訪問地、陰城郡の下調べをすることにした。前回も清原郡（旧清州郡）で 2 人の「被告」を訪ねたが、その時は日曜日で、面事務所の協力も得られず無理からぬ面もあった。今回は戸籍の援助を受けても捜し出せず、この種の調査の難しさを実感した。地域の人達の粘り強い協力は、この調査で不可欠である。課長始め担当していただいた呉世益氏、郡庁の方々のご協力に感謝する。

3　古河好間炭砿「抵抗事件」の原因をめぐって—堤川郡寒水面の朴(新井)先奉の死亡との関係

（1）問題の所在と出会いの経緯

　龍田は先に 1943 年 4 月の古河好間炭砿の大規模な「集団暴力事件」と関連して、その原因に、会社の事故死した砿夫への取り扱いに問題があったのではないかという仮説を持っている。事件の 14 日前に起きた朴先奉の死が、隣村の部落の長老格の人物まで巻き込んだ全労働者的暴動に発展した要因ではないかと推論した。間接的な証言で推論するやり方になるので、是非朴氏の遺族から確かな証言を得たいと思っていた*。幸い前回の調査で、氏の甥が陰城面で被害申告を出しており、電話番号も分かったので、交通の便はよくないが、今回の調査項目に加えた。あらかじめ「強制動員調査・支援委員会」に情報の提供をお願いしていたが、電話番号は今使われていないという事であった。とにかく足を運ぶしかないと思い、鎮川郡の調査の後、郊外バスで向かうことにした。

　　＊このことについては、龍田『在日朝鮮人史研究』42 号、135 頁で取り扱った。S 労務係の証言と状況からの判断による。

　10 月 10 日（水）、1 日数本しかない笙極面（陰城郡）行きのバスか、1 時間毎に出るバスで陰城邑を経由し、郡庁で情報を得てから行った方が良いか迷ったが 直接行くことにした。金旺邑の武極で降り、そこからタクシーで笙極 598 番地を探して

もらう。598 番地はかなり広いという事なので、里長にお願いして申告をした甥の朴吉禎氏について聞いた。ところが、吉禎氏は既に 2 年前に死んでおり、兄の吉興氏が笙極面事務所の近くに住んでいるという。運転手がすぐに電話をしてくれて、会ってもよいとの返事を貰う。面事務所に着くと車で迎えに来てくれていた 。まさかこんな形で関係者に会えるとは予想していなかったが、早速、自宅で聞き取りをすることになった。気さくな、むしろ都会的な感じの方だ。そういえば笙極面は山奥と思っていたが、山を越え反対側の利川の方から来ればそう遠くはない。

（2）証言者・被動員者経歴

①証言者

・氏　名　朴吉興氏　1946 年生（66 歳）

・現住所　忠清北道陰城郡笙極面

・被動員者との関係　伯父（甥）先奉の次弟の長男、農業

②被動員者

・氏　名　朴(新井)先奉

・本籍地　堤川郡寒水面（以下不詳）

・生年月日　1919 年 2 月 16 日生

・動員先　古河好間炭砿、採炭夫（先山）

・死亡原因　炭壁崩壊（災害原簿による）、1943 年 4 月 11 日　死亡

（3）聞き取り内容

　30 年前にダム建設のために村が水没して、この地に 10 軒ほど集団移転して来た。既に父も、当時生きていた祖父母も亡くなり、先奉叔父を知る人は誰もいない。

○叔父が死んだ時の様子

　炭砿名は分からないが、叔父は強制的に日本の炭砿に動員され死んだと聞いている。死んだ時は遺骨や一時金など、何人かの団体の人が持って来たと聞いている。残念ながら遺骨を埋めた墓地はダムのため水没している。死を巡ってのことで悪い感情は持っていない。

○動員の様子

　叔父は長男だったが、他の兄弟（4 兄弟）は皆 20 歳にもなっていなかったので、

朴○奉氏長男朴○興氏（陰城郡で）

強制的に動員されたのだろう。警察や村役人、区長らが来て連れて行った様だ。当時、土地は多くはないが、自作農で祖父母と兄弟でやっていた。死後は父が農業を継いだ。

○事件とのかかわり

死亡の原因は聞いていない。叔父が死んだことで、大きな暴動が起きたという様なことも聞いていない。

○被害申告

被害申告の根拠は寒水面の同郷者金スポク（81歳）の証言で申請した。彼なら当時のことをよく知っている。動員時の同行者ではない。現在、忠州に住んでいて、電話番号も分かる。

○補償問題

日本の政府や企業に対しては、若い命を強制的に連れて行って亡くしたのだから補償はすべきだ。補償問題は解決すべきだ。日本人（市民）については、責任があると思う。

結局、「集団暴力事件」とのかかわりについては、朴先奉の死が暴動の原因となったという様な証言は得られなかった。タクシーで一旦鎮川に戻り、乗り継いで清州に着いた時は3時を過ぎていた。宿を決め、翌日からの清原郡関係の聞き取りの準備をした。

4　忠清南道公州を中心とした治安維持法違反事件の検挙者を訪ねて

（1）調査の経緯等

　公州市へ移動の翌日 10 月 18 日（木）は、予定の大昭上山田炭砿の生存者の聞き取りが 1 日早く終わったので、次の課題である公州関係の治安維持法違反関係被害者からの調査を始めた。これはⅢの冒頭で述べた様に、今後、戦時動員された労働者の抵抗運動と知識分子又は組織的独立運動との関連を調べて行く上で大切である。『特高月報』の治安維持法や特別刑法違反事件等政治犯との接点はないかという関心から、今回訪問地で比較的関連記事の多い公州を中心に 5 件の事件を一覧表の中から抜粋した*1。

　とくに、1942 年 3 月 19 日検挙の「ウリ朝鮮独立運動グループ」の東京グループの丁洛鎭氏については、『燕岐郡誌』*2 の人物の項に写真入りで出ていたので、最初の訪問対象者と決めていた。幸い得難い協力者のお蔭で面会が実現し、もう 1 件の「神戸中央神学校朝鮮人学生民族主義グループ」の治安維持法事件の「金萬濟」の関係者からの聞き取りも実現し、この種の調査についての可能性が開けて来た。尚、特高記録の公州関係にはこの他以下 3 件がある。

・崔必用（27）　大和町 119　戸主禹大次男　日大専門部芸術科　在京朝鮮人学生演劇団形象座　演劇を通じ共産主義民族主義宣伝　39.10.3 活動開始～40.5.6 検挙
・平山鉉七（26）　長岐面坪基里 22　物理学校生　同僚に共産主義運動宣伝　1938.4 活動開始～1942.3.7 検挙
・崔康秉（21）　　邑本町 222　戸主明朱長男　新聞配達員　不穏言動　同僚に中国戦線軍事情報、徴兵制批判、陸軍刑法違反　1942.8.22　検挙・送局

　これらについては時間がなく調査が出来なかった。

＊1「治安維持法違反」関係表『特高月報』1943 年 6 月分、（明石博隆・松浦総三監修『昭和特高弾圧史』8、1976 年、83－86 頁）
＊2『燕岐郡誌』下巻、燕岐郡誌編纂委員会、2008 年

（2）「ウリ朝鮮独立運動グープ事件」を追って
　　　　　―燕岐南面事務所・公州長岐面事務所訪問

　10 月 15 日（月）、南面陽化里での調査後、面事務所のある燕岐にバスで向かう。

面事務所は宗村から燕岐に移転していた。丁洛鎮氏の本籍地は南面の南端の松院で、現在は公州市の長岐面に属す。『燕岐郡誌』の写真入りの記事を見せると、女性職員は彼の名は知っているという。その後、彼は 1995 年に亡くなったが、奥さんは現在、大田に住んでおり、電話番号も教えてくれた。

　　大田広域市中区サンソンドン〇〇〇－〇番地　　丁洛鎮氏夫人

　その後、18 日（木）の公州郡調査で、彼の属していた「ウリ朝鮮独立運動グループ」の中心人物である玄昌碩氏の本籍地である長岐面調査の時、実は彼も松院出身であることが分かった。行政区分の変更で公州郡長岐面と記録されたのだ。2 人が同郷の誼であったことが判明した。以下「ウリ朝鮮独立運動グループ」の活動について概要を記す*。

　＊『特高月報』1943 年 6 月分（前掲『昭和特高弾圧史』8、82−86 頁）

①東京グループ

　中心人物星山光照（本名玄昌碩）は 1940 年 9 月より『都新聞』の配達員となり、日大生や同宿の意識分子と親交があった。1941 年 5 月には、専修大学で同級生光田春樹、金田惠吉、安本光男と朝鮮独立の同志的結集求めた。同年 11 月に星山の下宿で、戦争の長期化による日本の敗戦を見通し、民衆を指揮して蜂起することを決め、興亜光学院の平岡用錫を含め、「東京グループ」を結成した。その後、1942 年 2 月までには日本電気会社員、早大生、駒澤大生、興亜光学院忠本寅錫、専大法の安本光男、東京鉄道学校生茶山洛鎮、永本鐘屹らの同志を糾合していった。

②公州グループ

　一方、1941 年 6 月に星山は公州に帰省した折、論山農会技手岡村俊雄、公州農学校生青木正雄を組織し、彼らは郡農会技手、営林署技手、監獄看手らのグループを作り、東京での蜂起と呼応して朝鮮でも蜂起することにした。

③帝都蜂起計画

　1942 年 1 月から 3 月にかけ、星山を中心に日本の敗戦は必至であるとして、「区域分担と活動方針を決めた。帝都の空襲を機会に朝鮮民衆を蜂起させ、各所に放火、防火用水・用具の破壊、水道管の破壊、食料焼却、交通路線の破壊等をなし、朝鮮内でもこれに呼応する計画を立てていた」という。3 月 27、28、29 日の間に、玄昌碩（星山光照）以下 7 人が検挙され、同年 12 月に送局、1943 年 3 月に 4 人起訴、他は起訴猶予等になった。1944 年 3 月、実刑判決が出て投獄される。公州グループに

ついては取り調べ中と書かれている。

5　丁洛鎮氏の聞き取りと玄昌碩を捜して—公州市長岐面松院を訪ねて

（1）聞き取りの経緯

　10 月 17 日の公州での最初の訪問、大昭上山田炭砿の生存者との聞き取りを終えた（本報告 293 頁参照）翌日 18 日（木）は、玄昌碩の本籍地松院 683 番地を訪ねることにした。丁洛鎮氏と同郷であることは既に記した。まず、協力を得るため面事務所を訪ねる。行政区の変更で、戸籍はもちろん里長の電話番号も変わり、ここでは連絡もなかなか取れないという。昼まで待ったが連絡はとれない。

　松院は今では世宗市ハンソンドンになっている。洞事務所を教えるのでタクシーで行きなさいと言う。タクシー乗り場を探すのに迷っていると、親切なおじさんが送ってあげるということで、車に便乗し、洞事務所に向かった。この人は昔、福岡に行った時、日本人に親切にされたお返しだという。新しい洞事務所はすぐ見つかった。おじさんは何のためらいもなく、「洞長さんに会わせろ」と名刺を出す。やがて女性の洞事務所長が現れ、来意を告げ、氏の友人に電話連絡をした。世宗市の役人をしているという。

　その人との話で、意外や丁洛鎮は生きていて、子息がこの近くに住んでいることが分かった。同事務所を辞して長男を訪ねることにした。大規模に酪農を営む長男は不在だった。後に、大田の末弟の家に夫婦で健在だということが分かった。高速道路を使って 1 時間ばかり離れた大田に向かう。

　この間、車中でこの親切な韓国人と色々と話した。玄昌碩のことは丁洛鎮氏に直接聞けば分かるだろうという。そして、氏は「アジアの 3 つの首都を訪ねた。北京と南京と東京だ。日本人は利己的だ。あなたの様な人がいるのに感動した。日本で治安維持法違反で捕まった人がいることも知っている」という。しかし、アジアの共同体の話をすると、ああ戦前のことかと一蹴された。中国は中華思想が強く、日本もアジアを支配しようとしたという。名刺を交換する。某建設会社の代表理事（61歳）金チャンヨン氏という人だった。友達と飲んだ帰りだったという。『戦争と勿来』を贈呈した。

　さすが大田に会社があるだけのことはある。あっという間に末弟と洛鎮氏が住む

丁○鎮氏（大田市内自宅で）

所を見付け出した。商社を営む末息子の事務所に案内して、私を紹介した後、すぐに別の集まりがあるので、と別れを告げて去った。2階の居間で洛鎮氏と対面できた時は、感激で言葉に詰まった。氏も訪問の意図を聞くと目をうるませて喜んでくれた。聞き取り内容は以下の通りである。

（2）丁洛鎮氏の聞き取り

①証言者経歴

・氏名　丁洛鎮（創氏名　茶山洛鎮）

・生年　1924年生（88歳）

②聞き取りの日時・場所

　10月18日、午後・大田特別市中区三星洞の自宅（夫人は始めと終わりに同席）

③聞き取り協力者

　金チャンヨン氏

④『特高月報』記載経歴

・本籍地　公州郡長岐面松院683

・現住所　世田谷区上北沢3-1　松沢病院

・職　業　雑役（東京）鉄道学校生

・検挙年月日　1942年3月19日検挙、治安維持法違反容疑

（3）聞き取り内容

　親戚が東京にいて、1940 年に旅費だけあれば東京で暮らせるようにしてくれるというので、16 歳で勉強をするために日本に来た。東京鉄道学校の本科に入り、朝夕、新聞や牛乳の配達をした。新聞配達は朝 4 時に起き、26 軒位配った。

　日本人は「内鮮一体」と言いながら「朝鮮人」と言って差別し、人間扱されなかった。「朝鮮人のくせに」と言われ、握りこぶしで殴りつけたこともある。

　日比谷公園や上野で日本語と韓国語で書いたビラを配ったこともある。

　今考えれば恥ずかしいが、早稲田大学や日本大学に学生証を偽造して訪ねていったこともある。慶応大学にも行った（後聞き取れず）。

　地方新聞記者のインタビューに、「こうして 30 人程組織した。ウリ朝鮮人独立会の玄昌碩会長や蔡用錫同志ら当時、60 人程の会員がいた。上海の臨時政府の指針を受けていた。東京市内で軍施設、高架道、警察署などを破壊する予定だったが、実行の前に日本の警察に捕まった。私は図書館で民族主義の本を閲覧するために持ち帰っていたのに目を付けられた様だ。家に刑事が調査に来て、警察署に引っ張られた。当時、日本の警察は『お前らは 3・1 運動精神、わしらは日本帝国官吏精神でやろうじゃないか』と尋問を始めた。『玄昌碩と接触した人を言え』と拷問が始まった」と述べている。

　「独立運動をしたかと聞かれ、反省文を書かされた。それから 1 週間責められた。拷問で絶対しゃべらないことを約束していた。小泉という特高が焼き火箸を足の裏に押し付けた」（龍田—拷問時の話をされるがよく聞き取れず）。

　以下、新聞記者の記録。「電気拷問も受けた。未成年だからありのまま話せば放免するとも誘った。尋問団がいた時、刑事は腹いせに死ぬ程の拷問をし、失神してしまった。気が付いたらベッドに猿轡をはめられたまま縛りつけられていた。東京プリマス精神病院に収監されていた。暴れないかと縛り付けたのだろう。退院するや否や又少年院に収監された。数ヵ月も経たない内に解放になった」

　帰る時は玄昌碩らと一緒だった。玄昌碩はもう亡くなっている。東京にいた時、偶然会った。何人かの集まりに誘われた。頭もよく弁もたった。心も広い人だった。

（4）洛鎭氏の今、そして再会を約して

　氏は最近、交通事故で自由を奪われ、車いすで僅かに移動できるだけで、外出は

出来なくなった。日本へはその後行ったことはなく、現在、日本への悪い感情は持っていない。竹島（独島）についても理性的に話し合いで解決して、仲良くやって行ってほしいという事であった。

　お話しははっきりしているのだが、私の語学力ではせっかくの出会いを損じるのを恐れ、止むを得ず打ち切った。夫人はお元気で時々顔を出された。子息ご夫婦が階下で待っていて、もてなしてくれた。お礼と再度の訪問をお願いして別れた。西大田の高速バスターミナルまで興奮が冷めやらないまま15分位の距離を歩いた。バスで公州に戻り、宿に辿りついた時には日はとっくに暮れていた。尚、洛鎮氏は解放後6・25戦争では「共産軍」と闘い、武功勲章を受ける。1990年には「愛族賞」、1993年には「大統領表彰」を受けている（地方新聞の『忠民日報』2011年、光復節のインタビューによる）。

（5）まとめ

　臨時政府との関係を裏付ける具体的な材料はないが、今後調査していきたい。又、組織（会員）についても、どの程度までの関わりか分からないので、お話しを伺いたい。又、公州グループについては、農民との関係の深い農会技手などを含んでいるので、関連の証言が得られるか興味深い。

（6）玄昌碩を追って—その後

　翌19日（水）は公州市内での文献調査をするためまず市役所に行き、市勢の概況や地図等も含め資料を頂いた。次に武寧王陵の前の市立図書館に行く。公州郡の行政区分の変遷と細かい地図付きの冊子（「公州地名変遷略史」）があり、大変便利なものである。協力してくれた女性職員が、地方新聞に掲載された丁洛鎮氏のインタビューの記事をコピーして持って来てくれた。郡誌等地方史関係は、もう一つの市立図書館（ウォルソンドン光復図書館）に集めた為にここには無いという。

　その後、親切なバスの運転手に教えられて、市内から離れた所にある市立光復図書館に行く。市史関係の係が不在で、さしあたり抵抗関係と称して5種類程の冊子を持って来てくれたが、どれも中央レベルのものばかりで、唯一、忠南の独立運動史叢書2『忠南独立運動家』に2人についての記述と参考文献があった。国家補勲庁の独立運動史編纂委員会の『独立運動史資料集』13巻の中に出ている。後に、国立

国会図書館で閲覧した。これも『特高月報』を出るものではなかった。

　一方、『忠清南道誌』30冊の公州市部分とやや古い1冊本の『公州郡誌』があったが、玄昌碩等の抗日運動に関する事項はない。前者には忠南大学教授の論文「忠南地域強制動員と人力収奪」があったが、関本炭砿以外の常磐炭田への強制動員についての記載はない。結局、『忠南独立運動家』の記述も『特高月報』を出るものではなく、玄昌碩の死亡年月、1971年10月ということ以外は進展なし。やはり活き証人の丁洛鎮氏に聞く以外にない。

6　神戸中央神学校朝鮮人学生民族主義グループ
—「治安維持法違反」事件を追って

（1）聞き取りの経緯
　この事件も『特高月報』1942年7月分（『昭和特高弾圧史』7、305-307頁）による。

①事件の概要
　記事によれば、在神戸中央神学校の朝鮮人学生金永昌ら5名はキリスト教を盲信し、平素より欧米崇拝が強く、朝鮮人の現況に義憤を感じ独立を目指す。英米戦争の結果は長期戦になると国力が衰えて日本の危機が到来すると、英米の支援を得て一斉蜂起すれば独立が可能とした。そして、学校内や学生親睦会、教会の伝道活動を利用して次の様な事を宣伝した。『東亜日報』閉鎖の意味を宣伝し、李光洙の創氏改名は民族の裏切りとし、金日成や上海臨時政府を称賛、開戦時の検挙への警戒、ユダヤ人の苦しみを朝鮮人と比較して民族意識を高揚するなどである。

②1941年12月9日、非常措置として検挙された者5名
　　忠清南道公州鶏龍面敬天里62の金萬済（31歳）、1942年4月2日、病気釈放
　　全羅北道茂朱郡赤裳面の金永昌（22歳）、慶尚北道栄州郡の姜昌浩（31歳）、
　　忠清南道論山の安瑢えい（31歳）、平安中和の金希榮（29歳）

③聞き取りまでの経緯
　10月20日（土）、この日は論山への移動の日に決めていたので、午前中に調査を終えることにして、南の鶏龍面の敬天に向かう。市内のバスターミナルで、偶然、敬天に行くというおじいさんに、「敬天なら金萬済という名前は聞いたことがありま

せんかね」と尋ねたところ、崔チャンオクさん（74 歳）というこのおじいさんが「萬済の弟なら知っているが兄には会ったことがない。1960 年代に大田の方に行ったと聞いている。教会の長老の李鍾喜氏ならよく知っているはずだ。案内してあげましょう」という。そして、萬済氏の隣に住み、古くから親戚同様の付き合いをしていた教会長老から聞き取りができることになった。長老は日本から来た意図を聞いて快く協力を承諾してくれた。近くに教会があり、今は引退している。奥さんが入院中で 1 人暮らしをしていた。

（2）金萬済氏の教会長老李鍾喜氏の聞き取り
①証言者経歴
・氏　名　李鍾喜（1924 年生、84 歳）
・現住所　敬天里○○浦○○番地
・被害者との関係（隣家）　敬天長老教会の牧師、萬済は祖父の代からの信徒
②聞き取り日時・場所
　10 月 20 日、午前 10 時～11 時半・自宅

（3）聞き取り内容
　金萬済氏の家は祖父が米国に渡り入信して帰り、帰国後も熱心な信者であった。隣に住み親しく付き合って来た。萬済氏はそうした父母の下に長男として育てられ、小学校を卒業した後、永明学校（キリスト教系の私立学校で、柳寛順もここに在学した）を卒業、同校で教師になり、敬虔な信者として暮らしていた。
　彼の若い時のエピソードとして、兄貴の様に付き合っていた萬済氏からこんな話を聞いていた。ある時、礼拝の場でこんな詩歌を作って生徒に歌わせた。「中国は朝鮮に来て清といい、わが国を支配した。日本は倭と呼ばれ我が国を支配する。一体何をしに来たのかね。…」という様な歌で、生徒は永明先生（永明学校の教師をしていたのでこう呼ばれていた）の「民族歌」と呼び流行した。
そこで日本の警察が目を付けてうるさく付き纏うようになった。日本の警察は日本の支配に反対する人々を「不逞朝鮮人」と呼んで、厳しい弾圧を加えた。そこで仕方なく萬済氏は、日本の神戸の神学校に留学せざるを得なくなったと聞いている。多分、先ほど聞いたような事件はこの留学中に起こったことだろう。

敬天長老教会牧師の李○喜氏（自宅で）

　彼は 4 年間日本にいて、大阪で病気になる。その後、結婚もした。帰国後、天安の教会の牧師になり、6・25 戦争では南に逃れ、その後、大田の長老教会の牧師になり、教会長にも為り、死ぬまでそこに勤めた。

　私はずっとここの教会に勤め、小さい時から萬濟氏とは付き合って来た。彼がいた教会で出した記念誌がある。写真もあり資料となるだろう。教会の前で撮った古い写真は、彼が学生時代に帰って来た時撮った集合写真で、前列の真中の黒い学生服を来たのが彼だ。

　父母の墓地がここにあるので、大田に行ってからも付き合っていた。

　日本と世界の平和のために今後も頑張ってほしい。『特高月報』の資料は見せていただきたい。

（4）記念誌の記録から―『大田第一教会 60 年史』

　大田第 1 教会第 3 代牧師　1946 年 6 月〜1982 年 12 月　金萬濟。1911 年、忠清南道公州出生。

　永明教会、日本ナンフゥア産業高等教会、日本神戸神学校本科卒業、ユニオン神学校卒業。1943 年 5 月、咸興で按手、咸興中央長老教会。41 年 5 月、伝道師（2 年）。43 年 5 月、牧師（2 年）。1946 年 5 月、大田第一教会牧師（37 年間）太田市内 12 教会の改築と分立。82 年、元老牧師推戴。

元老会、総会などの記述と社会活動、家族などの記載あり。夫人、子弟一族、皆教会関係の仕事をしている。
　バスで公州に戻り、市外バスで論山へ。バスターミナル近くに宿泊。

（5）まとめ
　長老派教会の神社参拝拒否の運動は、1939 年の弾圧強化でピークとなるが、その後もこうした個別的な神学校生の独立運動の中にも抵抗の姿勢が受け継がれていく。「欧米崇拝の風潮」としか受け取れない特高警察の的外れな姿が、聞き取りを通じてよく分かる。

Ⅳ　地域から戦時動員を見つめる

1　燕岐郡の樺太転換・関本炭砿労働者—その故郷での遺族の聞き取り

（1）問題の所在
　戦時動員の送り手の研究には、総督府や道レベル又郡・面邑レベルでの行政機能・組織の変遷に視点を当てた研究もある。問題はそれがどの様な地域社会の背景、その担い手の社会層や意識、力関係の中で実際の動員が行われたのか。「募集期」、「官斡旋期」、「徴用期」という様な動員方式の変化とも対応させながら理解していくことは、戦時動員の送り手側の姿を明らかにするための一つの大きな課題である。
　幸い、常磐炭田の茨城県側の小さな炭砿・関本炭砿への樺太転換労働者の名簿が入手できた[1]。その対象者が忠清南道の燕岐郡に集中（72 人中 52 人）している。かつて守屋敬彦氏の鴻之舞鉱山の忠清南道 1,744 人を始めとする動員名簿の分析があることを、松本武祝氏の論文で知った[2]。数は多くないが具体的な分析対象となるのではないかと思い、今回「真相糾明委員会」の協力も得て調査の対象とした。
　松本氏が問題としたのは、動員後半期における部落長、中堅人物の在り方で、惰農決定権への関与や配給品の優先分配、役付給付金など、地位と権限の強化と近代化論につながる意識の変化である。燕岐郡東面を動員が集中した一つの部落の事例として採り挙げた。動員時の部落レベルでの協力者の在り方が動員に大きな影響を与えると共に、自らの立場にも影響を与えたことなどを指摘した[3]。

燕岐郡には、動員被害申告者は 22 人もいると聞いたが、生存者は 1 人もいない*4ので、比較的年齢層の高い被動員者遺族から聞き取り以外に方法は無かった*5。尚、現地で 1 人を加えたので、該当した調査対象は以下の 4 人であった。

対象者（生年関係）	被動員者（生年）	帰国年月	帰国事由	面・里（同行者数）
禹榮喆(1939 子息)	禹鳳(1905)	1945.11	集団帰国	南(8)、陽化(7)
林範洙(1940 子息)	林奇男(1905)	1945.6	一時帰国	南・陽化(同上)
黄松芳(1941 甥)	黄福榮(1913)	1945.7	渡樺太	全義(12)、邑内(5)
田基元(1959 次男)	田方錫(1913)	1945.1	逃亡	東(10)、鷹岩(5)

＊1 「朝鮮人労働者に関する調査結果」茨城県分 1946 年、厚生省（韓国「真相糾明委員会」より入手）

＊2 松本武祝『植民地権力と朝鮮農民』社会評論社、1998、『朝鮮農民の植民地近代化経験』社会評論社、2006

＊3 松本『植民地権力と朝鮮農民』231－232 頁。この点においては外村氏の論調と一致し、面事務所職員や面長などの協力が動員の成否への影響を指摘している（『朝鮮人強制連行』岩波新書、2012、78 頁）。

＊4 後で触れる生存者崔在弘氏の名は前回の調査一覧には出ていなかった。「強制動員調査・支援委員会」の『口述資料集』8 によると、城南市の末男からの申請となっている。

＊5 尚、忠清道は第 1 回の計画動員時には入山採炭 500 人、古河好間炭砿 100 人、大日本勿来炭砿 100 人（実際はガス爆発事故のため遅れた模様）の動員割当があった。又、大昭上山田炭砿の第 1 回 100 人（1943 年 12 月）の「移入割当」のあった地域でもある。引き続き何回かの動員もあった模様である。そこで動員後半期になると先山等の古参の朝鮮人労働者も多かった。

（2）地域の特性

燕岐郡は他の忠清道の人々とも同じく、3・1 運動など抗日運動の中心的な地域として、誇りを持っていることは、至る所で気が付く。浅学の私が言うのは恥ずかしいが、全州の様な東學革命の伝統と共に一種の保守的な意識とも結び付いた独特の気風があると思える。又、百済以来の古い歴史と伝統は、地名や地籍、古跡、名勝などに残っている。

①地勢

錦江の沖積平野部を南部に持ち、東南に公州郡、西に清州、北に天安郡と接す。錦江は西南部で分かれ、大田に向かい大田湖を経て沃川郡・永同郡、そして全州に

下る錦江本流と清州の北を走る美湖川となる。公州・扶余は、その中間のデルタ（氾濫原）で、沿岸には一定の平野に続き、なだらかな丘陵と山岳地が広がる。

　主要交通路は郡庁のある鳥致院を中心に、南北に鉄道や道路が走る。公州や扶余はこの交通路からはずれている。鉄道は大田を経て、ようやく西南に曲がり論山を経て湖南（平野）地域へと続く。鳥致院はその交通の要所として栄えた。大田は大邱、釜山への京釜線と南部湖南、光州方面への分起点である。

　大田に隣接する南面は、新しい首都移転の世宗特別市の政庁が置かれ、今や建設工事のさ中、周辺の農民などはその行方に不安を抱いている。

②歴史

　既に 5 世紀の史書にもその名が記されている古い歴史を持つ地域である。日本統治期、特に戦時期に重点を置いて時代背景を探って見たい。百済、新羅、高麗時代には全義、燕岐、錦南が多くは県として設置され、朝鮮王朝時代は高宗の改革では県を郡と呼び、燕岐郡、全義郡となり、錦南は公州郡に属す。日帝時代は燕岐郡に東、南、西、錦南、全義、全東、鳥致院の 6 面 1 邑が置かれる。3・1 運動では多くの抵抗運動があり、その後も大同団結運動や民族抹殺政策への抵抗を繰り返した。

　日本統治期の経済的指標を『燕岐郡誌』から見ると、1932 年の朝鮮人の土地所有は 8,443 件で、日本人は 518 件である。朝鮮人の 64％は 5 反未満で、1 町歩未満は 73％となっている。100 町歩以上は朝鮮人 0 で、日本人は 2 件、50 町歩は朝鮮人、日本人各 2 件で、10 町歩以上は朝鮮人 93 件、日本人 22 件である。巨大地主は日本人が多く、中規模の地主は朝鮮人の方が多い。

　日本人と朝鮮人の所有面積を各面ごとに比較すると以下の表の通りである。

	日本人	朝鮮人
鳥致院邑	120	116
東面	300	14,035
西面	348	1,730
南面	276	1,763
錦南面	325	1,711
全義面	32	1,355
全東面	99	1,501

1932 年末現在　単位町歩

この表からは東面と錦南面に朝鮮人の土地所有が集中し、日本人は4つの面に300町歩前後の土地を所有していることが分かる。全義面、全東面、鳥致院邑には少ないことが分かる。

1940年3月に総督府により実施された労務動態調査では、燕岐郡の農家総戸数は8,826戸で、理想戸数は1,963戸、過剰戸数は6,863戸として、実に77.8%を過剰農家としている。理想農家は1町2反以上としていることとほぼ符合する。

又、4金融組合があり、農民向けの金融で1,000人以上の組合員を要している。11の主な会社は日本人が経営し、資本金100万円以上のものは運送を兼ねた公立倉庫物産株式会社と南北綿業株式会社で鳥致院校東里に所在し、1920年代に創設されている。資本金50万ウォン（1922年創立）、20万ウォン、10万ウォン（1931年創立）の土地会社が鳥致院邑と錦南面に所在している。他は電力支社と蚕糸関係である。戦後は6・25戦争で焼失したものも多い。

③行政区の実態　1邑6面　2003年5月

	戸数（戸）	人口（人）	面積（km²）	備　考
鳥致院邑				郡庁あり、鉄道要所　世宗市
東　面	2,000	5,332	29.49	平野部あり、鉄道駅、歴史あり
西　面	2,745	7,946	54.6	果樹、畜産業盛ん
南　面	2,899	8,492	53.5	錦江穀倉地、世宗新首都予定地
錦南面	3,925	10,787	73.6	錦江南岸デルタ
全義面	2,930	7,849	62.36	歴史遺産多し　鉄道駅
全東面	1,521	4,720	57.81	梨、桃、ブドウ栽培

＊以上は主として『燕岐郡誌』による

（3）「名簿」等の検討から―樺太転換関本炭砿砿夫の被動員者の概要

①第1次の動員は何時どの様にして行われたのか

「調査結果」には「樺太転換」とのみ記入。全て1944年9月14日である。手掛りとして、被害申告者の場合、1940年4月21日が1人、1940年が1人、1942年8月16日が1人、他に何人か43年9月14日とあるのは次の年の間違いと思われる。

樺太転換関本炭砿に動員された唯一の生存者崔在弘氏（1922年10月生、論山光石面出身）は「真相糾明委員会」の『口述資料集』で、1941年9月15日、「自ら志願」

して、結果としては樺太豊畑炭砿に動員されている*。龍田の考えでは「募集期」に貧困のため生活の道を断たれた農村の人々を、ろくに労働条件や時には行き先や仕事の内容さえ知らせないままに駆り集めた例の1つと思われる。

＊「過酷な別れ」『強制動員口述記録集』8

　もう1つの例は、部落の有力者が介在して、生活に困った周辺者を率いて行く場合である。これは今回の聞き取り調査からもそれに近い一例があり、後に触れる。

　サハリン離散家族となった林重浩氏（創氏名林原正雄、西面起竜里出身）の娘林漢淑氏からの長澤氏による聞き取りでは、重浩氏の第1次の動員については「父は農業をしていたが、1940年、私が生まれて3週目に動員され、1942年に母と私を呼び寄せた」という*。

＊「二重徴用」炭砿夫遺族からの聞き取り（『在日朝鮮人史研究』40号、2010年、247頁）

　尚、長澤氏の聞き取りでは「真相糾明委員会」への動員被害申告者「申鶴日」氏の娘明南氏によると、1941年9月に論山郡光石面から動員されている*。崔在弘氏と同じ日の豊畑への動員であっただろう。転換時に動員先が関本炭砿と山一炭砿とに別れたのだろう。在弘氏の場合も家族を樺太に残しながら奇跡的にも戦争末期に樺太に渡り、再び日本に連れ帰った。注目すべきは、鶴日氏の場合は家族同伴で動員されたことである。

＊同上書、243頁

　これらの事例から、樺太転換労働者の第1次動員時の多様性が読み取れる。時期は1940年から41年、遅くとも42年に「募集」により動員された人が多かったのではないか。

②樺太での動員生活と労働

　動員先の豊畑炭砿については長澤氏の各種の聞き取りがあり、山一炭砿と関本炭砿の離散家族4人が、2009年に両炭砿を訪れた際の報告にもその一端が分かる。当時の日本人転換労働者からの聞き取りでも、冬の厳しさはあるが食物、住居、労働環境も本土の場合と比べると、むしろよかったことが述べられている。

　豊畑炭砿砿員数　日本人392人、朝鮮人149人、計541人、職員日本人74人

　1943年の出炭量12万トン、1936年起業、44年廃業。

③転換徴用

　これも長澤氏の手作りパンフによくまとめられている。尚、近くの名好炭砿から

上山田炭砿への日本人転換労働者の手記「二度とあってはならない喜び」にも、日は違うが転換の経緯が詳しく回想されている*。

　*『戦争と勿来』24 号、2009 年、畑山三信、45 頁

④転換後の関本炭砿での生活

　先に触れた崔在弘氏の口述資料や同炭砿が戦後発行した広報紙の回想録に僅かに同炭砿での生活が覗える。到着当時の関本炭砿の寮もでき上がっておらず、「待たされた後漸く入れた」。樺太の炭砿の方が規模も大きく、「バカにされて使いづらい」などと記されている。日本人労務は樺太からの転換労働者であった。朝鮮人転換労働者の 72 人の内 52 人は燕岐郡出身である。同じ忠清南道の論山郡が 13 人、他の地域が 7 人であった。当時の坑口や寮のあった位置等は確認出来る（第 1 巻第 4 章 191 頁、関本炭砿・神ノ山炭砿施設配置図参照）。

⑤部落別構成

　全義面　11 人——邑内里 6 人、新井里 2 人、東校里 2 人、柳川里 1 人

　東面　9 人——鷹岩里 5 人、文舟里 3 人、葛山里 1 人

　南面　8 人——陽化里 7 人、燕岐里 1 人

　錦南面　8 人——大平里 2 人、鳳起里 2 人, 芙蓉里 2 人、黄龍里 2 人

　西面　7 人——起龍里 2 人、月河里 2 人、釜洞里 2 人、双龍里 1 人

　全東面　6 人——宝徳里 2 人、芦長里 1 人、莘芳里 1 人、達田里 1 人、美谷里 1 人

　鳥致院邑 3 人——新安里 3 人

　面としては全義面、東面が多いが、1 つの部落としては南面の陽化里が 7 人と突出している。その背景を考えたい。

　東面は先に触れたように、松本氏は北海道の住友鴻之舞鉱山でも 5 次に亘り 67 人の動員を為し、特に 10 人、22 人を出している部落では、部落長の協力の有無は大きな意味を持つとした*。これは内板里や合江里や鳴鶴里を指しているものと思われる。

　*松本前掲『植民地権力と朝鮮農民』233 頁

　しかし、東面の戦時動員への協力性は、面長の裴道煥の存在と関係があるのではないか。彼は 2 代目面長として 1923 年の 5 月から 1945 年 12 月まで、日本による行政区の改変以来 22 年のほぼ全期間を務めている*。このことから彼はかなりの実力者で日本統治時代の面行政との関わりが大きかった人物に違いない。樺太豊畑炭砿への動員も全義面に次いで多い。こうした面長の役割についての視点からの追究も

必要であろう。

＊「歴代面長」前掲『燕岐郡誌』381 頁

⑥帰国時の多様な行動

帰国の在り方も、樺太転換労働者の場合ほど多様で劇的なものはないだろう。

ⅰ逃亡

第 1 は逃亡者が多いことだろう。長澤氏の検討によると、実に 13 回にわたり 34 人が逃亡している。最初入所した 1944 年の 11 月 5 日の 7 人に始まり、12 月 4 日の 3 人、翌年 1 月は 5 回計 11 人、2 月は 2 人。4 月は 3 回 8 人、5 月は 2 回 3 人である。かつて「家族呼び寄せ」の約束の 5 月頃に集中しているとしたのは間違いであった。

例えば、11 月 5 日の 7 人は錦南面の 3 人と隣の南面と西面が各 2 人であり、ほぼ同郷の誼で逃げたものと思われる。更に、論山郡の光石面では 5 人中 4 人が逃亡している。南面陽化里では 7 名中 5 人が逃亡、帰国した 2 人の内 1 人は一時帰国でそのまま帰らず、まともに集団帰国したのは 1 人だけである。雪崩現象となり会社はなす術が無かったものと思われる。日本語も簡単なことなら話せる者も増えていただろう。逃亡した後の生活とどの様にして故郷に帰ったかは 1 つのテーマである。

ⅱ一時帰国のまま帰らず（動員途中帰国）

最初は 1944 年 11 月 1 日に始まり、1945 年 4 月 25 日、6 月 1 日に各 3 人と 7 月 1 人である。帰ってこないのが解りながら、又、許可をしているのが当時の力関係なのだろうか。5 月の 3 人は後で触れるように、戦後も付き合いが続いている。尚、動員途中の帰国には、隣の神ノ山炭砿の場合は 45 年 5 月に 6 人の「病気帰国」がある。旅費と食費だけで送り返している。未払い金がいくらかあった。常磐炭砿の砿業所であるので「砿夫取り扱い規則」に従ったはずだが、短期間の勤務の場合はこのような取り扱いになるのだろう。酷いものである。

ⅲ渡樺太

1945 年 7 月 1 日 2 人、30 日に 2 人が家族を迎えるために樺太に帰ったが、戦後もそのまま止まった。離散家族にはならなかったが、多くが異国の地で亡くなった。子供達は祖国帰還措置で、最近帰国している場合が多くなっている。同年 5 月に会社に無断かつ周到な準備の後、困難を克服して家族を連れ帰った崔在弘氏の経験が刺激になったに違いない。会社は多分、許可を与えたのだろう。しかし、時期が遅すぎた。今回は、全義面の申告者黄福榮氏の甥からの聞き取りがある。尚、崔在弘

氏については別に述べる。

iv 解放後個別帰国

　解放を迎えた朝鮮人の帰国は、まず、樺太転換労働者の多い中小炭砿から始まったことは長澤氏が指摘している。

v 集団帰国

　戦後、米国が戦時動員朝鮮人の帰還を遅らせることは、朝鮮連盟等在日団体の勢力の拡大に繋がると判断し、占領政策に不利になると考えて、順次帰国を急がせ、45年11月末までに常磐地区の炭砿労働者の帰還は完了した。関本炭砿は11月8日と18日に分かれているが、会社の回想録では、家族を含め50人ほど福岡まで送り届け、そこでの1週間程の滞在費と旅費を会社が負担したことを述べている*。

　＊「関本炭鉱と共に20有余年」（座談会）その3。社内報『せきもと』16号、1962年、2頁

vi 家族を待っていたが、翌年帰国の4人

　「調査結果の名簿」には石炭統制会が7人の離散家族の転換労働者に、家族1人当たり1,000円の手当を支給し、朝連が受け取っている記述がある。ＧＨＱの戦後の関係文書にも、そのことが書かれていたことは長澤氏が指摘している。残りの3人はなぜか残留者ではない。4人の1人、林正雄氏の娘正子氏が、父の面影をしたって関本炭砿に来たことは既に述べた。坑口の前で、行方知れずと思っていた父のチェサ（祭）をした。先に帰国した姉からその後の行方を聞かれたことだろう。西面の故郷を訪れて見たい。

（4）関本炭砿の概要

　ここで関本炭砿の概要を記しておく。

・創業　1939年2月　社長　伊藤甚蔵　1969年8月閉山
・所在地　多賀郡関本村根小屋→北茨城市関本町林崎（本社東京）
・生産高　1944年20,760t　1945年12,288t　1946年28,346t
・労働者　1945年5月　202人　内朝鮮人45人
　　　　　1945年6月　234人　内朝鮮人63人
・朝鮮人の稼働数　1944年4月　26人　1944年8月　6人
・入山数　1944年9月　72人（樺太転換）　1945年5月　23人（徴用）
・専用軌道の完成　1944年10月5日　軍事目的で運輸通信省請負　トラック輸送

から 関本駅（大津港駅）まで軌道輸送へ。

2　禹榮喆氏の聞き取り

（1）聞き取りの経緯
　燕岐郡の樺太転換砿夫の遺族との最初の聞き取りである。10 月 6 日、忠清北道陰城郡の調査を終え、清州に来るや否や、翌朝 6 時半出発の調査である。自宅は清原郡（旧清州郡）江西面五松となっている。五松は清原郡ではあるが、実際は鳥致院の隣りの駅で京釜新幹線の駅もある。行って見て、むしろ燕岐郡の鳥致院の圏内であることが分かった。清州から鳥致院駅まで市外バスで 20 分。途中で電話を入れると駅まで大きな四輪駆動車で迎えに来てくれた。まずは自宅に行き、奥さんが不在にもかかわらず自分で準備してカボチャの煮汁やおかずを揃えてごちそうしてくれる。散髪や靴下のことまで心配してくれる。

（2）証言者・被動員者経歴
①証言者
・氏　名　禹榮喆
・生　年　1939 年、73 歳
・現住所　清原郡江西面五松
・被動員者との関係　子息
②被動員者
・氏　名　禹鳳
・生　年　1905 年
・動員地　樺太の炭砿から関本炭砿へ転勤
・動員時期　1944 年 9 月関本炭砿へ　1945 年 11 月帰国
③聞き取り日時・場所
・10 月 11 日、8 時～9 時・自宅アパート

（3）聞き取り内容
〇父について知っていること

1905 年生で、強制連行で樺太に行った。何年に強制連行されたかは分からない。私が 1939 年生で、幼かったので何も分からない。ただ、解放後帰って来た時のことは覚えている。ミカンや薩摩イモを日本から持って来て食べさせてくれた。

父は帰国後、体を悪くしてよく働けず、祖母や母、兄の野良仕事の手伝いをした。朝鮮戦争の時は、この付近は激しい戦いがあり、川が血でいっぱいになったのを覚えている。家が貧乏なため、私は中学校にも高校にも行けず大変苦労した。その後、父は健康を回復して農業をし、私も 26 歳の時、故郷の燕岐郡南面の陽化里を出て、江西で不動産の仕事をして金を稼いだ。今では警察からも表彰されて、周りからも重視されている。

父は 20 年前に亡くなった。写真にある通り立派な人だった。

○樺太や動員地について

樺太や日本で苦労したこと以外は詳しいことはあまり聞いていない。父は 3 人兄弟の 1 人息子で、あと 2 人は私の叔母と伯母である。1 人息子だったので動員されたのだろう。動員先から手紙とか送金があったとかは聞いていない。陽化里から 6 人も一緒に行っていたとは知らなかった。名簿のコピーを出来るなら私にも 1 部ほしい。悪用はしない。故郷の陽化里には林徳洙という徴用された年寄りがいて、もしよかったら、その人の話を聞けば詳しいことが分かるかもしれない。

（4）故郷の陽化里で林徳洙老人との出会い

その後、車で故郷の南面の陽化里まで、立派な道路を約 20 分まっしぐらに走りたどり着いた。村に着くと、榮喆氏は知人達に久しぶりに会い声を掛け合う。林老人に会い、少し話して老人会館に入り挨拶をして用件に入る。但し氏は関本炭砿への被動員者ではなく、九州のある炭砿への動員で、この部落で当時のことを知っている数少ない人だということだった。

林徳洙氏は調査の目的をしきりに聞き、聞き取りに応じれば補償は貰えるかという。私達は日本の市民団体で、動員被害者に会い、慰労とその実態を聞くことで、と説明しても聞き入れない。政府からの補償も受けていないという。

榮喆氏がうまく話に乗せて聞き出そうとしてくれるが中断する。仕方なくこの場の聞き取りは中止する。それでも土産は受け取ってくれた。何か日本人に対する感情的な反発があった様である。反発は解けそうにもなかったが、お元気にとの挨拶

にはうなずいてくれた。

（5）陽化里から燕岐郡庁へ

再び鳥致院に戻り、せっかくなので郡庁に立ち寄った。今後、この地域で調査活動をする上での協力をお願いした。既に地方の「強制動員調査・支援委員会」の実務担当者はいないということで、事務を引き継いでいる行政課の女性の職員が対応してくれた。じっくりと燕岐での調査を継続するためにも、禹榮喆氏の様な協力者や関係行政機関の協力は不可欠だ。

榮喆氏は「今度は老人を食事にでも誘って聞き取りをしましょう」と励ましてくれた。氏の行きつけの食堂で遅い昼食をとった。すっかり親しくなり、帰りはバスターミナルまで送ってくれた。

（6）まとめ

聞き取り対象者は殆ど自分の父の戦時動員についての内容は知らず、日本から樺太に行ったなどあやふやな情報しか得ていなかった。陽化面では唯一の集団帰国者で、なぜ 1 人になりながらも最後まで残り、退職時給付金を若干受けただけで帰ったことなど殆ど知ることはなかった。お土産についての話が数少ない証の 1 つであった。ただ、部落内の他の戦時動員者に今後の協力が得られそうである。本人からの聞き取りも継続したい。

3　林範洙氏の聞き取りと関連調査—ムラから 7 人の動員の背景

（1）聞き取りの経緯

清州市では翌 12 日（金）は、安銀子氏との出会いがあり、13、14 日（土・日）は移動と燕岐郡での本番調査の準備に費やした。燕岐での拠点は鳥致院駅前の旅館。近くに気軽に食べられる食堂もあり、市内バスのターミナルもある。ターミナルといっても待合所も切符売り場もないただのバス停だ。バスの時間表を見てもどこまでいけるのかはさっぱり分からない。警察派出所を見つけて営業所に問い合わせてもらい、やっと分かる始末。特に南面の陽化里は世宗市の首都機能の移転で更に複雑化している。かつては交通の要所として栄えたこの町も、世宗市と名前は変えて

林○男氏の子息林○洙氏と奥
さん（燕岐郡で）

も碌な本屋もない。

　15日（月）は準備万端、お土産も買ってバスで出発。このバスは直接、陽化里に行くはずだ。錦江を左に見ながら 6 キロも行くと南に広大な錦江の氾濫原チャン南平野が目に入る。小さな川沿いに北上する道路があり、小高い山の麓に開かれた部落が続く。これは陽化 1 里で、更に北に行くとやや開けた陽化 2 里となる。禹榮喆氏と来た時は 2 里の方から来たわけだ。昨夜の電話で言われた 1 里である。降りると林範洙氏が迎えてくれた。家はすぐ近くにあり、奥さんにも迎えられ、早速、聞き取りとなったが、朝ごはんがまだならとキムチにクックの朝食をいただいた。

（2）証言者・被動員者経歴

①証言者

・氏　名　林範洙

・生　年　1940 年（72 歳）

・現住所　南面陽化里

・被動員者との関係　子息（次男）

②被動員者

・氏　名　林憲昌（創氏名奇男）

・生年・死亡年　1905 年生、1975 年死亡

・動員場所　樺太から転換し関本炭砿へ（父が行った炭砿と保証人の書いた紙を渡

されるがよく読み取れない)

③聞き取り日時・場所

・10 月 15 日、8 時半〜11 時・自宅

（3）聞き取り内容

①父の消息メモ

　労働者として炭砿へ行って帰って来た人達から苦労したことを沢山聞いている。これが父の行った砿山の名前と保証人のメモだ。

・林憲国　三菱塔路炭砿から石星炭砿へ

・同じ陽化里の人で、樺太に行って会った。

・1911.06　145.1011（身分証明書番号－龍田）

・1961 年に話をするために集まった。

・行って半年もたたず炭車を押して事故に会い指先を切った。

　　（申告時まで生きていて保証人である）

　　＊このメモの意味はよく分からぬが、最初に提示してくれ、後でも言及している。同行者の林鐘根氏か林炳龜氏又は林享根氏の誰かであろう。関本炭砿に来たのは豊畑炭砿とされているが、塔路炭砿からも来た人がいるということか。

②動員当時の家族構成

　兄 1 人、姉 1 人、本人、弟 1 人、妹 1 人、父、母、祖母がいた。祖父は既にいなかった。祖父の家は大きな家で、里長を務めたこともある。近くの本籍地に住んでいた。今は行政区の変更で、1991 年、東村から西村（2 区）の方へ場所は変わっている。扶安林氏は南面の有力な一族で、後に族譜も見せていただいた。陽化 1 里のバス停の横には、部落の歴史を書いた大きな碑が立っていたが、ここには林氏の由緒が書かれている。

③動員時の様子

　当時の陽化里は 100 戸あった。今は 1 里が 60 戸、2 里が 80 戸、3 里が 15 戸ぐらいだ。

　父は長男であったが、男が 1 人しかいないので動員されたのだろう。動員された時は、私は生まれていた。私は 1940 年生なので、それ以後に動員されたのだろう。下の弟や妹は解放後に生まれた。

　父からの話などを総合すると、当時の面事務所は、今、燕岐になったが宗村にあ

り、警察署もそこにあった。一旦、面事務所に集まり、そこから郡庁に行き、列車で釜山まで行った。それから船で日本に行き、樺太に行ったのだろう。お金を稼ぐためというより徴用で行ったと聞いている。

④帰国時とその後

父が帰って来た時のことは覚えている。お土産に日本のイワシを沢山持って来て食べた。とてもおいしかった。逃亡して来たと思っていた。一時帰国の許可を得て、そのまま帰らなかったとは知らなかった。

6・25戦争の時は、このあたりも戦災に会い、本家も焼けてしまった。

私はヤンヨン小学校を卒業した後、父と兄とを手伝って農業をしていた。米作り農家である。1960年代に結婚して、もう50年になる。この時、分家して今の住所に移った。朴政権の時代には、小麦の問題も解決してよくなって来た。現在、2男2女の子供達も結婚して、長男と一緒に暮らしている。孫も3人になる。

⑤父の死と思い出と同行者達

父は1975年に亡くなった。写真は亡くなる前に撮ったものだ。母は1991年に亡くなった。実家にいる時、一緒に動員された人達が集まって、話をしたり、酒を飲んだりしたことがある。4〜5人集まった。よく行き来をしていた公州の李（山本）大夏氏や同じ陽化里の尹（平沼）智平氏などだった。

その他同じ時に動員された人は、林佐漢氏と尹（平沼）大夏氏*等で、全て亡くなった。禹鳳氏については知らない、多分、西村の方から行ったのだろう。

　　＊大夏氏は奇男氏と一緒に一時帰国した人である。解放後も付き合いを続けていたことが分かる。

⑥今思うこと

日本政府に対してはどうしようもない。日本の市民も父達が動員により苦労したことへの責任はあると思う。韓国の政府には、申告はしても何の補償もない。

（4）範洙氏宅を辞して

範洙家近くのバス停で燕岐方面のバスを待つ。一昨日、禹榮喆氏と来た老人会館はすぐ近くだった。部落の歴史を書いた碑文を読んで待つこと数分。バスはまっすぐ燕岐里方面に行かず、ひとまず宗村方面まで行って南下し、広々とした穀倉地チャン南平野を通り、錦江を渡って錦南まで行って引き返して来る。おかげで松院に

至る南面の豊かな全域を見ることが出来た。陽化面はこの平野の北辺山麓のまとまった一角を占めている。範洙氏に同行者遺族や本家のあったところなどを確かめたくて案内を依頼したが、答えがなかった。次の機会とする。面事務所で治安維持法関係の丁洛鎮氏の情報が得られた。

（5）まとめ

　1つの部落から7人の被動員者を出していることについて、その背景を考えて見た。部落戸数が多く、通常の部落の2倍もあることも背景であろう。樺太には同時に動員された人でない者も含まれているかもしれないが、この部落の有力な一族である林氏の長男を含めての4人の林氏が一緒に動員された。更に知り合いの尹氏が2人、禹鳳氏以外の6人も何らかの深い繋がりがある様である。帰国も早い時期の逃亡が多い。奇男氏がやや遅れ一時帰国、禹鳳氏のみが集団帰国である。2人は最年長で、結婚していた。

　奇男氏の家には解放後、一緒に動員された人達が集まっていることからも、影響力が強かったと思われる。土地も分家できるだけのものがあり、米農家として樺太に移住しなければならない程逼迫していたとは考えにくい。時期は「募集期」と思われ、禹鳳氏の場合は土地はなかったという事なので、いわゆる強制動員を意味する「徴用」と考えられる。続く凶作への対策として、部落の中堅層の介在で自らの子弟を含め、集団で「渡樺太」を余議なくさせる背景があったのではないか。この期の樺太、そして日本への転換労働者の中には、こうしたケースが多かったのではないかと推測している。今回の聞き取りは、残された5人についての更なる情報を必要とするが、一定の予測が立ったと言える。

4　黄松芳氏の聞き取り—家族を連れて渡樺太して、そのまま残留した黄福榮氏の甥

（1）聞き取りの経緯

　翌16日（火）、鉄道に沿って鳥致院から北上すれば全義面である。ほぼ川沿いにバスで約20分。連絡するとすぐ来てくれた。大きな扉の門があり、奥の居間に通された。挨拶もそこそこに、朝食を頂きながらのインタビューが始まる。奥さんの手づくりの朝食はキーム、オイキムチ、水キムチ、大根キムチ、じゃこの佃煮、テン

ジャンチゲなど心のこもった家庭料理の典型だ。チャプサル（雑穀を混ぜた赤ご飯）と一緒におもわず食が進んだ。松芳氏は誠実そうな人柄である。

（2）証言者・被動員者経歴

①証言者

・氏　名　黄松芳

・生　年　1941 年（71 歳）

・現住所　本籍に同じ　忠清南道燕岐郡全義面邑内里○○番地（昔から同じ）

・被動員者との関係　黄福榮（創氏名　横山福榮）の甥

②被動員者

・氏名　黄福榮

・生年・死亡年　1913 年生、1976 年死亡

・動員地　樺太より転換し関本炭砿へ

・動員期間　1944 年 9 月 14 日～1945 年 7 月 1 日（1 回目の動員期間は不明）

③聞き取り日時・場所

・10 月 16 日、8 時 40 分～10 時 40 分・自宅

（3）聞き取り内容

①家族について

　年は 71 歳で、住所は父の代から同じだ。祖父母は伝染病で、医者が来て強制的に倉庫の様なところに入れられて、早く亡くなった。父は 1913 年生で、1953 年、6・25 戦争後に亡くなった。私が 12 歳の時だ。父はソウルで料理人などをしていたが、動員され途中で逃亡し、解放まで逃げていた。解放後も労務者としてあちこちで働いていた。そういう訳で、父は結婚した後も家にいなかったので、母は大変苦労した。家は貧しく、私は小学校にも行けなかった。兄弟は私と弟 1 人で、弟は今、清州に住んでいる。

②樺太に動員された叔父について

　樺太に動員されたのは叔父で、樺太に行った。多分 1939 年頃だ。後で、金長福叔母を呼んだ。樺太で長女秀玉が生まれ、長男秀男、次女秀子が生まれた。長女は樺太で亡くなった。長男は樺太に残り、次女は今、釜山の帰国者共同センターのアパ

黄○榮氏の甥黄○芳氏と奥さん（燕岐郡の自宅で）

ートに住んでいる。

叔父が樺太から戦争末期に日本に二重徴用され、その後、1945年7月に1人で家族を迎えに樺太に帰ったという様なことは知らなかった。最初日本に行き、その後、樺太に行ったとは思っていたが、そういえば聞いた話と合う。

叔父はサハリンで1976年に亡くなるまでどんな仕事をしていたかは分からない。炭砿の仕事だったのだろう。住所は豊畑1番地だ。叔母は19○○年に亡くなり、その後、叔父は再婚している。叔父からは戦後手紙も来ないので、死んだものと思って手続きをしていた。

③樺太残留家族の母国訪問

その後、サハリン残留家族の母国訪問があり、秀男や秀子、後妻の子供が来て、ホテルや私の家に泊ったりして、1ヵ月間韓国を見学して帰った。サハリンでは食べ物はなく、おかずも少ない。韓国は良いと言っていた。

④関本炭砿について

日本でこの炭砿にいたかは聞いていない。関本炭砿の名は初めて聞いた。一緒に行った人の名簿一覧表を見せてもらっても殆ど分からない。近くで知っている人もいない。黄豊子氏の父親の黄（本）金聲についても知らない。彼女は結婚してここの住所にやって来たので、昔からのこの地域の人ではない。

⑤被害申告を手伝って

秀子はその後、支援金を受けるために被害申告をした。秀子、秀男とも韓国語はペラペラだけど上手に書けないので、私が代わって証明書を提出した。

⑥再び自身のその後

私は学校にも行けなかったので、父の死後は労務者として建設現場で働いた。1963年に鉄道公務員になり、大田、鳥致院などで勤めた。1967年に結婚した。1970年には「専売所」で働いた。私より5歳下の妻は家で働いた。子供は男女3人、孫も5人いる。息子はソウルに住み会社員だ。嫁が時々野菜を取りに来たり、行き来している。

　今、思い出しても一番苦労したのは小さい時で、父は解放後も土地もなく、農村で日雇い労働だった。

⑦日本政府に言いたいこと

　言いたいことは多くある。徴用もそうだし、慰安婦問題でも謝罪しない。悪いことは悪いと認めてよい関係を作って行くべきだ。

（4）黄豊子氏の聞き取り―実現せず

①聞き取りの経緯

　黄豊子氏を「強制動員調査・支援委員会」から紹介され、黄松芳氏の近くなので聞き取り調査を促された。前日電話を入れると「忙しいので会えない」との返事だった。松芳氏に向かう途中、家の表札が確認出来た。松芳氏が電話をかけてくれたが不在だった。帰りにもう一度立ち寄ったが不在だった。その後、面事務所に行き、この地域の調査が終わった後、もう一度立ち寄ったが、やはり不在で、結局、聞き取りは実現しなかった。

②黄豊子氏と父親の動員経緯

・黄豊子　1941年生（71歳）　全義面邑内里○○番地

・被動員者　黄金聲　1917年生

・動員地　樺太より転換し関本炭砿へ

・帰国方法　1945年11月　集団帰国

（5）全義面関係調査

①面事務所での調査

　先に記した様に（272頁、⑤部落別構成参照）、全義面から関本炭砿への被動員者は11人と一番多く、面事務所のある邑内里だけでも6人に上り、隣接する東校里でも2人とかなり集中して動員されている。2人の黄氏の他、面接できる人はいないか

面事務所で調べて見る。炭車転覆で 1945 年 3 月 28 日に死亡した朴（米田）將福（1916年）も邑内里の出身であるが、遺族は城南市に住み、ここでの接触は出来ない。面事務所の女性職員に東校里等を含め、3 人除く 9 人について戸籍を調べて貰う。特に動員当時若くて生存の可能性のある金田昌成を重点とした。その結果は、2 人の死亡が確認出来た。他は創氏名のみで本名が分からなかったので確認出来なかった。特に戦時中の戸籍は戸主の名前でデータが打ち込んであり、それが分からないと家族は出て来ないという。そこで番地の分かる地図をコピーして貰い、邑内里、東校里、新井里について戸籍と番地が一致する被動員者を捜した結果、先の金田昌成氏と金子〇老氏、徳山〇龍氏が分かったので、歩いて訪ねることにした。

②警察官の協力

　途中、郷校の建物があり、見学した。1400 年代に創設、1600 年代にこの地に移転したという（1972 年再建）。伝統のある郷校で「明倫館」という郷校があり、今も健在だ。「東校」の地名の由来もここにあるのだろう。

　最初は金田昌成（東校里 192 番地、1926 年生）を捜す。1945 年 11 月 18 日に集団帰国している。途中に全義の警察官派出所があったので番地を訪ねる。気のいい親切な警察官は、協力したいとパトカーを出して番地の所まで連れて行ってくれた。しかし、既にそこに建物はなく畑地となっていた。そこで老人会館まで行って里長に話を聞く。里長さんはしばらく名簿を見ていたが分からず、「この地域の年寄りで全義中学校の元先生だった金東鍋氏（88 歳）ならば分かるかもしれない」と言うので、中学校裏の自宅を訪ねる。東鍋氏は鳥致院に用があり帰り道だと夫人の電話で分かる。再びパトカーで派出所に戻ると、金東鎬氏は連絡を受けてそこに来ていた。事情を話し名簿を見てもらったが、知る人はいないという。

③長老の聞き取り

　東鍋氏は全州師範卒でこの地域の長老で、一番の物知りだというだけあってしっかりしている。「戸籍」を「族譜」と聞き違え又面事務所に行ったが、先の通り進展はなかった。戦時期、東鎬氏は小学生で、動員の様子をよく知っているという。捕まえて縄で括って連れて行く程の強制的なものだったという印象を語った。今後も調査は続くので名簿をコピーして預け、調査を依頼した。そして、次回はインタビューをお願いすることにした。

5　田基元氏の聞き取り—燕岐郡東面、鷹岩面を訪ねて

（1）燕岐郡調査の問題意識

　今回の燕岐郡調査の問題意識は松本武祝氏に多くを負っている。松本氏は戦争末期の農村再編中でも部落レベルでの支配構造の変化に伴う戦時動員体制の強化と、農村の「中堅人物」としての部落長・区長の権限強化や近代化意識との関わりを問題提起された。松本氏は燕岐郡東面での一部落からの集中的供出の例として、住友鴻之舞鉱山について守屋敬彦氏が出した 1,744 人、20 次に及ぶ動員者名簿を援用して分析された*。

＊松本前掲『植民地権力と朝鮮農民』231−232 頁

　東面で 6 次に及んだ動員者 64 名中 20 名以上を出した部落（これは内板里、合江里などを指すと思われる）において、部落長の協力とそのために生じた部落内での立場について問題にされた。即ち区長の報酬制や惰農決定時の影響力、配給の配分、供出の部落請負の割振権等の権限を持つ部落長の動員における力は、面の書記等の職員と共に大きなものであっただろう。外村大氏は「募集期」、「官斡旋期」に至っても村の有力者、面長、ひいては郡庁クラスまで非協力の姿勢があった事を指摘した*。村内雇用労働力の確保などの面での利害関係がからんでいたからだという。

＊外村前掲『朝鮮人強制連行』78 頁

　今回の調査でも、南面の陽化里で 7 名の被動員者がおり、その中に、元部落長クラスの有力者の長男を含む動員があったことを見た。龍出は住友鴻之舞鉱山への動員とほぼ同時期と思われる「募集期」にこの地域で大量動員を可能にした背景は何かを考えた。1940 年の適正農家算出の調査基準の是非は置いても、結果として、78％の農家が「過剰農家」として扱われた。脆弱な所有規模に加え、1939 年以来の凶作の影響はこの地域も例外でなく、部落再編の政策に乗った部落中堅層はどの様な対応をしたのだろうか。時期的に見て、部落の有力者層が樺太や北海道への動員に一定の同調を見せるには時期が早いと思われる。しかし、事実として南面では部落の有力者の子弟を含めた多数の部落員の動員があった。東面における大量動員には先にも触れた様に、面長の影響力も考慮に入れなくてはならない。ともあれ、今回の調査では東面に十分時間を割くことは出来なかった。より時間をかけた調査が必要

である。

（2）聞き取りの経緯

10 月 17 日（水）、燕岐における南面、全義面での 3 人の調査は終わった。次の公州での聞き取りがあるので、この日に少なくとも公州へ移動をしなければならない。しかし、問題の東面の調査が出来ないのでは燕岐に来た甲斐がないので、無理を押して、午前中に限定して、調査を行うことにした。

市外バスターミナルから東面行きバスに乗る。手土産をもって面事務所に行く。例の如く戸籍係のお姉さんのところに回された。昨日と同様、東面 10 人の名簿を見せ、戸籍を調べて貰った。結果は、5 人の動員者が集中している鷹岩面 48 番地にのみ人が住み、他は分からないという。分かったのは田方錫氏である。鳥致院の次の鉄道駅のある内板里を複写して貰う。

さて、出発前にバス停の前のスーパーで牛乳を飲んでいると、「日本から来たのか」とニンニクをむいていた店のおばさんが興味津々に聞く。そんなら「夫に電話して貰えばすぐ分かるよ」と、夫はすぐ備え付けの電話帳をめくって、たちまち里長を呼び寄せていろいろ説明してくれた。何のことはない、里長は「奥さんと息子がいるから案内するよ」と嘘の様に次々と問題は解決してゆく。店の叔父さんに、「土産にジュースのセットを買って行きたい」と言うと喜んで、「里長さんにもあげるといいよ」と抜け目なくもう 1 セットを売りつける。「そうだね」と笑いながらあわてて里長の車に乗り込む。

ほどなく田方錫氏の次男田基元氏の家に着く。里長の家の近くにあった。早速、迎え入れられて、里長、夫人、次男ともう 1 人の親族を含めてインタビュー。里長は途中で座をはずした。

（3）証言者・被動員者経歴

①証言者

・氏　　名　田基元

・生　　年　1959 年（53 歳）

・本籍地　東面鷹岩里 48

・現住所　鷹岩里ノップンチョンイ

方○氏の子息田○元氏（左端）と母親（右隣）（燕岐郡の自宅で）

・被動員者との関係　子息・次男

②被動員者

・氏　名　田方錫

・生　年　1913 年

・動員地・時期　関本炭砿、樺太より転換時 1944 年 9 月

・帰国　1945 年 1 月 17 日　同郷の 3 人で逃亡

③聞き取り日時・場所

・10 月 17 日、10 時〜11 時半・自宅

（4）聞き取り内容

①被害内容と家族のこと

　動員中に腰を痛め、農作業をするにも支障があった。胃の具合も悪くなり 30 年前に亡くなった。体を悪くしてろくに仕事は出来なかった。

　そのため家が貧しく、私は小学校を卒業しただけで中学校には行けなかった。長男と母と一緒に農業をやり、1 年前に分家して、漸く今の家に住むことが出来る様になった。私が母と一緒に住んでいる。母は最近、物忘れが多くなっている。今は私

も1男1女の父親となり、安定している。

　今はモモとナシの栽培で安定したが、行政都市に指定され、周辺で工事が行なわれ、農業を続けられるか不安である。

　父が結婚したのは 1958 年の頃だと思う。母は今、85 歳で、父が動員された時は独身で、樺太に行ったのだろう。父が亡くなる前に日本で苦労したことを聞いた。話では体を壊し、仕事もろくにできなくなった。食べるのがやっとだったという。一緒に動員された人の名簿を見ると、田大成という人は分かる。

　今回政府への申請では、大田で調べて来た名簿を見て提出した。他の人は認められたのに、父は認められなかった。何の補償もなく、そのまま連絡もない。腰が悪くて働けなくても認められず、病院通いをして家にいることが多く、兄はその世話で大変苦労した。兄は現在 63 歳である。

　父の思い出。死ぬ前、父に呼ばれて足をもみながら聞いたことは「兄弟仲良くするように」と言うことだった。それが遺言となってしまった。良い父であった。写真は葬儀の時のものしか残っていない。

　お母さんは終始ニコニコして話を聞いていた。別れ際に写真を撮り、お嫁さんと一緒に玄関まで出て見送ってくれた。バス停までの間、改めて東面鷹岩の景観を見る良い機会となった。なだらかな低い丘陵の洪積平野が連なり、良く耕された畑や果樹園、牧草地、その間に農家が点在している。芝生に覆われた墓地が所々に見える。のどかな地域である。バス停まで来ると、ちょうど鳥致院行きのバスが来て、スーパーのおばさん達に挨拶をする暇もなく飛び乗った。鉄道に沿って新しい都市造りが始まっている。

（5）最後に

　思わぬ幸運に恵まれ、被動員者の戦後を知ることが出来た。もう生存者に会えないにしても、戦時動員の傷跡は色濃く残っていることを認めざるを得ない。東面の複数動員の実態は追究出来なかったが、里長との出会い、他の被動員者の消息も分かった。面事務所では分からない世界に足を踏み入れ、感動を頂いた。今後の調査への望みが生まれた。

V 常磐炭田南部のもう一つの小さな炭砿への動員—大昭上山田炭砿の場合

1 金碩奎氏の聞き取り—事故で死亡した金榮山氏の子息の証言

（1）大昭上山田炭砿の概要と特徴

　この炭砿の歴史は創設 1925 年、資本金 1,000 万円、本社は石城郡植田町、代表者は池田光之助、閉山は 1953 年 2 月 9 日である。いわき市南部の戦時増産期に急成長した典型的な小炭砿である。

　1943 年 12 月から集団移入の朝鮮人（割当 100 人・充足 71 人、忠清南道）を動員している。朝鮮人占有率は最多時（1945 年 5 月）で、従業員 606 人中 254 人、42%を占める。砿長以下 5 人の日本人は樺太からの転換労働者である。石炭統制会東部支部の樺太転換関係資料によると、1944 年 9 月は朝鮮人転換労働者の受け入れ（100人）を決めているが、石炭統制会の統計表には出ていない。関係者からの聞き取りで確認出来ない*。そこで 9 月の動員受け入れは実現しなかったのではないかと思ったが、統計表を再検討してみると、1 ヵ月又は 2 ヵ月遅れの 10 月、11 月分で 100 人以上の雇用があった。これが樺太転換労働者と思われる。

　　＊石炭統制会東部支部の樺太転換関係資料によると、9 月 8 日の輸送計画表では 9 月 22 日、
　　　塔路から出発、新潟を経て平駅に 9 月 26 日着の予定となっている。船名は白龍。しかし、
　　　同支部の月末統計上では 9 月末は減で、10 月 62 人、11 月末までには 99 人の増となって
　　　いる。

　朝鮮人占有率の高さと入山時期のピークが 1945 年 5 月という事、樺太転換労働者との関わりなど小炭鉱であるが、朝鮮人労働動員の存在は興味深い。朝鮮人の労務係に対する「集団暴力事件」が 1944 年の 2 月にはあったが、逃亡率は分からない*。

　　＊『特高月報』1943 年 2 月分（前掲『昭和特高弾圧史』8）。逃亡者は石炭統制会東部支部
　　　資料では 1943 年度逃亡者 0 人であるが、この年の 12 月が最初の集団動員で、統計には出
　　　ていないに過ぎない。

　「強制動員調査・支援委員会」への申告者 6 人の出身地は、全て忠清南道の公州郡と牙山郡である。戦時動員について日本人労働者からの聞き取りはあったが、直接の生存者やその遺族からの聞き取りは初めてである。今後、多面的な検討をしていく手掛かりが得られた。当時の朝鮮人寮（協和寮）の写真が残っていた。前回の

訪問で上山田炭砿の寮から出された家族宛の現金封筒も入手している。樺太のターニヤ (明子) という朝鮮人の物語の妹もここで一時働いていたことが分かっている*。

 *奈賀悟『日本と日本人に深い関係のあるババ・ターニヤの物語』文芸春秋社、2001 年、178－184 頁

（2）聞き取りの経緯

 10 月 6 日（土）、前日の「強制動員調査・支援委員会」での作業は中断して、地方の調査に行く前の土日を利用して、ソウル市内での聞き取りを入れていた。上山田炭砿の死亡犠牲者遺族・金碩奎氏の聞き取りである。自宅のある江西区に行くのは初めてである。新村の地下鉄駅事務室で聞くと、弘大入口から金浦まで空港鉄道を利用し、5 号線に乗り換えるのが一番早いとのことであつた。しかし、永洞浦から 5 号線で乗り換えなしで目的の傍花洞まで行けることが分かったので、ゆっくりと行くことにした。約束時間は正午なので時間は十分にある。ここは全くの新都市地域らしく、駅前から高層アパートが立ち並び、買い物にも適当な商店に事欠かない。目的のアパートは駅前にあった。早めであったが、11 時半にアパート 6 階を訪ねると、すぐ奥に通され、インタビューとなった。

（3）証言者・被動員者経歴

①**証言者**

・氏　名　金碩奎

・生　年　1932 年（80 歳）

・現住所　ソウル特別市江西区傍花洞　都市開発アパート

・被動員者との関係　子息・長男

②**被動員者**

・氏　名　金(村)榮山(一)

・生　年　1905 年

・死亡時期　1944 年 10 月 5 日（当時 41 歳）

・死亡原因　公務上事故死

③**聞き取り日時・場所**

・10 月 6 日、11 時半〜13 時半・自宅

金○奎氏と娘さん
（ソウル市内の自宅で）

（4）聞き取り内容

①父について

父は 1905 年生で、死亡時は 41 歳だったろう。榮一というのは日本で使った名前（創氏名）で、本名は榮山だ。動員されてから数ヵ月で亡くなったので、動員されたのは 1944 年の 4 月頃だろう。

②動員当時の様子

父は 3 人兄弟の次男であった。分家して住所は忠清南道牙山郡道高面だった。土地は小さく、本家（牙山郡仙掌面）もそう大きな農家ではなかった。祖父母は当時健在で、子供は私と兄の 2 人であった。

動員は強制的で拒否出来なかった。里長は父が賢い人だったので、妬んで送り出したのだ。父は漢文も読め、日本語も話せた。どの様にして動員されたのか当時の記憶はない。

③動員中の一家の生活

数ヵ月に一度は送金と手紙が届き、私も何度か手紙を書いた。私は国民学校 4 年生だった。父が動員された後は、働き手がいないため学校は止め、母と兄と一緒に農作業をしていた。その頃に、里長が来て父の死を伝えた。

④父の死亡について

その後、温陽の人で班長に当たる人が遺骨を持ってきた。補償金等は覚えていな

い。遺骨はその後どうしたか覚えていない。死亡の原因は坑内の壁が崩れて亡くなったと聞いている。当時、同じ部落から3人行き、2人は帰って来たので、その人から聞いた。死んだ後は、会社や日本政府から何の便りもない。「真相糾明委員会」の補償金だけだ。被害者の団体で何度か集まったことはある。

⑤父の死後の生活

　父の死後は、母と一緒にずっと農業をしていた。55年前(1957年)に結婚して3男3女を育てた。1982年にソウルに出て来て、工事の仕事をするようになった。ソウルに来てから30年になる。現在のアパートは賃貸ではあるが、子供達はとても親孝行でお金もくれて幸せだ。長男も20分程離れた所に住んでいる。妻は通院しているが、私は健康だ。私は学校にも行けず苦労したが、子供達がみんな問題もなく育ったことが何よりうれしい。

⑥今一番言いたいこと

　日本の政府が私達に対して何の補償もしないことが残念だ。日本人が来たのは60年振りで、あなたが来ただけだ。

（5）最後に

　お土産のジャンガラを贈り、寿司を一緒に食べようと思っていたが、もう昼食は終わっていたので、後で娘さんと食べて貰う様にした。お父さん達が住んでいた朝鮮人寮の写真や地図の説明して、写真は差し上げることにした。来訪をとても喜んでくれたことがせめてもの慰めであった。高齢ではあるが、機会があれば、いわきを訪ねてほしいと思った。次に会える日まで健康でいて欲しいと願いつつ、最後に、お手伝いしてくれた気さくで優しい娘さんを入れて写真を撮って別れた。

2　林永洙氏の聞き取り—大昭上山田炭砿の唯一の生存者

（1）聞き取りの経緯

　10月17日、午前中の東面での思わぬ出会いの後、急いで鳥致院に引き返し、旅館を引き払って、市外バスで公州に向かう。バスは事故で20分程遅れたが、東面・錦南面を経由し、3時に公州に着いた。その後、公州市の長岐面を経て市内に入る。さすが観光都市で、市街バスターミナルの前は錦江を隔てて、公州山城が裏手から見

大昭上山田炭砿被動員者林○洙氏
（公州市の自宅で）

　える。ターミナル近くのやや大き目のモーテルを 3,500 ウォンに値切って 2 日間の宿とする。

　翌日の聞き取り先の公州市儀堂面徳鶴里を地図で調べると、燕岐郡の西面の方から行った方が早いかと思ったが、実際は完全に公州郡の生活圏内だった。里長に確認の電話を入れると、明日は忙しいので、出来れば今日、生存者の林氏を案内したい、とのことであった。徳鶴里はかなり遠くバスの便も良くない。「遅くなっても差し支えないか」と聞くと「それでいい」と言う。土産などを準備して、バスに乗る。バスが終点近くになり訪問先を、乗客達に尋ねると、口々に教えてくれた。

　外は既に真っ暗、峠のあたりで降り、電話をする。里長といえば年寄りを想像するが、思ったより若い方が作業着姿で、大きな四輪駆動車で出迎えてくれた。しっかりした話し方で挨拶を交わす。集落を過ぎ、やや山手の小さな家に案内された。訪問した林永洙氏は息子さんと同居ではなく、奥さんも入院中とあって一人住まいであった。里長の説明に笑顔で家に案内してくれた。元気にインタビューに応じてくれた。里長が仲介してくれたので安心してスムーズに話が聞けた。

（2）証言者経歴等

①証言者

・氏　名　林永洙

・生　年　1923 年（87 歳）自称 90 歳

・現住所（本籍）　公州市儀堂面徳鶴里

・動員期間　1943 年 11 月（旧 12 月）〜1945 年 12 月

・職　種　採炭夫

②**聞き取り日時・場所**

　10 月 17 日、5 時半〜7 時・自宅

③**聞き取り協力者**

　徳鶴里里長崔漢奎

（3）聞き取り内容

①**動員当時の様子**

〇家族構成

　父は早く亡くなった。母は足が悪く裁縫をして一家を支えていた。私は長男で当時 21 歳。5 人兄弟。現在は 2 人。

〇職業

　土地が無いので、他人の農業の手伝いをしていた。

〇動員時期と動員に来た人

　1943 年の 11 月。寒い日だった。動員に来たのは村の役人で徴用状を持って来て、強制的に動員した。会社員や区長さんは来ていなかった。力の弱い者が先に動員された。20 歳の人は軍隊に。それ以上の人は労務動員された。

〇動員の経路

　面事務所に集められた（今の面事務所より南にあった）。部落からは 5 人程で、面全体は分からない。そこから鳥致院に行き、列車で釜山まで行った。そこで船に乗り、下関に行き、再び列車で上山田炭砿に着いた。

②**到着当時のこと**

　着いた時、個人とか集団で写真を撮った覚えはない。だから当時とった写真などは残っていない。前から働いていた韓国人は多くなかった。わしらが強制動員の最初だったのだろう。

③**寮生活について**

寮の写真は見せて貰ってもよく分からない。6人位が1つの部屋に入り、図（龍田が作成した復元図を見せた）の様な大きな食堂があった。入り口には労務の事務室があった。

　外出する時は必ず許可が必要だった。日曜日は休みでも、部屋の中にいた。平に遊びに行く人もいたが、わしは行ったことはない。

　班長は韓国人で、3人いた。1人で30人位ずつまとめていた。班長は良くやってくれた。

　逃亡して捕まって、殴られたということは聞いたが、見たことはいない。食事は遅れてくると食べられなかった。反抗して殴られ、集団で仕返しをして捕まったという様なことは聞いていない。

　食事は大豆かすに麦とイモなどが混じったもので、量も少なかった。

④賃金等の待遇について

　賃金は現金で小使い銭程度貰った。残りは食費などにかかり、残れば家族に送金した。

　日本人との間に差別はあったが、それほど酷いものとは思わなかった。

⑤仕事について

　石炭を車に積む仕事で、先山には3人ほど韓国人もいた。ダイナマイトで崩した石炭を手（鶴嘴?）で掘っていた。

　働いていた半分以上は韓国人で、日本人より多かった。坑内では沢山働いていた。日本人には女性が多かった。坑内でも沢山働いていた。日本語が出来なかったので話などはしなかった。身振り手振りで話すことはあった。

　仕事は危険だったが、それほど酷いという事もなかった。一緒に行った人の中に病気で死んだ人はいたが、事故で死んだ人は知らない。電気による事故はあったが、それで死んだかどうかは分からない。

　樺太から朝鮮人が集団で来た、という様なことは聞いていない。3年間位働いた。

⑥解放後の帰国について

　解放時に万歳をして喜んだ、というような記憶はない。ただ、それ以後は仕事をせず、3ヵ月程炭砿にいた。

　帰国したのは11月で、新潟港まで行き、1ヵ月位待っても船が来ないので又、列車で九州に行き、海軍の倉庫の様な所で過ごした。九州からは船で仁川に帰った。

そこから列車で鳥致院まで来た。

　集団で帰る前に、個々に帰った人も多かった。母は金チョン甲という一緒に行った人が帰って来たのに、息子が帰らなかったので死んだものとばかり思っていた。わしが生きて帰ると、涙を流して喜んでくれた。

　土産などは何もなく、金は少し残っていた。帰国は1ヵ月以上かかり12月になっていた。

⑦その後の生活

　帰ってからも農業をしていた。後遺症の様なものはなく健康であった。被害申告はどうしたら良いのか分からなかったのでしなかった。

　6・25戦争では軍隊には取られなかった。年がいっていたからだろう。24歳の時に結婚して子供は男が4人。今は皆、結婚して孫が7人いる。

　妻が3年前から入院しているので、1人暮らしをしている。私も両足が痛くて、病院に毎日通っている。

（4）最後に

　終始、里長さんが仲介してくれた。母親の写真を見せてくれた。帰りのバスの時間も気になり、短い時間であったが切り上げることにした。湯本の温泉にでも一度来て貰えると好いなと思う。写真を撮って別れた。里長さんは末の息子と知り合いで、いつも様子を見に来ているとのことであった。

　帰りは里長が市内の友達のお悔みに行くので送ってくれるという。その前に自宅で夕飯でも食べて行く様にと誘われ、お邪魔した。大きな米農家で精米所を持っていた。各種の役職を兼ね、忙しい身であったが、両親とも同居して温かい家族の雰囲気があった。ここ10年頑張れば、農業は見直されると希望を持っていた。

　「永洙さんは人柄が穏やかで、余り他人を悪く言ったりするのを避けているので、必ずしもそのままに受け取れない面もある様です」と里長は解説してくれた。モーテル近くまで送って頂いた。夜景のターミナル周辺は見間違える程まばゆくて迷ってしまった。無事に着いたか電話で問い合わせてくれた。

　残念だったのは、動員されて病気で亡くなった兪長金氏が儀堂面出身者だったことを知らなかったことだ。帰国後死亡者名簿を見て気付いた。

　兪長金　儀堂面松鶴里194　1944年3月　34歳　病死　楞厳寺過去帳に記載あり。

ご遺族からの被害申告はない。

VI 論山から全州へ

1 朴昌根氏の聞き取り—論山への初めての旅

（1）聞き取りの経緯

　実は論山は最後の調査地である全州の途中にある。燕岐郡を中心とした関本炭砿への「樺太転換労働者」の残りの 13 人は論山郡出身であった。関本炭砿の「転換労働者」の実態を知るためにも訪問の必要性を考えていた。しかも、論山郡で一番多くの「転換労働者」を出した光石面には、唯一、生存者崔在弘氏の出身地である恒月里がある。恒月里から実に 5 人もの人が同時に動員されている。「強制動員調査・支援委員会」には在弘氏が戦争末期に困難を賭して樺太に渡り、家族を呼び戻して帰って来た詳細な聞き取り資料がある。第 1 次動員当時の背景についても、現地に行けばいくらかでも情報が得られかもしれないという期待があった。

　もう一つの目的、大日本炭砿の被動員者朴昌根氏を論山に訪ねることであった。4 年前、第 3 回目の訪問の折、下手な韓国語のため「強制動員調査・支援委員会」から紹介がありながら、来訪の意図を朴氏にうまく説明できず断られた苦い経験を持っていた。その時は取り付く島もなく電話を切られ、訪問の出鼻をくじかれて意気消沈し途方に暮れた。同行の斉藤氏からは計画の見直しを言われたことを思い出す。それでもう一度朴昌根氏を訪問したいと思っていた。

　10 月 20 日、論山へ移動した午前中、公州で教会長老からの聞き取りを終え、ターミナル近くに宿を取り、昌根氏に電話をして、4 年前のことを話した。今回は本人との会話も順調に進んだ。そして、快く翌日の訪問を受け入れてくれた。

　10 月 21 日（日）は早朝から質問事項と午後予定の光石面訪問の準備をした。午前の聞き取りを早めに終えられる様に、バスで 7 時半に論山を出発した。昌根氏の住む錬武邑は、錬武台の名でしか通じない。錬武台のバス停からタクシーで金谷里の住所を捜して貰い、連絡がつき奥さんが迎えに来てくれた。「10 時の約束でなかったか」と責められた。新しく建て替えたという自宅に案内され、昌根氏と対面した。前回断られたのがウソの様な人の良さそうなおじいちゃんだった。来意を説明して、

手土産を差し上げ、細かいことまで色々と聞いた。奥さんがご飯とテンジャンチゲと酸っぱいキムチ朝食を出してくれた。とても美味しく、勧められるままにご飯を2杯も頂いてしまった。聞き取り内容は初めて確認出来たこともあった。

（2）証言者経歴
①証言者
・氏　名　朴昌根
・生　年　1924 年(88 歳)
・現住所　忠清南道論山郡錬武面金谷里
・動員地・期間　大日本勿来炭砿、1942 年 6 月～45 年 11 月
②聞き取り日時・場所
　　10 月 21 日、8 時半～10 時半・　自宅

（3）聞き取り内容
①動員当時の様子
　父母は動員当時、既に亡くなっていた。兄と小作農業をして暮らしていた。女の兄弟が 1 人いた。

　日本人の炭砿社員と警察が来て、募集に応じないと捕まった。兄も後に動員された。金谷里からは 10 人程動員された。

　動員の経路は、金谷里から徒歩で邑事務所に行き、更にトラックで論山まで行き、論山から列車で釜山まで行った。そこから船で下関まで行った。又、列車に乗って東京を経て勿来駅まで来て、駅からトラックで少し離れた炭砿まで行った。1、2 日かかった。

　炭砿に到着後、写真を撮ったが残っていない。寮の名は忘れた。着いた時、寮は無く、日本人の住んでいた長屋に入り、後で寮が出来た。寮の周りには特に塀の様なものは無かった。
②仕事の内容
　初めは採炭の仕事をしていたが、頼んで選炭場に回して貰い（事情については言葉を濁されたが、当時 18 歳という年齢と関係があるのかも知れない―龍田）女の人達と一緒に仕事をした。坑内での仕事は発破を使い危険なことも多かった。

日本語は分からなかったが、悪い言葉はすぐ覚えた。「貴様、やろう」などだ。でももう全部忘れた。怪我などはしなかった。他の人が事故で死んだことは聞いている。勤務時間は8時から5時位までで、交代制はなかった。つらいことは沢山あり、話にも何もならない。

③待遇

賃金は貰わず、現金でもらった覚えもない。小使い銭も貰ったかどうか覚えていない。配給品などあったかも覚えていない。地下足袋は与えられた。送金などしたことはない。

④寮生活について

休日はあった。町の商店街で買い物をしたことはある。理髪店などもあった。遠くまで外出しなかった。ツルニンジンなど日本人の食べない山菜を取りに行った覚えもない。

食事は麦やイモ、大豆かすなどの混じったものだった。量は少なく腹が減った。魚はイワシが出たことはある。

寮の真中には通路があり、両側に部屋があった。一部屋には10人位入っていた。仕事を休むと叩かれた。逃亡に成功した人もいたが、捕まるとみんなの前ではないが叩かれた。

⑤堤川勤労報国隊員の暴動について

食事のことで、労務が殴ったのでみんなが報復して、日本人の宿舎や事務所を破壊したことは覚えている。自分は幼かったので参加する様なことはなかった。○○とSという労務がひどかった。

⑥解放後の帰国

解放後3ヵ月位はそのまま残り、仕事はしなかった。お金のある人はすぐに帰ったが、自分は金もなくどうしようもないので、みんなと一緒に帰った。何十人かで列車と船で帰って来た。どこの港だったかなどは忘れた。

賃金は清算して受け取ったかどうかは分からない。韓国に着いてからも汽車賃などは払わなかった。炭砿で苦労した以上に苦労して帰って来た。論山からは歩いて帰って来た。後遺症等はない。

⑦帰国後の生活

帰国後はグゥアサンへ行って仕事をしていた。結婚は帰国してからした。今は長

男の仕送りで生活しているが、嫁との仲が悪くもめ事が絶えない。孫もいるが、生活費は少なくて苦しい。慰労金は受け取った。

　3年前、交通事故に遭い、体のあらゆる所を手術し、今は外出もできない。月に一度病院に通っている。日本の政府には何を言ってもしょうがない。

（3）最後に

　奥さんは気さくな方で何でも話してくれた。昌根氏がたしなめるような表情をする時もあった。息のあった夫婦の様だった。奥さんがバス停まで又、送ってくれる。早々、論山に帰ることが出来た。

2　光石面恒月里—5人の「樺太転換」関本炭砿動員者を訪ねて

（1）動員当時の状況

　先に触れた5人はいずれも1945年4、5月に逃亡又は渡樺太している。番地も500番台が3人で、近い場所から動員されている。在弘氏の証言では、働く場所もなく徴兵の恐れもあり、樺太行きを選んだという。他の4人も切迫した生活状況と証言にある様に、動員に駆け回る日本の炭砿の社員の姿から、追い詰められた状況で動員されただろうと推定出来る。1941年9月のことだろう。

（2）訪問経緯

　10月21日の午後は、5人の出身地の光石面に向かう。この日は日曜なので面事務所の協力は期待できないことは分かっていた。取りあえず事務所前で様子を窺うと職員が1人いた。目的地の恒月里の地図だけでもと写真に撮り、書いて貰った地図を頼りに4〜5キロ離れた恒月里に向かう。景色を楽しみながらなだらかな丘陵と低い山の間をひたすら歩く。養蜂場や大きな種苗場の施設などが点在する。めったに自動車も通らない。恒月近くで墓参にやって来た老夫婦に出会った時はほっとした。10月末とはいえ汗をかきながら、恒月2里のバス停に着いた。大きな里なので4里まである。道路の反対側の山の麓が500番地台だというので訪ねて見る。里長は不在で、在弘氏の姓である崔氏の多い山の下までは距離もあり、いささかうんざりしていると、突然、青年に「おじいちゃんを訪ねて来たのか」と日本語で話しかけら

れた。祖父は九州の炭砿で動員されていたらしい。その内、おじいさんも顔を出したが、この部落には名簿の様な人はいない、という。青年は、高校で日本語を学び、日本と仲良くしたいが、そのためにも親やおじいさん達の恨を解かなければならない。日本の政府には期待しないが、日本の市民の多くが平和を望んでいることを知っている、と言う。疲れが一度に吹っ飛んだ。しかし、これ以上、徒歩での訪問は限度であった。5 人の被動員者達の故郷はしかと確かめた。バスで市内に引き返す。

3　全州への訪問—常磐内郷砿の動員被害者遺族の聞き取り

（1）問題の所在

　これまで 6 回に亘る訪問で、死亡犠牲者遺族 12 人、生存者 14 人、帰国後死亡遺族関係者 14 人の聞き取りを行ったが、残念ながら常磐内郷砿関係の生存者の聞き取りは 1 人も無かった。今回は被害申告者の中で前回、寮前で撮られた写真を提供し、詳しいことを知っているという丁益鍾氏が生きているなら、ぜひ聞き取りをしたいと依頼したが、氏は既に亡くなっていた。同行者の 1 人尹判スェ氏も亡くなっていた。漸く尹氏の息子さんとの面接が出来ることになった。出来れば写真にも写っている完州郡伊西面の名簿掲載の被動員者の情報を聞き、内郷砿の動員についての証言が聞ければと思った。

（2）全州への移動

　10 月 22 日（月）、朝早く起き、近くの論山駅に行って見ることにした。交通の要所として公州や扶余よりも日本統治時代に栄えたという印象を持っていて、駅周辺に当時の面影を期待したが、全くなく駅は堂々として、メインストリートも立派であった。全州へは鉄道での移動も考えたが、生憎の小雨で、荷物を持っての移動は嫌なので高速バスにした。

　途中、日本統治期に米の積み出し港で群山方面への分岐点でもある裡里（元の益山）を確認しようとしたができなかった。この地域の調査は全くしていない。ここはもう完州郡で、ほどなく万頃江にさしかかった。この流域の「開発」は日本人の「殖米増殖計画」の要でもあった水利施設や水利組合の「近代化」の舞台であり、不二農場始め多くの日本人地主を輩出した地域でもあった。今回の聞き取り対象者

の故郷である完州郡伊西面の近くを過ぎ、間もなく全州市に入った。

　全州市は「日韓交流いわきの会」の博物館見学で一度来たことがあった。その時は東學革命記念館を残念ながら見学する時間はなかった。今回は東學農民運動の聖地全州を十分満喫したいという気持ちもあった。バスターミナルの近くに、安いホテル風のきれいな宿を見つけた。観光案内所の職員はとても親切で、土砂降り中、翌日の聞き取り者宅への行き方や、めぼしい見学地を教えてもらい、観光のメインである「韓屋マウル」を訪問する。革命記念館は残念ながら月曜日でお休み。案内所に戻る。案内嬢は明日訪問予定の平和洞孝誠ヤンチアパートが分からないという。再度調べて貰い、漸く分かった。

（3）聞き取りの経緯

　翌 10 月 23 日（火）、朝 6 時半に起きる。捜し出すのは困難だと覚悟していたが、目的のアパートにはあっという間に着いた。12 時の約束まで 2 時間もの余裕があった。前のスーパーで土産を準備をして、完山公園の裏側の登山道を上り、途中の見晴らしの良いところで昼食を採った。そこで、今日の聞き取り関係者の情報を整理した。少し早目であったが来意を告げた。奥さんはソウルの息子を訪ねて不在であった。アパートの 2 階のお部屋に通されて早速、インタビューに入った。

（4）証言者・被動員者経歴

①証言者
・氏　　名　尹漢龍
・生　　年　1949 年（62 歳）
・現住所　全羅北道全州市完山区平和洞孝誠ヤンチアパート
・被動員者との関係　子息・次男

②被動員者
・氏　　名　尹判スェ
・生年・死亡年　1918 年生〜1990 年死亡
・本籍地　完州郡伊西面上林里
・動員地・期間　福島県石城郡内郷村常磐炭砿内郷砿　1943 年 1 月〜1945 年 10 月

③聞き取り日時・場所

10 月 23 日、12 時〜14 時・自宅

（5）聞き取り内容
①動員当時の家族・親族関係
　祖父は早く亡くなり知らない。祖母は農業をしていたが、早くに亡くなった。
　父は日雇や小さな土地で小作をしていた。
　伯父（?）は学徒動員で亡くなる。叔父は日本の大学に在学中、父と一緒に動員され
た。その後、漢文の教師になる。3 兄弟の外に姉妹 2 人だった。
②父の動員について
　村から 20 人程一緒に動員された。動員中 3 回逃げて捕まり、殴られた。帰国につ
いては分からない。
③父の帰国後の生活
　炭砿で受けた障害のため目も見えず、這って歩くような生活だった。頬はこけて
咳きをし、塵肺だったかもしれない。祖母と母の収入で生活して来た。母は解放後、
父と結婚し、食堂をやりながら一家を支えた。
　私にとっての父は、仕事は出来ないが、いい父であった。写真もあったが、私は
キリスト教者で遺品などと一緒に亡くなった時に燃やしてしまった。
　＊龍田―証言者は色んな話が入り混じり、私の語学力の限界もありよく聞き取れていないこ
　　とが多かった。障害等についても、「強制動員調査・支援委員会」への申告内容と齟齬が
　　あったので確認が必要。
④動員された同行者達との関係
　同行者の益鐘が提供した内郷砿の飯場前と思われる集団写真を見て以下の様な話
をした。
　動員地はポクトヒョン（福島県）と聞いている。ポクヘドウ（北海道）とは違う
のか。
　見たことのある顔がある。息子がそっくりだから分かる。丁益鐘、尹ヨングン（叔
父）はこれだ。父の姿は見えない。
　被害申告は父から聞いたことを一緒に行った人が証言してくれた。補償の慰労金
は受け取ったが、父の受けた障害で一生苦労したことへの補償は何もない。塵肺に
ついても病院の資料が燃えたため認められなかった。
　一緒に動員された人達が、時々故郷のウォンサンドンに集まることはあった。

⑤私の経歴

　父が障害者で働けなかった。母が食堂で働き、私も手伝をしながら大きくなった。しかし、特に貧乏したわけではない。普通に学校にも行けたし、高等学校を卒業した。大学へは頭が悪くて行かなかった。卒業後、電気関係の修理の仕事をした。サムソンのエアコン、冷蔵庫、テレビの修理をし、代理まで務めて退職した。

　高校を卒業するとすぐ結婚した。妻は父の面倒をよく見てくれた。母は 10 年前に亡くなった。今は子供のことで頭がいっぱいだ。子供は男女各 1 人で、長男は小学校の時、全国の学力テストで金賞を受け、今はソウルの高校に通っている。妻は今もソウルへキムチを持って顔を見にいつも行っている。

　高校の時から全州市のソソンハドンに移り、30 年間そこに住んだ。ここからそう遠くない。10 年前にチャンスンペギーの今の住所に移った。当時は田舎だったが、今はすっかりにぎやかになった。生活費は自分も障害を受けているので政府からの支援金がある。

⑥日本政府に言いたいこと

　特にない。日本の市民団体でこういう仕事をしていることはいいことだ。

　＊又来てくださいと再会を約し、写真を撮った。韓屋マウルが近いので見て行くとよいと車で送ってくれた。

（6）東學革命記念館

　やっと念願の東學革命記念館の見学が実現した。この日は天気も良く、韓屋マウルは若い人や観光客でにぎわっていた。記念館を一回りした。全地域での戦場の跡や古跡の写真と説明があり、歴史は一目瞭然であった。資料関係も豊富だ。一回り見て係員に聞くと、日本人の来訪者も多いということだ。

　関連遺蹟や事蹟をじっくり勉強したい。戦時動員被害者達の抵抗と闘う伝統を知るためには不可欠の作業だ。

（7）全州を後に

　今回の訪問では、丁度、常磐神ノ山炭砿の名簿の検討の中で、完州出身者が多いこともあり、必ず調査しなければと思っていた。完州郡は全州市を取り囲む郡部であり、範囲は著しく広い。かなり大変な作業と思われる。今回は多くの内郷への動

員者を出した伊西面に行けなかった。ソウルでもう一つの仕事が残っており、又、いささか地方回りの旅で疲れ、ソウルが恋しくなってきた。最後の夜は、全州ビビンパと焼酎で全州を楽しみ、翌日、ソウルへ帰ることにした。

まとめと課題

　初めの 4 日と最後の 2 日はソウルの「強制動員調査・支援委員会」での聞き取りと資料の閲覧に費やした。遺骨返還交渉の停滞と塵肺被害については、直接担当者から現状を聞けた。遺骨返還は別の要件のため中断しているが、見通しはあることも分かった。又、福島県関係の被害申告の現状については、ほぼ認定作業が完了した現在も申告の現状が把握でき、1,177 件に及ぶ被害の内容は、少なくとも統計的な把握は今後時間をかけて行いたい。

　名簿活用の範囲を広げるためにも、具体的な被害者からの聞き取りは重要である。今回、「呼び寄せ家族」に起こった悲劇の当事者に直接お会いし、リアルな証言が聞けた。労務や扶助制度の実情などに迫ることや、被害者家族のその後については引き続き聞き取りをする必要があり、被害者補償の運動との連携について深めなければならない。

　戦時労働動員された労働者の抵抗、裁判被告の遺族からの聞き取りは、殆ど進展がなかったが、朴先奉氏関係の手掛かりが得られた。残された被告遺族からの聞き取りは、行政機関の協力を得ても難しい。知識層の民族運動と結びついた抵抗運動の調査は、治安維持法関係検挙者名簿を利用した聞き取りに可能性が見られる。『特高月報』の事例の分析自体も今後重要である。公州の調査を通じ、かなり広範な抵抗の伝統的民衆的な基層の一部に接することが出来た。治安維持法違反関係者や丁洛鎭氏が若いながらも拷問に耐え得た背後に、こうした民衆の精神的紐帯があったことを感じる。燕岐郡や論山郡など含め、忠清道諸郡に研究対象の範囲を拡大したい。完州・全州については東學党以来の農民の抵抗とも関連して、学習を深める必要を感じた。今回果たせなかった茂朱郡での聞き取りを含め、地域と抵抗の関連を大切にして、さしあたり名簿を手掛かりとしつつ調査を深めて行きたい。

　今回の調査のメインであった関本炭砿における樺太転換労働者の地域的調査では、聞き取りを通じて 4 人の異なる送出過程や帰国についての情報が十分得られたとは

いえない。個別的事例の調査と共に燕岐郡の動員の全体像を理解するには、他社の動員名簿や住友鴻之舞鉱山の名簿の分析等を必要とする。今回はほんの入口にすぎない。動員地域の権力者・有力者の調査を深めることの必要性は、山田昭次氏が早くから指摘されたことであり、被害者を含めた解放後の生き方への影響を含め、問題の深さが見えて来た。

第 8 回調査報告（2013 年）

はじめに

　今回の訪問の直接のきっかけは、教科書ネットの「第 12 回東アジアフォーラム」*が韓国の光州事件記念日の 5 月 18 日を中心に開かれることになったことであった。又、韓国の「強制動員調査・支援委員会」の法的期限切れが 6 月までなので、その前には訪問したいと考えていたからでもあった。

　＊フォーラム参加記は原報告書には収録しているが、本資料と直接関係がないので省略した。

　「強制動員調査・支援委員会」は来年まで 2 回目の延期が決ったが、フォーラムへの参加は私にとってはとても良い刺激となり、息の長いこの仕事を継続していくエネルギーを貰った。

　約 1 ヵ月間の訪問の主題は、強制動員への朝鮮人の抵抗運動を通じて見るアジアの民衆運動の姿であり、常に「アジア」と「民衆」の視点を意識した。そのためソウルの「強制動員調査・支援委員会」の管理する各種の「名簿」を利用して忠清道を中心に面・里レベルの動員実態を掴むことに努めた。もう 1 つは地域を限定して、治安維持法違反事件などの抵抗運動の活動を拾い出し、検討することであった。しかし、清州と燕岐、公州での現地調査活動は、不十分な結果となってしまったことを反省せざるを得ない。今後のために記録だけは残しておくことにした。

　光州のフォーラムでは、アジアの平和と友好という実践的課題への歴史的、政策的、運動的検討がなされた。それは「東アジア 3 国共通の近現代史づくり」という課題への取り組の中で発せられた、古くて新しい「アジア史は可能か」との問いに収斂して、興味深いものであった。特に、韓国民主化運動の「聖地」で迎えた 5・18 事件記念行事や前夜祭、フィールドワークなどの諸行事への参加を通じ、熱い光州の「共同体」や「人権」というメッセージを感じ取ることが出来た。日本の市民運動が学ぶものは多かったと思う。

　東アジア史は「儒教的法文明圏」、「漢字文化圏」等の共通の歴史的、伝統的な文

化的遺産と共に、近代における帝国主義への抵抗の論理を生み出そうとした先人達の遺産を掘り起こすことにより、可能となるのではないかと思っている。朝鮮の近現代は多くの「抵抗の歴史」を遺産として持っている。日本にとって韓国や中国の抵抗の歴史から学ぶべきものは多いと思う。私の人生に残された時間はそう多くない今、日本の民主主義運動の現段階を考える一つの良い機会となった。道は遠く、目の前はうすぼんやりとした暗闇のなか、震災原発の被害に苦しんでいる福島・いわきという地域の中で、「朝鮮」、中国、東アジアを視野に置いた歴史の見方、考え方は、今一番必要とされていることを感じつつ、執筆している。

I　調査概要

1　調査期間・日程

（1）期間
　2013 年 5 月 15 日〜6 月 15 日

（2）日程
5 月 15 日　水　ソウル　　勿来→ソウル

　　16 日　木〜19 日　日　光州「東アジアフォーラム」に参加

　　20 日　月　ソウル　　光州市内見学、ソウルへ移動

　　21 日　火　ソウル　　「強制動員調査・支援委員会」訪問(打合せ)

　　22 日　水　ソウル　　常磐関係申請状況　「調査結果」閲覧

　　23 日　木　ソウル　　常磐関係申請状況　「所謂朝鮮人徴用」閲覧

　　24 日　金　ソウル　　友人訪問等

　　25 日　土　ソウル　　地方調査準備

　　27 日　月　清　州　　移動　清州市庁・清原郡庁協力依頼

　　28 日　火　清　洲　　安銀子氏、鄭相基氏聞き取り

　　29 日　水　清　州　　林炳喆氏の弟光喆氏聞き取り

　　30 日　木　清　州　　清州図書館訪問

　　31 日　金　燕　岐　　鳥致院へ移動、大田市庁協力依頼

6月1日　土　燕　岐　　世宗図書館訪問、南面名簿分析

　　2日　日　燕　岐　　全義面、東面名簿分析

　　3日　月　燕　岐　　金東鎬氏、黄豊子氏聞き取り

　　4日　火　燕　岐　　南面訪問中止

　　5日　水　燕　岐　　燕岐郡庁訪問、東面事務所訪問

　　6日　木　公　州　　東面裏道煥前面長次男基瓚氏聞き取り　移動

　　7日　金　公　州　　公州市庁、邑事務所訪問　大和町調査

　　8日　土　公　州　　市内日本統治時代遺蹟調査

　　9日　日　公　州　　長岐面調査、光復図書館訪問

　　10日　月　大　田　　移動、大田市内交通確認

　　11日　火　大　田　　丁洛鎭氏聞き取り、大田中央図書館訪問

　　12日　水　ソウル　　移動、整理

　　13日　木　ソウル　　国立中央図書館訪問

　　14日　金　ソウル　　帰国準備

　　15日　土　帰　国

Ⅱ　「強制動員調査・支援委員会」の訪問

「強制動員調査・支援委員会」での調査は、前回に引き続き、福島県関連被害者の申請状況の把握と忠清道における強制動員の実態を知るため、燕岐郡と公州郡に限定した動員名簿の調査である。

1　福島県関連動員被害申告状況の把握と分析

　前回（第7回）調査を通じ1,177人の被害申告者の動員先毎の内訳を把握していたが、検討する中で、30人近い重複があることが分った。今回はもう一度精査して正確な数字の把握につとめた。結果は、28名の重複者の動員先が分かった。これ以上の確認は不可能なので、前回の調査結果を基に、以下の表に修正数を加え、1,176人の概要を出した。今後は現住地域（道・郡）と動員期間についても、数的な把握が出来る様にしたい。

事業所名	現　地死亡者	帰国後死亡者	生存者	行方不明者	計
1　常磐内郷・磐崎炭砿	32	47	32		111
2　常磐湯本炭砿	24	90	94	3	211
3　常磐炭砿（分類不可）	4	16	18		38
4　古河好間炭砿	8	37	23	2	70
5　大日本勿来炭砿	4	25	29		58
6　大昭上山田炭砿	1	8	1		10
7　鳳城小田炭砿	3	3			6
8　日曹赤井炭砿	2	13	9		24
9　上岡他、双相炭砿	2		1		3
10　不詳炭砿	2	256	83	2	343
炭砿小計	82	496	290	7	875
11　高玉鉱山	2	8	9		19
12　大宮鉱山	1	1	1		3
13　与内畑鉱山		1			1
14　朝日・赤沢鉱山	1		2		3
15　不詳鉱山	1	15	3	1	20
鉱山小計	5	25	15	1	46
16　日発沼ノ倉ダム工事	9	19	29		57
17　日発宮下ダム工事	4	5	5		14
18　不詳発電所ダム工事	1	26	37		64
19　飛行場建設工事		3	2		5
20　トンネル地下壕工事					
21　鉄道建設工事		1	2		3
22　不詳土木現場		2	1		3
土木小計	14	56	76		146
23　日曹会津広田工場	1	9	10		20
24　昭電広田工場	1		2		3

25	製鉄工場		2	2		4
26	火薬工場		2	2		4
27	造船工場		2			2
28	その他製造工場	1	5	3		11
	工場小計	3	20	21		44
29	不詳事業所	8	43	7	2	59
	以上福島計	112	640	409	10	1,170
	茨城・九州		3	2		5
	合　計	112	643	411	10	1,176

　「強制動員調査・支援委員会」の協力を得て、1,176 人の福島関係強制動員被害者の申告者について資料閲覧の機会を得た。プライバシーや資料の目的外使用とならない為に数字以外はすべては「部内資料」である。

　生存者、現地死亡者、帰国後死亡者の別は被害者の調査を行う目安として意味がある。しかし、現実は生存者からの聞き取りは殆ど不可能になりつつある。年の離れた兄弟や姉妹、配偶者など遺族との面接も難しく、子供の世代で何とか会える程である。

　又、福島県関係の名簿資料は「死亡者名簿」の他は 200 名程度の「被動員者名簿」しか残っていないのが現状である。そうした中で、事務所別の被動員者は「死亡者名簿」から類推するものよりも正確な数字が示されたと思う。又、既存の「死亡者名簿」に追加出来るものは、今回の調査結果を最終のものとして利用することができる。なぜなら、「強制動員調査・支援委員会」に提出された分の認定作業はほぼ現段階で終了しているからだ。炭砿関係は 310 人中 82 人が申告していることになる。4 分の 1 強（26%）である。

　常磐炭田の実際の被動員者を 2 万人として、申告者は 875 人で申告率は 4.4% なので、死亡者の申告率は非常に高いと言える。この率で福島県の炭砿以外の動員者の数を類推するなら申告者 296 人÷0.044=6,727 人となり、被動員者は 6,727 人いた計算になる。そこから福島県全体の被動員者は 26,727 人に近いと類推できる。私はほぼ正しいと思う*。

　　＊常磐炭田における現地死亡者率は 1.6% であり、炭砿以外の死亡者は申告率が同じとすれ
　　ば 30 人÷0.26=115 人となる。死亡率は 115 人÷6,727 人=0.017、すなわち 1.7% と高くな

る。参考的な数字にすぎないが記しておく。

（2）事業所別分類表から

　福島県の場合、炭砿に次いで被動員者が多いのは日発（日本発送配電）の水力発電所のダム工事で、110人の申告者がある。沼の倉、宮下発電所の他、山郷発電所などである。鉱山では高玉、大宮、与内畑など46人である。不思議なのは中島飛行機の信夫山地下工場の建設に動員されたと思われる数千人の申告がないことだ。日曹会津広田、昭和電工広田工場への動員者、中でも日曹は洪城郡からの申告者が20人に上る。他は殆ど数人ずつの動員である。炭砿については、湯本砿がずば抜けて多く211人、次の内郷・磐崎砿は111人、続いて古河好間炭砿70人、大日本勿来炭砿58人、日曹赤井常磐が24人、大昭上山田が10人である。常磐（分類不可）38人は内郷・磐崎砿に所属すると思われる。

（3）生年月日別分類

　「①1895年以前6人、②1896〜1905年66人、③1906〜15年230人、④1916〜25年699人、⑤1926〜35年163人、⑥1936年以後2人*」。36年以後は不明10人を加えるべきと思われる。

　　＊データを項目別に集計したもので、上の数字はそれぞれ1945年解放当時、「①50歳以上、②40代、③30代、④20代、⑤10代、⑥10歳以下」に該当する。

　以上より言えることは10代の被動員者が163人（14％）と思ったより高い比率で存在することで、特に戦争末期の徴用者に多いことは関本炭砿の「名簿」でも確認されている。20代は699人（ほぼ60％）であることが注目される。『いわき市史』による20代の現地死亡者における比率は44％であるから、それよりはるかに高い比率となっている。50歳以上が6人と思ったより低いことは、高齢に伴う死亡等により申告できなかった事もあるかと思われる。逆に10代の申告者が多いこともいえる。

（4）動員時期、帰国時期について
①動員時期

　1939年以前は32人、1939年37人、1940年96人、1941年160人、1942年293人、1943年302人、1944年188人、1945年25人、不明42人である。

　動員のピークは会社の統計*では1944年であるが、ここでは1942年、1943年の

「官斡旋期」がピークとなっており、会社統計のもう一つのピークの 1940 年も被動員申告者が少ないのは、申告者が高齢化により申告出来ないか死亡したため少なくなることと関係するのだろうか。

 ＊石炭統制会東部支部労務部関係資料。長澤前掲『資料集』Ⅰ。これをもとにした長澤前掲論文の統計表を比較。

②帰国時期

 1939 年以前 4 人、1940 年 11 人、1941 年 16 人、1942 年 27 人、1943 年 64 人、1944 年 92 人、1945 年 8 月以前 91 人、9 月以後 782 人、前後不明 37 人、1946 年以後 28 人、未帰還 1 人、不明 20 人、未帰還が 10 人いるので不明者の中に含まれているようだ。殆どが帰国を 1945 年（910 人、77％）としているのは申告者の動員時期の偏りによるものだろう。

（5）申告地―道別・市郡別

①道別

 京畿道 141 人、ソウル 79 人、慶尚北道 159 人、全羅南道 149 人、慶尚南道 142 人、忠清南道 138 人、江原道 129 人、全羅北道 122 人、忠清北道 68 人、「強制調査・支援委員会」30 人。首都圏への申告者の移動が見て取れる。ソウル以外の特別市は各道に入れた。注目されるのは忠清南道の多さで、動員への関心度や資料の残存状況等にも影響されていると思われる。

②市郡別

 洪城 48 人、完州 26 人、茂朱、江陵、大邱各 25 人、永川 21 人、釜山 20 人、居昌、宝城各 19 人、郡山、大田各 18 人、金提、仁川各 17 人、義城、洪川各 16 人、春川、高陽、清州各 15 人、堤川、驪州、蔚山各 14 人、横城、泗川各 13 人、原州、咸陽、南楊各 12 人、麟蹄、唐津、論山各 11 人、礼泉、清道、海南、益山、舒川、長城各 10 人などに集中している。洪城の内 16 人は日曹会津に集中している。帰国後の結束の強さと動員時の年齢の若さとも関係しているのかと思われる。

2　被害申告者の添付資料

 「強制動員調査・支援員会」下記のコピーの許可が得られた。

職業能力申告手帳　5点　感謝状・表彰状　各1点、国民労務手帳　1点、郵便貯金通帳　1点、協和会会員章　1点、供託金名簿部分　2点、集団写真　2点、個人写真 1点　計15点である。

　早い時期に利用申請をして可能な限り戦時動員の真相糾明に資することが出来るようにしたい。

（1）郵便貯金通帳（附属資料1参照）

　強制貯蓄の実態を知ることのできる貴重な資料である。記載内容の概要を示す。

（表紙）郵便貯金通帳

　仙台貯金支局　たろし〇〇〇〇〇　　退職積立金

　福島県石城郡湯本町入山採炭株式会社坑務所内

　氏名　〇〇〇〇

（次面）

　本人印　　加印者入山採炭株式会社坑務所長　18.10.4

（次面）

　受入高

15.10.15	48 銭	16.1.15	3 円 77 銭
16.4.15	3 円 92 銭	16.7.15	3 円 48 銭
	12 円 4?		12 円 44 銭
16.9.	11 円 67 銭	16.10.15	4 円 55 銭
17.1. ?	4 円 67 銭	17.4.15	4 円 68 銭
17.7.30	2 円 86 銭		

　払出高

　18.10.4　27 円 90 銭

　ここから分かることは、①退職積立金であること、②名義は坑務所長になっている、③3ヵ月に一度の間隔で3〜4円、15日に振り込んでいる、④貯金は最初の預け入れから2年後で止まっている。雇用契約期間と一致する。⑤動員は1940年3月からで、帰国は解放後である。預金は動員からほぼ6カ月後の10月15日に始まる。積立が終わった2年後の17年7月30日から1年3ヵ月後の18年10月4日（解雇?）

にほぼ全額が引き出されている。⑥一緒に提出された職業能力申告書から賃金は解雇時日額 3 円であった。川平坑に所属していた。記録には解雇とあり、申告書には解放後帰国となっている。所長は大越新である。

（2）職業能力申告手帳と国民労務手帳と協和会会員章（附属資料 2~4 参照）

　職業能力申告の義務は、1941 年の徴用令の範囲が指定事業所に拡大されたことに伴い、炭砿業務にも労務手帳が適用されるようになったと思われる。「職業能力申告手帳」で代替されたようだ。閲覧出来たのは 5 人で、交付 1941 年 2 月 18 日～解雇 1942 年 5 月 21 日、以下同様、1941 年 2 月 10 日～42 年 5 月 21 日、1941 年 8 月 18 日～43 年 4 月 1 日、1941 年 8 月 16 日～43 年 4 月 1 日、1941 年 5 月 24 日～42 年 11 月 18 日となっている。

　一方、国民労務手帳を提出している申告者は同時に協和会会員章も提出している。記録から見ると 1941 年 10 月 1 日に東京の久保田溶接所で溶接士として採用され、42 年 4 月 1 日に磐城炭砿で採炭夫として採用されている。解雇は 45 年 4 月 15 日である。解雇時、賃金は 5 円で普通よりは高い。この申告者は協和会会員章によると、「募集」で 42 年 3 月 6 日手帳交付となり、寮は浜井場の綴第 1 寮である。会員番号の差から同期間の炭砿への動員労働者数と交付者数の関係を推測することが出来る。両者はほぼ一致するので全入山砿夫に交付されたものと推測出来る*。

> ＊ 6 回訪問時に入手した入山の茂朱出身者は、1942 年 2 月 30 日発行の平支石 5245 号。今回の義城出身者は 1942 年 3 月 6 日発行平支石 5594 号で差は 349 人。この間の炭砿の 3 月末日の入山による増加は磐城 175 人、入山 192 人、古河減 9 人で、大日本は 0 で、砿夫 358 人の増。炭砿以外の移住者はなかったものと考えればほぼ一致し、全員に交付された可能性が強い。

（3）供託金名簿

　添付資料 2 人の内 1 人は、古河好間炭砿在籍で、忠清北道堤川郡寒水面出身、解放時現金 200 円となっている。名簿には「氏名」と「本籍地」、「現金額」の他の情報はない。

　もう 1 人は名簿に京畿道水原郡〇〇面〇〇里の住所と氏名があるだけだが、名簿の用紙に大日本炭砿株式会社の字が見える。この申告書には別に「朝鮮半島出身旧民間徴用者等遺骨に関する実地調査（11 回）」の書類と遺骨箱の写真が添付されてい

る。このことが、関東地方のある寺院で発見された遺骨の情報と供託金名簿の情報が一致したことにより現地死亡者として認定されたものと思われる。これにより常磐炭田における現地死亡者名が新たに追加されたことになる。

（4）感謝状と表彰状（附属資料5、6参照）

感謝状は 2 年間の勤務に対するもので、磐城炭砿株式会社取締役副社長・砿業所長鶴田勝三、1943 年 4 月 1 日付である。

表彰状は全国の 1941 年 1 月〜3 月の増産月間の成績に対し、入山採炭株式会社坑務所長取締役大貫経次が出したものである。

（5）集団写真（省略）

高玉砿山で 1945 年 9 月 11 日に撮影されたもの。1 枚は送別記念に趙○洙氏組一同が帰国前に同僚と湖畔で一緒に撮った写真で、もう 1 枚は炭砿附近で同僚と一緒に撮った写真である。高玉砿山では 10 月末に集団帰国延期の報に反対して、独自の闘争により帰国の約束を取り付けたという闘いがあり*、送別会までやっていたことが分かる貴重なものである。

＊長澤前掲『極秘資料集』Ⅰ、128−134 頁

3　「強制動員調査・支援委員会」所蔵名簿の閲覧—忠清南道の燕岐郡、公州市・郡関係を中心に

前回の調査で、燕岐郡を中心に戦時動員の送出側の背景を、地域的レベルでより具体化に捉えたいという課題を設けて関連資料の収集に努めた。被動員者の証言から、戦争末期の部落長（区長）の権限強化、農村中間層の動員への協力と非協力の実態に迫りたいと思った。

そのために、茨城県側の関本炭砿の全朝鮮人被動員者の名簿（「調査結果」）で燕岐郡関係 52 名の悉皆的な調査を試みたが、被害申告者 20 名の内の数名の遺族から聞き取りが行われたに過ぎなかった。幸い北海道住友鴻ノ舞鉱山 280 名の名簿を入手しており、合わせてできる限り他の企業の動員名簿も検討する必要があると思い、以下 3 つの「委員会」所蔵名簿の閲覧を申請した。尚、忠清南道を重点にしたのは、

対人口比で同道は戦時動員者数が最も多い地域であり*[1]、戦時動員に占める重要性に注目したからでもある*[2]。

 *1 竹内資料　1942〜45年、5.9万人／忠清南道人口約150万人、人口比3.9％で、忠清北道3.4％、全羅北道3.6％、慶尚北道3.2％、慶尚南道2.8％　と比べればはっきり出てくる。労働人口比でも同様な結果となる（第6回「強制動員真相究明全国研究集会」レジュメ、31頁「日本での研究の現状と課題」2013）。
 *2 西成田前掲『在日朝鮮人の「世界」と「帝国」国家』251頁参照。

（1）「朝鮮人労働者に関する調査結果」16県分　（データ入力済み）
（2）「所謂朝鮮人徴用に関する名簿」　6巻16冊
（3）「日帝下被徴用者名簿」　3巻6冊

（1）は既に茨城県分の殆どをコピーさせて貰っていたが、これに加え忠清南道の燕岐郡、公州郡に関わる福岡県の2企業、兵庫県、静岡県、宮城県、茨城県の各1企業を抽出した。
（2）は、北海道炭鉱汽船、美流渡炭砿、住友歌志内炭鉱、日本製鉄、住友鴻之舞鉱山、日曹天塩鉱山などの様々な企業の作成名簿から忠清南道の燕岐・公州に関わるものを抽出した。
（3）については明治平山砿の乗船者名簿以外は利用できなかった。

4　まとめ

地方には「強制動員調査・支援委員会」の正式な事務担当官はいなくなったとはいえ、中央の同委員会は仕事を継続しており、可能なご協力は頂いた。1,000名を超す名簿を入手したが、整理・分析は大変である。徐々に進めたい。しかも、この人数は実際の動員者の2割に満たないだろう。今回、燕岐郡の全義面、南面、東面は、統計的検討は出来たが、聞き取りには結びつかなかった。公州は今回の調査では使えなかった。

Ⅲ　忠清南道現地調査(1)—清州

はじめに

　清州は龍田の強制動員調査の出発地であった。1943年の古河好間炭砿の「集団暴力事件」被告の名簿を持って報恩郡を歩いたのが始まりであった。その時もバスの運転手が、勤務時間終了後に自家用車で同行してくれた。その後、第3回でも市庁、郡庁が「事件」の聞き取りに協力してくれたのは偶然ではない。日本統治期の抗日運動への関心の強さを反映している。今回、重点を忠清南道に移したが、前回に引き続き古河好間炭砿の「呼び寄せ家族」の安銀子氏関連の聞き取りと治安維持法関連被害者の多いことにも注目して3人の違反事件当事者を訪ねる調査となった。まず、安銀子氏の聞き取りから報告する。

　さて、今回は日本統治時代の清州について認識を深めることも1つの目的で、清州中央図書館で、『清州市史』上・下と1970年代に作られた『清州市史』を参考に調べた。人口については『朝鮮総督統計年報』より作成した表があるので一部掲載しておく。

単位人(カッコ内は日本人人口)

年度	清州郡(日本人)	清州邑(日本人)	忠清北道(日本人)
1910	147,853(1,920)	4,683(1,424)	758,513(3,791)
1925	161,083(3,213)	10,079(3,146)	829,230(7,317)
1931	169,023(3,350)	15,401(2,791)	863,896(7,915)
1937	189,531(3,579)	30,143(3,023)	908,792(8,741)
1942	210,785(4,014)	41,242(3,565)	979,423(9,417)

　併合当時はともかく、ほぼ全時期を通じ、日本人の人口比率は、道レベルでは1%、郡レベルでは5%、邑レベルでは10%前後で、道の移転等を伴った忠清南道の公州邑場合は移転前は邑内では35%占めるなど、その後も20%を占めていることと比べると高くないと言える。邑レベルで多くなるのは、日本人の職業が都市中枢に集中することと関連する。面レベルでは、日本人は駐在所の巡査か学校の先生位ではな

かったか。

1 安銀子氏の聞き取り—ある戦時動員犠牲者家族の半生

（1）証言者・被動員者経歴

①証言者

・氏名　安銀子氏

・被動員者との関係　長女、1935 年（78 歳）

②被動員者

・氏名　安京謨氏

・生年　1905 年生

・動員地等　古河好間炭砿動員犠牲者　1945 年 4 月坑内事故で死亡

・母　卞鐘姫氏　1916 年生　1945 年 3 月「家族呼び寄せ」で好間村松坂に寄留

③聞き取り日時・場所

　5 月 28 日、午前・銀子氏自宅

④協力者

　朴チョンビン氏　清州市職員通訳官

（2）聞き取りの内容

①動員当時のこと

　父に呼ばれて日本に行く前は、北一面細橋里（現細橋 2 里）に住んでいたことは記憶している。帰国後は同じ細橋里の母の実家に住んだ。祖父母と 7 歳年下の母の弟（外叔父、ウエサンチョン）がいて、家族の面倒を見てくれた。叔父は今も近くに住んでいる。最近、体の状態が悪いので、会える状態ではないが電話ならできる。叔父には大変お世話になった。

　父は金を稼ぐため日本に行った。私が 6 歳の頃だった。父が行った時のことはよく覚えていない。その後、母と一緒に日本に行ったが、その時のこともよく覚えていない。

　帰国するため港で待っていると、米軍の爆撃を受けた気がするが、何かの間違いかもしれない。

古河好間炭砿（「家族呼び寄せ」）動員犠牲者
安○謨氏の現地でのありし日の家族

安○謨氏の長女安銀子さん

②帰国後の生活

　私は皆より3歳遅れて小学校に行った。弟達は死に、3歳下の妹は学校にも行けなかった。私の成績は良い方でした。当時の同級生は 20 人程で、今は亡くなって 10 人位になっている。少なくなったが同級会は開いている。男は早く亡くなる。

　当時、授業料は取られなかった。教科書や学用品がなくて困った様な記憶はない。皆、同じ様だった。特に、そのことで苦労した覚えはない。

　小学校を卒業すると、当時、中学校は義務教育でなかったので行かなかった。靴下工場に勤めたがすぐ辞め、お手伝いの様な仕事をしていた。20 歳の頃から又、工

場に勤めた。煙草を乾燥させたり、小麦の製粉の仕事をした。そこで夫と出会って結婚した。

結婚すると、一緒に勤めていた仲間に住宅金融公庫の知り合いがいて、安く土地が手に入るというので、お金を出し合って畑を買った。そこに家を建てた。友達は別の所で土地を買って住んでいるが、今はどうしているか分からない。息子がお嫁さんを貰った時に、今の様に2階を建て増した。

③母と妹

私は結婚してからは母と別れて住んだ。その頃母は、仕事を止めていた。妹は早くから工場に勤め、その内、お巡りさんと結婚した。妹は結婚して子供が出来ると、子供の面倒を見て貰うために、母を引き取って一緒に暮らした。

そして、3年程して母は亡くなった。59歳だった（1976年）。還暦にもならなかった。妹は母に似ていて、私は父に似ていると言われた。最近は2人が良く似ていると言われる。妹は同じ内徳洞に住んでいる。

好間時代に撮った家族写真があったので探して見ます。

この写真は、夕方になり妹さんが持っていたとの電話を貰った。明日9時に会う約束をしたと思ったが、その日の夜遅く近くの住民センターで待っていてくれたとのことで、大変迷惑をかけてしまった。翌日逢って、写真を撮らして貰った。とてもいい写真で、優しそうな母君が幼い弟を抱いている。父君、銀子氏と妹さんのかわいい写真である。当時こんな写真を撮る所があったことに驚く（312頁参照）。

④退職後の生活

60歳で工場を辞めた後は、1982年から清州病院で、清掃の仕事をしていた。私は長い間、職場生活をしていたので人付き合いはよかった。院長先生と同じ時に辞め、一緒に祝って貰った。今でも病院に行くとみんな喜んでくれる。看護師達の結婚の仲介もやったことがあり、人気はあったのですよ。仕事は苦しくても楽しかった、

労組にも入っていたので、辞める時、年金を貰うのに年数が足りなかったが、皆が交渉してくれ、退職後も掛け金を払ってもらえる様にしてくれた。お蔭で孫への小使い銭位でも毎月20万ウォン程の年金が貰える。

70歳で清州病院を辞めて、韓国看護病院に勤めた。そこでも清掃の仕事を何年かしていた。

今は息子夫婦と同居している。孫は3人いて、2人は男、1人が女の子。共稼ぎな

ので、昼間は私と夫だけ。上の 2 人の男は高校生と中学生、下の女の子は小学校に行っている。今は 7 人同居で子供の世話を見るのも大変だ。夫には病があるので、何かあると息子達に迷惑をかけるのではないかと心配だ。いっそ別居した方が良いかと考えている。

⑤今、進行中の裁判

セヌリ党に賠償の要請活動をしていた。ソウルの裁判所に何回も行った。大統領が代わり、今までの努力が無駄になった。日本との協定で貰った金は個人にくれないで、製鉄所を作るのに使った。それで今、裁判をしている。

政府へ被害申請を出した人は、清州では福島関係は 15、6 人でも、全体ではもっと沢山いる。詳しいことは会長さんが知っている。弁護士の崔鳳泰氏は私達の弁護士だ。

⑥半生を振り返り

小さい時、お父さんがいない為にいやだったと思うようなことはあまりなかった。皆一緒だった。日本の炭砿で早く亡くなったが、日本の会社を恨むようなことは無かった。昔のことで、日本人に悪い感情を持つようなことはない。

⑦その他

苦労した人だけあって、言葉は何時も前向きで明るい。この様に年を取りたいものだ。立ち話をしていた時、銀子氏は日本にいた時、川に吊り橋がかかっていたことを覚えていると話された。一度是非日本にお呼びしたい人だ。

2　鄭相基遺族会会長の聞き取り

（1）聞き取りの経緯

安銀子氏の聞き取りの後で、午後にお願いすることにしたのが不本意だったらしく、会長の方からいきなり日本人に対する不信感の話が出て、予定した様なきちんとした聞き取りにはならなかった。場所は近くのカルククス店で昼食を取りながらの話しとなった。

（2）鄭氏の不信

日本人にはヨーロッパ人の様な宗教心がない。戦時動員の補償問題も進まないの

ではないかと思う。ドイツ人はポーランドやユダヤ人に対する補償を徹底的に行い、信頼関係を回復したからユーロの中心的存在になれたのだ。日本人は靖国神社など自分の国のことだけ考えて、資料がないなどといって今でも補償しない。神の前で歴史を見るという信仰心がないからだと思う。日本人には神がない、という。

　日本は太平洋・アジア戦争を反省して、2度と戦争をしないという憲法を作った。日本人の多くはこの平和憲法を支持している。安倍氏や彼を支持する識者がこの憲法を変えようとしているが、日本には現憲法を守ろうとする人たちが少なくないことをお話しすると納得してくれた。前回は日本の市民団体の支援について口にされていたのに、どうしたことなのかと思った。その後は快く聞き取りに応じてくれ、楽しく会食した。

（3）遺族会の活動と労働動員犠牲者補償の裁判

①対日抗戦期支援委員

　総務庁配下の民間委員で、連絡があれば集っている。委員会の仕事は被害調査とその結果を当時者に知らせること。海外関係の資料作り、被害者への慰労金支給、日本？の問題解決のための情報公開、海外追悼巡礼などである。

②日帝強制徴用軍人軍属遺族協議会

　以前は会員が多かったが、今では忠清北道全体で〇〇人位。集まるのに交通費や通信費がかかるので仲々集まらない。裁判には時間もかかり方法がない。

③返還遺骨と教育

　返還遺骨については軍人・軍属の合意の上で、現在、忠清南道の望郷の丘に葬られている。労働者については実現していない。残された者にとって一番大きな被害は、働き手の父を失ったために教育の機会を失ったことだ。被害者の多くは、学校に行けず文字も書けない人が多い。私は運よく大学まで行くことが出来たので、この人達のために働いている。

④裁判

　裁判は、以前は日本に対して行っていたが、今どうなっているのかはよく分からない。弁護士の崔鳳泰氏に聞いてほしい。1965年の協定で、当時国家予算が500億ウォン、国民の税金が600億ウォンの時代に、日本からドル建てで1800憶ウォンに当たる金額を受け取り、その殆どを製鉄所や道路の建設に使った。この恩恵を受け

た企業が利益を得て大きくなった。当時は全て秘密主義だった。こうした企業相手に裁判をやっている。

（４）まとめ

　会長は前回とはうって変わって、始めはかなり警戒的な態度で話された。遺族会の中でどんな話し合いがなされたのか分からないが、日本との裁判については協力を拒否されているのではないかと疑ったが、そうでもなさそうだ。大法院での差戻し判決の影響は小さく、再び日本企業と政府への個人請求訴訟をやる様な状況ではないのかもしれない。銀子氏から貰った 2010 年の弁護士会での研究会報告では、新日鉄と三菱重工業・挺身隊関係訴訟がテーマとなっていた。

3　東京における民族主義学生の治安維持法違反事件の聞き取り

（１）調査の経緯

　『特高月報』によると*、戦時期の治安維持法違反で忠清北道清州関係被告の事件は 2 件、4 人であった。特に、1 件は清原郡北二面出身の 3 人で、捜し出せる可能性は強い。もう 1 件は江内面である。清州に到着したその足で清原郡庁の馴染みの職員に協力を依頼した。予定が空けば同行するか、第 3 回の時にもお世話になった朴鐘安氏に依頼してくれるということであった。

　夜、朴氏から電話があり、銀子氏面接の翌日に車で同行してくれるとのことであった。当日、宿舎の近くで朝食を済ませた後、出発した。

　＊『特高月報』1942 年 4 月分、『昭和特高弾圧史』7、251 頁

（２）事件の概要（『特高月報』1942 年 4 月分）

　1940 年 5 月、早稲田高等工業学校 2 年の林炳喆ほか東京在住の学生 3 人が日本人に侮辱され、差別待遇を受けたことに、この圧迫・桎梏から脱却するには民族の独立以外にはないとして、10 月に同志 4 人が盟約して、合法性を装いながら研究会を組織した。その後、指導者としての力の錬磨、同志の獲得、民族意識の高揚に努めていたが、1942 年 4 月 4 日に、警視庁に検挙された。

①林炳喆

- 氏名　林石崇コト林炳喆（19 歳）　早稲田高等工業学校 2 年
- 本籍　忠清北道清州（現清原）郡北二面新岱里 98、戸主林月城
- 住所　東京市中野区江古田 2-890　実父月城方

②崔守克

- 氏名　崔歳均コト平山守克（20 歳）　東京府立高等学校 3 年
- 本籍　忠清北道清州郡北二面寥巌里（琴巌里？）36-1
- 住所　東京市板橋区豊玉中 2-63

③梁應錫

- 氏名　梁川應錫コト梁應錫（19 歳）　早稲田工手学校 4 年生
- 本籍　忠清北道清原郡（現清州市）北二面大栗里 304　戸主鳳箕長男
- 住所　東京市中野区江古田 1-81　実父鳳箕方

（3）林炳喆を尋ねて

　協力者の朴鐘安氏は郡職員なので、この地域の事情に明るく、研究会のリーダー林炳喆は新岱里の有力な一族なので、すぐ手掛かりはつかめるという事であった。

　面事務所に情報が入り、炳喆の親戚の里長から「炳喆氏は 3 年前に亡くなり、3人兄弟の内の次男、光喆氏の嫁さんが近くの農協の銀行に勤めている」との連絡があった。早速、尋ねると、忙しい仕事の合間を縫って時間を取ってくれた。

　「クンアボジ（伯父）は 3 年前に亡くなる前は、鳥致院で先生をしていた。足も不自由だった。口数の少ない方だった」など印象を語った。詳しくは義父に聞いてくれという。連絡を取ってくれ、お住まいのアパートを訪ねる。

（4）次弟光喆氏聞き取りの内容

　兄は警察に捕まった後、服役し、3 人の仲間と一緒に帰って来た。しかし、崔守克氏は拷問の後遺症で解放直後に釜山で亡くなった。娘がいたが、今はどうなったか分からない。梁應錫氏も既に亡くなった。兄の子供達はこれらのことは何も知らないだろう。息子らと連絡は取っていない。

　私が 6 歳の時、兄は捕まった。母が毎日弁当を作って差し入れをしていたのを覚えている。父は私が生まれる前に日本に来て、古着商や古物商をやって金を稼ぎ、息子を高等工業まで通わせた。子供が捕まった時も、「息子は何も悪くない」と言っ

林炳喆氏弟林○喆氏夫妻

独立功労者・林炳喆氏

　ていた。商売仲間からも日本人からも「林さん」「林さん」といって好かれていた。
　当時、兄と同じ早稲田の先輩李光洙は「徴用に行け」と言っていたが、兄は「徴用に行くな」と言っていた。どの位投獄されていたのか詳しくは分からない。出獄後徴用に取られ、飛行場で強制労働させられた。3月の東京大空襲で、我が家（江古田）の前にも焼夷弾が落ち、防空壕に逃げ、火は何とか消し止めた。しかし、危険なので草津の方に疎開した。解放後、みんな一緒に北二面に帰って来た。父は日本に行って、故郷で土地を買うために金を稼いでいた。当時、清州から日本へ行く人は多かった。
　兄は定年退職で辞めるまで教職に就いていた。始めは大田の工業中学の数学の教

師を長くやり、後は鳥致院で小学校の校長先生をやった。日本語が出来たので翻訳の仕事もやっていた。柔道をやっていたので体も大きく丈夫だった。私は日本で生まれたが、兄は韓国で生まれ、父と一緒に日本に来た。

　独立運動家として 1990 年代に賞を受け、年金を貰っていたが、自慢する様なこともなく、謙虚な人だった。写真は残っていない。兄が亡くなると国立の墓地に葬った。その時、慰霊碑の前で他の独立運動家の人と一緒に撮ったものがあるだけだ。

　　＊慰霊碑の写真しか残っていないのかと念を押すと、奥さんが義父の還暦の時に皆で取った
　　写真があるはずだと捜してくれた。大柄な白い服を着た炳喆氏が写っていた。貴重な写真
　　だが複写がうまくいかなかった。

父と母は夫々1965 年、1978 年に亡くなった。私が小学校 2 年の時解放になり、6・25 戦争の時はここも戦場となった。その後、私は大田の工業中学の電気科を卒業した。出て電気関係の仕事をしていた。今は足が悪く病院通いで、4 人の男と女の子供がいるが別居している。

　最後に日本の安倍内閣の話になり、竹島問題に対する意見を求められたが、歴史的な経過と国際法の関係を話した。そして、今、日本には戦前の過ちを繰り返さないための憲法や平和を考える人たちが多くいることを話すと喜んでくれた。外交による解決を図ること、相手の考えを知ることの重要性を話し合った。

（5）清州中央図書館での関係資料調査

　2010 年 10 月 1 日の『ハンギョレ新聞』に、愛国志士林炳喆の死去の記事がある。よく撮れた晩年の顔写真と事績、遺族のホンユ（会社員）とホンチョン、葬儀はハナ老人専門病院付設の葬儀場で行われたことなどが書かれていた。

　2009 年 8 月 11 日の『清州日報』には、清州の補勲支庁から大統領の慰問品が届けられたという記事があり、合わせて忠清北道では生存者が 2 人になったことを訪問時の写真と共に載せていた。又、同紙 2010 年 8 月 3 日付には逝去を伝える記事が掲載されている。

4　東京朝鮮人民族主義グループの治安維持法違反事件

（1）事件の概要

　1944 年 4 月に検挙された大山穆を中心とする民族主義グループの運動に参加し、

検挙された 4 人の中に、清州出身の大村松市がいる。中央大学出身の大山氏は、その後、興南学院にて安南語を勉強中教師より影響を受け、安南独立運動史を学び、研究する様になる。『インドシナ動乱 40 年史』を出版し、大村らの 3 人の同志を獲得して、朝鮮独立の達成を図った。日本は早晩敗北する、その前に自国の力で独立し、戦後の平和会議に臨める様にする。7 月までに 500 人の同志獲得を目標にし、徴用工、人夫、官吏、労働者、小学生など労働大衆を幅広く結集し、特に徴用工の組織化に努めた。1944 年 4 月 14 日に検挙され、11 月 7 日送局される。

　『特高月報』1944 年 11 月分によると、

・大村松市　25 歳　事務員
・本籍　忠清北道清州郡江内面塔淵里 74
・住所　東京市板橋区板橋町 3-525
　「豊村久雄(平安北道義州郡出身)他数名を組織」していたとある。

（2）大村松市氏を尋ねて

　朴鐘安氏に昼食に馴染みのどじょう汁をごちそうになった。鐘安氏は江内面事務所に連絡を取り、大村氏が生きているという情報が入った。40 分程で江内面に着き、何とか大村の住所にたどり着く。そこに住む老人は確かに松市だが、日本にいた様な人でない、と隣のおばあさんがいう。本人も強く否定する。老婦人は、そう言えば昔、松市という日本に行って帰った人がいたが、息子が亡くなった後どこかに引っ越したという。その親戚が近くに住むというので案内して貰ったが、その農家の主人は知らないと言って否定した。結局、大村松市氏の消息は掴めなかった。

（3）まとめ

　先の北一面の場合の様に大統領賞を受けるなど、きちんとした社会的評価がなされていない場合は、仲々人々の記憶に残り難たく、資料や情報を得ることは簡単ではないことが分かる。特に社会主義的傾向の運動と関わるなどした場合は、住所だけを頼りに見つけ出すことは難しい。この日一日を調査のために協力してくれた朴チョンアン氏は休暇を取っての協力だった。又、来た時は、連絡をしてくれれば協力するという有り難い言葉を貰った。

Ⅳ 忠清南道現地調査(2)—燕岐郡

1 調査目標

　燕岐郡は今回の調査の最重点地域であった。前回は戦時動員を取り巻く地域的調査は不十分であったが、動員に関わる部落の中堅層の動向に注目した。今回は被動員者の聞き取り対象を、常磐だけでなく他の地域企業の被動員者に広げるための名簿作業、主な地域(3つの面・部落レベル)の地誌的把握を深めることを目標とした。事前の調査準備も整わないまま現地入りし、いわば「泥縄式」に課題と資料の整理をしながらの調査であった。

　3つの重点地域は前回に引き続き、全義面、南面、東面とした。

2 地域特性と名簿の残存状況

(1)数的概要

　大まかな紹介は第 7 回の報告で行っているので、ここでは戦時動員全体に占めるこの地域の数的概要を再度確認しておきたい。

①3 道別動員者対人口比

	42〜45 年度送出数(人)	1941 年末戸数(戸)	百分率(%)対戸数比動員率	備考(順位)
京 畿 道	65,000	530,000	12	
忠清北道	31,000	170,000	18	③
忠清南道	59,000	290,000	20	①
全羅北道	58,000	300,000	19	②
全羅南道	70,000	510,000	14	
慶尚北道	80,000	460,000	17	④
慶尚南道	65,000	440,000	15	
江 原 道	48,000	320,000	15	
合　計	476,000	3,020,000	16	

送出数は朝鮮総督府勤労動員課長の外務省への提出資料による（『第 6 回強制動員真相糾明全国研究集会』レジュメより、強制動員真相糾明ネットワーク、2013 年）。戸数は『朝鮮統計要覧』朝鮮総督府、1943 年。備考は動員比率（戸数比）の高い順

忠清南道は送出数では、他の地域より比率が高く、5 戸に 1 人の割合で送出されていることになる。初期動員期を加えるともっと率は高くなる。

この数字を基に燕岐郡と公州郡の推定動員数は表の動員比率 20％を使うと、

燕岐郡戸数　11,920 戸×0.2=2,384 戸

公州郡戸数　23,448 戸×0.2=4,690 戸

1 戸 1 人とすると、燕岐郡では 2,300 余人、公州郡では 4,700 人近くが動員されたと考えられる。しかし、実際に住所・氏名まで確認できる被動員者は今回、「強制動員調査・支援委員会」所蔵の 3 つの「名簿」を通じて、その 16％～18％の 372 人と 897 人が明らかになったにすぎない。各企業への面からの送出状況を部落レベルで調べて見ると、以下の通りである。

尚、燕岐郡と関本炭鉱に関する資料は 7 回目の「報告」で郡誌からの引用を中心に見たのでここでは省略するが、一部追加資料を記録する。以下『燕岐郡誌』の引用である。

②1932 年燕岐郡の日本人比率

	戸数(戸)	人口(人)
	11,819	63,589
朝鮮人	11,379	61,843
日本人	405	1,658
比　率	3.6%	2.7%

③1934 年燕岐郡面別日本人・朝鮮人の戸数・人口

	烏致院	東面	西面	南面	錦南面	全義面	全東面	計
日本戸数(戸)	319	6	13	10	16	30	6	400
朝鮮戸数(戸)	1,396	1,283	1,945	1,601	1,999	1,604	1,277	11,120
日本人口(人)	1,301	18	45	31	66	121	13	1,595
朝鮮人口(人)	7,042	7,326	10,572	8,335	10,935	8,423	7,171	59,804
戸数比(%)	18.6	0.5	0.7	0.6	0.8	1.8	0.5	3.5

④燕岐郡の抵抗運動についてのメモ

- 燕岐郡の東學農民運動メモ―呉知泳の役割、徐璋玉の活躍、金福用の木川の闘い
- 義兵闘争メモ　南面松潭里の林大洙、1907 年各地の刑務所を襲い投獄者救出、虎将軍
- 3・1 運動メモ　鳥致院から江内外、玉山に至る篝火デモ(3・23)、全義面のデモ (3・15)
- 錦南面金川里メモ　金剛大道教本拠。120 年の伝統と全国 20 万信徒、檀君信仰、総督府の弾圧と部落破壊、移民政策も困難。

（2）燕岐郡3面における動員3企業の部落別動員状況

①南面

単位人

里名	住友鴻之舞鉱山	関本炭砿	西松組	計
燕岐	4	1		5
狄通	2			2
訥旺	4			4
葛雲	7			7
高亭	3			3
方丑	3			3
真儀	1			1
月山	2			2
松潭	3		1	4
陽化	5	7		12
宗村			1	1
計	34	8	2	44

　これを見る限り、特徴的なのは陽化里からの動員が一番多く、次に葛雲里が多いこと以外は、ほぼ満遍なく動員されている。陽化里は他の部落と違い、2区から構成されている大きな部落であることも関係しているかもしれない。葛雲里の 7 人と陽化里の樺太への動員（関本への転換徴用）は、その背景となる部落長の協力の実情

が検討対象となろう。

②東面

里名	住友鴻之舞鉱山						関本炭砿	西松組	計
	1回	2回	3回	4回	5回	小計			
内板	8	6	3	1	1	19			19
龍湖	1		5	1	2	9	1		10
合江	7				1	8			8
鳴鶴	3	6				9			9
老松	1		1		1	3			3
鷹岩		4		1		5	5		10
文舟				2		2	2		4
葛山		1				1	1	3	5
礼養									
松龍								1	1
不明	1					1	1		2
計	21	17	9	5	5	57	10	4	71

　この面は前回に引き続き調査の重点地域である。松本氏が住友鴻之舞鉱山の動員名簿の検討を通じ、部落長の動員への協力の在り方が動員の実態を左右するということ、その権限の強化や社会的立場、意識面の変化など多様な検討加えた*。部落レベルでの検討を始め、面長の役割など具体的な調査の必要を感じたからである。しかし、燕岐面の企業名簿で新たなものは西松組だけで、それも僅かなものにすぎなかった。しかも、東面の名簿の分類も思うに任せず人数さえ、守屋氏 55 人、松本氏 67 人、龍田 57 人と違う。私は一応現住所のあるものは、それも加えて人数とした。それでも松本氏のような数字は出ず、守屋氏の場合は、名簿に部落名の間違いも見られ修正した。

　＊松本前掲『植民地権力と朝鮮農民』232 頁、233 頁。同『朝鮮農民の植民地近代化経験』
　　223 頁

　内板里の動員数が住友鴻之舞鉱山でずば抜けて多い背景には、この部落の戸数が多いこととも関係があると思われる。部落毎の戸数は現在確認していないが、4 つの小区から成り立っている。それにしても内板里は毎回動員者を出しており、部落の

長老や生存者からの聞き取りは不可欠である。

③全義面

里名	住友鴻之舞鉱山						関本炭砿	西松組	計
	1回	2回	3回	4回	5回	小計			
邑内	3					3	5	1	9
東校		7			1	8	2		10
老谷		1				1			1
小井			1		2	3			3
新井			1			1	2		3
雲堂				2	2	4			4
柳川				2		2	1		3
大谷				5	2	7			7
高登				2		2			2
その他								2	2
計	3	8	2	11	7	31	10	3	44

　邑内、東校里は大きな集落であり、2回目の住友鴻之舞鉱山の東校里を除くとほぼ分散的である。大谷里の 7 人がやや多い位である。東校里に集中した実態を掴むことが1つの重点となる。

3　全義面聞き取り調査(1)—金東鎬氏の聞き取り

（1）聞き取りの経緯

　前回東校里の里長から、地域の歴史に詳しいという元小学校の教頭を紹介された。戦時中は小学生であったが、戦時動員の様子も一部覚えていることから、関本炭砿の動員名簿をお渡しして、全義面関係 10 名の消息を調べて貰うと共に、戦時期から戦後にかけての地域誌的な知識の聞き取りをお願いし、快く引き受けていただいた。全義派出所の協力を得て、自宅を訪問した。

（2）証言者経歴

・氏　名　金東鎬氏
・生　年　1929 年生（86 歳）
・学歴他　1951 年、清州師範学校卒、1990 年、小学校校長で退職、燕岐郡誌編纂委
　　　　　員等歴任
・聞き取り日時・場所　6 月 3 日、午前・全義面邑内里の自宅

（3）聞き取りの内容
①戦時中の学校

　1938 年に小学校に入学して 1944 年に卒業し、16 歳で解放を迎えた。全義国民学校で 8 学級（1 学級 60 人）、大体 400 人位であった。同級生で今、生きているのは 10 人程度になった。4 年までは韓国語を勉強したが、後は無くなった。歴史は日本史だった。毎朝登校すると奉安殿の前で礼をした。小学校 4 年の時は日本人の先生で、学識があり一番良かった。私はずっと級長だった。先生は学校の近くに住んでいて、尋ねて行ったこともある。地域の有力者には日本人もいた。

②戦時中の邑内里・東校里の様子

　警察署は鳥致院にあり、ここには派出所しかなかった。面事務所があり、面長は朝鮮人だった。部落長（区長）は金基ヒョンといい、大きな力を持っていて、賢い人だった。10 年ほど前にどこかへ引っ越していった。

③当時の家族構成

　当時は父と母と兄と私の 4 人家族であった。小作農業をして、12 マジキ位の土地であった。兄は志願兵になり、1945 年に死んだ。父は 1955 年に亡くなった。

　6・25 戦争の時、ここは激しい戦場となり、ここから 4 キロ程山手の老谷里まで一家は避難した。

④兄の死

　兄はニューギニアで死亡したと聞いていたが、どこでどの様にして死んだのか、遺骨はどうなっているのかも分からない。私が厚生省に問い合わせたが、回答は「不明」ということだった。

　兄からの手紙や写真が残っている。甥が持っているが写しがある。私の結婚 50 年目の金婚式記念に出した冊子にもあるのでよかったら見て下さい。年の差が 7 つもあり、可愛がってくれた。日本政府の朝鮮人軍人の遺骨収集はどうなっているのか。

⑤依頼した関本炭砿の動員名簿の人達

出来るかぎり調べて見たが手掛かりは得られなかった。近くの行政書士で、この地域の事情に詳しい知人がいるので、直接会って聞いて見るという。

（４）最後に

東鎬氏は病院に行く時間になったので、知人の事務所まで行き紹介してくれる。奥さんからも 6・25 戦争で写真などが全部消失したことなどお話しを伺えそうだったが、時間がなく又の機会にということになった。

東鎬氏に紹介された行政書士岩田美雄史こと李治雨氏(74 歳)によると「父は樺太の郵便局に勤めていたが、1945 年 6 月 29 日に樺太から帰って来た。お蔭で残留者にならなかった」とのことであった。李治雨氏は大変な物知りで、戦争当時の面事務所の位置、警察派出所の位置、小学校の位置を地図上に記入してくれた。又、近くに住む戦時動員経験者を紹介してくれた。

東鎬氏の話からは動員者についての情報は得られなかったが、兄さんの戦死に関する話から、どの家庭にも戦時期の犠牲者がいることを知ることになった。又、地域の友人も多く、今後も協力者として大事にしたい人である。

4　全義面聞き取り調査(2)—金光熙氏の聞き取り

（１）聞き取りの経緯

李治雨氏からは当時のことに詳しい金光熙氏を紹介して貰い、新たに聞き取りが実現した。前回も世話になった派出所の林義洙氏の案内で、昼食をごちそうになった後、金氏のインタビューとなった。

（２）証言者経歴
・氏　名　金光熙氏(88 歳)
・聞き取り日時・場所　8 月 3 日、午後・全義面○○里　○○　アパート前広場

（３）聞き取りの内容

名簿にある金昌成氏は知っているが、どこに行ったかは分からない。

私も戦時動員被害者で、当時、長崎県小玉町井関国民学校に通っていた。家は長屋で朝鮮人だけが住んでいて、日本人は別のところに住んでいた。朝鮮人は皆一緒に学校に通い、私は班長だった。

　戦争が終わって米軍が来て、大変な騒ぎとなって解放された。

　解放後、韓国に帰って来た。当時の区長は朴ムンス氏だった。ここより少し離れた所に帰国当時は住んでいた。父は坑内の落盤で怪我をして入院した。一緒に行った人は皆死に、証明してくれる人がなく、申告は出来なかった。情報があれば知らせてほしい。

　30分程の短い聞き取りであった。昌成氏について聞く時間がなかった。最後は一緒に写真を撮り、今後、詳しい聞き取りをお願いした。

5　全義面聞き取り調査(3)—黄豊子氏の聞き取り

(1)聞き取りの経緯

　その後、前回不在で会えなかった関本炭砿の黄豊子氏に、林義洙氏から電話をして貰う。会ってもよいとの返事で、自宅を尋ねた。黄氏は「今、老人会館に行っている」とのことで、義洙氏の車で送って貰う。そこで笑顔の豊子氏に会う。会館にいると「樺太に一緒に行って来た」という年上のおばさんからも話が聞けるという。昨年は「病院に行って忙しく会えなかった」という。

(2)証言者・被動員者経歴
①証言者
・氏　名　黄豊子氏
・生　年　1941年
・被動員者との関係　金聲の長女
②被動員者
・氏　名　黄金聲
・生　年　1917年
・動員地　樺太の豊畑炭砿から「二重徴用」で関本炭砿へ
③聞き取り日時・場所

6月3日、午後・全義面邑内里老人会館

（3）聞き取り内容

　父の名は金聲で、私は長女。樺太へ父と一緒に行き、日本の関本炭砿に二重徴用されたらしい。解放後、韓国に帰って来た。父は炭砿での仕事のため肺の病気になり、帰国後 3 ヵ月で死亡した。因果関係が証明できず、帰国者一般のお金を受け取っただけだ。

　近くに住む人は、残留家族の世話をして相当のお金を受けている。同じ炭砿に行き死亡したのに、帰国したからということだけで差別されている。当時、私はケイ子と名乗っていた。秀子は榮子と言っていた。

　帰国後、すぐ父が死亡し、母は食べるものがなく、日本の炭砿でも苦労したが、帰国後は大変な苦労をした。当時、祖父母もいたが、すぐに亡くなった。母は土地もなく、「シフン」の米軍基地に行き、洗濯や、食堂の仕事をして金を稼ぎ、私達兄弟を育てた。私と弟は家に残り、子供だけで生活した。当時私は 8 歳で弟は 4 歳だった。どんな思いをしたか分かりますか。

　日本の炭砿では当時 6 歳位だろうが、箱の様な家に住んでいたことだけは記憶している。

　その後、19 歳で今の夫と結婚した。私は手が痛くて通院しているが、夫は元気だ。

（4）最後に

　もう 1 人の聞き取りが待っているので、とりあえずここで終えた。これまでの苦労は並大抵のものとは思われない。成長期のことをもっと聞きたかった。次に聞き取りをした韓氏も同じだが、家族連れで樺太に行ったのか、「家族呼び寄せ」かどうかははっきりしない。

6　全義面聞き取り調査(4)—韓成萬氏の聞き取り

（1）聞き取りの経緯

　豊子氏と一緒に行動をしたという氏のこの聞き取りは全く失敗に近い。まず、氏についての情報がなく、氏名、被害者との関係が聞き取れず、トンチンカンな対話

に終始した。後で名簿を見る中で概要は掴めた。申し訳ない気持ちでいっぱいである。被動員者・李正容勲は、父親にしては年齢が合わず、夫が被害者であると思われる。被害者は李姓であるから夫であろう。成萬氏の生まれた年月は分からない。87歳というがもっと若いと思う。

（2）証言者・被動員者経歴

①証言者

・氏　名　韓成萬

・生　年　1926年生?（87歳）

・被動員者との関係　妻

②被動員者

「調査結果」＊は以下の様であった。

・氏　名　李正容勲

・生　年　1921年

・本籍地　全東面蘆長里○○○

・動員地等　1945年4月25日、関本炭砿から逃亡

　＊前掲「朝鮮人労働者に関する調査結果」（厚生省名簿16県分中茨城県分）『戦争と勿来』
　　27号、10頁

（3）聞き取りの内容

　豊子氏と同じ樺太の炭鉱に行き、一緒に日本に行き、帰って来た。

　私の生年月日は忘れた。20歳で結婚して、今、87歳になる。

　父は韓○○で樺太には行かない。農業をしていた。

　日本の炭砿では豊子氏と一緒の家に住んでいた。

　帰国後は全東面の面事務所の前の家で、農業も少していたが、労務者だった。4つ年下の弟がいる。生活はとても苦しく、今も苦しい。

　夫は20年前に亡くなった。

（4）最後に

　結婚が20歳の時ということから逆算すると、樺太時代は結婚していないことにな

る。被害者が夫なのか父なのか、混乱がある。いずれにせよ被害者李正容勲氏と一緒に樺太に行ったことは間違いない。

7　南面調査の失敗

　燕岐調査の 2 日目で、南面陽化里を中心とした地域調査を予定していた。前回の協力者であった禹榮喆にあらかじめ文書による依頼をしていた。動員生存者金德洙氏の聞き取り、林奇男氏を中心とする樺太・関本徴用者の情報を得るためであった。更に出来れば住友鴻之舞の 5 人の被動員者についての情報を得ることにあった。
　しかし、禹榮洙氏は事前の電話連絡で忙を理由として協力を拒否された。とにかく会って話をすることとなり自宅を訪問した。しかし、金德洙氏の協力が難しいこと、奇男氏の子息範洙氏とのコンタクトが取れないことなどが、南面への訪問を拒んだ理由と思われる。前回の報告書を手渡して別れた。南面の調査は無理があり中止した。
　宿舎で翌日の東面調査の連絡を取る。東面鷹岩里の里長との面会はあらかじめ文書で依頼をしていた。しかし、氏からの連絡があったのを忘れていたため、翌日は予定が無くなり、休養と計画の練り直しに費やした。部落内での積極的な協力者を得ることは、本当に難しいことを実感した。

8　東面聞き取り調査—裵基瓚氏の聞き取り

（1）東面の地誌的理解を深めるために
　予定の変更で、翌日は東面の地誌的理解を深めるために費やした。まず、燕岐郡庁に行き、挨拶をかねて支援活動の現状を聞く。既に地方の事務担当官はいなくなったが、事務の引き継ぎをした行政課の若い職員は、戦時動員被害者の支援活動の良き理解者で、「どんな協力ができるか」と申し出があった。
　さしあたり、前回調査の東面の田基元氏が認定を受けたにもかかわらず、連絡がないと話すと、郡の事務担当官は早速、調べてくれた。その結果、認定された後の請求がないことが分かり、早速、田氏に連絡を取ってくれることになった。こうした支援漏れの人は数多くあるので、再度の支援受け付けは早晩行われるはずだと楽

観的であった。

　その後、東面に行き、東面事務所で資料の閲覧をお願いしたところ、幸い『東面誌』があるという。「必要なところがあれば明日までに複写しておく」という。午前中かけて複写箇所を調べた。会議室には歴代面長の写真が飾られていたが、残念ながら戦前のものはなかった。

　午後は燕東小学校や老人会館を訪れ、地域の人達との対話を深めた。ちょうど校庭警備の父兄会のメンバーやゲイトボール中の老人に話しかけた。『東面誌』の複写を受け取って、この日は帰った。

（2）聞き取りの経緯

　鷹岩里長の朴チョンファン氏には、戦時中の面長裵道煥氏の情報と、田方錫氏と一緒に樺太にいった田村大成氏こと田蓮基の被害申告者田明淑氏や地域の歴史に詳しい方の紹介をお願いするつもりであった。氏は多忙の中、前回も協力してくれた内板里駅前のスーパーのおじさんの所で待ち合わせることにした。朴氏を待つ間、スーパーのおじさんと話している中で、裵道煥氏の話になった。氏の頌徳碑が老人会館の前にあること、道煥氏の子息は校長先生をしていて、隣の部落の老松に住んでいるという。すぐに電話すると、道煥氏の息子がここに会いに来てくれるという。そのうち里長も来た。里長は忙しいということで、とりあえず聞き取りをした田元基氏へ報告書を手渡してくれるよう頼んだ。又、田蓮基氏の遺族明淑氏は鳥致院に住み、捜すのは難しいというので、ここで里長とは別れた。そして、裵道煥氏の子息基瓚氏とは引き続き自宅で聞き取りをすることになった。

　前回、東面での住友鴻之舞鉱山への動員時における部落長の役割について検討した時、合わせて面長の動員への関わりの大きさについても指摘した。偶々東面の面長が、23年間の日本統治時代のほぼ全期間に亘って要職を占めていることに注目した為である。今回の聞き取りを通じ、ほぼその人物像は明らかになった。貴重な証言を頂いた子息の基瓚氏に感謝したい。

（3）証言者経歴
・氏　名　裵基瓚
・生　年　1930年（83歳）

・裵道煥氏（1923～1945 年、東面長在職期間）との関係　子息・次男
・聞き取り日時・場所　6 月 6 日、東面内板駅前バス停と老松の自宅

（4）聞き取りの内容

　父道煥は 1896 年に老松里で生まれ、1973 年に 77 歳で亡くなった。普通学校卒業後、17 歳で面書記の試験に合格し、江内面書記、芙蓉面書記を経て、10 年間東面書記を務めた。1923 年に 49 歳で面長に任命された。

①面長としての実績

　1925 年、燕東普通小学校の建設に功績を残し、1930 年代には西側にある荒蕪地の水利事業を行った。堤防を 3 キロに亘り改修し、食糧生産に面長としての責任を果した＊。

> ＊1931 年から 1934 年の美湖川の修復に引き続き、文舟川と礼養川の修復により荒蕪地を水利灌漑し、1940 年には燕東水利組合の設置が認可され、1941 年 1 月 12 日に蒙利面積 299 町歩、総工費 35 万余円で着工、5 月 31 日に竣工した、と『東面誌』に記されている。

②碑の建立

　私が生まれる 4 年前、1933 年に建てられた碑には、

　　躬行正直　勤労奉公　普教制産　十年団結　救災恤民　功徳維新

と記されている。

③息子から見た父

　性格は厳しく、子供の教育にも厳しかった。父は「正直」「誠実」「節約」「人情」という言葉を重んじた。「節約」というのは、節約しなければ家族も生活できなかったからであった。家庭円満で、母ともうまくやっていた。

④戦時中と解放後

　日本統治時代は日本の植民地下で生活しなければならなかった。家族にはいつも何事も一生懸命やるように話していた。父を批判する人もいたようだが、少年時代の私にはよく分からなかった。

　解放後は面長をやめ、公職を一旦退いた。その後、面議会議員を 3～4 年、農会長や「〇〇祭」などをやった。

⑤自身の生いたち

　1930 年に生まれ、国民学校卒業と共に大連の中学校に行き、公州師範学校の国文科を卒業、40 年間、学校の教師をして来た。65 歳で退職し、老松里に住んでいる。

裵道煥氏遺影

裵道煥頌徳碑

今の家は在職中に建てたもの。兄は大連の中学卒業後、公州中学の教師をやり、ソウル大学の数学科、忠清南道の高校の教頭や校長をやっていた。

戦時中、国民学校 2 年までは韓国語を勉強したが、その後は日本語だけになり、天皇制教育を受けた。先生は半分位日本人で、近くに下宿していた。校長公舎は運動場前にあった。学校まで 2 キロを歩いて通った。父も歩いて面事務所に行った。

6・25 戦争の時は橋がなかったので、北の軍隊は来なかった。国軍が逃げる時に壊して行った。

⑥家族と現在

子供は 2 人で、ソウルに住んでいる。妻は年下だったが数年前に私より先に亡くなった。脊髄が圧迫され手術を受けたが、よくならない。今も外出は控えている。日本には中国旅行の帰り大阪に立ち寄ったことがある。

⑦老松里と裵氏

300 年前に裵氏が老松里を開き、一族は多い。現在は 80〜90 戸しかないが、昔はもっと多かった。区長は戦時中は他の姓の人だった。ここは住みやすい所で、公務員になる人が多い。教師になった最初は燕東国民学校だつた。当時は生徒が 1,300 人もいた。今は 200 人位しかいない。老人ばかりになった。内板駅も 1955 年頃は 100 人位、鳥致院や芙江方面に行く人がいたが、今は無人駅になってしまった。

（5）最後に

　裵道煥氏は実務的能力を持つ農村の中堅層出身という経歴の様だ。1930 年代の総督府の灌漑事業の推進に協力し、その功績により地域社会と行政当局から高い評価を受けたようだ。そのことは戦時動員における村民の送出にも強い影響力を与えたであろうことは推測出来る。頌徳碑には既に 30 年代に「救災恤民」の言葉が見られる様に、災害対策に力を入れたことが分かる。1939 年からの災害対策、域内土木事業の推進、樺太、北海道の移民事業などに力を入れたことが十分考えられる。今後、こうした施策を検証するための資料や実際の場面における意味を検討することが重要になろう。結局、当時の部落長に関する聴き取りは実現しなかった。

V　忠清南道現地調査(3)—公州市（含大田）

　清州、燕岐に続いて公州郡を今回の動員地域的検討の対象として選んだ理由は、忠清南道内で検討可能な動員名簿の中で一番多くの企業と動員数が抽出できること、道都移転問題に見られる様に、歴史的文化的伝統を持ちながら日本人の進出も顕著であることから、有力者層のあり方に注目したことなどである。

　これと関連があるかどうか、在日朝鮮人の治安維持法違反事件関係者が多いことである。

1　戦時動員名簿の検討—公州という所

（1）公州郡(市)の地誌的検討

　公州はいうまでもなくかつて 475 年から扶余(泗ビ)に移るまでの 63 年間、日本と関係の深かった百済の首都熊津として栄えたところである。最盛期の武寧王の陵や博物館が観光客で賑う。北に車嶺山脈、南に錦江に沿い氾濫原が広がる。

　朝鮮王朝時代末期に忠清道が南北に分かれて以来、南道の道都は公州となり、1931 年に、反対運動にもかかわらず鉄道の要衝の大田に移り、以後は教育、文化面で特色のある地方都市として面目を保っていた。

　郡の人口は 17 万人、11 の面と 1 邑から成り立つ。邑は市になったが、現在、世宗特別市との関わりがどうなるのかよく分からない。関係のある面のおおよその人口

は 1980 年のものであるが、記しておく。鶏龍 1 万 5,000 人、長岐 14,000 人、儀堂 8,000 人　牛城 13,000 人（『公州郡誌』257 頁より、単位人）

①日本支配時代の人口（1935 年）（『韓国の近代と公州の人々』112 頁）

公州面(邑) 12,602 人　灘川面 13,234 人　鶏龍面　10,490 人　反浦面　8,125 人 長岐面　10,565 人　儀堂面 8,040 人　正安面　10,632 人　牛城面　12,561 人 寺谷面　9,158 人　新下面 9,389 人　新上面　8,561 人　公州郡計　129,006 人

②邑内の日本人と朝鮮人人口（同上）

1915 年　日 1,560 人　朝 4,624 人　　1930 年　日 1,934 人　朝 10,631 人 1937 年　日 1,412 人　朝 10,621 人

③日本人の占める位置（池前掲「韓国の近代化と公州の人々」136 頁）

日本人の多くは公務員 379 戸（1,140 人）で、農業 12 戸（44 人）、産業 160 戸（788 人）（1931 年）

産業人は、丸山虎之助（南鮮製糸社長）、宮本善吉（朝鮮自動車運送）、草田市三郎（麻綿商）、藤沢英夫（印刷、文具）、中畑弥一（船運業）、水谷辰利（土木請負）、岩崎角三郎（石炭販売）らがいる。

公務員には、警察署長、邑長などに川辺、高原などの名前が挙がっている（1938 年）。

大地主には、日本人の最高が中岡儀吉（公州金融組合長 719 町歩）、小森護一（92 町歩）ら 3 人程度、朝鮮人地主には金甲淳 3,371 町歩など 10 人に比べそれほど大きな位置を占めていない（1930 年）。

公州邑会の議員は日本人が 7 人で、朝鮮人は 5 人の内 3 人が農業である。日本人は産業が 3 人、その他 4 人となっている（1931 年）。

ここから分かるように日本人は邑内を中心に有力者集団をなし、権力の中枢部は握っていたが、朝鮮人有力者の協力なくしては安定的な支配を確保することができなかったことが推察される。

（2）戦時動員名簿の検討

①忠清南道企業別動員数

『忠清南道誌』第 9 巻「日帝支配時代」の国家記録院の盧ヨンジョン氏の論文「忠南地域強制連行実態と人力収奪」の一覧表より企業別動員の送り出し地別の人数が

出ている。これを頼りに公州郡と燕岐郡の 9 企業への送出人数を調べ、名簿を作成した。公州郡は次の通りであった。（　）内は調べた名簿（「　」は略称）

　　住友鴻之舞(北海道)　226 人（守屋敬彦氏作成名簿）

　　日曹天塩(北海道)　　14 人（「日帝下被徴用者名簿」）

　　宝珠山鉱山(福岡)　146 人（「朝鮮人労働者に関する調査結果」）

　　三井三池(福岡)　　33 人（同上）

　　三菱　生野(兵庫)　　92 人（同上）

　　羽田精機 KK(茨城)　　83 人（同上）

　　日鉄釜石(岩手)　　139 人（「日帝下被徴用者名簿」）

　　宇久津鉱山(静岡)　　87 人（「朝鮮人労働者に関する調査結果」）

　　西松組(宮城)　　　　77 人（「所謂朝鮮人徴用者に関する名簿」）

　　　合計　　　　　　897 人

この他、唐津 750 人、牙山 589 人、扶余 528 人である。

②一覧表作成に当たり

　宝珠山鉱山(福岡)名簿の 10 頁、約 75 人分の欠落などがあり、結果としては『忠南道誌』の論文の人数 897 人に対して 150 人程少ない数の動員者しか抽出出来なかった。コピーの字が判読できず困難な作業であった*。今後を期したい。

　*里の判別には「日本市区町村総覧一覧」『資料編–韓国北朝鮮地名便覧』1969 年が役に立った。

③公州郡邑面・洞里別動員人数一覧表 (附属資料 7 参照)

面名	里(人)								
人数									
牛城	貴山 20	月尾 10	上西 6	上平 7	道川 8	内崙 9	東谷 6	木泉 6	方文 6
103	丹芝 4	双新 4	宝鳳 3	龍鳳 2	新熊 2	韓川 2	方興 5	其他 3	
鶏龍	中壮 15	花隠 10	箕山 9	新基 10	敬天 8	月岩 8	九旺 4	上城 9	香芝 5
101	竹谷 5	下大 3	鳳鳴 3	上旺 3	錦帯 2	乃興 3	巣鶴 1	其他 3	
長岐	唐岩 13	月松 9	道渓 7	錦興 6	壮岩 6	大橋 6	東峴 5	新官 5	錦岩 4
89	羅城 5	山鶴 4	松仙 3	松院 1	鳳安 3	下鳳 3	隠龍 2	済川 2	平基 1
	其他 4								
灘川	三角 9	南山 9	徳芝 7	光明 6	大鶴 6	鼎峠 7	長善 5	伏龍 3	加尺 4
82	菊洞 4	雲谷 4	花井 3	梨谷 3	盤松 2	柳下 2	聖 2	松鶴 2	安永 2
	其他 2								
利仁	利仁 15	九岩 7	朱峰 6	検詳 5	新興 8	五龍 4	胎封 3	龍城 2	草鳳 2

69	達山 2	木洞 4	梧谷 2	萬樹 2	山儀 1	鳳亭 1	其他 5		
正安	平正 10	台城 5	上龍 5	沙峴 4	長院 3	高聖 3	文川 3	於勿 3	花鳳 2
54	月山 2	石松 2	内村 3	廣亭 4	雲弓 1	仁豊 1	田坪 1	北渓 1	双達 1
儀堂	水村 12	松亭 6	青龍 6	斗満 4	龍峴 4	雲軍 2	栗亭 3	月谷 2	
52	柳渓 2	要龍 2	徳鶴 1	佳山 1	五仁 1	中雲 1	其他 5		
維鳩	文錦 8	鹿川 8	維鳩 7	新影 3	徳谷 1	秋鶏 1	其他 1		
29									
寺谷	桂室 7	花月 6	大中 5	月珂 6	新永 4	雲岩 2	佳橋 1	古堂 1	細洞 1
40	連宗 1	冨谷 1	会鶴 1	其他 4					
反浦	孔岩 7	鳳谷 6	聖岡 4	道南 4	元峰 3	松谷 2	聖徳 2	鶴峰 3	道岩 2
40	큿谷 2	鳳岩 2	温泉 1	其他 1					
新豊	芦洞 9	東院 7	大龍 6	百竜 5	白橋 4	平造 4	永井 3	平所 2	龍水 3
55	道坪 2	笠洞 2	萬川 1	清興 1	鳳甲 1	花興 1	仙鶴 2	其他 2	
公州	本町 6	大和 5	山城 5	錦町 3	旭町 2	常磐 1	金鶴 1	錦城 1	龍堂 3
32	玉龍 1	其他 4							

合計 746 人。他に面が不明なものが 6 人いる。調査人数計は 752 人である。其他は不明又は記載のない
1 人里の計。

④表の分析

　この中で牛城面の被動員者は多く 103 人に上る。12,500 人口の 1%足らずの数で
あるが、戸数比にすると 4%近くなり、忠清南道の 1942 年以後の戸数推定比率 20%
から見ると小さな数であるが、一定の考察資料にはなる。最多の動員者を出してい
る貴山里は 20 人で、その内 11 人は 1939 年に茨城の羽田精機の土工として動員され
た。残りの静岡宇玖津鉱業の 6 人は、1945 年 2 月の徴用と住友鴻之舞への 2 人であ
る。同一部落からこれだけの動員が一時に行われた背景が注目される。

　10 人を超す部落が 8 つある。動員時期は数回に亘りに分散している。

　集中部落を中心に今後分析を深め、調査を継続する資料としたい。今回の聞き取
り調査の対象地、長岐面松院や平基、鶏龍面敬天、儀堂面徳鶴とは特に重なっては
いない。

（3）公州関係「名簿」に見るその他の項目

　被動員者の年齢、動員年月日、帰国年月日、帰国の方法について参考資料として
簡単に触れる。

　統計人数に至らないのは、空欄又は読み取り不明のためである。参考数字として

取り扱いたい。今後、「倭政時被徴用者名簿」を利用して補充していきたい。

①被動員者の動員時の年齢

　20 歳以下 42 人、20 歳台 417 人、30 歳台 164 人、40 以上 17 人、最年少は 15 歳 1 人、16 歳 3 人、最高齢は 50 歳である。20 代前半 229 人、後半 188 人計 417 人で一番多く、その内 27 歳が 59 人で、年齢別では最多である。

②動員年次

　1939 年 75 人、40 年 146 人、41 年 83 人、42 年 91 人、43 年 229 人、44 年 48 人、45 年 84 人となっている。1940 年と 43 年がピークを為しており、特に全般的には 44 年がピークになるのとは違った結果である。又、徴用のためと思われる 45 年にもかなりの数の動員者がいる。

③動員解除帰国時期

　1940 年 17 人、41 年 36 人、42 年 123 人、43 年 200 人、44 年 84 人、45 年 8 月 15 日以前 74 人、以後 185 人、1943 年に多いのが注目されるのが地域の特性である。鴻ノ舞、西松組、日鉄釜石に多い。

④動員解除の理由

　逃亡 290 人、満期又は終戦時帰国 254 人、他鉱山転換 48 人、病気送還 23 人、一時帰国で戻らず 13 人、強制送還 8 人、死亡 8 人、入営其の他 2 人、ただの「帰国」と書かれた 43 人を終戦又は満期に入れると、この項目が最多の 297 人となる。いずれにせよ逃亡がほぼ集計の半ばを占めていることは注目に値する。

2　治安維持法違反事件関係(1)—大和町崔必用氏を捜して

（1）調査経緯

　崔必用氏は『特高月報』によると*、1940 年 5 月まで在日朝鮮人の演劇団「形象座」の団員として日大芸術科に在学し、朝鮮民衆に民族的、共産主義的意識を啓蒙しようとした。史的唯物論等の学習、言葉は朝鮮語演劇とし、「ども又の死」の演出練習、帰国後、日本の危機到来時に蜂起さすことを策動していたとする。

　＊1940 年 12 月分『特高弾圧史』75−78 頁

①崔必用氏経歴

・本籍地　公州郡公州邑大和町 119、戸主崔禹大の次男

・住　所　東京市豊島区池袋町 234 内田ふく方
・学　歴　日大専門部芸術科 2 年
・活動状況　1939 年 10 月活動開始、1940 年 5 月 4 日検挙

（2）調査結果

　まず、邑事務所で戸籍を調べて貰ったが、戸主も本人も見当たらなかった。そこで当時の番地を頼りに、現在のチュンハクドン 119 番地を捜してはという係官の提案で現場に行って見た。しかし、119 番地周辺に崔という姓の人はいなかった。昼休みの労働者の人達も暑さをものともせず、捜し回ってくれたが、該当する家屋はなかった。119 番地に当たる家の奥さんに聞いていると、別の女性が、洞長は夕方か朝ならいるので聞いて見ては、と家を紹介してくれた。

　翌日、朝早く尋ねたが、洞長は最近の移住者で、消息は掴めないという。古くからの住人にも聞いたが分からないという。これ以上の追究は無理とあきらめた。

　社会主義的独立運動家の場合は、殆どその消息は掴めないのではないかと判断した。

3　治安維持法違反事件関係(2)―長岐面平山絃七氏を追って

（1）追跡の経緯

　公州最後の日は、長岐面の出身で共産主義を同僚に宣伝したことで検挙された平山絃七を尋ねた。バスで面所のある事務所のある長岐里に行く。日曜で面事務所は休みなので、タクシーで絃七氏の本籍地「坪基里」に向かう。幸い運転手は坪基里出身で、里長を尋ねて、長老を紹介され情報を集めたが、平山は分からなかった。22 番地に現在、家はないという。

（2）平山絃七氏経歴
・氏　名　平山絃七　26 歳　物理学校生徒
・本籍地　公州郡長岐面坪基里 22
・住　所　東京市下谷区中上三崎北町 30
・活動状況　1938 年 4 月活動開始、1942 年 3 月 7 日検挙、7 月 2 日送検

・活動内容　戦争の長期化で、国内の動揺必至として共産主義の宣伝をした。

　解放後、本籍地に帰ったかも分からず、平山の姓は李氏と判断したが、限られた情報には限界があった。

　　4　　日本統治期の跡を訪ねて―日本統治の意味を考える

（1）公州市内の日本統治期の遺構めぐりのきっかけ

　公州は日本人にとって最も馴染みの深い韓国の町の一つである。かつて道都があった時には町の38%を日本人が占めていたこともある。私もソウル、釜山、慶州の次に訪れたのがここであった。しかし、観光地巡りの訪問では何も見えなかった。前回の訪問でも3人の方から聞き取りをしたが、日本人が統治していた姿はぼんやりしていた。今回の遺構めぐりを通じかなり具体化して来た。

　鳥致院にある世宗図書館の訪問時、忠清南道の日本統治期の跡地を調査した本を見つけた。当時の2種類の地図と該当地の現在の写真に解説がついている。鳥致院と公州のものだけコピーして来た。

　又、前回の調査時に公州図書館で見つけた『公州市地名変遷略史』は、今回訪問第1日目に発行元の市庁の行政課で、残部がないのでコピーで貰った。目的は先に述べた様に、治安維持法違反の崔必用の本籍地大和町を調べることだった。大和町は現在の中区に属することは分かった。ここで、先の高等普通学校での同盟罷学時の地図が役に立った。ここの地名が大和町だった。しかし、この日は必用氏の情報は得られなかった。

　翌日も必用氏の消息は得られず、翌々日、中央図書館である光復図書館を訪問して『韓国近代化と公州の人々』（韓末日帝時期公州近代都市発達史）が見つかり、公州市の日本統治時代が身近なものとなった。発行元の公州文化院を訪ねると残部があり、無償で提供してくれた。今回の訪問で最良の資料であった。

（2）主な建物跡と現在の写真
①公州高等普通学校

　現在の公州高等学校。同盟休校による民族差別や日本教師排斥運動を行った。又、30年～40年代初めには日本語使用禁止、神社参拝拒否、日本人教育反対の秘密結社

公州市街地図 (1923 年)

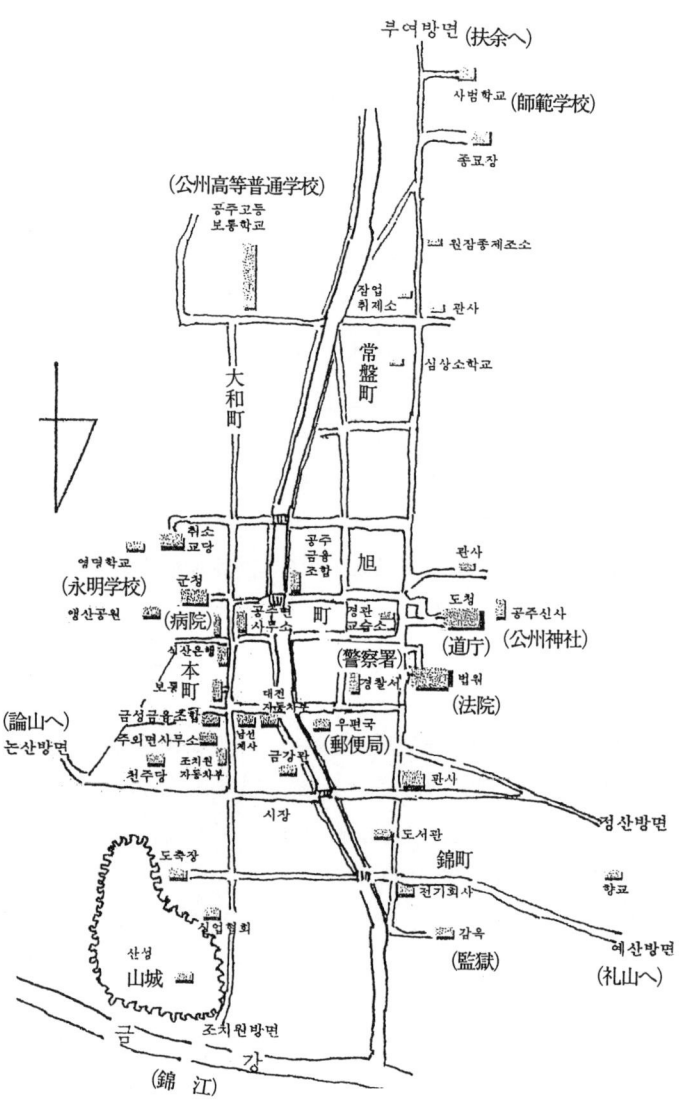

池秀傑「韓国の近代と公州の人々」『韓末日帝期公州の近代都市発達史』公州文化院、1999 年に掲載の「公州市市街地図」に龍田が手を加えたもの。

が作られたが検挙された。公州グループ玄昌碩もここの卒業生と聞く。抵抗運動の伝統が根付いていたようだ。

②忠清南道道庁跡

　現在、公州師範大学付属中高校があり、入口の門は道庁時代のもの。校庭に記念碑がある。道庁のあった頃、この周辺は旭町といわれ、近くに住んでいたおばあさんの話によれば、日本人の営む化粧品店や屋敷など大変な賑いだったという。1931年に、大田移転の反対運動は、有志達による陳情活動が中心で、全市民的な運動とはなりえなかった。既に湖南線、京釜線が大田に移った時、こうなることは予想されたが見通せなかった。運動も慶尚南道の晋州から釜山への移転反対運動の失敗に学ぶことはなかった。見返りの条件闘争として女子師範学校の設置だけであった。ただ、面白いのは、移転反対の理由に、公州は朝鮮人の町、大田は日本人の町で、「内鮮一体」をいうなら朝鮮人の不利になることを行うのは主旨に反する、と正面切って朝鮮人の利害関係を押し出していることである。

③公州警察署跡

　当時の旭町で現在の青少年文化センターの前にあった。小さな記念碑がある。通りすがりのおばさんは、小さい時、この前を通るのは恐ろしかったと話す。

④公州郡庁跡

　ここは今も市庁の第2庁舎として使われている。場所は旧錦町。

⑤公州刑務所跡

　仲々見つからず捜すのに苦労した。公州女高の下にあり、今はアパート群が建っている。案内してくれた青年は何の跡もないと言っていたが、楼望が残っていた。逃亡者はすぐに発見されただろう。1907年に公州監獄として出発し、日本統治以後は「刑務所」と呼ばれ、3・1運動を始め多くの独立運動家達が投獄された所である。20年ほど前に閉鎖された。

⑥公州邑事務所跡

　かつては地域行政の中心地として栄え、その後、銀行として使われた。当時の建物がそのまま残っている数少ない場所である。場所は旧旭町。

⑦公州博物館、永明学校跡、慈恵病院跡

　公州博物館は今も当時のまま使われている。隣が1901年に英人宣教師サップが始めた明宣学校が前身の永明中高校。キリスト教系私立高として多くの学生による抵

公州刑務所望楼跡

忠清北道道庁跡(大田移転前)現在
は公州師範大学校・付属高等学校

抗運動が行われた。神戸神学校の民族主義的独立グループで前回聞き取りをした金萬濟はここの卒業生であり、教員にもなっていたという。先に述べた様に戦時中は日本による教育が幅を利かせた。慈恵病院は現在、公州医療院となっている。

（3）最後に

　日本統治時代の面影は既に殆ど無くなっている。旧常磐町に日本風の家屋が残っているというので行って見るが、既に立て替えていた。統治時代の建物は無いが、その後遺症は人々の心に生き残っている。道端で会ったおばあさんの言葉からそう感じた。それを掘り起こす作業も難しくなりつつある。消えて無くなるのかというとそうではない。汚泥となって心の底辺に積って行く。率直に聞き話せば、いくらかでも浄化されるに違いない。

5 公州における日本統治への抵抗

（1）抵抗の伝統

この地域の日本人統治への抗日抵抗運動との関係はどうなっているのか。

東學農民戦争期に公州では、南接軍に参加した地方士族の李裕尚の奮戦は、死後も檀君神話となり伝えられた。第 1 次蜂起後、都会所や執剛所が市内に置かれ、その許可なくては通行も困難だったといわれた。儒生達の儒会などの組織も自主的にはできず、中央軍の到来を持って漸く保衛軍（儒生が組織した軍）が組織された。維鳩の農民軍は木川での戦闘に参加していた。公州の攻防が第 2 次蜂起の行方を決めた。

義兵戦争には良斎の門下が多く、他地域の蜂起に加担する位で、洪州の様に自主的な郷士組織は作られていない。

公州には道庁と憲兵隊本部があり、3・1 独立運動では、本格的な動きは 4 月 1 日の定期市以後で、3 月 23 日頃から永明学校の生徒を中心に準備し、一斉に起ち上がった。正安では水利施設の設置に反対する動きと山林の夫役に反対の農民が合流した。邑内デモの鎮圧に出かけていた巡査が呼び戻され、激しい対立となった。警官の発砲により多くの犠牲者や逮捕者を出し、公州刑務所に留置された。又、長岐、儀堂、鶏龍、牛城の周辺面でも篝火デモが 100〜1,500 人規模で行われた。

（2）朝鮮人の有志集団と日本支配

朝鮮人の新興地主集団や産業家は、3・1 独立運動が下火となり、日本が民族上層の宥和政策に転じると共にこれを機会に台頭する。ここに旧支配層の後裔を包接しつつも新たに地域政治における有志集団が形成される。それは「総督政治の媒介集団であり、財産と社会的能力、当局の信頼、社会的信望と人望を合わせる有力者集団*」である。彼らは公職、産業団体、半官半民団体、各種行政委員会、市民団体、新聞社などその地域社会団体のリーダーとして植民地下の地域社会に大きな影響力を及ぼした。

＊池前掲『韓国の近代と公州の人々』206 頁、207 頁

その代表的な人物が金甲淳である。郡庁の使い走りから、韓国が日本の保護国化

の時代に官吏の職を得て郡守となり、併合を迎え蓄財する。1930 年の道庁移転では
あらかじめ大田に大量の土地を買い占め、忠清南道最大の地主となる。その間、儒
城温泉、新聞社支局、乗合自動車、私設公州市場などの産業にも投資、汚ない手段
もいとわず公州周辺の 3,000 余の小作人を支配した。その蓄財手法はロビー活動と
闇取引ともいわれ、解放後は没落した。最後は息子を国会議員に出そうとしたが失
敗する。

　もう 1 人の典型的な有志徳望家は 3 大地主の 1 人、徐漢輔の子息徐憙淳である。
早稲田大学や東京簿記学校を卒業し、帰国後、永明学校の教員時代には 3・1 運動に
も係わったともいわれる。公州青年修養会から革新青年会への転換期にも革新派の
支持を得て幹事に、新幹会の公州支部の結成時には副会長ともなる。1931 年の道庁
移転反対運動では、公州市民会の副会長となり、日本人の丸山虎之助と共に中心的
な活動をし「公州第一の徳望家」の名を授かる。兄弟の謙淳も新聞記者として社会
運動に関わる。解放後は道の内務局長、道知事など歴任し、公州への大学の誘致に
も尽力した。しかし、1929 年の南鮮製糸株式会社設立への参加や争議への対応など
で警察、総督府との関係が指摘されている。

（3）公州における学生青年運動、労働農民運動、独立運動
①学生・青年運動
　全国の動きと軌を一にして 1920 年代に修養団体として生れるが、27 年には革新青
年団として 1929 年の新幹会支部設立に協力する。その後、農民運動や社会運動とも
関わり、地域民衆との関係を深めようとする市民出身の活動家も出る。30 年代には
根こそぎ弾圧を受け、表面的には会館修理の記事が出る位の活動しかなかったとい
う。
②農民運動
　小作争議は 1920 年代に始まり、1930 年代に高揚する。地主が小作料負担能力の高
い小作人を選別し、小作地取り上げに反対する者や地主による収納時の計量のごま
かしに反対するものなど多様であった。この地域における代表的な小作争議は池前
掲『韓国の近代化と公州の人々』に詳しい。
　例えば公州邑の北に位置し、儀堂に向かう錦江支流チョンアンチョンの広い平野
にある牛城は邑周辺の代表的農村地域であった。この地域からは多くの戦時動員者

を出した。ここでは 20 年代後半には夜学活動を中心とした労農協会運動があり*1、30 年代前半には安秉斗ら社会主義的な青年運動家達の影響の下、小作争議も行われた*2。

> *1 労農協会は革新的青年運動の高まりの中、全国的に展開された運動である。全国組織は許可されず郡単位に組織された。公州労農協会は 1926 年 3 月、公州城内の霊陰寺で創立、各面に支会を置き、州外、鶏龍、牛城、長岐などに置かれた。「実学奨励を通じ生活向上、小作相助、労働共済、無産教育」などを目的にしたが、当局の弾圧が激しく、新幹会と同様実質的な活動は夜学活動位で終わる。
>
> *2 牛城で注目されるのは 1926、7 年の洪水対策に伴う水利事業と水利組合設立への反対運動である。日本人の赤木良一（土木業、不在地主）を利し、熟成地を持つ地域の従来の地主には反って被害と費用負担あるのみと反対した。他同様強行実施され、28 年には木泉水利組合が作られた。組合長は金甲淳である。

もう 1 つの例を挙げる。1930 年代半ばに論山街道沿いの当時の州外面から鶏龍面にかけての地域では、小作争議が活発に行われたという。1931 年 11 月には、州外面の新基里を中心に 120 人の「新基里小作人同盟」が組織され、小作権の移動絶対反対、小作料の配分（地主 4 割、小作人 6 割）、マルム制撤廃を決議した。

又、同月には鶏龍面の中壮里や下大里、九旺里、内興では 300 余名による小作同盟が結成され、小作料 5 割以上の拒否、公課金の小作人転嫁には応じない、など 9 ヵ条の決議を挙げ、20 人の地主に通告した。鶏龍面と州外面の代表 27 名は、郡庁を訪問して郡長らと交渉し、円満解決が図られたと当時の新聞が報じている。又、この渦中に儀堂面でも 100 余名の小作人が同様の要求を掲げ起ち上がり、警察は青年団等の介入を阻止しようとして、地主側に譲歩を迫る場面も生まれたという。地域社会のこうした運動は地主側の反撃もあったが、1933 年 4 月には公州郷校の所有する土地での小作争議が行われ、前出の社会主義者の安秉斗も関わった。

③社会主義的運動—安秉斗と尹鎔夏

革新的青年運動のリーダーには社会主義的傾向を持つ青年が多く加わっていた。出身階層は公州市内の小商人や店員、職人など「都市平民」ともいうべき層で、高等普通学校や農学校、女子高等普通学校の在学者、新聞記者など地方の知識層も多かった。代表的な人物として 2 人を挙げる。

安秉斗は「判決文」によると、1910 年に公州邑旭町に生まれ、生活の貧しい家庭で育ち、公州高等普通学校では、後に「共親会」という店員や労働者を組織した朴道元ら同級生と共に社会主義文献を読み、日本からの独立とソ連の様な労働者・農

民のための社会を作ることを目ざしたという。卒業後、中央日報の記者となり革新的青年運動の中心となり、少年同盟の組織に努めた。1931 年には「赤色檄文事件」に関連して拷問による自白を基に「赤色秘密結社事件」が捏造された。1932 年 3 月に懲役 1 年と 5 年の執行猶予の判決を受けた。この間、牛城面の方興里の小作争議を指導した。

　一方、尹鎔夏の履歴は明らかでないが、革新的青年会の幹部であり、安秉斗らが 1 年の刑を終えて公州に帰った 1933 年、「赤色読書会」の組織者として 11 名の検挙者を出した事件の当事者であった。このメンバーには燕岐郡南面の書記朴鐘烈や職工の尹明在、公州高等普通生などがおり、一時、京畿道に及ぶ大規模な捜査網が敷かれた。にも拘わらず 1934 年に刑を言い渡されたのは 3 名にすぎなかった。罪状はプロレタリア文学同盟の雑誌や新聞、秘密文書の配布、読書会の組織など治安維持法違反であった。そして、この弾圧により青年運動始め農民運動は壊滅的な打撃を受けたという。

④独立運動

　忠清道における治安当局の要視察、要注意人物、治安維持法違反関係資料は清州の項で取り扱った。主な独立運動家の金佐鎭将軍や尹奉吉はあまりにも有名であるが、生育経歴等地域的検討が必要である。公州においては治安維持法違反者等 30 人の独立運動功労者が挙げられている[1]。中国東北地方の独立運動家、臨時政府の活動家の他、国内の学生、農民、新幹会、キリスト教などの抵抗運動の組織者である[2]。個別の事例研究はこれからである。

> ＊1 独立功労者勲功録　国家報勲處？　（池秀傑前掲書）。「独立運動史資料集」では確認していない。
>
> ＊2 その内の 1 人をあげる。キリスト教系の独立運動家・具茂彦は中学在学中にも 5 人の同志と独立運動をし、日本と敵対している英米の援助を得るためには教会や宣教師の力が必要と考えた。1940 年学校卒業後も独立運動を続け、42 年に検挙されたという。

6　丁洛鎭氏との再会

（1）聞き取りの経緯

　前回は言葉がよく聞き取れず、簡単な聞き取りで終わったが、今回きちんとしたものにしたいと思い、大田市庁に 2 週間前に出向き、通訳を依頼した。既に行政課

の戦時動員関係の係はなく、替って功労者関係の係官が対応してくれ、打ち合わせ
をした。係官はあらかじめ連絡をして「私と洛鎭氏の息子に立ち会ってもらえば、
通訳はなくてもよいのではないか」と言うので、それに従うことにした。念のため
市長宛の手書きの依頼文書を提出しておいた。

　ところが、訪問前日に連絡を取ると通じない。そこで、やむなく当日直接、市庁
舎に出かけると、係官が日付を間違えて準備ができていなかった。漸く私を洛鎭氏
宅に送り届けてくれるのが精いっぱいという始末であった。そんなこともあって、
今回も不十分な聞き取りになってしまったが、幸い洛鎭氏は前回よりも声もしっか
りしていた。約2時間ばかりの聞き取りとなった。

・聞き取り日時・場所
　6月11日、午前10時～12時・大田市中区山城洞の自宅

（2）聞き取り内容
①グループの方針等
　前回の聞き取りの内容を『戦争と勿来』28号で確認する。父の経歴について「農
学校卒でないこと」、「3・1運動への関与」は聞き違いであった。

　蜂起の方法について、『特高月報』の記述が、このグループの方針として他の文書
における経歴の中にも書き込まれている。「放火」「防火用水の転覆」「消火の妨害」
などは一般市民への被害を予想出来る。これらの方針は本当に考えていたのかを尋
ねた。

　日本でデッチアゲた可能性があるのではないかと話すと、これに対し氏の答えは
なかったが、その様に考えてくれて嬉しいという事を言われた。一般市民を敵とす
る様な気持はなかったと受け止められるが、このグループの蜂起計画の成熟度を知
る指標となろう。

　又、上海臨時政府との繋がりやグループの規模についての質問についてはよく聞
きとれない。帰国の経路、旅費等についてもよく分からなかった。
②玄昌碩氏経歴等
　故郷の松院では昌碩氏とは同じ所に住んでいた。昌碩氏の家は豊かで、多くの土
地を持ち、家柄もよかった。商売もして金もあった。出身は公州高等普通学校だっ
た。

帰国後は公州市内に転居して、山城洞に住んでいた。政治活動を続け、自由党の公州市の副会長や大韓チョンヨン党の会長などをしていた。私とは住まいが離れていたので、6・25戦争以後は会う機会はなかった。1971年に亡くなった時も交流はなく、遺族がどうなったかは分からない。当時の氏の写真や手紙も持っていない。

③戦後の洛鎭氏

信託統治反対や、大韓民国の成立には関わったが、6・25戦争との関わりはよく分からなかった。妻とは帰国後、結婚して70年間連れ添っている。職業は農業をし、小さな精米所などをしながら、6人の子供を育てた。子供達は家の手伝いをしながら苦労した。現在、長男は教師、次男は会社員をしているが、3男は癌で最近亡くなった。4男は畜産農家で、5男は証券会社に勤めている。6男はインテリアの商社を営んで、同居している。

④故郷の松院について

松院の当時の戸数は70戸位で、人口は350人位だった。錦川支流橋川の下流にいくつかの部落がある。その中に683番地はあった。部落の特徴や強制動員について、区長の権限がそんなに強いと思わなかった。戦時動員された人は70人位だった。その内5人は分かる、との情報を得た。小作運動や3・1運動との関わりは聞けなかった。

⑤公州グループについて

池前掲『韓国近代の公州の人々』によれば、帰国中の玄昌碩は1941年6月に、論山郡庁勤務の盧燮や林憲道（公州高等普通学校卒業後、公州大師範大学教授）、丁洛鎭、朴寅錫、権五煌、李鍾屹らと公州グループを結成し、その後、留学生活を継続、とある。

但し池氏の記述にはかなりの混乱がある。盧燮が論山の郡庁勤務という点で『特高月報』の岡村俊雄である可能性が強い。盧燮氏は「1943年2月に拷問の後遺症で他界し」独立功労者として表彰されたとなっている。遺族がいるかもしない。又、林権道は駒澤大学生とあるが、洛鎭氏は「途中運動から脱落したが、今は大学の教授になり、生きている」という。尚、洛鎭氏によると『特高月報』にある新川文雄は聞いたことがあるが、会ったことはない。朴寅錫、権五煌はよく知っているという。出身からして公州グループとは考えられないので、東京でのつき合いだろう。

（3）最後に

公州グループに関する地元の僅かな資料と洛鎮氏の証言を得た。今後、公州普通高等学校出身の青木正雄の消息も分かるかもしれない。玄昌碩の戦後の消息もいくらか分かりそうだ。洛鎮氏は元気で、前回失くしたと思っていた万年筆を不自由な足をおして、自分の部屋から持って来て「忘れものだよ」と手渡してくれた。感激。

まとめ

今回の訪問は全体として準備不足が目立ち、聞き取りの予定にも手違いが多く不十分なものに終わった。

1　「東アジアフォーラム」に参加して

光州での5日間は、東アジアの共通の歴史をめざす運動にとっては、大きな試練の時であるが、領土問題を取り巻く課題と市民運動としての日韓の多様な取り組みと中国の現状がつぶさに分かった。韓国民主化運動の原点に触れて、日本の民主化運動の現段階を考えるよい機会となった。

2　「強制動員調査・支援委員会」の協力

同委員会の協力により福島関係の被害申告者の実態の精度が高まった。遺品の中には郵便貯金通帳や職業能力申告書、表彰状などがあった。供託金の名簿の一部も閲覧出来、今後の課題として残る未払い金問題の取り組みへの動かぬ証拠となるものだと思った。

3　忠清道の現地調査

（1）清州・清原

古河好間炭砿の「家族呼び寄せ」犠牲者安銀子氏と遺族会会長の聞き取りから、被害遺族の要求と運動の現状を掴みたかったが、会員の高齢化や国内での運動に意

識が向いていることは否めない。銀子氏のまっすぐな人柄と生きざまの一部に触れることが出来た。交流を深めたい方である。

治安維持法関係では、林炳喆氏を中心とする東京の学生グループについて、実弟から炳喆氏についてのエピソードやその後について情報を得た。運動そのものの解明は難しかった。安南独立運動史グループの消息は得られなかった。

（2）燕岐郡の戦時動員の送出側の地域的背景を深める作業

「強制動員調査・支援委員会」で得た名簿を十分利用できなかった。全義面では樺太・関本関係の黄豊子氏からの聞き取りが実現し、過酷な帰国後の生活の一端に触れることができた。調査協力者金東鎬氏の兄の犠牲と関連の話は、戦時動員被害者は特殊なケースでないことを思い知らされた。しかし、地域の戦時状況を知るまとまった資料は得られなかった。

東面については日本統治期を通じて面長であった裵道煥氏の子息基瓚氏からの聞き取りと面誌から地域的背景が見えてきた。住友鴻之舞鉱山の被動員者の聞き取りがほしいが、田大成が鴻之舞からの逃亡後、樺太・関本に動員されていることは注目される。今後、被害申告もなされているので遺族からの聴き取りを行いたい。

（3）公州郡

公州関係の治安維持法違反事件関係5人の内2人しか聞き取りは実現しなかった。

日大の「形象座」関連の崔用必、物理学校生の平山絃七は民族主義グループでなく社会主義的運動家である関係もあるのか、前回の様には捜し出せなかった。

公州邑内の日本統治時代の資料は、市内の中央図書館・光復図書館で池秀傑『韓国近代の公州の人々』を見つけ、発行元の公州文化院を尋ねたところお譲り頂けた。忠清南道日帝統治時代の遺跡調（著書名を忘れた）や「地名変遷史」「市内地図」などを入手、かなりの文献が分かるようになった。行政、司法権の掌握を背景に、地方有力者と日本からの移住者集団による地域支配の仕組が見え始めた。日本統治への「抵抗運動」の性格と限界、農民や労働者、市民学生運動と戦時動員への抵抗との繋がり、独立運動家達の立場や意識との関わりを引き続き調べて行きたい。

戦時動員名簿の9企業、897人についての分析、それを基にした聞き取りは今後の課題となった。

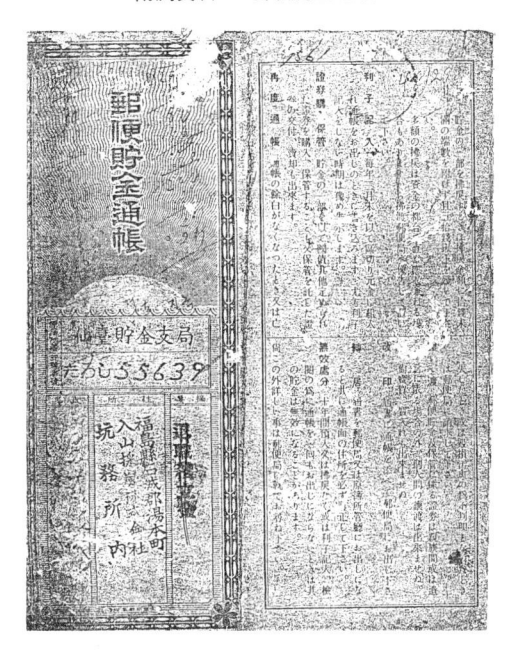

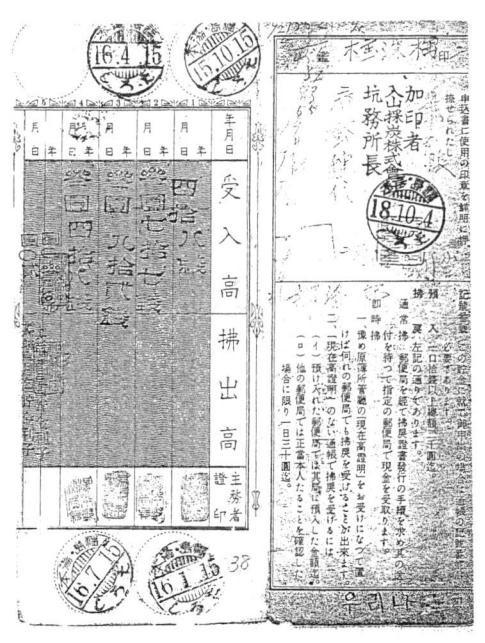

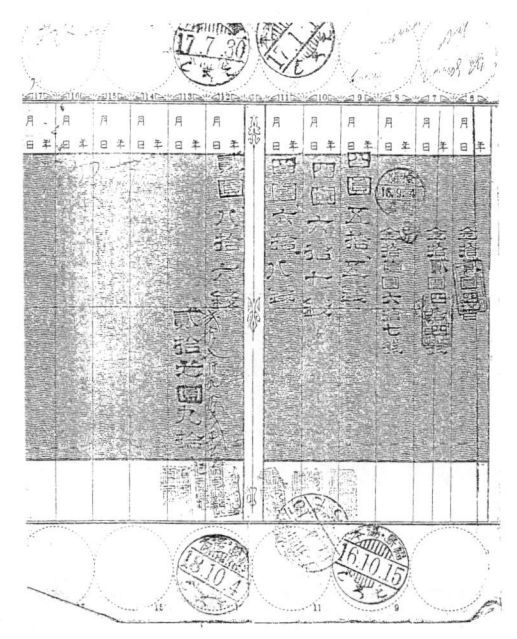

「対日抗争期強制動員被害調査と国外強制動員犠牲者等支援委員会」提供

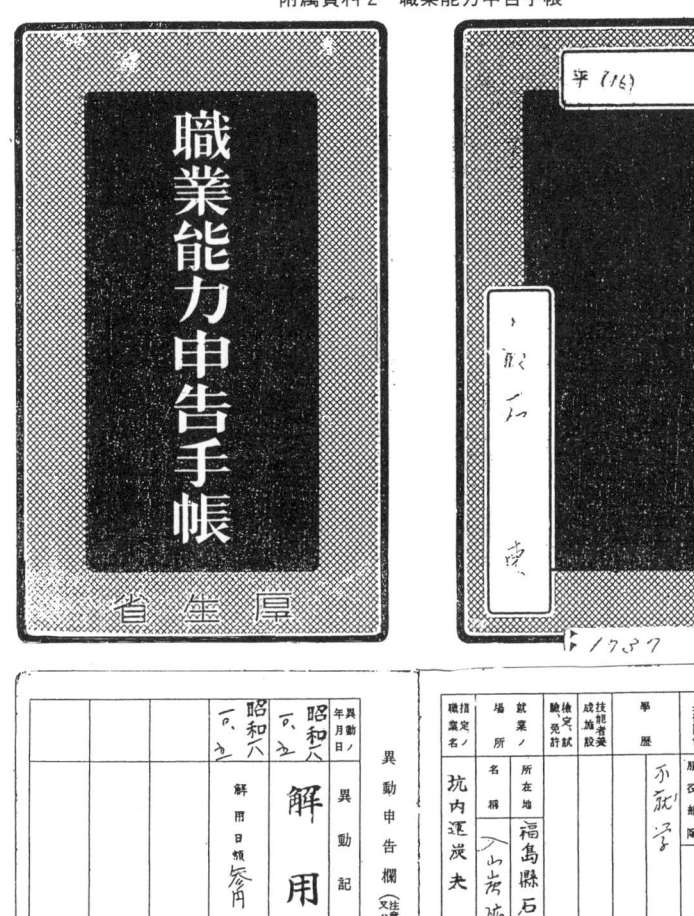

「対日抗争期強制動員被害調査と国外強制動員犠牲者等支援委員会」提供

附属資料 3　国民労務手帳（平国民職業指導所）

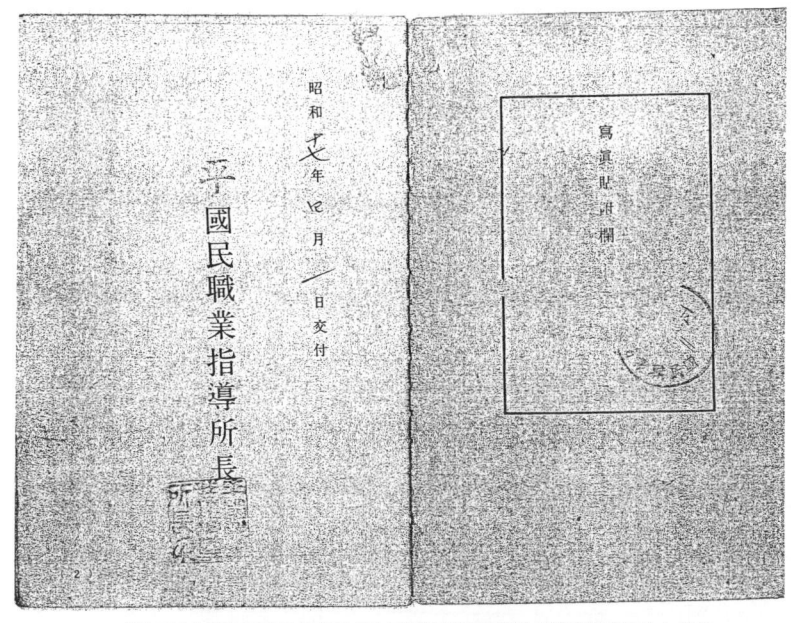

「対日抗争期強制動員被害調査と国外強制動員犠牲者等支援委員会」提供

附属資料 4　福島県協和会会員章

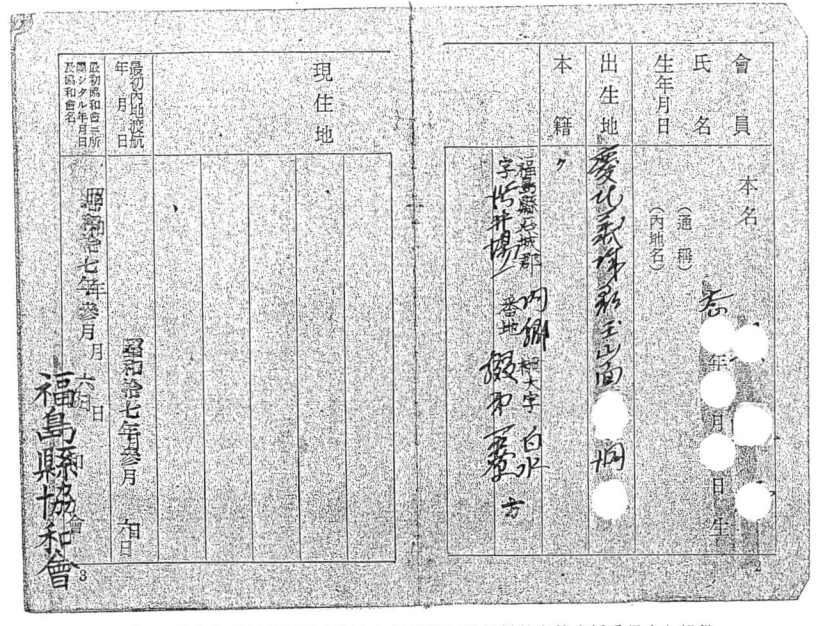

「対日抗争期強制動員被害調査と国外強制動員犠牲者等支援委員会」提供

感謝状

大元　石殿

右者當社入所以來満二箇年其ノ間
銃後ノ産業戦士トシテ石炭増産ニ
挺身シ燃料報國ニ邁進セルハ皇國
臣民ノ誓詞ニ副ヒ其本分ヲ達成セ
ルモノニシテ其功尠カラス仍テ茲
ニ感謝ノ意ヲ表ス

昭和十八年四月一日

磐城炭礦株式會社
取締役副社長
礦業所長　鶴田勝三

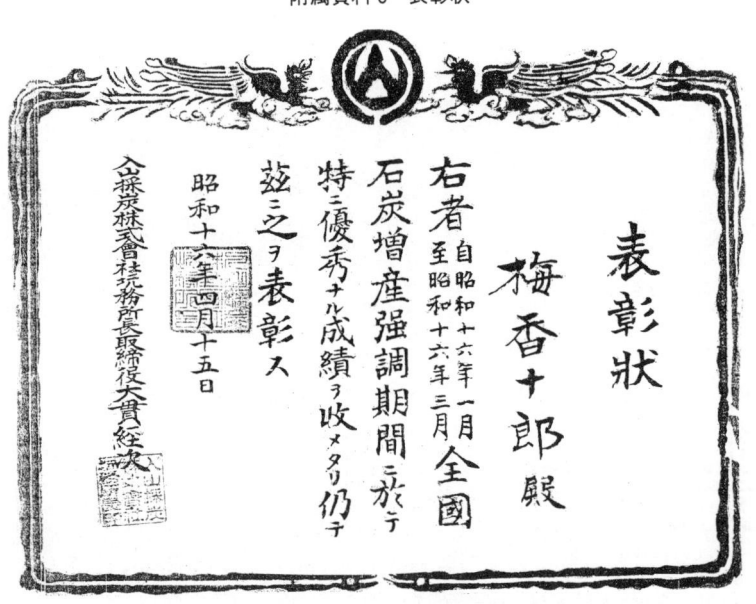

表彰状

梅香十郎殿

右者　自昭和十六年一月　至昭和十六年三月　全國
石炭増産強調期間ニ於テ
特ニ優秀ナル成績ヲ收メタリ仍テ
茲ニ之ヲ表彰ス

昭和十六年四月十五日

入採炭株式會社
桔梗務所長取締役大貫経次

「対日抗争期強制動員被害調査と国外強制動員犠牲者等支援委員会」提供

附属資料7　忠清南道公州郡面里別戦時動員者名簿

凡例

1. 本名簿は龍田が作成したものである。作成に使用した資料は下記の通り。
    1. 守屋敬彦編「戦後外国人強制連行関係資料集」Ⅲ巻、明石書店、1991年、1331頁〜1435頁 「二、住友鴻之舞鉱山、伊奈牛鉱山、八十士鉱山への強制連行者名簿」
    2. 韓国国家記録院経由、日帝強占下強制動員被害真相究明委員会認定文書
        各県知事から厚生省勤労局長宛 「朝鮮人労働者に関する調査結果」県毎データ入力
        ①宮城県　株式会社西松組会社　西松組　昭和21年7月26日作成　52、54頁
        ②静岡県　宇久須鉱業株式会社　宇久須鉱山　昭和21年7月21日作成　154〜176頁
        ③兵庫県　三菱生野鉱業所　昭和21年7月23日作成　84〜91頁
        ④福岡県　三井三池炭鉱　万田労務所　昭和21年7月作成　852頁
        　　　　　寶珠山鉱業株式会社　寶珠山炭鉱　作成年月日不明　130〜134頁
    3. 韓国国家記録院経由、日帝強占下強制動員被害真相究明委員会認定文書
        「所謂朝鮮人徴用者に関する名簿」 全6巻16冊
        ①美流鍍鉱鉱業所 「保安日誌」作成年月日不明 （第1巻第2冊）　4709〜711頁
        ②日本製鉄株式会社釜石製鉄所第5巻第1冊
        「朝鮮人労務者兵事休務者名簿」 作成年月日不明　108頁
        「死没朝鮮出身労務者未給与預貯金等明細書」 昭和21年12月11日作成　104頁、115〜118頁
        「朝鮮人労務者未給与預貯金等明細書」 昭和21年12月11日作成　132〜136頁
        「朝鮮出身労務者に対する退職積立金証券東未処理分明細書」 作成年月日不明　172、173、174頁　重複174頁
        ③日曹天塩鉱業所
        「乗船名簿」 作成年月日不明　第6巻　665、669、670、680、701、702、710頁
2. 氏名欄は個人情報保護のため空欄とした。
3. 年月日は西暦表記。年は1900年代。但し89、95、97、98は1800年代を示す。
4. ○は資料が不鮮明で読み取れない字を表す。記載がない場合は空欄とした。
5. ？は疑問があることを示す。
6. 面名は1942年の行政区域変更で変わったが、旧面名で記載されている場合はそのまま使用した。例えば、新下面は新豊面、新上面は維鳩面、木洞面は利仁面となる。ただし、統計上は現在の面として取り扱った。
7. 備考欄
    ・足尾、花岡、別子などの鉱山名は2次移動で動員された鉱山名を表わす。
    ・「逃亡」は動員企業からの逃亡を表わす。
    ・「家族」は「家族呼び寄せ」（「家族来日」も同じ）を表わす。
    ・「社宅」は社宅が貸与されたことを表わす。
    ・「満期」は満期帰国を表わす。
    ・「終戦」は終戦時帰国を表わす。
    ・「送還」は病気又は強制帰国を表わす。
    ・「帰国」は中途帰国を表わすが、理由は不明。
    ・「事故」は事故による帰国を表わす。
8. 住友鴻之舞鉱関係の備考欄は守屋敬彦作成名簿（守屋編『戦後外国人強制連行関係史料』Ⅲ巻、明石書店、1991年、1331〜1435頁）より引用した。
9. 面・里洞、動員企業名は全て新字に改めた。

番号	氏名	生年月日	年齢	面	里洞	動員企業名	動員年月日	帰国年月日	備　考
568			24	○○	○○	宇久須興業KK	45. 2.15	45. 9.11	逃亡
336		14. 5. 3	29	○○	○○	西松組塩釜出張所	43. 7.23	45.12. 6	終戦
398		21. 5.26	22	維鳩	維鳩	西松組塩釜出張所	43. 7.23	45. 2.18	逃亡
405		20. 5. 2	23	維鳩	維鳩	西松組塩釜出張所	43. 7.23	45. 9	逃亡
369		21. 3.25	22	維鳩	鹿川	西松組塩釜出張所	43. 7.23	43. 9.28	逃亡
659			24	維鳩	鹿川	三菱生野鉱業所	43. 9.23	45.10. 2	満期
660			22	維鳩	鹿川	三菱生野鉱業所	43. 9.23	45.10. 2	満期
695		16. 1.22	27	維鳩	鹿川	宝珠山鉱業KK	43. 4.15	45. 9.23	
708		20. 5.25	22	維鳩	鹿川	宝珠山鉱業KK	43. 4.15		
402		23. 3.22	20	維鳩	秋鶏	西松組塩釜出張所	43. 7.23	44. 1.29	逃亡
752		14.10. 5	28	維鳩	新影	宝珠山鉱業KK	43. 6.17	45. 9.13	終戦
341		05. 3.15	38	維鳩	新影	西松組塩釜出張所	43. 7.23	44. 3.12	送還
658			37	維鳩	新影	三菱生野鉱業所	43. 9.23	45.10. 2	満期
711		14. 5. 9	29	維鳩	徳谷	宝珠山鉱業KK	43. 6.17		
723		14. 5. 9	29	維鳩	徳谷	宝珠山鉱業KK	43. 1.11		
694		21. 5.10	21	維鳩	文錦	宝珠山鉱業KK	43. 4.15	45. 9.23	
701		22. 8. 8	20	維鳩	文錦	宝珠山鉱業KK	43. 4.15	45. 9. 2	
702		97. 3. 5	46	維鳩	文錦	宝珠山鉱業KK	43. 4.15	45. 9. 2	
710		08. 9. 5	34	維鳩	文錦	宝珠山鉱業KK	43. 6.17		
729		20. 2. 4	23	維鳩	文錦	宝珠山鉱業KK	43. 6.17		
749		20. 2. 4	23	維鳩	文錦	宝珠山鉱業KK	43. 6.17	45. 9.13	終戦
565			46	儀堂	○○	宇久須興業KK	45. 2.15	45.?.?	逃亡
566			?	儀堂	○○	宇久須興業KK	45. 2.15	45. 8.?	逃亡
567			28	儀堂	○○	宇久須興業KK	45. 2.15	45. 8.11	逃亡
338		98. 2. 1	48	儀堂	○○	西松組塩釜出張所	43. 7.23	45.12. 6	終戦
615			28	儀堂	雲龍	三菱生野鉱業所	43. 9.23	44. 8. 3	逃亡
616			22	儀堂	雲龍	三菱生野鉱業所	43. 9.23	45.10. 2	満期
448		08. 3.25	31	儀堂	佳山	羽田精機KK	39.12. 8	45.12. 5	満期
117		02. 3. 7	38	儀堂	栗亭	住友鴻之舞	40. 3.27	42. 4.27	満期
238		25.12. 4		儀堂	栗亭	日曹天塩			
377		10. 1.10	33	儀堂	栗亭	西松組塩釜出張所	43. 7.23	43. 5.21	逃亡
56		03.11. 8	37	儀堂	月谷	住友鴻之舞	40. 3.27	42. 4.27	満期
57		07. 7.25	33	儀堂	月谷	住友鴻之舞	40. 3.27		花岡、家族、社宅
529		04.11.22	40	儀堂	五仁	宇久須興業KK	45. 2.15	45. 8.16	逃亡
251				儀堂	松亭	日鉄釜石製鉄所	42. 6. 5	43. 8.13	逃亡
252				儀堂	松亭	日鉄釜石製鉄所	42. 6. 5	45.12.30	満期
550		12. 7.19	32	儀堂	松亭	宇久須興業KK	45. 2.15	45. 6.12	逃亡
555		08.11.21	36	儀堂	松亭	宇久須興業KK	45. 2.15		送還
556		13. 8. 3	31	儀堂	松亭	宇久須興業KK	45. 2.15	45. 6.20	逃亡
673		16. 2.20	28	儀堂	松亭	三井三池万田坑	44.12.16	45. 2.24	逃亡
617			29	儀堂	水村	三菱生野鉱業所	43. 9.23	43.11.25	逃亡
243		05. 2.13		儀堂	水村	日曹天塩			満期
347		23.10.10	19	儀堂	水村	西松組塩釜出張所	43. 7.23	43. 8.16	逃亡
348		18. 6.17	25	儀堂	水村	西松組塩釜出張所	43. 7.23	43. 8.16	逃亡
349		13. 7.18	30	儀堂	水村	西松組塩釜出張所	43. 7.23	43. 8. 8	逃亡
60		12. 4. 5	28	儀堂	水村	住友鴻之舞	40. 3.27	45.11. 8	伊那牛、家族、社宅
61		15. 4.18	25	儀堂	水村	住友鴻之舞	40. 3.27	42. 4.28	満期
62		08. 4.17	32	儀堂	水村	住友鴻之舞	40. 3.27	42. 4.27	満期
63		15. 5.10	25	儀堂	水村	住友鴻之舞	40. 3.27		奔別、家族、社宅
121		14.11. 2	26	儀堂	水村	住友鴻之舞	40. 3.27		送還、家族、社宅
239		22.10.15		儀堂	水村	日曹天塩			
552		17.10. 4	27	儀堂	青龍	宇久須興業KK	45. 2.15	45. 7.26	逃亡
553		21. 5.12	23	儀堂	青龍	宇久須興業KK	45. 2.15		送還
64		16. 4.29	24	儀堂	青龍	住友鴻之舞	40. 3.27	42. 4.27	満期
65		13.12.30	27	儀堂	青龍	住友鴻之舞	40. 3.27	42. 2. 4	逃亡
485		28.12. 4	16	儀堂	青龍	宇久須興業KK	45. 2.15	45.9 中旬	終戦
309				儀堂	中雲	日鉄釜石製鉄所	42. 6. 5	43. 7. 1	事故
618			33	儀堂	斗満	三菱生野鉱業所	43. 9.23	43.11.25	逃亡
619			33	儀堂	斗満	三菱生野鉱業所	43. 9.23	45.10. 2	満期
332				儀堂	斗満	日鉄釜石製鉄所	42. 5.17	45.12.30	終戦
527		?. 2.?		儀堂	斗満	宇久須興業KK	45. 2.15		逃亡
194		06. 8. 6	35	儀堂	徳鶴	住友鴻之舞	41. 1.16	43. 1.16	満期
241			26	儀堂	水村	日曹天塩			
67		13. 1.15	27	儀堂	柳渓	住友鴻之舞	40. 3.27		奔別、家族、社宅
551		89.10.15	55	儀堂	柳渓	宇久須興業KK	45. 2.15	45. 7.20	逃亡
58		17. 9.20	23	儀堂	要龍	住友鴻之舞	40. 3.27	42. 4.27	満期
59		16. 5.15	24	儀堂	要龍	住友鴻之舞	40. 3.27	42. 4.27	満期
731		21. 9.20	21	儀堂	龍○	宝珠山鉱業KK	43. 2.15		
554		17.11.15	27	儀堂	龍峴	宇久須興業KK	45. 2.15	45. 7.20	逃亡
482		08.11.21	35	儀堂	龍峴	宇久須興業KK	44. 5.25	45.9 中旬	送還
483		03. 1.10	41	儀堂	龍峴	宇久須興業KK	44. 5.25	45.9 中旬	終戦

番号	氏名	生年月日	年齢	面	里洞	動員企業名	動員年月日	帰国年月日	備考
253				儀堂	龍崛	日鉄釜石製鉄所	42. 6. 5	45. 5.25	逃亡
337		95.12. 4	47	牛城	○○	西松組塩釜出張所	43. 7.24	45.12. 6	終戦
301				牛城	韓川	日鉄釜石製鉄所	42. 6. 5	44.12.18	逃亡
493		20. 5.20		牛城	韓川	宇久須興業KK	45. 2.15	45. 9中旬	終戦
104		17. 7.28	23	牛城	貴山	住友鴻之舞	40. 3.27	42. 4.27	満期
4		10. 2.22	29	牛城	貴山	住友鴻之舞	39.10. 7	41.11. 8	満期
380			31	牛城	貴山	西松組塩釜出張所	43. 7.23	44. 6. 3	逃亡
419		15. 9.11	24	牛城	貴山	羽田精機KK	39.12. 8	41. 1.15	帰国
420		17. 9.11	25	牛城	貴山	羽田精機KK	39.12. 8	41. 2.21	帰国
422		18. 8.11	21	牛城	貴山	羽田精機KK	39.12. 8	41. 7.11	帰国
427		11. 3.25	28	牛城	貴山	羽田精機KK	39.12. 8	45. 1. 6	帰国
437		08. 8.13	31	牛城	貴山	羽田精機KK	39.12. 8	42. 6. 2	逃亡
438		09. 3.16	30	牛城	貴山	羽田精機KK	39.12. 8	42. 6. 2	逃亡
439		21. 6.19	18	牛城	貴山	羽田精機KK	39.12. 8	42. 6. 2	逃亡
440		15. 5. 4	24	牛城	貴山	羽田精機KK	39.12. 8	42. 6. 2	逃亡
453		16. 8.30	23	牛城	貴山	羽田精機KK	39.12. 8	45.12. 5	終戦
455		09. 4.20	30	牛城	貴山	羽田精機KK	39.12. 8	45.12. 5	終戦
456		04.10.19	35	牛城	貴山	羽田精機KK	39.12. 8	45.12. 5	終戦
496		89. 9. 2	55	牛城	貴山	宇久須興業KK	45. 2.15	45.9中旬	終戦
498		13.12.28	31	牛城	貴山	宇久須興業KK	45. 2.15	45.9中旬	終戦
534		19. 4.14	25	牛城	貴山	宇久須興業KK	45. 2.15	45. 7.19	逃亡
537		12. 8. 1	32	牛城	貴山	宇久須興業KK	45. 2.15	45. 7.11	逃亡
538			26	牛城	貴山	宇久須興業KK	45. 2.15		釜山にて逃亡
539		98.11.14	46	牛城	貴山	宇久須興業KK	45. 2.15		逃亡
193		21. 7.25	20	牛城	月尾	住友鴻之舞	41. 1.16	41. 3.25	労務災害
289				牛城	月尾	日鉄釜石製鉄所	42. 6. 5	45.12.30	終戦、未払117円76銭
303				牛城	月尾	日鉄釜石製鉄所	42. 6. 5	43. 4.17	逃亡
307				牛城	月尾	日鉄釜石製鉄所	42. 6. 5	43. 2.25	事故
355		17.10. 7	25	牛城	月尾	西松組塩釜出張所	43. 7.23	43. 7.31	逃亡
356		14. 5. 6	29	牛城	月尾	西松組塩釜出張所	43. 7.23	43. 8. 4	逃亡
441		12. 3. 2	27	牛城	月尾	羽田精機KK	39.12. 8	42. 6. 2	逃亡
634			23	牛城	月尾	三菱生野鉱業所	43. 9.23	44. 2.19	逃亡
635			28	牛城	月尾	三菱生野鉱業所	43. 9.23	44. 4.20	逃亡
636			23	牛城	月尾	三菱生野鉱業所	43. 9.23	44. 6.22	逃亡
119		21.11.27	26	牛城	上西	住友鴻ノ舞	40. 3.27	42. 4.27	満期
120		14.11.17	26	牛城	上西	住友鴻ノ舞	40. 3.27	43. 1.20	
75		19. 4.12	21	牛城	上西	住友鴻ノ舞	40. 3.27	42. 4.27	満期
76		18.11.29	22	牛城	上西	住友鴻ノ舞	40. 3.27	42. 4.27	満期、社宅
77		17. 6.21	23	牛城	上西	住友鴻ノ舞	40. 3.27	42. 4.27	満期、社宅
722		20. 8.28	22	牛城	上西	宝珠山鉱業KK	43. 2.19		
639			21	牛城	上平	三菱生野鉱業所	43. 9.23	44. 7. 5	逃亡
640			22	牛城	上平	三菱生野鉱業所	43. 9.23	43.10.26	逃亡
641			25	牛城	上平	三菱生野鉱業所	43. 9.23	43.10.26	逃亡
642			26	牛城	上平	三菱生野鉱業所	43. 9.23	43.10.26	逃亡
643			28	牛城	上平	三菱生野鉱業所	43. 9.23	44. 7. 5	逃亡
644			28	牛城	上平	三菱生野鉱業所	43. 9.23	44. 2.20	逃亡
645			23	牛城	上平	三菱生野鉱業所	43. 9.23	44. 2.20	逃亡
497		11. 5.15	33	牛城	新熊	宇久須興業KK	45. 2.15	45.9中旬	終戦
536		12. 2.29	32	牛城	新熊	宇久須興業KK	45. 2.15		逃亡
533		14. 2.28	30	牛城	双新	宇久須興業KK	45. 2.15		益山にて逃亡
535		19. 2.23	25	牛城	双新	宇久須興業KK	45. 2.15		国内にて逃亡
540		11. 7. 1	33	牛城	双新	宇久須興業KK	45. 2.15		釜山にて逃亡
562		12. 6. 3	32	牛城	双新	宇久須興業KK	45. 2.15		逃亡
244		22. 9.11?		牛城	大成	日曹天塩		42. 9.20	逃亡
293				牛城	丹芝	日鉄釜石製鉄所	42. 6. 5	43. 2.22	逃亡
294				牛城	丹芝	日鉄釜石製鉄所	42. 6. 5	43. 2.22	逃亡
726		12. 5.15	30	牛城	丹芝	宝珠山鉱業KK	43. 2.19		
738		01. 7. 6	41	牛城	丹芝	宝珠山鉱業KK	43. 2.19	45. 9.23	終戦
204		20. 7.21	21	牛城	東谷	住友鴻ノ舞	41. 1.16	43. 1.16	満期
205		11. 8.18	30	牛城	東谷	住友鴻ノ舞	41. 1.16	43. 1.16	満期
206		03.10. 5	38	牛城	東谷	住友鴻ノ舞	41. 1.16	43. 1.16	満期
302				牛城	東谷	日鉄釜石製鉄所	42. 6. 5	44.12. 3	逃亡
304				牛城	東谷	日鉄釜石製鉄所	42. 6. 5	42. 9.26	逃亡
322				牛城	東谷	日鉄釜石製鉄所	42. 6. 5	44.12. 3	逃亡
240		16. 5. 5		牛城	道川	日曹天塩			
242			27	牛城	道川	日曹天塩			
557		13.12. 1	31	牛城	道川	宇久須興業KK	45. 2.15	45. 6.20	逃亡
558		12.12.30	32	牛城	道川	宇久須興業KK	45. 2.15	45. 6.15	逃亡
559		? . 5.28		牛城	道川	宇久須興業KK	45. 2.15	45. 6.20	逃亡
637			23	牛城	道川	三菱生野鉱業所	43. 9.23	44. 7. 5	逃亡
638			22	牛城	道川	三菱生野鉱業所	43. 9.23	43.10.21	逃亡

番号	氏名	生年月日	年齢	面	里洞	動員企業名	動員年月日	帰国年月日	備　考
646			22	牛城	道川	三菱生野鉱業所	43. 9.23	45.10. 2	満期
78		17. 1. 6	23	牛城	内山	住友鴻ノ舞	40. 3.27	42. 4.27	満期、
79		17. 2.16	23	牛城	内山	住友鴻ノ舞	40. 3.27	42. 4.27	満期、家族、社宅
80		15. 9.20	25	牛城	内山	住友鴻ノ舞	40. 3.27	42. 4.27	満期、家族、社宅
273						日鉄釜石製鉄所	42. 5.17	44. 6.19	満期
486		17. 6.18	27	牛城	内山	宇久須興業KK	45. 2.15	45.9 中旬	終戦
487		21. 2.15	24	牛城	内山	宇久須興業KK	45. 2.15	45.9 中旬	終戦
676		15. 5. 5	29	牛城	内山	三井三池万田坑	44.12.16	45. 2.24	逃亡
709		20. 2. 4	22	牛城	内山	宝珠山鉱業KK	42. 8.11		
452		15.12.25	24	牛城	内山	羽田精機KK	39.12. 8	45.12. 5	終戦
454		20. 3. 3	19	牛城	盤村	羽田精機KK	39.12. 8	45.12. 5	終戦
186		14. 8. 7	27	牛城	方興	住友鴻ノ舞	41. 1.16	43. 1.16	満期
201		10. 2.28	31	牛城	方興	住友鴻ノ舞	41. 1.16	43. 1.16	満期
202		07. 7. 1	34	牛城	方興	住友鴻ノ舞	41. 1.16	43. 1.16	満期
222		08. 6. 4	33	牛城	方興	住友鴻ノ舞	41. 1.16	43. 1.16	満期
81		14.11.25	26	牛城	方文	住友鴻ノ舞	40. 3.27	42. 4.27	満期、家族、社宅
82		15. 6.18	25	牛城	方文	住友鴻ノ舞	40. 3.27	42. 4.27	満期、家族、社宅
83		15. 2. 5	25	牛城	方文	住友鴻ノ舞	40. 3.27	42. 4.27	満期、家族来日、
207		14. 9. 5	27	牛城	方文	住友鴻ノ舞	41. 1.16		奔別、家族来日
384		16. 5.24	27	牛城	方文	西松組塩釜出張所	43. 7.23	44. 6. 3	逃亡
311				牛城	木泉	日鉄釜石製鉄所	42. 6. 5	42. 8.21	逃亡
312				牛城	木泉	日鉄釜石製鉄所	42. 6. 5	42. 8.21	逃亡
320				牛城	木泉	日鉄釜石製鉄所	42. 6. 5	42. 9.24	逃亡
321				牛城	木泉	日鉄釜石製鉄所	42. 6. 5	43. 1.20?	逃亡
325				牛城	木泉	日鉄釜石製鉄所	42. 6. 5	42.11.19	逃亡
733		10. 4.28	33	牛城	木泉	宝珠山鉱業KK	43. 5.17	45. 9.23	終戦
128		19. 8.26	21	牛城	龍鳳	住友鴻ノ舞	40.12. 8	43. 1.16	満期
203		09. 5. 1	32	牛城	龍鳳	住友鴻ノ舞	41. 1.16	43. 1.16	満期
200		21. 5. 1	20	牛城	寶興	住友鴻ノ舞	41. 1.16	43. 1.17	満期
221		12. 3.23	29	牛城	寶興	住友鴻ノ舞	41. 1.16	43. 1. 3	送還
381		16.10.13	26	牛城	寶興	西松組塩釜出張所	43. 7.23	44. 6. 3	逃亡
714		19.10.15	23	鶏竜	柄？	宝珠山鉱業KK	43. 6.17		
713		09. 5.24	34	鶏竜	九旺	宝珠山鉱業KK	43. 6.17		
736		20. 5.25	22	鶏竜	敬天	宝珠山鉱業KK	43. 2.19	45. 9.23	終戦
737		11. 3.27	31	鶏竜	香芝	宝珠山鉱業KK	43. 2.19	45. 9.23	終戦
739		01. 7. 6	41	鶏竜	香芝	宝珠山鉱業KK	43. 2.19	45. 9.23	終戦
740		22. 8. 8?	20	鶏竜	上城	宝珠山鉱業KK	42.12. 9	45. 9.23	終戦
721		19.11.16	23	鶏竜	新基	宝珠山鉱業KK	43. 2.19	45. 9.23	
741		21. 8. 3	21	鶏竜	中社	宝珠山鉱業KK	43. 2.19	45. 9.13	終戦
490		05.10.15		鶏龍	旺田	宇久須興業KK	45. 2.15	45. 9 中旬	終戦
603			25	鶏竜	下大	三菱生野鉱業所	43. 9.23	45.10. 2	満期
260				鶏竜	下大	日鉄釜石製鉄所	42. 6. 5	45.12.30	終戦、未払 30 円
17		20.0.2. 9	20	鶏竜	下大	住友鴻ノ舞	40. 3.27	42. 7. 5	一時帰国帰山せず
431		21. 6.17	18	鶏龍	花隠	羽田精機KK	39.12. 8	40. 4. 5	逃亡
432		17. 3. 2	22	鶏龍	花隠	羽田精機KK	39.12. 8	40. 4. 5	逃亡
433		11. 1.21	28	鶏龍	花隠	羽田精機KK	39.12. 8	40. 1.21	逃亡
597			44	鶏龍	花隠	三菱生野鉱業所	43. 9.23	45.10. 2	満期
598			21	鶏龍	花隠	三菱生野鉱業所	43. 9.23	45.10. 2	満期
599			31	鶏龍	花隠	三菱生野鉱業所	43. 9.23	44. 2. 2?	逃亡
24		10. 7.15	29	鶏龍	花隠	住友鴻之舞	40. 3.27	42. 4.17	満期
26		12. 7.24	27	鶏龍	花隠	住友鴻之舞	40. 3.27	40.11.23	一時帰国、帰山せず
30		21. 9.19	18	鶏龍	花隠	住友鴻之舞	40. 3.27	42. 4.27	家族、44.3.13 結婚
106		14. 6.10	26	鶏龍	花隠	住友鴻之舞	40. 3.27	42. 4.27	満期解雇か？
472		18. 2.10	21	鶏龍	錦帯	羽田精機KK	39.12. 8	45.12. 5	終戦
473		14. 3.22	25	鶏龍	錦帯	羽田精機KK	39.12. 8	45.12. 5	終戦
25		12. 2.11	28	鶏龍	九旺	住友鴻之舞	40. 3.27	42. 4.18	満期
166		22. 1.24	19	鶏龍	九旺	住友鴻之舞	41. 1.16	43. 1.16	満期
167		17. 2.27	24	鶏龍	九旺	住友鴻之舞	41. 1.16		奔別、家族来日
23		13. 8.23	26	鶏龍	敬天	住友鴻之舞	40. 3.27	42. 4.27	満期
27		05. 8. 7	34	鶏龍	敬天	住友鴻之舞	40. 3.27	42. 4.27	満期
226		15. 8.15	26	鶏龍	敬天	住友鴻之舞	41. 9. 8		足尾
330				鶏龍	敬天	日鉄釜石製鉄所	43. 1.16	44.10.17	満期
410		12.?. 1	27	鶏龍	敬天	羽田精機KK	39.12. 8	41. 2.17	帰国
475		21. 8. 3	18	鶏龍	敬天	羽田精機KK	39.12. 8	45.12. 5	終戦
679		05. 1.17	39	鶏龍	敬天	三井三池万田坑	44.12.16	45.10. 1	終戦
29		12. 0. 0	28	鶏龍	月岩	住友鴻之舞	40. 3.27		来山せず
224		11. 2.25	30	鶏龍	月岩	住友鴻之舞	41. 9. 8		足尾、家族来日か？
261				鶏龍	月岩	日鉄釜石製鉄所	42. 6. 5	45.12.30	終戦、未払 10 円
442		15.10.15	24	鶏龍	月岩	羽田精機KK	39.12. 8	42. 6.12	逃亡
604			27	鶏龍	月岩	三菱生野鉱業所	43. 9.23	45.10. 2	満期

番号	氏名	生年月日	年齢	面	里洞	動員企業名	動員年月日	帰国年月日	備考
515		05.11. 1	40	鶏龍	月岩	宇久須興業 KK	45. 2.15	45. 7.19	逃亡
516		17. 3.22	27	鶏龍	月岩	宇久須興業 KK	45. 2.15		門司にて逃亡
416		20. 9. 4	30	鶏龍	香芝	羽田精機 KK	39.12. 8	40.10. 5	帰国
517		09. 7. 4	35	鶏龍	香芝	宇久須興業 KK	45. 2.15	45. 7.11	逃亡
412		19. 7.28	20	鶏龍	香芝?	羽田精機 KK	39.12. 8	41. 7.17	帰国
131		12.12.28	28	鶏龍	上城	住友鴻之舞	40.12. 8	43. 1.16	満期
153		18.12.20	23	鶏龍	上城	住友鴻之舞	41. 1.16	43. 1.16	満期
170		11.10.21	30	鶏龍	上城	住友鴻之舞	41. 1.16		奔別、家族来日
171		18. 4. 5	23	鶏龍	上城	住友鴻之舞	41. 1.16	43. 1.16	満期
265				鶏龍	上城	日鉄釜石製鉄所	42. 6. 5	43.10. 7	逃亡
417		16. 3.25	23	鶏龍	上城	羽田精機 KK	39.12. 8	41. 4. 9	帰国
520		18. 4. 9	26	鶏龍	上城	宇久須興業 KK	45. 2.15	45. 6.16	逃亡
284				鶏龍	新基	日鉄釜石製鉄所	42. 6. 5	42. 2.20	逃亡
20		18. 9. 1	21	鶏龍	新基	住友鴻之舞	40. 3.27	42. 4.28	奔別、家族
107		06. 7.18	34	鶏龍	新基	住友鴻之舞	40. 3.27	42. 4. 3	逃亡、家族
236		24.10.13	19	鶏龍	新基	住友鴻之舞	42. 5. 6		金屋淵
375		21.10.21	21	鶏龍	新基	西松組塩釜出張所	43. 7.23	43.11. 5	逃亡
376		22. 9. 8	20	鶏龍	新基	西松組塩釜出張所	43. 7.23	43.12.25	逃亡
428		17.12. 6	22	鶏龍	新基	羽田精機 KK	39.12. 8	44. 5. 8	逃亡
600			32	鶏龍	新基	三菱生野鉱業所	43. 9.23	45.10. 2	満期
227		14.10.22	27	鶏龍	新基	住友鴻之舞	41. 9. 8		足尾
228		22. 8.19	19	鶏龍	新基	住友鴻之舞	41. 9. 8		足尾
18		18. 1.19	22	鶏龍	上城	住友鴻之舞	40. 3.27		奔別、家族
371		17. 8.10	25	鶏龍	巣鶴	西松組釜出張所	43. 7.23	43.10. 7	逃亡
229		16. 8. 6	25	鶏龍	竹谷	住友鴻之舞	41. 9. 8		足尾
230		18.10. 8	21	鶏龍	竹谷	住友鴻之舞	41. 9. 8		足尾
262				鶏龍	竹谷	日鉄釜石製鉄所	42. 6. 5	43. 6. 1	逃亡、未払 18 円 34 銭
519		20. 6.19	25	鶏龍	竹谷	宇久須興業 KK	45. 2.15	45. 6.17	逃亡
521		29. 9.13	15	鶏龍	竹谷	宇久須興業 KK	45. 2.15	45. 3.28	逃亡
254				鶏龍	中壮	日鉄釜石製鉄所	42. 6. 5	45. 8.22	逃亡
255				鶏龍	中壮	日鉄釜石製鉄所	42. 6. 5	45. 4.15	逃亡
259				鶏龍	中壮	日鉄釜石製鉄所	42. 6. 5	45. 9.30	事故
310				鶏龍	中壮	日鉄釜石製鉄所	42. 6. 5	45. 8.30	事故
331				鶏龍	中壮	日鉄釜石製鉄所	42. 6. 5	45. 8.22	逃亡
409		15. 1. 7	24	鶏龍	中壮	羽田精機 KK	39.12. 8	40. 3.28	帰国
418		20.10.13	19	鶏龍	中壮	羽田精機 KK	39.12. 8	41. 9. 6	帰国
423		11. 1.11	28	鶏龍	中壮	羽田精機 KK	39.12. 8	41.12. 6	帰国
426		19.12.19	20	鶏龍	中壮	羽田精機 KK	39.12. 8	44. 6.20	病気死亡
430		16. 7.26	23	鶏龍	中壮	羽田精機 KK	39.12. 8	40. 1.23	逃亡
443		18. 8.11	21	鶏龍	中壮	羽田精機 KK	39.12. 8	42. 6.12	逃亡
518		15. 4.21	29	鶏龍	中壮	宇久須興業 KK	45. 2.15	45. 2.28	逃亡
601			22	鶏龍	中壮	三菱生野鉱業所	43. 9.23	45. 1.15	逃亡
602			24	鶏龍	中壮	三菱生野鉱業所	43. 9.23	44. 6. 3	逃亡
168		15. 5. 8	25	鶏龍	乃興	住友鴻之舞	41. 1.16	43. 1.16	満期、家族来山か?
169		18. 7.29	21	鶏龍	乃興	住友鴻之舞	41. 1.16	43. 1.16	満期
19		03. 5.18	36	鶏龍	乃興	住友鴻之舞	40. 3.27	42. 4.27	満期
522		18.12.20	26	鶏龍	鳳岩	宇久須興業 KK	45. 2.15		逃亡
22		16. 9.14	23	鶏龍	鳳鳴	住友鴻之舞	40. 3.27	45.11. 8	家族、終戦
28		11. 2.11	29	鶏龍	鳳鳴	住友鴻之舞	40. 3.27	42. 4.28	満期、家族
21		17. 8.23	22	鶏龍	箕山	住友鴻之舞	40. 3.27	41.11.30	一時帰国帰山せず
125		09. 2.27	31	鶏龍	箕山	住友鴻之舞	40.12. 8	43. 1.18	満期、家族来山か?
447		13.11.20	26	鶏龍	箕山	羽田精機 KK	39.12. 8	45.12. 5	終戦
471		18. 9. 4	21	鶏龍	箕山	羽田精機 KK	39.12. 8	45.12. 5	終戦
474		18.10. 8	21	鶏龍	箕山	羽田精機 KK	39.12. 8	45.12. 5	終戦
477		16. 8. 9	23	鶏龍	箕山	羽田精機 KK	39.12. 8	45.12. 5	終戦
595			25	鶏龍	箕山	三菱生野鉱業所	43. 9.23	44.10.19	逃亡
596			22	鶏龍	箕山	三菱生野鉱業所	43. 9.23	44.10.19	逃亡
421		08. 2.14	31	鶏龍	柳坪	羽田精機 KK	39.12. 8	41.10. 3	帰国
560		17. 1.17	28	鶏龍	上旺	宇久須興業 KK	45. 2.15		逃亡
561		20. 7.17	24	鶏龍	上旺	宇久須興業 KK	45. 2.15		逃亡
105			34	公州	旭	住友鴻之舞	40. 3.27	45. 5.27	送還
579			27	公州	旭	三菱生野鉱業所	43. 9.23	44. 2. 2	逃亡
101		16. 1. 9	24	公州	玉龍	住友鴻之舞	40. 3.27	42. 4.27	満期
478		23.12.20	16	公州	錦	宇久須興業 KK	44. 5.25	45.9 中旬	終戦
580			27	公州	錦	三菱生野鉱業所	43. 9.23	44.12.24	帰国
429		06. 3.16	33	公州	錦	羽田精機 KK	39.12. 8	44. 2. 3	逃亡
351		23. 2.26	20	公州	金鶴	西松組塩釜出張所	43. 7.23	43. 8. 8	逃亡
666		15. 8.25	29	公州	錦城	三井三池万田坑	44.12.16	45. 1. 6	逃亡
103		14.10.14	26	公州	山城	住友鴻之舞	40. 3.27	41. 8. 6	送還
345		20. 8.20	23	公州	山城	西松組塩釜出張所	43. 7.23	43. 8.18	逃亡
504		19. 6.21	25	公州	山城	宇久須興業 KK	45. 2.15	45.9 中旬	終戦

番号	氏名	生年月日	年齢	面	里洞	動員企業名	動員年月日	帰国年月日	備　考
578			29	公州	山城	三菱生野鉱業所	43. 9.23	45.10. 2	満期
698		22. 8. 8	20	公州	山城	宝珠山鉱業 KK	42.12.17	45. 9. 2	
675		26. 3.25	18	公州	常磐	三井三池万田坑	44.12.16	45. 3.25	逃亡
129		09. 9.17	31	公州	大和	住友鴻之舞	40.12. 8	41. 2.26	一時帰国、41.09.1 解雇
233		19. 3.18	21	公州	大和	住友鴻之舞	41.12.21		別子
572			25	公州	大和	三菱生野鉱業所	43. 9.23	43. 9.24	逃亡
574			24	公州	大和	三菱生野鉱業所	43. 9.23	45. 1. 3	逃亡
576			27	公州	大和	三菱生野鉱業所	43. 9.23	45.10. 2	満期
99		14. 1.15	26	公州	龍堂	住友鴻之舞	40. 3.27		花岡、家族、社宅
102		08. 6.15	32	公州	東	住友鴻之舞	40. 3.27	42. 4.27	満期
745		01. 7.15	41	公州	分竜	宝珠山鉱業 KK	43. 2.19	45. 9.13	帰国
569			28	公州	本町	三菱生野鉱業所	43. 9.23	45.10. 2	満期
573				公州	本町	三菱生野鉱業所	43. 9.23	43. 9.24	逃亡
575			28	公州	本町	三菱生野鉱業所	43. 9.23	45.10. 2	満期
661		01. 5. 5	43	公州	本町	三井三池万田坑	44.12.16	45. 2.24	逃亡
662		08. 6.15	36	公州	本町	三井三池万田坑	44.12.16	45. 1. 6	逃亡
707		22. 9. 2	20	公州	本町	宝珠山鉱業 KK	43. 6. 7	45. 9.14	
245			25	公州	龍堂	日曹天塩			逃亡
577			24	公州	龍堂	三菱生野鉱業所	43. 9.23	43.10. 5	逃亡
501		20. 6.27	24	公州		宇久須興業 KK	45. 2.15	45.9 中旬	終戦
505		27.10. 1	18	公州		宇久須興業 KK	45. 2.15		門司にて逃亡
753		20. 2.15	25	寺谷	桂室	宝珠山鉱業 KK	43. 6.17	45. 9.13	終戦
364		17. 3.15	26	寺谷	大中	西松組塩釜出張所	43. 7.23	43. 9. 5	逃亡
365		21. 8.24	22	寺谷	大中	西松組塩釜出張所	43. 7.23	43. 9. 9	逃亡
1		97.10.17	41	寺谷	霊岩	住友鴻之舞	39.10. 7	40. 5.27	病気
270				新上	文錦	日鉄釜石製鉄所	42. 6. 5	44. 6.19	満期
94		05.10. 8	35	新上	維鳩	住友鴻之舞	40. 3.27		花岡、家族来日か？
95		15. 4.24	25	新上	維鳩	住友鴻之舞	40. 3.27	41. 5.23	送還
96		09. 5.20	31	新上	維鳩	住友鴻之舞	40. 3.27	41. 2. 3	一時帰国、41.5.25 解雇
97		05. 3.10	35	新上	維鳩	住友鴻之舞	40. 3.27		伊那牛、家族、社宅
98		15. 9.17	25	新上	維鳩	住友鴻之舞	40. 3.27	42. 4.27	満期
89		15.11.18	25	新下	芦洞	住友鴻之舞	40. 3.27	42. 4.27	満期
219		20.10.12	21	新下	芦洞	住友鴻之舞	41. 1.16	43. 1.16	満期
220		21. 2.20	20	新下	芦洞	住友鴻之舞	41. 1.16	43. 1.16	満期
268				新下	芦洞	日鉄釜石製鉄所	42. 6. 5	44. 6.19	満期
314				新下	芦洞	日鉄釜石製鉄所	42. 6. 5	42. 9. 3	逃亡
315				新下	芦洞	日鉄釜石製鉄所	42. 6. 5	42. 9.24	逃亡
214		17. 6.10	24	新下	永井	住友鴻之舞	41. 1.16	43. 1.16	満期
264				新下	笠periods	日鉄釜石製鉄所	42. 6. 5	44. 6.19	満期
286				新下	山亭	日鉄釜石製鉄所	42. 6. 5	44. 6.19	満期
266				新下	鹿川	日鉄釜石製鉄所	42. 6. 5	44. 6.19	満期
299				新下	鹿川	日鉄釜石製鉄所	42. 6. 5	42. 8.24	逃亡
313				新下	鹿川	日鉄釜石製鉄所	42. 6. 5	42. 8.24	逃亡
283				新下	百龍	日鉄釜石製鉄所	42. 6. 5	43. 3.24	逃亡
285				新下	百龍	日鉄釜石製鉄所	42. 6. 5	44. 6.19	満期
287				新下	仙鶴	日鉄釜石製鉄所	42. 6. 5	42. 8.24	逃亡
277				新下	造平	日鉄釜石製鉄所	42. 6. 5	42.12. 3	逃亡
278				新下	造平	日鉄釜石製鉄所	42. 6. 5	44. 6.19	満期
280				新下	造平	日鉄釜石製鉄所	42. 6. 5	44. 6.19	満期
324				新下	造平	日鉄釜石製鉄所	42. 6. 5	42.11. 9	逃亡
267				新下	東院	日鉄釜石製鉄所	42. 6. 5	44.11.19	逃亡
269				新下	東院	日鉄釜石製鉄所	42. 6. 5	42. 9.26	逃亡
90		14. 9. 7	26	新下	道坪	住友鴻之舞	40. 3.27	42. 4.27	満期
91		16. 5. 3	24	新下	道坪	住友鴻之舞	40. 3.27	42. 4.27	満期、家族来日、社宅
211		18. 8.26	23	新下	白橋	住友鴻之舞	41. 1.16	43. 1.16	満期
212		13.11.20	28	新下	白橋	住友鴻之舞	41. 1.16	43. 1.16	満期
237		19. 9.29	23	新下	白龍	住友鴻之舞	42. 8.29		花岡、隊員
216		11. 9. 8	30	新下	平所	住友鴻之舞	41. 1.16	43. 1.16	満期
215		18.11.22	22	新下	平所	住友鴻之舞	41. 1.16	43. 1.16	満期
213		19. 2.21	22	新下	鳳甲	住友鴻之舞	41. 1.16	43. 1.16	満期
279				新下	東院	日鉄釜石製鉄所	42. 6. 5	44. 9.14	逃亡
328				新下	竜水	日鉄釜石製鉄所	42. 6. 5	42.10. 3	逃亡
217		11. 4.10	30	新下	龍水	住友鴻之舞	41. 1.16	43. 1.16	満期、家族来日か？
218		07. 8.27	34	新下	龍水	住友鴻之舞	41. 1.16	43. 1.16	満期
231		24. 4.17	17	新上	山宮	住友鴻之舞	41.12.21		別子
2		16. 6.15	22	新上	文錦	住友鴻之舞	39.10. 7		花岡
3		08. 1.10	30	新上	文錦	住友鴻之舞	39.10. 7	41.11. 7	花岡
747		22. 8.28	20	新豊	芦洞	宝珠山鉱業 KK	43. 4.15	45. 9.13	帰国
744		07. 9.20	35	新豊	大竜	宝珠山鉱業 KK	43. 4.15	45. 8.31	逃亡
548		14. 1.30	31	新豊	東院	宇久須興業 KK	45. 2.15		逃亡
549		28.10. 9	16	新豊	東院	宇久須興業 KK	45. 2.15	45. 9. 5	逃亡

番号	氏名	生年月日	年齢	面	里洞	動員企業名	動員年月日	帰国年月日	備　考
748		25. 9.15	17	新豊		宝珠山鉱業 KK	43. 6.17	45. 9.13	帰国
693		17. 7.30	25	新豊	芦洞	宝珠山鉱業 KK	43. 4.15	45. 9.23	
696		23. 1.13	20	新豊	芦洞	宝珠山鉱業 KK	43. 4.15	45. 9.23	
651			32	新豊	永井	三菱生野鉱業所	43. 9.23	43.12. 2	逃亡
656			26	新豊	永井	三菱生野鉱業所	43. 9.23	44.10. 2	満期
547		11. 7.25	33	新豊	花興	宇久須興業 KK	45. 2.15	45. 8.10	逃亡
545		21. 9.17	23	新豊	笠洞	宇久須興業 KK	45. 2.15	45. 7. 1	逃亡
395		22. 5.14	21	新豊	清興	西松組塩釜出張所	43. 7.23	45. 2.20	逃亡
654			23	新豊	白橋	三菱生野鉱業所	43. 9.23	44.10. 2	満期
655			23	新豊	白橋	三菱生野鉱業所	43. 9.23	44.10. 2	満期
657			27	新豊	仙鶴	三菱生野鉱業所	43. 9.23	45. 2.12	逃亡
502		16.10.24	28	新豊	大龍	宇久須興業 KK	45. 2.15	45. 9 中旬	終戦
700		07. 7.20	35	新豊	大龍	宝珠山鉱業 KK	43. 4.15	45. 9. 2	
340		89. 2.29	54	新豊	大龍	西松組塩釜出張所	43. 7.23	44. 2. 9	病気
546		18.10.10	26	新豊	大龍	宇久須興業 KK	45. 2.15	45. 8. 1	逃亡
396		17. 1.20	26	新豊	大龍	西松組塩釜出張所	43. 7.23	45. 2.20	逃亡
653			26	新豊	東院	三菱生野鉱業所	43. 9.23	43.12. 2	逃亡
499		17. 2.24	27	新豊	東院	宇久須興業 KK	45. 2.15	45. 9 中旬	終戦
368		22. 4. 5	21	新豊	百龍	西松組塩釜出張所	43. 7.23	43. 9.28	逃亡
397		09.10. 4	33	新豊	百龍	西松組塩釜出張所	43. 7.23	45. 2.20	逃亡
663		21.12. 1	23	新豊	万川	三井三池万田坑	44.12.16	45. 2. 4	逃亡
72		19.11.11	21	正安	於勿	住友鴻之舞	40. 3.27	42. 4.27	満期
198		16. 1.21	25	正安	於勿	住友鴻之舞	41. 1.16	43. 1.16	満期
622			33	正安	花鳳	三菱生野鉱業所	43. 9.23	44. 8.17	逃亡
623			26	正安	花鳳	三菱生野鉱業所	43. 9.23	43. 9.24	逃亡
223		09. 8. 2	32	正安	於勿	住友鴻之舞	41. 3.11	42.94.14	一時帰国、42.7.24 解雇
74		15.11. 2	25	正安	月山	住友鴻之舞	40. 3.27	42. 4.27	満期
528		13. 2.17	31	正安	月山	宇久須興業 KK	45. 2.15		
571			21	正安	高聖	三菱生野鉱業所	43. 9.23	45.10. 2	満期
690		08. 9.12	34	正安	高聖	宝珠山鉱業 KK	43. 2.17	45. 6.23	
531		16. 5.30	28	正安	高聖	宇久須興業 KK	45. 2.15		逃亡
152		16. 3. 1	25	正安	沙峴	住友鴻之舞	41. 1.16	43. 1.16	満期
195		17. 9. 3	24	正安	沙峴	住友鴻之舞	41. 1.16	43. 1.16	満期
196		10.12.27	31	正安	沙峴	住友鴻之舞	41. 1.16	43. 1.16	満期
197		15. 5.17	26	正安	沙峴	住友鴻之舞	41. 1.16	43. 1.16	満期
329				正安	上龍	日鉄釜石製鉄所	43. 1.16	44. 9. 3	逃亡
532		27. 1.29	18	正安	上龍	宇久須興業 KK	45. 2.15		逃亡
68		16. 4. 3	24	正安	上龍	住友鴻之舞	40. 3.27	42. 4.27	満期、家族来日
620			28	正安	上龍	三菱生野鉱業所	43. 9.23	44. 8.17	逃亡
621			23	正安	上龍	三菱生野鉱業所	43. 9.23	44. 6.21	逃亡
717		16. 2.24	27	正安	仁豊	宝珠山鉱業 KK	43. 6.17		
71		15. 9. 2	25	正安	石松	住友鴻之舞	40. 3.27	42. 4.27	満期
352			24	正安	石松	西松組塩釜出張所	43. 7.23	43. 7.29	逃亡
697		08. 5.25	34	正安	雪弓	宝珠山鉱業 KK	43. 2.11	45. 9.23	
359		19. 2.20	24	正安	双達？	西松組塩釜出張所	43. 7.23	43. 8. 4	逃亡
342		11. 9.15	31	正安	台城	西松組塩釜出張所	43. 7.23	44.12.	家事都合で退職
362		20. 9. 2	22	正安	台城	西松組塩釜出張所	43. 7.23	43. 9. 3	逃亡
363		13. 1. 6	30	正安	台城	西松組塩釜出張所	43. 7.23	43. 9. 9	逃亡
382		19. 5.13	24	正安	台城	西松組塩釜出張所	43. 7.23	44. 6. 3	逃亡
383		02.10. 6	40	正安	台城	西松組塩釜出張所	43. 7.23	44. 6. 3	逃亡
494			24	正安	長院	宇久須興業 KK	45. 2.15	45. 9 中旬	終戦
629			25	正安	長院	三菱生野鉱業所	43. 9.23	45. 1.18	逃亡
630			31	正安	長院	三菱生野鉱業所	43. 9.23	44. 9. 2	逃亡
271				正安	田坪	日鉄釜石製鉄所	42. 6. 5	44. 6.19	満期
387		19. 3. 6	24	正安	内村	西松組塩釜出張所	43. 7.23	44. 9.20	逃亡
276				正安	内村	日鉄釜石製鉄所	42. 6. 5	42. 8.17	逃亡
281				正安	内村	日鉄釜石製鉄所	42. 6. 5	42.12. 3	逃亡
272				正安	文川	日鉄釜石製鉄所	42. 6. 5	44. 6.19	満期
631			29	正安	文川	三菱生野鉱業所	43. 9.23	45. 8.10	逃亡
632			32	正安	文川	三菱生野鉱業所	43. 9.23	43. 2. 5	逃亡
625			26	正安	平正	三菱生野鉱業所	43. 9.23	43. 9.24	逃亡
626			24	正安	平正	三菱生野鉱業所	43. 9.23	43.10.11	逃亡
627			21	正安	平正	三菱生野鉱業所	43. 9.23	44. 1.16	逃亡
628			27	正安	平正	三菱生野鉱業所	43. 9.23	44. 1.16	逃亡
69		13. 2.25	27	正安	平正	住友鴻之舞	40. 3.27	42. 4.28	満期、家族来日
70		18. 5.14	22	正安	平正	住友鴻之舞	40. 3.27	43. 3.16	満期
390		19. 3. 6	24	正安	平正	西松組塩釜出張所	43. 7.23	44.10.12	逃亡
391		22.11.20	20	正安	平正	西松組塩釜出張所	43. 7.23	44.10.19	逃亡
495		26. 3.24	18	正安	平正	宇久須興業 KK	45. 2.15	45. 9 中旬	終戦
624			30	正安	平正	三菱生野鉱業所	43. 9.23	43. 9.24	逃亡
249				正安	北渓	日鉄釜石製鉄所	42. 6. 5	45. 7.15	労務災害死

番号	氏名	生年月日	年齢	面	里洞	動員企業名	動員年月日	帰国年月日	備　考
73			28	正安	廣亭	住友鴻之舞	40. 3.27		来山せず
199		12. 7.17	29	正安	廣亭	住友鴻之舞	41. 1.16	43. 1.16	満期
282				正安	廣亭	日鉄釜石製鉄所	42. 6. 5	43.10. 7	逃亡
716		13. 9.19	29	正安	廣亭	宝珠山鉱業KK	43. 6.17		
564		01.10.25?	43	○○		宇久須興業KK	45. 2.15		逃亡
52		07. 0. 0	33	長岐	隠龍	住友鴻之舞	40. 3.27	40. 5.27	送還
53		03. 0. 0	37	長岐	隠龍	住友鴻之舞	40. 3.27	40. 5.27	送還
469		17. 2.20	22	長岐	下鳳	羽田精機KK	39.12. 8	45.12. 5	終戦
524		20. 6. 9	25	長岐	下鳳	宇久須興業KK	45. 2.15		逃亡
530		26. 4.11	18	長岐	下鳳	宇久須興業KK	45. 2.15	45. 7. 5	逃亡
46		21. 9. 5	18	長岐	錦岩	住友鴻之舞	40. 3.27	42.10.13	一時帰国。42.11.5.帰山、花岡、家族
247				長岐	錦岩	日鉄釜石製鉄所	43.10.19	44. 9.10	兵事休務者入営年月日
613			23	長岐	錦岩	三菱生野鉱業所	43. 9.23	43.10.11	逃亡
732		20. 2.23	23	長岐	錦岩	宝珠山鉱業KK	43. 4.15	45. 9.23	終戦
178		20. 5.21	21	長岐	錦興	住友鴻之舞	41. 1.16	43. 1.16	満期
179		10. 2. 1	31	長岐	錦興	住友鴻之舞	41. 1.16	43. 1.16	満期
180		13. 3.25	28	長岐	錦興	住友鴻之舞	41. 1.16		奔別、家族来日
185		16.12.25	25	長岐	錦興	住友鴻之舞	41. 1.16		奔別、家族来日
360		18. 7. 7	22	長岐	錦興	西松組塩釜出張所	43. 7.23	43. 8.16	逃亡
66		18. 7. 7	22	長岐	錦興	住友鴻之舞	40. 3.27	42. 4.29	満期
137		18. 2. 7	22	長岐	月松	住友鴻之舞	40.12. 8	43. 1.16	満期
181		16. 2.14	25	長岐	月松	住友鴻之舞	41. 1.16	43. 1.16	満期
182		12.12.10	29	長岐	月松	住友鴻之舞	41. 1.16		奔別、家族来日
127		10. 5.27	30	長岐	月松	住友鴻之舞	40.12. 8	43. 1.16	満期
187		19. 5.14	22	長岐	月松	住友鴻之舞	41. 1.16	43. 1.23	一時帰国、43.3.11 解雇
188		17. 7. 9	24	長岐	月松	住友鴻之舞	41. 1.16	43. 1.16	満期
189		08. 9.18	33	長岐	月松	住友鴻之舞	41. 1.16	43. 1.16	満期
190		21. 3.20	20	長岐	月松	住友鴻之舞	41. 1.16	43. 1.16	満期
297				長岐	月松	日鉄釜石製鉄所	42. 6. 5	42. 9. 3	逃亡
667		16. 5. 5	28	長岐	山鶴	三井三池万田坑	44.12.16	45. 1. 4	逃亡
436		18. 4.15	21	長岐	山鶴	羽田精機KK	39.12. 8	42. 3.10	逃亡
275				長岐	山鶴	日鉄釜石製鉄所	42. 6. 5	42. 9. 3	逃亡
234		19. 7.25	22	長岐	東嵋	住友鴻之舞	41.12.21		別子
606			25	長岐	出馬	三菱生野鉱業所	43. 9.23	44.10. 3	逃亡
192		03.11.17	38	長岐	松亨	住友鴻之舞	41. 1.16	43. 1.16	満期
49		18. 8. 5	21	長岐	松仙	住友鴻之舞	40. 3.27	42. 4.27	満期
607			25	長岐	松仙	三菱生野鉱業所	43. 9.23	44. 6. 3	逃亡
608			28	長岐	松仙	三菱生野鉱業所	43. 9.23	44. 2. 5	送還
183		22.10.15	19	長岐	新官	住友鴻之舞	41. 1.16	41.11. 2	逃亡
333				長岐	新官	日鉄釜石製鉄所	43. 1.16	45. 8.30	事故
47		09.11.29	30	長岐	新官	住友鴻之舞	40. 3.27	42. 4.27	満期
48		16. 8.11	23	長岐	新官	住友鴻之舞	40. 3.27	42.10.13	一時帰国。42.11.5.帰山、花岡、家族
115		14. 4.16	26	長岐	新官	住友鴻之舞	40. 3.27	43. 3.19	満期、家族、社宅
191		11. 4.15	30	儀堂	青龍	住友鴻之舞	41. 1.16		奔別、家族来日
609			25	長岐	壮岩	三菱生野鉱業所	43. 9.23	44.10.13	逃亡
610			25	長岐	壮岩	三菱生野鉱業所	43. 9.23	44.10.13	逃亡
611			27	長岐	壮岩	三菱生野鉱業所	43. 9.23	43. 9.25	逃亡
612			21	長岐	壮岩	三菱生野鉱業所	43. 9.23	43. 9.25	逃亡
361		18. 7.22	25	長岐	壮岩	西松組塩釜出張所	43. 7.23	43. 8.16	逃亡
370		23. 9.15	19	長岐	壮岩	西松組塩釜出張所	43. 7.23	43.10. 6	逃亡
123		15.12. 9	25	長岐	大橋	住友鴻之舞	40.12. 8	42. 7. 8	送還
526		04. 8. 9	41	長岐	大橋	宇久須興業KK	45. 2.15	45. 8.11	逃亡
350		17.10.17	25	長岐	大橋	西松組塩釜出張所	43. 7.23	43. 8. 8	逃亡
346		22. 5.20	21	長岐	大橋	西松組塩釜出張所	43. 7.23	43. 8.16	逃亡
719		19. 4. 5	23	長岐	大橋	宝珠山鉱業KK	43. 2.19	45. 9.13	逃亡
492		97. 7.21		長岐	大鶴	宇久須興業KK	45. 2.15	45. 9 中旬	終戦
55		19. 9.25	20	長岐	坪基	住友鴻之舞	40. 3.27	42. 4.27	満期
248				長岐	唐岩	日鉄釜石製鉄所	42. 6. 5	45. 7.14	労務災害死
290				長岐	唐岩	日鉄釜石製鉄所	42. 6. 5	43. 8. 9	逃亡
323				長岐	唐岩	日鉄釜石製鉄所	42. 6. 5	42.10.29	逃亡
704		18.10.14	24	長岐	唐岩	宝珠山鉱業KK	43. 6. 7	45. 9.14	
705			25	長岐	唐岩	宝珠山鉱業KK	43. 6. 7	45. 9.14	
706				長岐	唐岩	宝珠山鉱業KK	43. 6. 7	45. 9.14	
715		09. 6.24	32	長岐	唐岩	宝珠山鉱業KK	42. 6. 2		
45		09.12.16	30	長岐	唐岩	住友鴻之舞	40. 3.27	42. 4.27	満期
124		17. 1.20	23	長岐	唐岩	住友鴻之舞	40.12. 8	43. 1.18	満期
50		13. 2.22	27	長岐	東嵋	住友鴻之舞	40. 3.27	40. 5.14	災害死亡
51		09.10.13	30	長岐	東嵋	住友鴻之舞	40. 3.27	41. 9.13	災害死亡
664		22. 2. 4	22	長岐	東嵋	三井三池万田坑	44.12.16	45. 6. 7	逃亡
464		20.12. 3	19	長岐	東嵋	羽田精機KK	39.12. 8	45.12. 5	終戦
44		18. 3.25	21	長岐	道渓	住友鴻之舞	40. 3.27	41.12.30	一時帰国帰山せず。7.24 解雇

番号	氏名	生年月日	年齢	面	里洞	動員企業名	動員年月日	帰国年月日	備考
605			26	長岐	道渓	三菱生野鉱業所	43. 9.23	45.10. 2	満期
184		10. 7.26	31	長岐	道渓	住友鴻之舞	41. 1.16		奔別、家族来日
295				長岐	道渓	日鉄釜石製鉄所	42. 6. 5	42. 8. 4	事故
308				長岐	道渓	日鉄釜石製鉄所	42. 6. 5	43. 2.25	事故
468		19.11.28	28	長岐	道渓	羽田精機KK	39.12. 8	45.12. 5	終戦
296				牛城	方文	日鉄釜石製鉄所	42. 6. 5	43. 2.23	事故
523		08. 2. 1	37	長岐	鳳安	宇久須鉱業KK	45. 2.15	45. 8.11	逃亡
525		28. 8.18	16	長岐	鳳安	宇久須興業KK	45. 2.15	45. 6.18	逃亡
406		06. 3. 3	37	長岐	羅城	西松組塩釜出張所	43. 8.17	44. 6. 7	逃亡
488		05. 7.26	39	長岐	羅城	宇久須興業KK	45. 2.15	45. 9中旬	終戦
614			25	長岐	羅城	三菱生野鉱業所	43. 9.23	45.10. 2	満期
720		23. 1.17	20	長岐	羅城	宝珠山鉱業KK	43. 2.19	43. 2.19	
489		13. 6.16		長岐	廣岩	宇久須興業KK	45. 2.15	45. 9中旬	終戦
484		07. 6.28	36	長岐	廣岩	宇久須興業KK	44. 5.25	45. 9中旬	送還
54		18.10.10	21	長岐	濟川	住友鴻之舞	40. 3.27	42. 4.27	満期か
563		27. 4.26	17	長岐	濟川	宇久須興業KK	45. 2.15	45. 6.11	
718		23. 8.15		長岐		宝珠山鉱業KK		45. 9.13	帰国
250				長岐	道渓	日鉄釜石製鉄所	42. 6. 5	44. 4.13	私病死
358		20. 5. 5	23	長岐	山鶴	西松組塩釜出張所	43. 7.23	43. 8. 4	逃亡
326				長岐	唐岩	日鉄釜石製鉄所	42. 6. 5	42. 2. 2	逃亡
357		20. 3. 5	23	長岐	鳳安	西松組塩釜出張所	43. 7.23	43. 8. 4	逃亡
354		23. 9.15	19	長岐	羅城	西松組塩釜出張所	43. 7.23	43. 8.16	逃亡
727		21.10.18	19	寺谷	○○	宝珠山鉱業KK	43. 4.15		
209		18. 7.12	23	寺谷	雲岩	住友鴻之舞	41. 1.16	43. 1.16	満期
210		19. 9.27	22	寺谷	雲岩	住友鴻之舞	41. 1.16	41.10.14	災害死
208		06.12.29	35	寺谷	佳橋	住友鴻之舞	41. 1.16		奔別、家族来日
649			25	寺谷	佳室	三菱生野鉱業所	43. 9.23	45.10. 2	満期
86		16.12. 5	24	寺谷	花月	住友鴻之舞	40. 3.27	42. 4.27	花岡、家族来日、社宅
87		18.11. 7	22	寺谷	花月	住友鴻之舞	40. 3.27	42. 4.27	花岡、家族来日、社宅
316				寺谷	花月	日鉄釜石製鉄所	42. 6. 5	42. 9.24	逃亡
374		13. 2.26	30	寺谷	花月	西松組塩釜出張所	43. 7.23	43.11. 5	逃亡
407		19. 7.16?	20	寺谷	花月	羽田精機KK	39.12. 8	40. 5.18	帰国
463		19. 6. 8	20	寺谷	花月	羽田精機KK	39.12. 8	45.12. 5	終戦
543		16. 3. 8	28	寺谷	會鶴	宇久須興業KK	45. 2.15		逃亡
84		07. 5. 9	33	寺谷	桂室	住友鴻之舞	40. 3.27	42. 4.27	満期、社宅
85			24	寺谷	桂室	住友鴻之舞	40. 3.27	42. 4.27	満期、
300				寺谷	桂室	日鉄釜石製鉄所	42. 6. 5	43. 4.17	逃亡
305				寺谷	桂室	日鉄釜石製鉄所	42. 6. 5	42. 7. 1	逃亡
751		15. 8.30	27	寺谷	桂室	宝珠山鉱業KK	43. 6.17	45. 9.13	帰国
542		17.10.19	27	寺谷	月珂	宇久須興業KK	45. 2.15	45. 7.19	逃亡
544		27. 9.15	17	寺谷	月珂	宇久須興業KK	45. 2.15		逃亡
692		19. 1.19	24	寺谷	月珂	宝珠山鉱業KK	43. 4.15	45. 9.23	
688		22. 2.10	22	寺谷	月珂	宝珠山鉱業KK	43. 2.11	45. 9.23	
689				寺谷	月珂	宝珠山鉱業KK	43. 2.11	45. 4. 3	
403		20. 2.10	23	寺谷	古堂	西松組塩釜出張所	43. 7.23	不明	逃亡
712		23.11.23	19	寺谷	細洞	宝珠山鉱業KK	43. 6.17		
400		22.12.20	20	寺谷	新永	西松組塩釜出張所	43. 7.23	44. 1.13	逃亡
647			23	寺谷	新永	三菱生野鉱業所	43. 9.23	43. 9.30	逃亡
648			28	寺谷	新永	三菱生野鉱業所	43. 9.23	43. 9.30	逃亡
650			27	寺谷	新永	三菱生野鉱業所	43. 9.23	45.10. 2	満期
92		10. 4.21	30	寺谷	清興	住友鴻之舞	40. 3.27	45.11. 8	家族来日、終戦
327				寺谷	大中	日鉄釜石製鉄所	42. 6. 5	42. 9.24	逃亡
88		17. 4.20	23	寺谷	大中	住友鴻之舞	40. 3.27	41.11.11	一時帰国、12.22解雇
317				寺谷	大中	日鉄釜石製鉄所	42. 6. 5	42. 9.24	逃亡
703		23. 8.27	19	寺谷	冨谷	宝珠山鉱業KK	43. 6. 7	45. 9. 2	
93		10.12.28	30	牛城	方興	住友鴻之舞	40. 3.27		奔別、家族来日、社宅
746		21. 5.11	22	寺谷	連宗	宝珠山鉱業KK	43. 6.17	45. 9.13	終戦
541		27. 3.19	17	寺谷		宇久須興業KK	45. 2.15	45. 7.19	逃亡
633			26	寺谷	月珂	三菱生野鉱業所	43. 9.23	43. 2. 5	逃亡
335		22. 7. 2	20	長岐	○○	西松組塩釜出張所	43. 7.23	45.12. 6	終戦
5		14. 9.15	24	長岐	唐岩	住友鴻之舞	39.10. 7	42.10. 6	満期
589			31	灘川	安永	三菱生野鉱業所	43. 9.23	45.10. 2	満期
389		23. 6.22	20	灘川	安永	西松組塩釜出張所	43. 7.24	44.10. 4	逃亡
460		17. 9.18	22	灘川	雲岩	羽田精機KK	39.12. 8	45.12. 5	終戦
150		17. 5.28	23	灘川	雲谷	住友鴻之舞	40.12. 8	43. 1.16	満期
378		09. 4.13	34	灘川	雲谷?	西松組塩釜出張所	43. 7.23	44. 6. 3	逃亡
16		17. 1.19	23	灘川	雲谷?	住友鴻之舞	40. 3.27	42. 4.27	満期
8		15.11.26	24	灘川	加尺	住友鴻之舞	40. 3.27	43. 3.16	満期
425		12.12.18	27	灘川	加尺	羽田精機KK	39.12. 8	42. 3. 4	帰国
685		20.12.20	24	灘川	加尺	三井三池万田坑	44.12.16	45.10. 1	終戦
591			28	灘川	加尺	三菱生野鉱業所	43. 9.23	45.10. 2	満期

番号	氏名	生年月日	年齢	面	里洞	動員企業名	動員年月日	帰国年月日	備　考
7		07.10.18	32	灘川	花井	住友鴻之舞	40. 3.27	42. 4.28	満期
258				灘川	花井	日鉄釜石製鉄所	42. 6. 5	43. 5. 6	逃亡
446		09. 7. 6	30	灘川	花井	羽田精機KK	39.12. 8	42.12.13	逃亡
134		15. 8.23	25	灘川	海江	住友鴻之舞	40.12. 8		足尾
507		19. 5.28	25	灘川	菊洞？	宇久須興業KK	45. 2.15	45.12 中旬	
139		05. 1. 7	35	灘川	菊洞	住友鴻之舞	40.12. 8		奔別
393		17. 6.16	26	灘川	菊洞	西松組塩釜出張所	43. 7.23	44.10.12	逃亡
743		15.10.16	27	灘川	菊洞	宝珠山鉱業KK	43. 2.19	45. 9.13	帰国
10		17. 9.15	22	灘川	鶏龍	月岩	住友鴻之舞	40. 3.27	40. 5.27	送還
135		17. 1.23	23	灘川	光明	住友鴻之舞	40.12. 8	43. 1.16	満期
136		19.11.13	21	灘川	光明	住友鴻之舞	40.12. 8	43. 1.16	満期
465		15. 3.28	24	灘川	光明	羽田精機KK	39.12. 8	45.12. 5	終戦
514		12. 5.10	32	灘川	光明	宇久須興業KK	45. 2.15		
586			27	灘川	光明	三菱生野鉱業所	43. 9.23	43.11. 7	逃亡
587			23	灘川	光明	三菱生野鉱業所	43. 9.23	43.10.29	逃亡
6		16. 4.27	23	灘川	三角	住友鴻之舞	40. 3.27	42. 4.27	満期
141		18. 5.22	22	灘川	三角	住友鴻之舞	40.12. 8	43. 1.16	満期
162		03. 5.28	38	灘川	三角	住友鴻之舞	41. 1.16	41. 6. 3	逃亡
288				灘川	三角	日鉄釜石製鉄所	42. 6. 5	44. 6.19	満期
318				灘川	三角	日鉄釜石製鉄所	42. 6. 5	42. 9.24	逃亡
476		03. 6. 3	36	灘川	三角	羽田精機KK	39.12. 8	45.12. 5	終戦
734		21. 6. 6	21	灘川	三角	宝珠山鉱業KK	43. 5.17	45. 9.23	終戦
750		21.10.23	21	灘川	三角	宝珠山鉱業KK	43. 6.17	45. 9.13	終戦
754		19. 1.11	24	灘川	三角	宝珠山鉱業KK	43. 6.17	45. 9.13	終戦
470		20. 5.27	19	灘川	鼎峠	羽田精機KK	39.12. 8	45.12. 5	終戦
11		17. 8. 3	22	灘川	松鶴	住友鴻之舞	40. 3.27	43. 3.16	満期
12		15. 4.16	24	灘川	松鶴	住友鴻之舞	40. 3.27	41.12.30	一時帰国帰山せず
513		12. 5.10	32	灘川	新永	宇久須興業KK	45. 2.15		逃亡
9		13. 3.21	26	灘川	聖	住友鴻之舞	40. 3.27	43. 3.17	満期
151		18. 6. 5	22	灘川	聖	住友鴻之舞	40.12. 8	43. 1.16	満期
392		16. 6. 5	27	灘川	大鶴	西松組塩釜出張所	43. 7.23	44.10.19	逃亡
467		12.11.11	27	灘川	大鶴	羽田精機KK	39.12. 8	45.12. 5	終戦
684		27. 4.30	17	灘川	大鶴	三井三池万田坑	44.12.16	45. 3.25	逃亡
13		09. 2. 7	31	灘川	大鶴	住友鴻之舞	40. 3.27		奔別、家族
14		17. ?. ?	23	灘川	大鶴	住友鴻之舞	40. 3.27	40. 5.27	送還
15		19. ?. ?	21	灘川	大鶴	住友鴻之舞	40. 3.27		来山せず
142		03. 7. 7	37	灘川	長善	住友鴻之舞	40.12. 8	43. 1.16	満期
686		21. 9. 5	23	灘川	長善	三井三池万田坑	44.12.16	45. 6. 7	逃亡
140		01. 8.12	39	灘川	長善	住友鴻之舞	40.12. 8	41. 5.26	一時帰国。41.9.1 解雇
246			30	灘川	長善	日曹天塩			逃亡
372		19. 5.25	24	灘川	長善	西松組塩釜出張所	43. 7.23	43.10. 7	逃亡
144		16. 3.16	24	灘川	鼎峠	住友鴻之舞	40.12. 8	43. 1.16	満期
145		13. 7. 1	27	灘川	鼎峠	住友鴻之舞	40.12. 8	43. 1.16	満期
146		18. 1.20	22	灘川	鼎峠	住友鴻之舞	40.12. 8	43. 1.16	満期
147		07. 3.19	33	灘川	鼎峠	住友鴻之舞	40.12. 8	43. 1.16	満期
148		09. 4.29	31	灘川	鼎峠	住友鴻之舞	40.12. 8	43. 1.16	満期
149		16. 8.15	24	灘川	鼎峠	住友鴻之舞	40.12. 8	43. 1.16	満期
100		02. 8. 6	38	灘川	徳芝	住友鴻之舞	40. 3.27	42. 4.27	満期
291				灘川	徳芝	日鉄釜石製鉄所	42. 6. 5	42.10.29	逃亡
292				灘川	徳芝	日鉄釜石製鉄所	42. 6. 5	42.10.29	逃亡
424		19.11.29	20	灘川	徳芝	羽田精機KK	39.12. 8	41.12.29	帰国
509		27. 1.20	18	灘川	徳芝	宇久須興業KK	45. 2.15	45. 7.19	逃亡
511		06. 4.27	38	灘川	徳芝	宇久須興業KK	45. 2.15	45. 7.19	逃亡
728		21. 8.26	21	灘川	徳芝	宝珠山鉱業KK	43. 6.17		
225		19. 4. 6	22	灘川	南山	住友鴻之舞	41. 9. 8		足尾
590			26	灘川	南山	三菱生野鉱業所	43. 9.23	44. 4.18	逃亡
138		07. 9. 5	33	灘川	南山	住友鴻之舞	40.12. 8	43. 1.16	満期
143		10. 4.19	30	灘川	南山	住友鴻之舞	40.12. 8	43. 1.16	満期
461		09. 3. 3	30	灘川	南山	羽田精機KK	39.12. 8	45.12. 5	終戦
512				灘川	南山	宇久須興業KK	45. 2.15		
724		07. 4.14	34	灘川	南山	宝珠山鉱業KK	43. 2.19		
480		18. 1. 9	26	灘川	南山	宇久須興業KK	44. 5.25	45. 9 中旬	終戦
592			27	灘川	南山	三菱生野鉱業所	43. 9.23	45.10. 2	満期
510		27. 5.19	17	灘川	盤松	宇久須興業KK	45. 2.15	45. 7.19	逃亡
588			26	灘川	盤松	三菱生野鉱業所	43. 9.23	43.12. 5	逃亡
257				灘川	伏龍	日鉄釜石製鉄所	42. 6. 5	45.12.30	事故
481		11.10.26	34	灘川	伏龍	宇久須興業KK	44. 5.25	45. 9 中旬	終戦
570			33	灘川	伏龍	三菱生野鉱業所	43. 9.23	44. 5.17	逃亡
132		15. 4.15	26	灘川	柳下	住友鴻之舞	40.12. 8	43. 1.16	満期
133		12.10.28	28	灘川	柳下	住友鴻之舞	40.12. 8	43. 1.16	満期
681		07. 4.20	37	灘川	梨谷	三井三池万田坑	44.12.16	45. 7.30	逃亡

番号	氏名	生年月日	年齢	面	里洞	動員企業名	動員年月日	帰国年月日	備　考
593			33	灘川	梨谷	三菱生野鉱業所	43. 9.23	44. 5.12	逃亡
594			31	灘川	梨谷	三菱生野鉱業所	43. 9.23	44.10.19	逃亡
122			20	鶏龍	箕山	住友鴻之舞	40. 3.27	40. 527	送還
38		12. 1.22	28	反浦	温泉	住友鴻之舞	40. 3.27	42. 4.27	満期、家族
683		27. 4. 5	17	反浦	菊谷	三井三池万田坑	44.12.16	45. 2.26	逃亡
256				反浦	元峰	日鉄釜石製鉄所	42. 6. 5	42. 7.25	逃亡
691		05. 4. 1		反浦	元峰	宝珠山鉱業 KK		45. 9.23	
263				反浦	元峰	日鉄釜石製鉄所	42. 6. 5	42. 8.20	逃亡、未払17円12銭
34		13. 1. 8	27	反浦	孔岩	住友鴻之舞	40. 3.27	42. 4.27	花岡、家族、社宅
36		07. 4. 8	32	反浦	孔岩	住友鴻之舞	40. 3.27	42. 4.27	満期
40		14.11.23	25	反浦	孔岩	住友鴻之舞	40. 3.27	42.10.13	一時帰国。43.1.3帰山、家族、社宅
172		13. 3.10	28	反浦	孔岩	住友鴻之舞	41. 1.16	43. 1.16	満期
173		05. 5.29	35	反浦	孔岩	住友鴻之舞	41. 1.16	43. 1.16	満期
174		10. 6.13	31	反浦	孔岩	住友鴻之舞	41. 1.16	42. 2.20	災害死
457		08. 9.12	31	反浦	孔岩	羽田精機 KK	39.12. 8	45.12. 5	終戦
37		11. 2.14	29	反浦	松谷	住友鴻之舞	40. 3.27	45.11. 8	家族、終戦
503			30	反浦	松谷	宇久須興業 KK	45. 2.15	45. 9 中旬	終戦
33		14. 2.19	26	反浦	聖岡	住友鴻之舞	40. 3.27	42. 4.27	満期、社宅
41		17.11.27	22	反浦	聖岡	住友鴻之舞	40. 3.27	42. 4.27	満期
42		15. 9.29	25	反浦	聖岡	住友鴻之舞	40. 3.27	42. 4.27	満期
43		15. 8.17	25	反浦	聖岡	住友鴻之舞	40. 3.27	42. 4.27	満期
385		?. 8. 4		反浦	聖徳	西松組塩釜出張所	43. 7.23	44. 7. 9	逃亡
401		16. 7.16	27	反浦	聖徳	西松組塩釜出張所	43. 7.23	44. 1.29	逃亡
334				反浦	鶴峰	日鉄釜石製鉄所	42. 6. 5	45.12.30	終戦
491		20. 4.20		反浦	鶴峰	宇久須興業 KK	45. 2.15	45. 9 中旬	終戦
175		16. 2.28	25	反浦	道倉	住友鴻之舞	41. 1.16	43. 1.23	別子、一時帰国、3月家族同伴
176		13.12.29	28	反浦	道谷	住友鴻之舞	41. 1.16	43. 1.16	満期
35		14. 1. 4	26	反浦	道南	住友鴻之舞	40. 3.27	42. 4.27	花岡、家族、社宅
725		08. 2. 5	25	反浦	道南	宝珠山鉱業 KK	43. 4.15		
730		21. 5.10	19	反浦	道南	宝珠山鉱業 KK	43. 4.15		
108		01. 5.26	39	反浦	道南	住友鴻之舞	40. 3.27	42. 4.27	満期
126		06.11. 5	34	反浦	鳳岩	住友鴻之舞	40.12. 8	43. 1.18	満期
458		09. 4.10	30	反浦	鳳岩	羽田精機 KK	39.12. 8	45.12. 5	終戦
459		09. 8.17	30	反浦	鳳岩	羽田精機 KK	39.12. 8	45.12. 5	終戦
31		16. 5.24	23	反浦	鳳谷	住友鴻之舞	40. 3.27	41.10. 2	病死
39		05. 2. 3	35	反浦	鳳谷	住友鴻之舞	40. 3.27		満期、家族
177		22.12.20	19	反浦	鳳谷	住友鴻之舞	41. 1.16	43. 1.16	満期
373			26	反浦	鳳谷	西松組塩釜出張所	43. 7.23	43.10. 6	逃亡
466		11. 9.11	28	反浦	鳳谷	羽田精機 KK	39.12. 8	45.12. 5	終戦
232		19. 2.21	21	反浦	昊谷	住友鴻之舞	41.12.21		別子
404		16. 7.12	27	反浦	昊谷	西松組塩釜出張所	43. 7.23	不明	逃亡
32		16.11.21	23	反浦	昊峰	住友鴻之舞	40. 3.27	42. 4.27	満期
415		05. 3.26	34	反哺	鶴峰	羽田精機 KK	39.12. 8	41. 5.17	帰国
386				不詳		西松組塩釜出張所	43. 7.23		
652			40	松岳	駅村	三菱生野鉱業所	43. 9.23	44. 8. 9	逃亡
306				達山	違山	日鉄釜石製鉄所	42. 6. 5	42.10.29	逃亡
451		08. 4. 1	31	木洞	九岩	羽田精機 KK	39.12. 8	45.12. 5	終戦
462		11. 7.30	29	木洞	九岩	羽田精機 KK	39.12. 8	45.12. 5	終戦
411		07. 3.21	42	木洞	九岩	羽田精機 KK	39.12. 8	40.0?. 2	帰国
413		17.10.17	22	木洞	九岩	羽田精機 KK	39.12. 8	41. 8. 6	帰国
414		16. ?. ?	23	木洞	九岩	羽田精機 KK	39.12. 8	41. 8.17	帰国
445		16. 3. 7	23	木洞	九岩	羽田精機 KK	39.12. 8	42. 8. 7	逃亡
114		13.11. 1	27	木洞	五龍	住友鴻之舞	40. 3.27		不明、家族、社宅
298				木洞	五龍	日鉄釜石製鉄所	42. 6. 5	45.12. 3	逃亡
235		17. 3.18	24	木洞	梧谷	住友鴻之舞	42. 5. 6	42. 6. 4	逃亡
130		16. 2.18	24	木洞	朱峰	住友鴻之舞	40.12. 8	43. 1.16	満期
160		11. 6. 3	30	木洞	朱峰	住友鴻之舞	41. 1.16	43. 1.16	満期
163		12. 8. 8	28	木洞	朱峰	住友鴻之舞	41. 1.16	43. 1.16	満期
165		20. 4.20	21	木洞	朱峰	住友鴻之舞	41. 1.16	43. 1.23	奔別、一時帰国後不明
449		10. 4.24	29	木洞	朱峰	羽田精機 KK	39.12. 8	45.12. 5	終戦
155		08. 4.14	33	木洞	新興	住友鴻之舞	41. 1.16	43. 1.16	満期
164		07. 4. 5	34	木洞	新興	住友鴻之舞	41. 1.16	43. 1.16	満期
118			20	木洞	胎封	住友鴻之舞	40. 3.27		来山せず
444		19. 1. 8	20	木洞	万樹	羽田精機 KK	39.12. 8	42. 7. 2	逃亡
109		18. 3.15	22	木洞	朱峰	住友鴻之舞	40. 3.27	42. 4.27	満期
274				木洞	万樹	日鉄釜石製鉄所	42. 5.17	45.12.30	終戦、未払30円
161		17. 6.20	24	木洞	木洞	住友鴻之舞	41. 1.16	43. 1.16	満期
450		16. 7.25	23	木洞	木洞	羽田精機 KK	39.12. 8	45.12. 5	終戦
110		09. 4.17	31	木洞	利仁	住友鴻之舞	40. 3.27	43. 6. 7	送還、後遺症、家族、社宅
111		08.10. 9	32	木洞	利仁	住友鴻之舞	40. 3.27		逃亡（網走にて取押）43.3.18 満期、家族、社宅

番号	氏名	生年月日	年齢	面	里洞	動員企業名	動員年月日	帰国年月日	備　考
112			21	木洞	利仁	住友鴻之舞	40. 3.27		来山せず
113		18.11.18	22	木洞	利仁	住友鴻之舞	40. 3.27	42. 4.27	満期、家族、社宅
154		19.12.21	21	木洞	利仁	住友鴻之舞	41. 1.16	43. 1.16	満期
156		03. 3. 2	38	木洞	利仁	住友鴻之舞	41. 1.16	41. 5. 3	送還
158		09. 1.16	32	木洞	利仁	住友鴻之舞	41. 1.16	41. 6. 3	逃亡
159		03. 4. 4	38	木洞	利仁	住友鴻之舞	41. 1.16	41. 6. 3	逃亡
408		16. 6.11	23	木洞	利仁	羽田精機KK	39.12. 8	42. 8.20	帰国
116		06. 6. 7	34	木洞	龍城	住友鴻之舞	40. 3.27	42. 4.27	満期
157		11. 8. 3	30	木洞		住友鴻之舞	41. 1.16	41. 5.27	一時帰国、41.9.1 解雇
435		08. 2. 6	33	木洞		羽田精機KK	39.12. 8	41.12. 6	逃亡
680		09.11. 3	35	利仁	九岩	三井三池万田坑	44.12.16	45. 7.30	逃亡
506		19.10.15	25	利仁	検詳	宇久須興業KK	45. 2.15	45. 7.15.	逃亡
508		20. 3. 4	24	利仁	検詳	宇久須興業KK	45. 2.15	45.13 中旬	門司にて逃亡
670		21. 2.29	23	利仁	検詳	三井三池万田坑	44.12.16	45. 1.19	逃亡
671		05. 2. 3	39	利仁	検詳	三井三池万田坑	44.12.16	45.10. 14	終戦
672		15. 5. 3	29	利仁	検詳	三井三池万田坑	44.12.16	45. 1.19	逃亡
344			33	利仁	五龍	西松組塩釜出張所	43. 7.23	43. 7.25	逃亡
399		12.11.17	30	利仁	五龍	西松組塩釜出張所	43. 7.23	45. 2.18	逃亡
669		27.10.20	17	利仁	五龍	三井三池万田坑	44.12.16	45.10. 1	終戦
678		13.10. 9	31	利仁	梧谷	三井三池万田坑	44.12.16	45. 7.20	逃亡
353			30	利仁	山儀	西松組塩釜出張所	43. 7.23	43. 7.29	逃亡
379		22.11. 3	20	利仁	朱峰	西松組塩釜出張所	43. 7.23	44. 6. 3	逃亡
581		16.11.12?	26	利仁	五龍	三菱生野鉱業所	43. 9.23	44.12.24	逃亡
434		22. 9.14	17	利仁	新興	羽田精機KK	39.12. 8	41. 9. 6	逃亡
339		20.10. 4	22	利仁	新興	西松組塩釜出張所	43. 7.23	43. 1. 9	送還
343				利仁	新興	西松組塩釜出張所	43. 7.23	43. 7.25	逃亡
366		21. 9.26	21	利仁	新興	西松組塩釜出張所	43. 7.23	43. 9.17	逃亡
367		23. 4.30	20	利仁	新興	西松組塩釜出張所	43. 7.23	43. 9. 7	逃亡
665		13.10.28	31	利仁	新興	三井三池万田坑	44.12.16	45. 2. 4	逃亡
585			22	利仁	草鳳	三菱生野鉱業所	43. 9.23	45.10. 2	満期
677		17.10.14	27	利仁	草鳳	三井三池万田坑	44.12.16	45.10. 1	終戦
500		17. 6.24	27	利仁	胎封	宇久須興業KK	45. 2.15	45. 9 中旬	終戦
668		21.10.20	23	利仁	胎封	三井三池万田坑	44.12.16	45. 7.20	
479		06.10.16	37	利仁	達山	宇久須興業KK	44. 5.25	45. 9 中旬	終戦
674		21. 8. 5	23	利仁	鳳亭	三井三池万田坑	44.12.16	45. 2.26	逃亡
584			23	利仁	木洞	三菱生野鉱業所	43. 9.23	44. 7.19	送還
583			27	利仁	木洞	三菱生野鉱業所	43. 9.23	43. 2.17	逃亡
319				利仁		日鉄釜石製鉄所	42. 6. 5	42. 9.24	逃亡
388		04.12.16	38	利仁	利仁	西松組塩釜出張所	43. 7.23	44. 9.20	逃亡
394		21. 1. 9	22	利仁	利仁	西松組塩釜出張所	43. 7.23	44.10.12	逃亡
582			24	利仁	利仁	三菱生野鉱業所	43. 9.23	44. 9.19	送還
735		22. 7.20	20	利仁	利仁	宝珠山鉱業KK	43. 5.17	45. 6. 6	逃亡
742		07. 8. 9	35	利仁	利仁	宝珠山鉱業KK	43. 2.19	45. 9.13	終戦
699		22. 2.10	21	利仁		宝珠山鉱業KK	43. 3.19	45. 9. 2	
682		08. 3.10	36			三井三池万田坑	44.12.16	45.10. 1	終戦
687		24. 6. 1	20			三井三池万田坑	44.12.16	45. 1.22	逃亡

第 9 回調査報告（2014 年）

はじめに

2005 年に第 1 回の常磐炭田の戦時動員被害者を訪ねての旅以来、早 10 年が経った。韓国の「真相糾明委員会」の調査団を受け入れた 2006 年を除き、毎年、調査活動を続けて来た。既に動員対象者は解放当時、最年少の 18 歳の方でも 83 歳となり、多くは 80 歳代の後半となる。お元気な方は例外的な存在となった。そのため直接お話しを伺うことは殆ど不可能となりつつある。

今回は漸く大日本勿来炭砿の最後の徴用者から話しを伺えたが、予定したもう 1 人の方は息子さんの判断で出来なかった。こうした中で、7 回以後は常磐炭田に限定せず、被動員者全体の中から一定の地域に限定（今回は忠清道）して、動員者を出した地域から戦時動員を見直した。即ち、戦時動員を可能にした地域的環境や被動員者の主体性回復のための抵抗行動や意識の問題などに注目した。

特に、地域のリーダー層の在り方にも注目し、治安維持法違反事件関係者や独立運動家との関わりについても調べたいと思った。今回の対象地域は忠清北道の清原州郡（現清州市）、忠清南道の燕岐郡と公州郡、それに洪城郡を加えての調査となった。

1 ヵ月の短い訪問では十分な調査ができず、調査方法の検討も必要である。聞き取りに限定せず、地域の研究者や古老からどれだけ資料が集められるかが鍵となりそうだ。

I　調査概要

1　調査期間・日程

（1）期間

2014 年 9 月 15 日～10 月 14 日

（2）日程

9 月 15 日　月　ソウル　出国　羽田―金浦
　　16　　火　ソウル　「強制動員調査・支援委員会」訪問、打ち合わせ
　　17　　水　ソウル　「日政時徴兵徴用名簿」写し作業
　　18　　木　ソウル　　　　　〃
　　19　　金　ソウル　　　　　〃
　　20　　土　ソウル　訪問調査準備・友人宅訪問
　　21　　日　ソウル　訪問調査準備
　　22　　月　清　州　忠清北道清州に移動　元郡庁、市庁訪問　調査協力依頼と打ち合わせ
　　23　　火　清　州　忠北大学、忠北研究所訪問
　　24　　水　清　州　北一面（細橋、荊東）調査
　　25　　木　清　州　安氏訪問、図書館、市街地(日本統治期)調査
　　26　　金　燕　岐　忠清南道燕岐に移動　世宗市庁訪問　調査協力依頼と打ち合わせ、文化院訪問
　　27　　土　燕　岐　図書館、市街(日本統治期)調査
　　28　　日　燕　岐　南面調査―全戸移住
　　29　　月　燕　岐　市庁訪問、打ち合わせ　全義面名簿調査出来ず、全義面再訪問
　　30　　火　燕　岐　東面調査―金相九氏聞き取り
10 月 1 日　水　公　州　忠清南道公州に移動　市庁訪問・調査協力依頼、牛金峠訪問
　　2　　木　ソウル　移動
　　3　　金　ソウル　林憲ギョン・憲權氏との面接と聞き取り
　　4　　土　公　州　忠清南道公州に移動　牛城面事前調査　公州郷校長盧載慶に調査協力依頼
　　5　　日　公　州　鶏龍面中壮里長老聞き取り、敬天再訪問

6	月	公	州	牛城面(上西里)呉吉榮氏聞き取り

6　月　公　州　牛城面(上西里)呉吉榮氏聞き取り

7　火　洪　城　忠清南道洪城に移動　洪城郡庁訪問、打ち合わせ　銀
　　　　　　　　河面洪炳畯氏聞き取り

8　水　洪　城　亀項面公里の抵抗運動被告調査出来ず、図書館

9　木　洪　城　金佐鎮将軍生家訪問、亀項面(公里、五鳳里)調査―金
　　　　　　　　ヨンハン氏

10　金　洪　城　市街調査、歴史施設管理事務所訪問、亀項面事務所戸
　　　　　　　　籍調査

11　土　ソウル　ソウルに移動

12　日　ソウル　友人宅訪問

13　月　ソウル　「強制動員調査・支援委員会」訪問

14　火　ソウル　帰国

II　「強制動員調査・支援委員会」訪問調査

1　目的と結果

　今回の訪問調査の目的と同委員会への調査依頼に関し、次の様な文書を 8 月 15 日付で送った。

（1）依頼書（抜粋）

2. 調査日程―別紙（略）

3. 調査目的―常磐炭田を中心とした朝鮮人戦時動員被害者実態を把握し、侵略と植民地主義という過去の過ちを繰り返さないための日韓両市民の交流と連帯を強める。

4. 調査内容
　①常磐炭田戦時動員生存者からの聞き取り調査
　②忠清道における戦時動員をめぐる郡面邑レベルの地域的環境の把握
　③「倭政時被徴用者名簿」を利用して忠清道の動員実態の把握。

5. 訪問日程　9 月 17 日(水)～10 月 19 日(日)

6. 貴委員会への調査協力依頼事項

①福島県関係で3人位の戦時動員生存者のご紹介をお願いしたい。

主として洪城郡の21人の被害申告者(別表、日曹会津等)の中の「生存者」か
ら。既にお亡くなりになった方が多いかと存じますがお調べ願えれば有難い
です。

②「倭政時徴用者名簿」―忠清南道公州郡と燕岐郡、忠清北道の清州郡と堤川郡
分の閲覧とコピーをお願いしたい。数百枚に及ぶが邑面別の被動員者の分布
を調査したい。コピーの作業は私が行います。

③其の他、今までに出した報告書の出版を考えております。それに当たっての
依頼と打ち合せをお願いしたい。

（2）説明

　調査内容①については、既に2人の洪城郡出身で福島県へ動員された被害者から
の面接について承諾を貰った。10人程の「日曹会津」の被動員生存者（洪城）は1
人のみであった。「日曹会津」の生存者の聞き取りは多分「最初で最後のものとなる
だろう」と思っていたが、結局はそれさえ実現出来なかった。

　調査内容②については、既に海野福寿氏の慶尚北道の全員（48,021人）ついての
分析調査報告があるが＊、邑面・洞里についての分析はないので、忠清道についての
分析を目指したが、「強制動員調査・支援委員会」での資料閲覧は出来ず、国家記録
院に行くしかないとのことであった。替りにこれよりも整った「日政時徴兵徴用名
簿」の複製があるので、これによって調べてはとの提案であった。ただし、コピー
はだめで、筆記のみ可能だということであった。3日間頑張ったが、所詮筆記の限界
で、今回訪問予定地の動員年月日の傾向を調べるのが精一杯であった。

　最後の調査内容③について、名前は本人の許可のない限り、仮名又は一字削除で
行うこととなった。今後、問題がある場合は個別に協議したい。

＊海野福寿「朝鮮の労務動員」『近代日本と植民地』5、岩波書店、1993年、123-127頁

2　「日政時名簿」の概要

　具体的には各調査地毎に報告するが、この名簿の性格や概要を記しておく。

①正式名簿の呼称

　「日政時被徴兵者徴用者及び愛国運動者等調査」（以下「日政時名簿」と略記）

②作成年月日

　檀紀 4286 年（1953 年）1 月 10 日

③作成者

　忠清北道知事など各道知事

④受け取り手

　内務部長

⑤名簿の構成

　全体的な調査は出来なかったが、閲覧出来た冊子（忠清南道）から推定すると、各道毎に郡別の徴兵、徴用、愛国運動者名簿が作られ、公文書形式で郡の記入項目の集計が記されている。邑面は名簿の終わりに項目毎の集計数が出ているものと出ていないものがあるが、出ていない方が多い。

⑥名簿の項目（原本表記）

　姓名、生年月日、被徴兵（徴用）年月日、帰還年月日、未帰還の事由（死亡、行方不明、未帰国に区別。どれかに該当する場合は○印で表示）

⑦名簿の性格

　新聞等で報道された様に、2013 年 6 月に、東京韓国大使館の移転作業中に、関東大震災時の犠牲者名簿等と共に発見された。65 冊、229,721 人の名簿で、同年 11 月 17 日に国家記録院に移管したと発表された。この名簿は李承晩政権下の日韓交渉の資料として、1952 年に韓国政府の下で行われた戦時動員被害調査の唯一の名簿とされて来た 285,800 人の「倭政時被徴用者名簿」（以下「倭政時名簿」と略記）作成の直後に作られた様だ。修正版として、日本の韓国大使館にコピーが送られたものらしい。

　慶尚北道関係の「倭政時名簿」は、面毎に項目も違い字体も整っていないのに比べ、「日政時名簿」は項目もほぼ統一され、字体もきれいである。ただし、「倭政時名簿」には徴用当時のこと、住所の他に現住所、被徴用地の記載などもあり生々しい。両名簿に重複と削除がどの程度あるのかは分からないし、説明も受けていない。しかし、「日政時名簿」の方が信憑性が高いと思われる。

III　忠清北道清州郡の戦時動員調査

清州郡は第 3 回目の古河好間炭砿の「集団暴力事件」の訪問調査以来、重点地区となっていたが、前回の治安維持法違反事件の林炳喆氏や「家族呼び寄せ」の犠牲者安銀子氏の出身地などが交錯し、地域の総合的調査の必要に迫られていた。そこで、今回は北一面（現内秀面）の集中調査を中心に、日本統治末期の戦時下の地域の統治構造と民衆の抵抗の史実に迫りたいと考えた。残念ながら現実には充分な結果は得られなかったが、一部の地域長老と地方研究者との協力の手掛かりが出来た。

1　清州訪問調査　第 1 日―移動と市庁訪問

清州に移動（9 月 22 日）。新たな宿舎決定。

清州市と清原郡の合併*により両庁の職員の構成は大きく変わった。市庁の分館となった旧郡庁には誰一人知る人はいなかった。若い職員が応対してくれたが結局、市庁の方を訪ねることになった。市庁では民願課の自治支援チーム長の金基謹氏の計らいで、前回以来、調査に協力してくれた朴鐘安氏に連絡を取ってくれ、直ちに翌々日の北一面の地域調査の日程が決まった。更に、忠北大学の歴史研究者朴杰淳教授との面会が決まり、教授から地域資料については「忠北研究所」を訪ねるとよいと紹介され、地方の地域研究機関との連絡が取れる様になった。

＊2014 年 4 月、清原郡は清州市と合併し、清州市清原区となる。

2　清州訪問調査　第 2 日―地方の研究者との交流

忠北大学は清州農学校が前身で、今では清州大学校と共に市内に広大な敷地を占める総合大学となっている。授業の合間の時間を貰って、訪問の目的と地域史研究の現状について朴教授に尋ねた。氏は独立運動史の研究家で、韓国近代史や国学などの研究家でもあった。忠清北道を中心に東學、義兵、3・1 期の研究が主で、戦時期の研究は対象ではなかった。最近の著書『忠北の独立運動家』を頂いた。

朴教授は北一面の出身者で、頂いた著書には 3・1 運動の韓鳳洙や清州出身の思想

図1　忠清北道略図

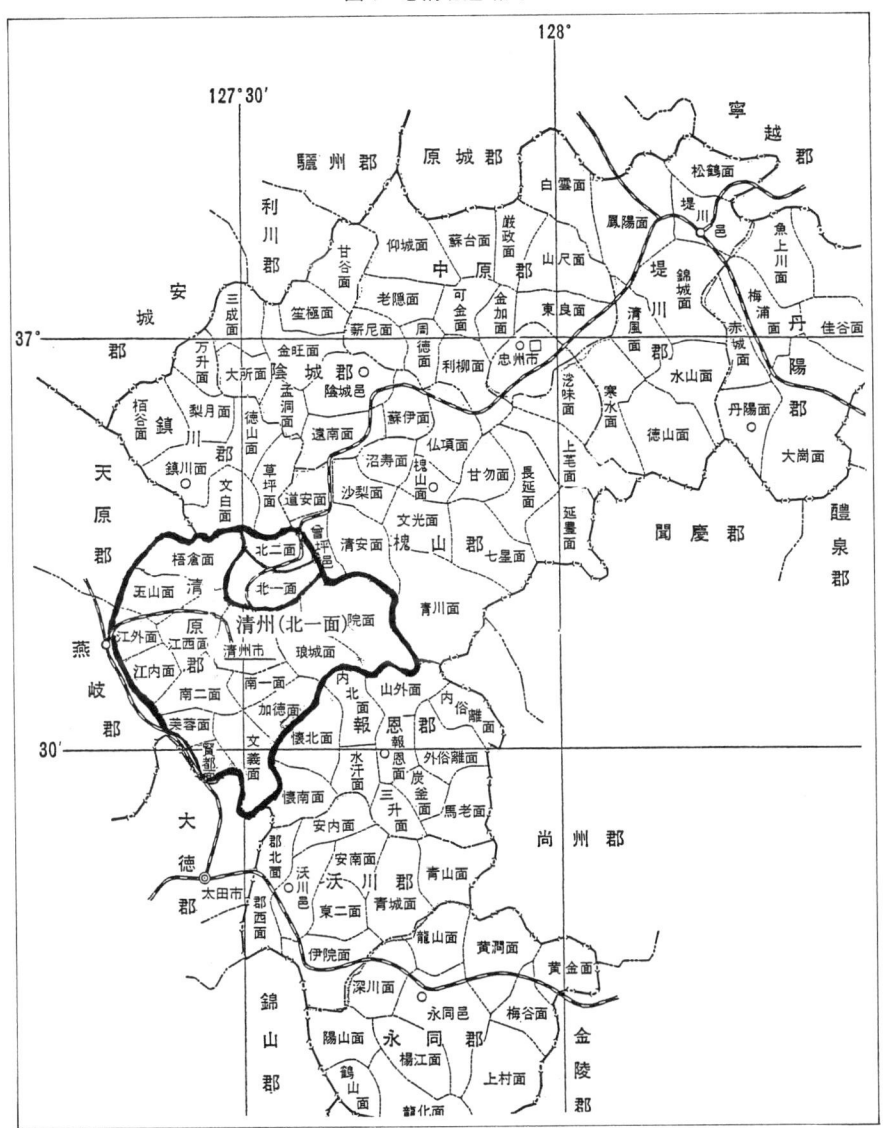

「日本市区町村総覧　資料編」『韓国・北朝鮮地名便覧』日本加除出版株式会社、1969年、24頁と25頁の間

家・歴史家の申采浩の歴史認識、独立運動史研究の課題など研究の成果が収録され
ており、地域研究への参考となりそうだ。

　午後は、道庁近くの忠北発展研究所・忠北研究所所長の金ヤンシク氏を訪ねた。

忠北発展研究所金ヤンシク所長（清州市、
9月23日研究所にて）

多忙の中、今後の研究の交流を約して研究所を後にした。所員に所長が見えるまで
対応して貰い、同所で作った日本統治期の人口統計書と市内地図を頂いた。

3　清州訪問調査　第3日─北一面の戦時動員概要

　清州3日目はいよいよ地域調査の本番で、邑面の里長や長老からの直接の聞き取
りの日である。調査項目の整理や、必要な資料、レコーダー、カメラなど準備万端
の上、案内役の朴鐘安氏を待った。予定より少し遅れ、9時頃宿を出た。この日の予
定は大きく午前と午後に分け、4つの部落の訪問という欲張った計画である。

（1）調査地域決定の理由─北一面の細橋里と荊東里
①「日政時名簿」から見た清州市・清原郡
　清州市の徴用者・徴兵者の帰還・未帰還の状況は、各洞・里（旧区）毎の細かい
区分を集計すると、徴用者・徴兵者の帰還445人、死亡22人、行方不明8人、国外
4人となる。
　清原郡については徴用者のみ、面毎の詳しい分布を記しておく。

清原郡徴用者内訳　　　　　　　　　　　　　　　　　　　　　　　　単位人

面　名	徴用者	帰還者	未帰還者			備考
			死亡	行方不明	国外在住	
四州面	176	166	4	5	1	
琅城面	101	94	4	2	1	

加徳面	105	95	4	5	1	
南一面	187	184	2	1	0	
南二面	75	72	1	2	0	
文義面	105	75	20	8	2	
賢都面	122	118	3	1	0	
芙蓉面	118	114	4	0	0	
江西面	204	200	3	1	0	
江内面	185	180	3	2	0	
江外面	105	84	11	8	2	
玉山面	205	187	9	7	2	
梧倉面	240	232	5	3	0	
北二面	208	198	5	1	4	
北一面	445	411	22	8	4	最多
合　計	2,581	2,410	100	54	17	

北一面徴用者行政里別内訳　　　　　　　　　　　　　　　　単位人

里　　名	徴用者	帰還者	未帰還者			備考
			死亡	行方不明	国外在住	
洒　城	7	7				
九　城	12	12				
菊　洞	5	5				
墨　坊	15	15				
隠　谷	8	8				
桃　源	11	8		3		
馬　山	12	11	1			
楓　井	2	2				
徳　岩	12	10	2			
荊　東	32	21			1	最多
細　橋	17	16	1			

飛　上	19	17	1	1		
椒　井	21	19	1		1	
内　秀	19	14	5			
源　通	28					
新　安	13	12			1	
立　東	17	17				
立　上	14	12	1		1	
外　下	7	7				
外　坪	32	31	1			最多
外　南	20	17	3			
梧　東	20	18	2			
井　北	18	16	2			
井　下	15	14	1			
井　上	12	12				
酒　中	15	15				
飛　中	8	8				
楮　谷	15	15				
牛　山	19	18	1			
合　計	445	415	22	8(4?)	4	

　この表から見ると、北一面は先に見た清州市 445 人（内徴用 253 人）はともかくとして、郡部の中ではずば抜けて多い。清州市の郊外として市街化が進んでいることもあるが里数も多い。その中で、細橋と荊東は 1 つの水系で、いずれも 2 つの里から成り立っている。上流域の荊東は 4 つの自然村をもつ 1 里と最上流の 1 つの自然村の 2 里から成る農山村である。徴用者が 32 人と最多であることが、荊東里を調査対象に選んだ理由である。

　次に、細橋里は前回の古河好間炭砿の「家族呼び寄せ」直後に事故死した遺族安銀子氏の母の実家がある部落であり、一度訪問したことがある。義兵戦争の兵長「韓鳳洙」の出身地で、3・1 運動の抵抗事件があった所でもあるからだ*。又、北一面を調査対象に選んだもう一つの理由は、中心部落の内秀には普通学校もあり、治安

維持法に関係した事件があったこと。北隣の北二面は天道教の孫秉熙の出身地であり、前回調査の治安維持法違反事件の林炳喆の出身地であるなど、3・1以来の独立運動の盛んな地域であるからだ。古河好間炭砿の集団暴力事件の被告の多い西隣の玉山面も調査対象にしたかったが、「日政時名簿」は不備な点が多く利用できないのではずした。

  ＊朴杰淳忠北大教授の『忠北の独立運動家』(2012年)によると、義兵戦争の兵長「韓鳳洙」の出身地であり、拠点であった。3・1運動でも活躍した。住民に支持されたゲリラ戦を展開して、1907年から1910年まで3年余の抵抗を継続したという。

（2）「日政時名簿」から見た細橋里の戦時動員の傾向

  細橋里17人の申告者の動員年月日の内訳は、1941年1人、42年10人、43年6人、44年0人、45年0人と42年43年に集中し、しかも、42年は4月7日4人、5月7日3人、43年10月5日7人（6人?）と、同一日に集中している。夫々同一会社の動員と思われる。姓は李氏8人と多く、他はばらつきがある。後で触れるが、細橋2区は卞氏が多いが、この名簿には1人も出ていないので、この時の申告には応じていなかったものと思われる。又、細橋里出身の福島県の常磐炭田の死亡者3人も、この名簿には出ていないので、被動員者の多くが漏れていると推測される。

  荊東里の32人は、1942年14人、43年8人、44年10人とこの3年に集中し、特に1942年の14人は、部落にとってはかなり大きな出来事であったと思われる。但し、動員時期は、ばらついている。姓は17人が金氏である。

4　北一面の聞き取り調査

  部落には入る前に、内秀にある面事務所に立ち寄り、関連資料についての協力を要請した。面事務所の職員も大幅移動で、朴鐘安氏の知り合いは副面長だけであったが、『北一面誌』の抜粋と細橋・荊東里の「航空写真」のコピーを頂いた。既に部落には連絡済みで、幸い雨は小降りで、農繁期のこの時期でも老人会館は賑わっていた。

（1）細橋里1里での聞き取り

  前々回、面事務所の職員にジープで送って貰った古河好間炭砿の犠牲者金光殷の

老人会館に集まった細橋2里の人たち（右端が卞老人会長、その左隣の女性が里長。9月24日）

本籍204番地にある老人会館に着いた。3・1運動細橋事件記念碑もそのままである。会館に入ると老人の方々（男性4人、女性7人）が迎えてくれた。残念ながら戦争当時を知る方は、2人しかおらず、しかも、1人（78歳）はこの地域の方でなく、もう1人の方（83歳）は耳が遠くて話しは出来なかった。それでも3・1運動の話になると、68歳の女性は父から義兵の話を聞いたことがあったという。又、里長からはこの部落にも4人の日本人地主がいたこと、解放後、土地を分けたことなどの話をしていたが、よく聞き取れなかった。この1里部落は近くに大きな道路が走り、いくつかの自然村より成り立ち、戸数も多い。美湖川の支流・石花川の中流域に位置し、荊東の方から流れて来るそのまた支流が、ここ（細橋一区）で合流する。姓は李氏が多い。後で銀子氏から聞いて分かったのだが、氏の夫安京謨氏は、北一面の隣の石花里（北二面）出身であった。

（2）細橋2里での聞き取り

　細橋2里は、官岩里という独立した小さな部落で、35戸。1里は50戸程の部落であり、今も変わらないとのことである。前々回、安銀子氏を訪ねた折、安氏の母の実家のあった部落である。老人会館は部落の中心にあり、9人程集まっていた。老人会長は卞光洙といい、銀子氏の母と同じ姓である。日本語ができる。まず、自己紹

介。席順に 73、83、77、82、○、71、74、61、74 歳であった。2 里より高齢者が多かった。何とその中に、前々回安銀子氏の消息を教えてくれた卞ウィス氏もいた。『戦争と勿来』の写真を見せて、お蔭で銀子氏に会えたことを述べ再会の握手。銀子氏の母卞鐘妍氏の姻戚の女性もいた。この部落は卞氏一族が多い。戦時中の里長も卞氏であった。以下、主として最高齢の卞サンフン氏の聞き取りとなり、他の人たちは自然と退席されていった。

①証言者

・氏　名　卞サンフン氏

・生　年　1933 年 1 月 2 日生まれ（83 歳）

・協力者　卞光洙氏

②戦時期の記憶

　当時、父母は農業をやっていたが土地は多くなかった。牛（黄牛・肉牛）を飼って生活している人が多かった。小作をしていた。私は内秀国民学校に通い、同学校に通う人は 5 人いた。

　日本人は部落には住んでいなかった。内秀には日本人は学校の先生や駐在所の巡査の子供がいるだけだった。部落の地主は数人いたが、日本人地主は不在地主だった。当時の思い出は、供出が厳しく配給が少なかったので、腹が減ったことだ。朝、家を出て学校では水を飲んで過した。供出に抵抗をする様な人はいなかった。

　内秀には神社があり、拝まされた。家でも参拝する人がいた。（皮肉っぽく）本家にいた。学校では「私は日本人です」と強制的に教えられた。

　当時学校で、慰安婦になるように学校の先生が勧めているのを見た（多分挺身隊のことだろう）。工場で金を稼ぐために行けと言っていた。解放後は部落に居られず、どこかに行ってしまった。

③里（旧区）長について

　2 班の班長（里長）は上から任命されたのではなく、部落の人が推薦して決めた。水利組合などは無かった。解放後出来た。里長は両班で卞○洙といった。地位は高かった。そこのサランチェの辺りに住んでいた。解放後は清州の方に引っ越した。娘は卞○○といった。

　供出は里長の責任で納めた。警官ではなく里長らが数人来て捜した（老人会長も「金槌で叩きながら捜していた」のを記憶していると口添えした）。

労働動員等への追究は今一歩だが、地域理解への糸口が掴めた。

（3）老人会長卞光洙氏の衝撃的な話

老人からお話しを伺った後、会長と里長（女性）と一緒に車で、2里の入口近くのドジョウ汁屋で昼食を頂いた。なじみの店らしく、サイダーをサービスして貰った。会長は部落周辺の地図を書きながら、実はこのサイダーは日本人がこの地域（ソジョンニー）で始めたもので、今も続いているという。会長はお付き合いの印に、焼酎でみんなの健康を祝して乾杯した。

すっかり和やかな雰囲気の中で会長の聞き取り内容は下記の通り。

①経歴等

・氏名　卞光洙　73歳（龍田と同年輩）
・職業　元清州の農学校(高校)の農業の教師。清原郡の「真相究明委員会」委員。

父は軍に徴兵され、戦後シンガポールの軍事法廷で死刑の判決を受け、死亡。戦後「親日派」の息子と言われ苦労した。

＊こんな事情も知らず、ずっと老人達からの聞き取りを助けてくれていた事を思い、眼がしらが熱くなる。

②最後に

今後の永い付き合いを約束して小雨の降る中、里長の車で老人会館まで送ってもらい別れる。尚、先に述べたサイダーは「宗泉」という商標で、ここより2キロ先で、日本人がよい水を見つけ創業したという。今でもこの地域のサイダーの主流として経営されているという。日本人経営の今に残る足跡の一つである。

（4）荊東1里での聞き取り

次に、石花川が細橋1里で分かれる支流に沿って道路を逆上り荊東里に向かう。荊東里は2里に分かれ、1里は4つの部落（マウル）からなる。トンサン、トール、ヤンチ、オントクで、夫々13戸、7戸、13戸、7戸の計40戸で構成された里で、トンサン部落に老人会館があった。里長は不在で、会員が数人いた。近くの「日本に行った」人の甥から話を聞くように手筈がなされていた。この方の叔父さんは戦時動員かそれ以前の渡日であったかは確認できなかったが、東京に住み、戦後何回か帰って来て墓参しているので、「在日」として部落では知られているのだろう。簡単

な聞き取りをする。

　氏名は李チェグン、1946 年生、6・25 戦争の時は 3 歳で、戦前のことは何も分からない。叔父はどうして日本に行ったかは分からない。生きていれば 92 歳になる。今は何の連絡もない。

　父は農業をしていて土地もあり、徴用にはいかなかった。私は小学校卒業後清州の高校へ行った。今は娘と 2 人暮らしである。植民地時代のことは学校で習ったこと位しか分からない。一見無愛想だが、最後は笑顔でお別れした。

（5）荊東 2 里での聞き取り
　一番奥の荊東 2 里はタンサンニーと言い、一つの纏まった自然村からなる。着いた時は既に 2 時を過ぎており、遅くなるのでどうするかと朴鐘安氏の話もあったが、「是非」とお願いして行って見る。案の定、老人会館には里長と 1 人の老人が待ってくれていた。遅くなったお詫びをして早速、聞き取りとなった。

①金老人の聞き取り
　氏名は金某、1932 年生（数えで 84 歳）、12 歳の時に解放になった。戦前はカマを織って生活していた。父母の土地は少なく 6 マジキ位だった。兄弟 2 人の長男である。8 歳で国民学校に入学して、5 年までは日本語を習い、内秀まで通った。

　父の名前は金鐘學といい、学者で漢文が書けた。解放後は里長をやっていた。里長時代の文書は山ほどあった。6・25 戦争の時、ここは戦火を免れ無事だったが、日記等は全て父の死後焼き捨てて今はない。2 里は 13 戸位で 1 マウルしかないが、父は 1 里、2 里を合わせた 5 つの部落の里長をやっていた。私が 20 歳の時、57 歳で亡くなった。

　戦時中の区長には供出の責任があった。戦後、部落の人達からヤーダン（叱責）を受けた（今でもそれを言う人がいる、と里長）。解放時、内秀ではみんなが万歳をして喜んだ。駐在所の派出所長は、皆に殴られた。日本人は 2 人いたが、皆逃げてしまった。私も戦時中に供出などで悪いことをした区長を殴ったことがある。

　当時、部落には日本人が広大な土地を持っていたが、戦後、その管理人をしていた人が受け継いでいた。2001 年、地域出身の弁護士金チョンガン（2 里出身、国家功労者）が代表して裁判を起こし、部落側が勝った。判決文等は分からないが、戦後処理をめぐる、この部落では大きな出来事だった（この事件については里長も助

言してくれる）。

　この他、部落からは画家として有名な人が出ている（その人の描いた虎の絵が会館にも飾っていた）。 日本人もこの人を訪ねて来る。

②現里長金ヒョンソク氏の聞き取り

　金老人からの話が終わり、現2里の里長の話しとなる。

・氏名　金ヒョンソク　1950年生（64歳）

　父は2回徴用された。私の息子が公務員なので、今回、被害申告を出した。私は父から当時のことをよく聞いていたが、どこの炭砿に行っていたのかは分からない。1回目は高い賃金が貰えるというので行き、それだけ一生懸命働いた。しかし、貰った給料は少ないので帰って来た。会社はもう一度来れば一緒に支払うというので、又行ったが嘘だった。腹が減ってたまらなかったこともよく聞かされた。解放後は、それ程苦労なしに帰って来たようだ。後遺症はなかった。

　私の家は土地が少ない。600坪位の土地で、叔父と一緒に働いていた。そこで高校では園芸を学び、ヨーロッパにも行って研修した。今では成功している。

5　清州訪問調査　最終日—再訪問と市内調査

（1）安銀子氏との再会

　初めて市庁や郡庁の人の手を借りないで、内徳洞の銀子氏の家を訪ねる。内徳洞2里の住民センターが目安で、派出所で確認した。思いのほか簡単に着いた。いつも世話になる住民センター隣のカルククス専門店で待ち合わせる。安氏の父が亡くなった時の病院の写真や地図と『戦争と勿来』のコピーなどを準備した。家の清掃等が大変だったと言い、11時頃ようやくお会いでき話す。

　遺族会会長とは最近連絡が取れず音信不通だという。実家の北一面の細橋でウィス氏にも会ったことを話すと、「なぜ一緒に連れて行ってくれなかったか」と残念がった。次には是非ご一緒したい。母は荊東から飛中里などを、頭に生活用品を載せて売り歩いていたという。写真などを見せるが、早口なのでよく聞き取れなく残念だ。又、妹の夫は警察官だというので、もしかして古河好間炭砿の「集団暴力事件」の被告周在勤の弟の周〇ホック氏ではないかと聞いたが、同一人物ではなかった。銀子氏と2人だけの会見は初めてであったが、派出所に手帳を忘れて来たのが気に

なって、1時間程話しして別れた。

（2）清州邑「近代都市化」と日本統治期の足跡を訪ねて

　その後、日本人統治時代の足跡を訪ねることにした。まっすぐ社稷サゴリの丘の上の図書館に行き、足跡を調査するための資料を探した。忠北研究所で頂いた1918年の地図は部分的で、現在のどこに当たるのか確定できないでいたが、『清州市誌』の清州「都市計画史」の地図を参照して、漸く確認ができる様になった。前回確認した商店や官庁、旅館や料理店などがどこにあったのかは、今後の聞き取り等による外はない。

6　市内調査の継続—移動前に

（1）道庁と清州城跡を訪ねる—壊された城壁と城門

　翌日は移動日であったが、午前中、道庁跡と旧城内と4つの城門の位置を確かめて歩く。まず道庁の所在地を捜した。現在の道庁は日本統治時代のものを建て増した（2階建から3階建に）ものであることが分かった。道庁の広報課の協力により当時の写真を入手した。又、『清州市誌』の「都市計画史」によると、朝鮮朝時代の清州城は1912年に取り壊され、城壁はその下に作られた上水道として使われたという。南北東西の城門は跡形もなく壊された。ソウルでは光華門や南門、洪城郡では東門（朝陽門）が住民の努力により残されたことを思うと残念である。かつての道庁と今は無き南門の写真は貴重なものだった。ただ、主要道路は他の都市と違い、そのまま残され、今も清州の歩行者天国の中心街ソンアンキルとして市民のショッピングと憩いの場所となっている。市役所とかつての清原道庁（元邑事務所）を結んでいる。北門跡には小さな記念碑が建っていた。

　日本統治期の邑内の行政区分、町名はいくらか時期により違うが、忠北研究所より提供して貰った地図によると、旧城内は1917年には北町、城西町、東町、本町、相生町、旭町などの地名が見える。帰国後、早稲田大学の図書館で見つけた『清原郡誌』2巻本によると＊、旭町か本町3丁目に道庁があり、その周辺に銀行や商店や警察署など公官庁があった。ただし、併合前に多くの居留民が住んでいたソウルや釜山、仁川の様な日本人の集住地域の形成は少ないようだ。道庁を中心に公官庁や

旧清州道庁（建て増し前、1937 年）

今はなき清州城南門

図2　日本統治期清州市街図（年代不明）

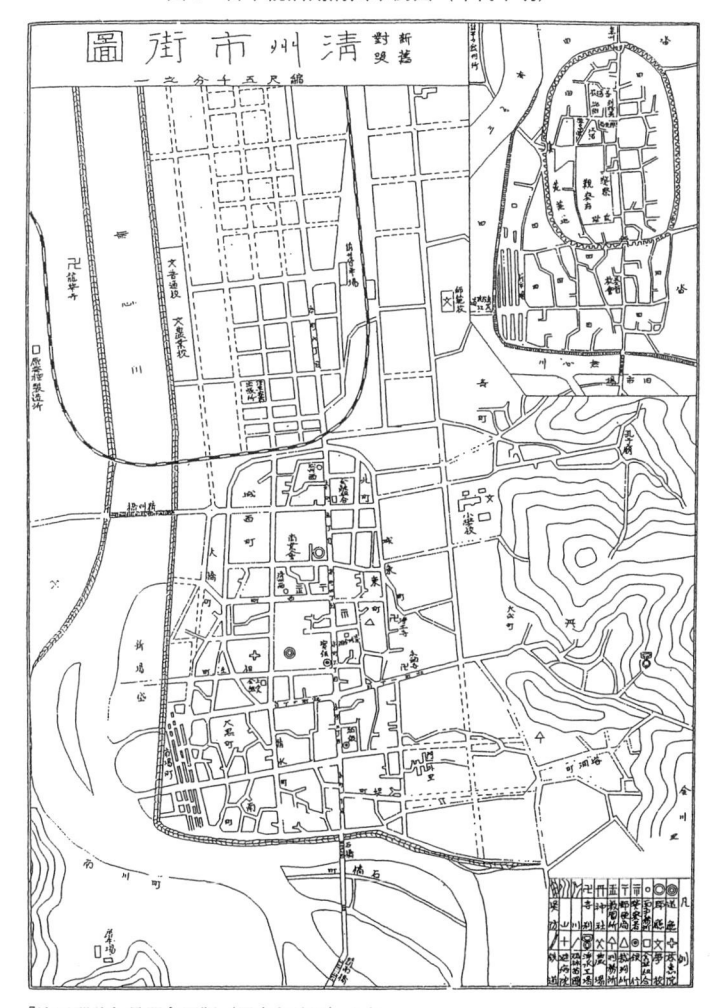

『清原郡誌』見開き図版（写真と地図）より

商店街が形成された公州の場合と似ている。

商店街は現在のソンアン路を中心にあったと思われる。1939 年の 5 万分の 1 の地図
では分からなかった。年代不明の地図を掲載しておく（図2）＊。

　＊帰国後、早稲田大学の中央図書館で『清原郡誌』2 巻を見つけた。その中に年代不明であ
　　るが町名入りの地図が見つかった。これによると道庁の位置は現在と異なり元の観察府跡
　　に、郡庁は現在の位置にあったことが分かる。

　南門近くの公園に 4・19 学生革命の記念碑が立っていた。清州邑の地域における

中枢機能と農村部との関係史（支配と抵抗）への探訪は始まったばかりだ。新聞や雑誌、商工名鑑なども今後捜し出し、生きた植民地下の民衆の動向に迫りたい。

Ⅳ　忠清南道燕岐郡（現世宗特別自治市）調査

1　世宗特別自治市　第1日

　9月26日（金）は午後、早速、世宗特別市庁へ協力依頼のため赴く。

市庁での「日政時名簿」（正義面）の検討依頼と文化院訪問。

　市庁では前回の自治協力担当者宋竜鉉氏に変わり厳忠燡氏が対応してくれ、全面的な協力を約束してくれた。全義面邑内里 50 人の「日政時名簿」登載者について、生存者又は遺族の確認を依頼した。更に、邑内里と隣の東校里の里長又は長老との連絡を取り、月曜日に面会、聞き取りが可能かどうか依頼した。市内の詳しい地図と統計、特に日本統治時代の鳥致院邑にあった郡庁などの建物や商店の配置が分かる資料についても尋ねた。文化財係の職員も調べてくれたが、ここには無いとのこと。「世宗市内行政地図」1 冊を頂き、複写作業が大幅にカットされた。日本統治時代の建物等については「文化院」に行く事を薦められた。

2　世宗特別自治市　第2日—鳥致院邑の日本統治期の足跡を訪ねて

　初めに世宗図書館に行ったが、『忠南独立運動家』という新しい本が見つかったに過ぎなかった。金佐鎮、尹奉吉、徐戴弼などの項をコピーした。図書館からタクシーで「文化院」までをお願いする。元の図書館のあった方角で、職員はすぐに『鳥致院誌』を示し、邑事務所に行けば手に入るはずだと電話をしてくれた。行くと署名程の手続きで寄贈してくれた。更に、主執筆者の忠南歴史文化研究院の専任研究員の洪ジェヨン氏を紹介していただいた。日帝時代の記述はそう多くはないが、特に写真は「併合」直後の街の姿を知ることの出来る貴重な資料である。

　「邑誌」の 1933 年の邑市街地図(図4)を警察署で複写して貰い、足で確認することにした。日本式の呼称は何時から使われるようになったかは確認出来ない。まず、1905 年に設置された京釜線の鳥致院駅を中心に吉野町があり、東に向かって中心道

図3　忠清南道略図

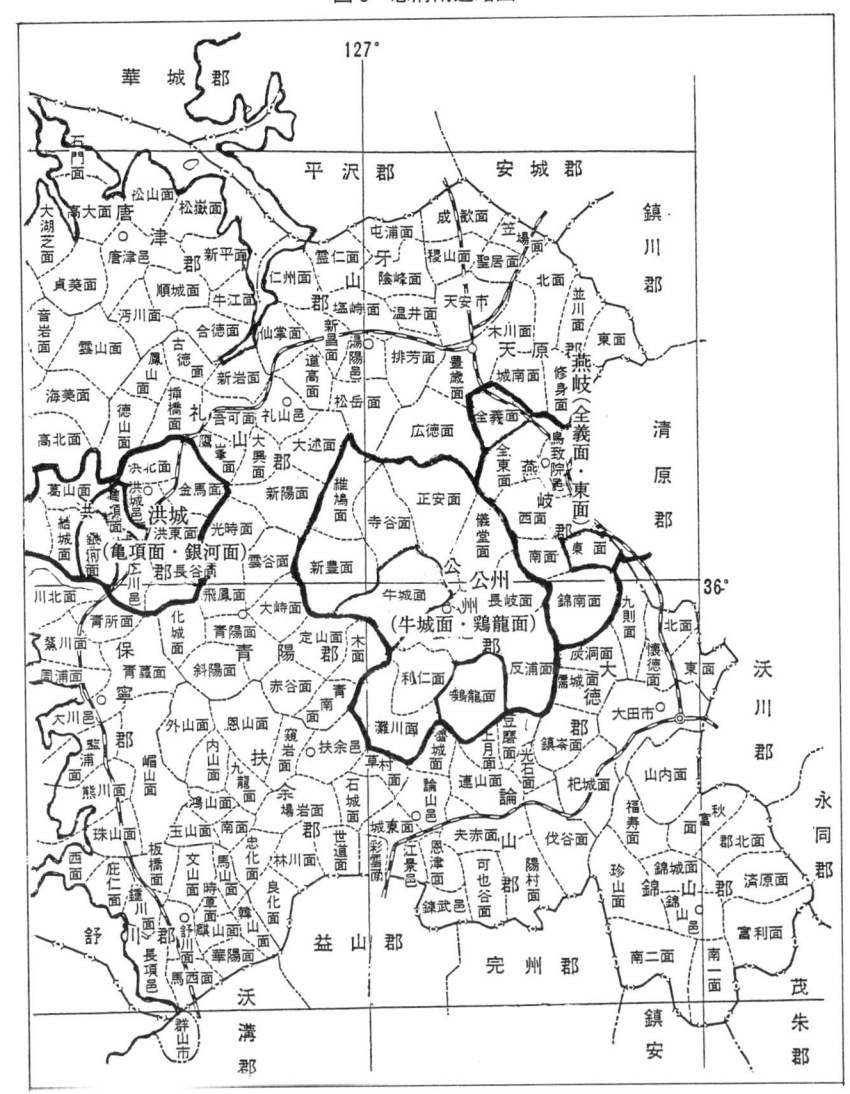

路がある。これが明治町の通りで、街の東に流れる鳥川までの中間でやや北に折れるところから昭和町に入いる。現在の駅から大通りは、これに沿って並行している。これが本町通りか。1918年の5万分の1の地図によると、集落は駅前周辺と昭和町の一角に集中いることから、ここに日本人の住居が集中していたことが考えられる。

図4 鳥致院邑市街図 (1933 年)

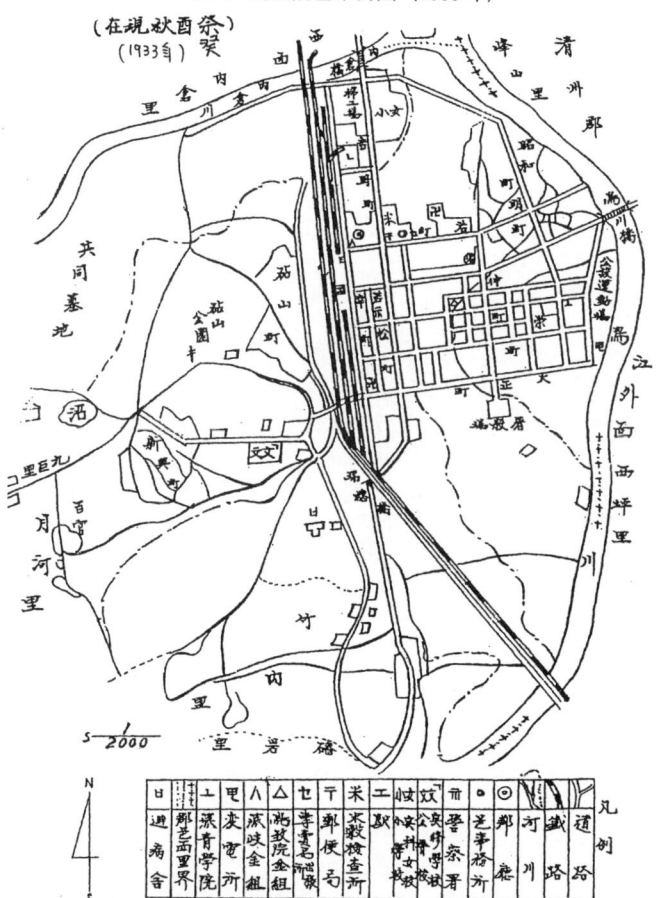

『鳥致院邑誌』（鳥致院邑誌編纂委員会　2012 年）より

鳥致院駅（1910 年）（同上『鳥致院邑誌』より）

駅前には燕岐郡庁がある。「併合」後、今の南面の燕岐から移転したものだ。その北には米穀検査所があった。線路沿いに南にある幸町の隣の若松町には警察署があり、明治町の駅から最初の交差点には郵便局あった。鉄道に沿って内倉川という鳥川の支流で、今は埋め立てて道路になっている所まで北上すると、元紡績工場があった所に出る。1930年に女工達のストがあった場所である。東に川に沿って行くと、先にふれた昭和町の方に出る。ここはこの地域の最初の日本人の尋常高等小学校や実践女学校のあった所で、今は校東初等学校と女子中学校のりっぱな建物と広い運動場になっている。その隣の公園は、最も早く完備された上水道の水源地があった所だ。

　元々鳥致院は清州郡江外西面の小さな定期市が開かれる程度の集落に過ぎなかった。現在の元里附近で今も在来市場が栄えているのはその名残か。北東部分の市場に行く間には栄町、仲町、大正町がある。町はずれの昔屠殺場のあった所まで歩いた。肉屋で聞くと、まさにここにあったという。線路を超え市の西側には、実修学校と公園神社があるだけである。鉄道を越える道は現在4ヵ所あるが、当時は2ヵ所で、地下道となっていた様である。『鳥致院誌』によると、1910年から15年までの10年間の公報をまとめた『鳥致院発展史』が残っており、公官庁、金融機関、学校、商店などの概要と共に写真が掲載され、当時の姿を再現している。次に、当時の人口の推移と職業、公官庁・諸団体・代表的日本人の名前などを挙げておく。

燕岐郡と鳥致院の年次別人口推移

	燕岐郡	鳥致院
1915		2,165
1925	56,796	6,954
1930	63,368	8,400
1949	87,577	18,276
2010	83,290	43,420

1915年鳥致院邑の朝鮮・日本・中国人別の戸数・人口

	戸数	人口	男	女
朝鮮	420	2,092	1,051	1,041
日本	276	1,025	577	448

中国	14	49	47	2
計	710	3,166	1,675	1,491

1915 年忠清南道の郡別・職業別人数

	農業	水産業	鉱業	工業	産業	運輸	公務自由	家事使用
公州	39,492	9	65	3,781	2,952	267	1,228	870
燕岐	17,633	4	3	2,218	1,581	296	363	276
大田	33,062	4	1	3,810	4,066	948	1,565	579
洪城	27,792	127	56	1,257	2,261	142	448	589
合計	425,680	4,504	572	38,083	30,781	4,044	8,561	8,772

単位人

其の他	計	無職
2,348	51,012	71,386
1,409	23,793	39,603
2,900	46,935	66,201
900	33,572	53,765
22,067	54,344	821,762

＊合計は忠清南道全部の合計である。

主な団体と代表的日本人等

○燕岐郡庁書記、8 名中 3 名日本人

○主な団体　在朝居留民会支会、帝国在郷軍人会、消防署、青年会、金融組合、衛生組合、農事組合、産業組合、公立貯蓄組合。鳥致院懇話会、府県人会(徳島県)

○主な日本人名　憲兵分遣署長藤田良弥、学校組合管理者古市広之助、学校組合長福永永太郎、鳥致院産業組合長吉成秀之介、鳥致院郵便署長柴田又三郎、学校組合委員岡清太郎、衛生組合長中島隆衛、雑貨商井出貞三、雑貨商事白井基助、尋常高等小学校長池端波次郎。

○写真につけられた解説

　　1910 年の本町通り、鳥致院駅、1920 年の鳥致院市街地、1920 年代の市場、1910 年代と 20 年代の鳥致院郵便局、1920 年の鳥致院警察署、1920 年代の公立實業女學校、1930 年代の平里所在の鳥致院水源地、鳥致院公立尋常高等小學校、殖産銀

行鳥致院支店、燕岐郡庁、1915 年の鳥致院國司曙堂(練り羊羹製造販賣)、重松旅館、朝鮮産業商會(藥種賣藥、諸官御用達、朝鮮煙草元賣別所)、上川商店(左官材料一切，金巾紡績雜貨小賣店)、益田材木店、藤野呉服店(呉服洋反物、舶來雜貨化粧品、小間物京染)、井出貞三商會(日鮮諸雜貨卸商、帝國生命保險鳥致院代理店)、池田商店 (素麵製造)、鳥致院運輸倉庫株式會社(國内通運株式會社取引店。朝鮮鐵道運輸聯合加盟店)、吉成呉服店本店、弘益殖産株式會社鳥致院農場(イチゴ栽培で有名)。当時の鳥致院の姿が偲ばれる。

3　世宗特別自治市　第 3 日—南面陽化里を訪ねて

前回の訪問では禹榮吉氏が再訪問をかたくなに拒否され、行かないように忠告された。今思うと既に南面陽化里への首都機能移転に伴う部落の全戸移転が始まっていた。

バスの運転手が不思議そうに、「行っても部落は無くなっているよ」という。かつて来た時はあった停留所はなく、途中で降ろされた。まさに部落は廃墟となっていた。あったのは漸く見つけた陽化 3 里の傾いた表示碑のみ。バスの通っていた道は見えず。大きな銀杏の木と林氏一族の宗廟が現れた。今まで見えなかったが周りの建物が無くなったので聳え立つように現れた、2 里と 1 里の境となる道のみが残って目に付く。2 里の老人会館や林奇男氏の家のあった場所に着く。バス停は荒れ果てたまま残っていた。歩き続け錦江に面する陽化 1 里の部落の入口まで来る。この間 1 軒の家もなかった＊。

＊帰国後、早稲田大学の中央図書館で『南面誌』を見つけた。陽化里の全ての戸主名まで出ていた。基礎資料となったはずである。

1 年余の間に、200 軒近くの部落が姿を消すような大規模な移住がなぜ可能なのか。日本では考えられないような気がする。法的根拠は次の 2 つの法律である。「新行政首都○○対策のための燕岐・公州地域行政中心都市建設のための特別法」(2010 年 5 月)、「世宗特別自治市設置に関する特別法」(2010 年 12 月)

4　世宗特別自治市　第 4 日—全義面調査

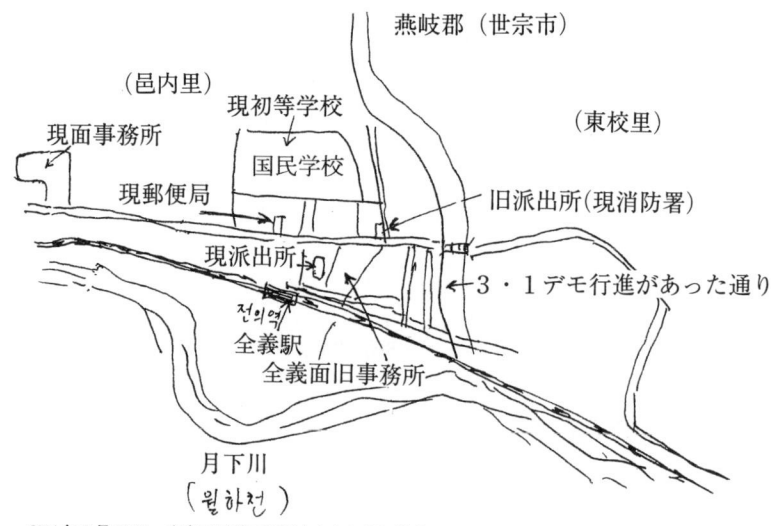

図 5　全義面邑内里と東校里略図

燕岐郡（世宗市）

（邑内里）

現面事務所

現初等学校

国民学校

（東校里）

現郵便局

旧派出所（現消防署）

現派出所

← 3・1 デモ行進があった通り

전의역

全義駅

全義面旧事務所

月下川

〔월하천〕

2014 年 9 月 29 日　李自雨氏等の証言をもとに龍田作成

9 月 29 日、いよいよ燕岐調査の本番と期待を込めて郡庁を訪れたが、全く虚しい結果に終わった。2 人の自治協力担当官が全義面の 4 つの里長と長老に当たったが、全て断られたという。又、「日政時名簿」と守屋敬彦氏の「住友鴻之舞名簿」にある被動員者の動員年月日の一致から動員地が割り出せる数人を含め、生存者、遺族の存在を確かめて貰ったが、プライバシーを理由に戸籍係の協力は得られなかったとのこと。2 人は申し訳ないと言うが、これは仕方がない。

　そこで直接、自分で全義面に行き、前回の面会者や協力者と会い、お礼と報告のために庁を出た。

　まず、金東鎬氏を訪問後、前回行政書士の李時雨氏に教わった小学校、警察派出所跡、面事務所跡を確認した。郵便局も一部昔の建物が残っていることが分かる。又、3・1 運動の折、大規模なデモが行われた通りの確認もできた（図 5 参照）。

　ここから川を渡ると東校里となる。前回アパート前でにわかの聞き取りをした金光熙氏を再訪問をすることにした。電話で依頼しようとしたが、突然でもあり通じない。そこで直接、自宅を訪ねた。管理人から老人会で花札をしていることが分かった。そこで奥さんの案内で光熙氏と会った。氏は思ったより元気で、丁度お休みのところだった。前回の報告書や長崎の国民学校について報告した。氏は活字にす

る前に承諾を得るべきと言われ、お詫びをして、『戦争と勿来』を直接お送りすることを約束した。40 人の「日政時名簿」に目を通したが、反応は無かった。調査の目的について繰り返し聞くので、丁寧に説明すると分かってくれた。突然の訪問に気分を悪くされている様なので、早々に切り上げて帰る。それでも帰りには、ご苦労様とにっこりされて送ってくれた。次回、日を改めてお願いした方がよさそうだ。

「日政時名簿」にある被害者の情報をもとに、この地域の 40 人の動員の実態をリアルに描きたいという初期の意図は実現しなかったが、名簿によって明らかになった点を記録しておく。全義面全体の被動員者は 301 人である。

邑内里動員年別分布　　　　　　　　　　　　　　　　　単位人

	1941	1942	1943	1944	1945	合計
動員数	7	3	21	13	3	47

東校里動員年別分布　　　　　　　　　　　　　　　　　単位人

	1940	1941	1942	1943	1944	合計
動員数	9	9	11	4	1	34

5　世宗特別自治市　第 4 日―東面訪問調査

（1）訪問経緯

世宗市最後の訪問は、前回日本統治期に長期、面長を務められていた裵道煥氏の子息基瓚氏の聞き取りで、氏の生活行動のバックホーンや信条など、その施策との関連がいくらか明らかになった。今回は内板里の小里の里長や長老の話しから戦時動員の実態に迫ることであった。残念ながら「日政時名簿」には東面からの申告者は殆どなく、「住友鴻之舞名簿」を出る情報は得られていない。しかし、面事務所に行き、面長に直接お会いして協力を依頼した。永く戸籍係を務められた方がいるのでその人が適当だろうと電話してくれたが、生憎不在であった。代わって内板 2 里の老人を紹介してくれ、車で送ってくれた。老人会館近くの家はすぐ見つかり早速、聞き取りとなった。

（2）証言者経歴

・氏名　金相九

・生年月日　1928 年 9 月 12 日（86 歳）

・住所　世宗特別自治市燕東面

・職業　元機関車運転士

・戦時期の家族構成　父母 3 人兄弟で、私は長男 10 年前に亡くなる。

（3）聞き取り内容

①戦時期の記憶

　父母は農業をしていて 200 坪位の土地しかなく、小作農だった。徴用や勤労報国隊などに取られなかったのは、年齢が高かったからだろう。稲と麦、豆などを作っていた。出来たものは全て供出したので、いつも腹をすかせていた。

　内板里には上里、中里、下里があり、ここは上里で 30 戸 150 人位。現在は 5 里に分かれている。里長はヒョン氏であった。ここは金氏が多い。里長がどんな仕事をしていたかは分からない。母は「愛国婦人会」＊で、月に 2 回集まりがあった。兵隊さんの送り出しをしたかどうかは知らない。「国民総力朝鮮連盟」や「愛国班」などという言葉は聞いたことがない。

　　＊正確な名称は確認できず。

②自身のこと

　私は 1941 年に国民学校を卒業して、鉄道会社に就職した。学校では日本語を習い、二宮金次郎の話を教えられた。簡単な日本語は分かるし、日本語も歌える。

　学校の生徒は 300 人位で、校長は中山先生と言った。職員は 12 人位いて、女の先生もいた。優しかった。日本人の先生が差別をしたとは思わない。私の方が譲歩すれば、お互いにうまくいく。私は級長をしたこともあった。担任は白井先生だった。先生は「金は金持ちになる」と言った。

　大東亜戦争になり日本は大きくなった。解放になって嬉しいと思った覚えはない、むしろ戸惑った。

　解放後も大田の鉄道局に努め、そこには 150 人程の従業員がいた。上司は菅という人で、駅長は古川という人だった。1990 年代に退職するまで 40 年間働き、大統領賞を受賞した。その間、3 人の息子と 2 人の娘を育てた。妻は 3 年前に亡くなった。今は 1 人住まいをしている。息子は大田にいる。6・25 戦争では言葉に言えない苦労

をした。退職金を貰い、毎日、農業をしたり、老人会館で過ごしたりしている。

日本人にはいい人がいた。当時は不便をかけたが、お互いによく生きることが出来る様にすればよい。

③最後に

国民学校17回生の同窓会員名簿を見せてくれ、テーブルには「三国遺事」が置いてある。勉強家のようだ。昔を懐かしむ様に時々日本語で話す。調査の対象に選んでくれて嬉しいとも言ってくれた。万年筆を忘れてタクシーで取りに戻った時は昼のご飯時で、「もう昼は済んだか」と聞く。老人会館の婦人達も様子を見に来て見送ってくれた。

戦時期の話は深められなかったが、面事務所に戻って報告した。面長はいなかった。「東面誌」を書いた人が最近亡くなったと面の職員が教えてくれ、「元戸籍係がいる時来るといい」と助言してくれた。

V　林憲ギョン氏との面接

1　面接の経緯

（1）目的

今回の訪問の最大の目的の1つに、林憲ギョン氏との面接があった。氏はかつて古河好間炭砿に動員された父と「家族呼び寄せ」により日本で一緒に生活した母がいた。息子として父の動員された炭鉱にぜひ行って見たいとのお手紙を貰った。その打ち合わせのために韓国で会うことであつた。

（2）訪問経緯—釜山とソウルと清原

林憲ギョン氏から初めてお手紙を貰ったのは、第6回の訪問の折、清原郡の玉山面虎竹里に住む母親の韓チャンソク氏の聞き取りをして1年後のことであった。憲ギョン氏が母親に会った折、私からの礼状を読んだという。自分は次男であり、日本で生まれた長男はそこで亡くなったこと、母は今、水原にいる娘（長女）と一緒に暮らしていることなどを連絡してくれた。その後、何回か連絡を取り合い、今回、ソウルでの面会となった。

（3）被動員者の経歴

・氏名　林興吉

・生年　1923 年（2008 年頃逝去）

・動員期間　1940 年 2 月〜1945 年 10 月

・動員地　福島県古河好間炭砿

・母親　1943 年、「家族呼び寄せ」で来日

2　林憲ギョン氏の話

（1）いわきと韓国

　氏はかつて日本と韓国は、百済を通じ深い関係にあったこと、日本語の中に、百済時代の韓国語が多く入っていることなどを話された。特に忠清南道の百済の故地扶余には、石城という地名があることを指摘された。私も九州に集中している装飾古墳が遠く離れたいわきにも点在する事を伝え、韓国・朝鮮との縁の深さなどについて話し合った。

（2）父親の戦時動員

　動員（戦時）期の虎竹里の人口は 100 人位で、玉山面からは 10 人程一緒に動員された。当時家には土地はなく、父はどんな仕事でもしていたという。父は大変勤勉な人であった。

　それで炭砿では、前田という社長(?)から、とても可愛がられた。ある時、送金した金で、10 マジキの土地が買える程だったという。前田さんは皆が集まったところで、「みんなも林の様に一生懸命やればこの様にお金が稼げるのだから」と話したという。(1943 年の「集団暴力事件」にはほぼ全員参加したので、お父さんも参加したはずだと話したが) 抵抗事件の話は聞いた事はないという。

　父親の創氏名は、今記憶がはっきりしないので、戸籍を調べて知らせる。「家族呼び寄せ簿」に記載されている「林隆雄　男 2 女 1」に当たるかどうか (「集団暴力事件」被告の)。「北村透」ではない。

　動員期間は 5 年と言っていたから、1940 年からだと思う。帰国は 1945 年で、群山から列車で来たと言っていたから、軍艦で来たのかなど調べて見たが分からなかっ

た。波が高くて苦労したと聞いている。

　母とは動員後、2年を過ぎて一時帰国した時に結婚し、一緒に日本に行った。母は3年間日本にいたので日本語は上手で、帰国後もよく使っていた。仕事はせず家にいたという。母は賢い人だったが、今は記憶が衰え、全部忘れたという。父より3歳下で現在91歳、水原に住む姉と一緒に暮らしている。虎竹里には弟がいる。

（3）父から学ぶこと

　帰国後も父は勤勉に働き続け、土地も買って増やしていった。長男は亡くなったが、残った3人の息子は全て大学校にやり、2女を育てた。先にも話した様に父はとても勤勉な人で、私が小さかった頃は日が昇ると仕事に出て、夕方暗くなるまで働いた（地域でもよく知られた人だった）。　私達子供はそんな父の背を見て育った。私は公州師範を卒業後英語の教師になり、次の弟は米国に渡り成功して、その息子はハーバード大学に入学した。この子は高校には病気のため1年間しか行けなかったが、一生懸命勉強して合格した。私の息子は日本の専門学校に行って、アニメのソフト開発の仕事をしている。娘はアメリカのアリゾナ大学を出て医者をやっている。私は退職後も牧師の仕事を続けている。

　日本の炭砿に動員され、会社にも認められた父は、日本人から学ぶものは多かったという。一般に日本に動員された人は、日本を悪く言うが、父にとって（周りの人にはあまりしゃべらなかったが）日本人は親切で勤勉で、学ぶべきものは多かったという。そんな父だが、私が大学校生の頃、玉山面の一緒に動員された人達と順番に家を回り、月に2回位集まり、当時のことを話し合う場を持っていたことを記憶している。

　日本の（私達の）市民団体はどんなことをしているのですか。大切な仕事をしていると思います。日本人は当時の社会状況の中でも勤勉で、誠実だったという父の話や私もアメリカで会った日本人と接する中で、日本人に対する人間的な信頼感を持つ事が出来た。

（4）最後に

　古河好間炭砿の当時の地図、宿舎、炭砿の写真などをお見せした。憲ギョン氏は宿舎のあった航空写真をカメラにおさめられたが、他の資料（地図、宿舎、炭砿の

写真）は仁川の末弟（四男）が持ち帰った。日本訪問については航空機、ホテルなどの費用についても聞かれた。英語のお手紙などからハイカラな人柄を想像していたが、質素で誠実な生活態度がにじみ出ている方だった。牧師としてお忙しい生活の様で、来日は簡単ではないと思われた。

仁川で高校の先生をしている末弟は、仕事のため途中で退席し、もし訪問するとすれば、冬の休暇中であることなど積極的な意欲を示された。遅くなっても是非実現していただきたいものだ。

父君の生き方から日本人についても深い関心を示され、日本人との人間的な繋がりを深めたいという意図を強く感じた。クリスチャンとしての生き方に専念されている。この日は、12時半にソウル駅前のヒルトンホテルで待ち合わせ、途中、弟さんが見つけてくれた食堂に移動して、ソルロンタンを御馳走になりながらの4時間近い面会であった。

VI 公州調査

1 公州での2つの地域調査について―市庁での打ち合わせ

前回、初めて公州の治安維持法関係事件の調査をきっかけに、日本統治期の公州邑の足跡を探訪するなかで、「官僚有志支配」の実態に触れ、今回はより下級の面、里レベルの地域支配にまでに調査を広めることを企図した。前回「強制動員調査・支援委員会」の協力で作成した、「公州郡戦時動員名簿」（752名）＊と今回の協力で頂いた「日政時名簿」を利用して、鶏龍面と牛城面の2面の調査を実施した。今回は前回以上に市行政課の協力もあり、一定の手掛かりらしきものを掴むことが出来た。協力いただいた鶏龍面の職員、牛城面の面長、郷校の典校、そして何よりも話しを伺った長老の方々に感謝申し上げたい。

＊「公州郡戦時動員名簿」は「強制動員調査・支援委員会」の協力を得て各種名簿から公州郡の被動員者を龍田が整理したもの。

（1）2つの面を選んだ理由

鶏龍面については、前回、神戸神学校生の金萬濟が育った敬天里の長老教会牧師李鐘喜氏の聞き取りを行った。その後、池氏の著書を通じ1930年代の中壮里や下大

里、九旺里など鶏龍山麓の農民運動が活発な地域として紹介されていたことが第 1 の理由。これに加え、「日政時名簿」では被動員者は郡中最多の 264 名で、敬天里は 49 人である。更に「公州動員名簿」（龍田整理）では鶏龍面 101 人の動員であった。中でも中壮里は 15 人と多い。戦時動員者の名簿上の資料が豊富なことが第 2 の理由である。鶏龍面と牛城面の両者に因果関係はなくても、1 つの地域的な特徴は出てくるのではないかとの期待があった。

　一方、牛城面は最も豊かな公州を流れる錦江の氾濫原の農業地帯で、巨大地主の支配拠点であると共に、水利組合設置の反対同盟が出来たり、革新青年会の指導の下で小作争議が起きるなど、興味深い地域性を持っていた。それに加え、「公州動員名簿」では 103 名の最大の動員者を出し、茨城県の羽田精機への被動員者が 11 人もいることなどである。他に儀堂面、長岐面なども興味深いが今回はこの 2 つの面に限定した。

公州郡面別動員数分布　　　　　　　　　　　　　　　　　　　　　　　　単位人

面	寺谷	儀堂	鶏龍	公州	牛城	反浦	新豊	合計
人数	243	106	264	62	138	191	241	1,245

「日政時名簿」[1] から龍田が作成

　ここでは鶏龍面が一番多く、牛城面はそう多くないが「公州動員名簿」[2] よりは多い。

　＊1 名簿は戦後 1953 年に作成されたもので、動員当時の行政区分とは異なる。
　＊2「日政時名簿」の「忠清南道の動員者一覧表」の公州動員数は 1,285 人となっている。維鳩は動員数調査ミスで欠けてしまった。。

2　公州市庁と牛金峠訪問

（1）公州市庁
　行政課の元戦時動員関系の責任者と若い 2 人の職員の積極的な協力があった。
　鶏龍面については、10 月 5 日の日曜日しか日程が取れず、無理にお願いしたところ、面事務所で面接調査が可能との朗報があった。又、池公州大学校教授、忠南文化研究所洪チェヨン氏と連絡を取ってくれたが、生憎コンタクトは取れなかった。

（2）牛金峠

公州郷校校長　盧載慶氏

　その後、甲午農民戦争の最大の激戦地「牛金峠」が市庁からほんの 2 キロの所であることが分かったので、歩いて故地を訪ねた。1884 年 11 月 8 日、日本軍の宮廷占領に起ち上がった全琫準率いる万を超す農民軍が、日本軍の 9 個中隊・朝鮮の政府軍との交戦で全滅に近い敗北をした闘いであった。日清戦争の最大の激戦地ということが出来る。なだらかな峠を登り、トンネルを超えると、南下に部落が見える。公州城へ進撃し、この峠が越えられなかった。第 2 次農民戦争といわれる蜂起の最大の山場、天下分け目の戦いだった。朴政権時代に建てられたという巨大な記念碑は峠を越えたところにあった。峠の頂上には広い空間と伝統的な村境の道祖神に当たる「天下大将軍」の柱が建っていた。

（3）牛城面予備訪問　10 月 2 日（木）
　翌日は、林氏に会うためソウルへの移動日であったが、午前中を利用して牛城面の予備調査を行う。まず、面事務所に協力を依頼したところ、名簿に目を通した面長が、元戸籍係を紹介してくれた。その方は、今は公州郷校の校長先生で、各種の肩書を持つ地域の儒学研究家でもある盧載慶氏であった。一通り公州の 103 人の名簿をチェックした後、3 人の長老達を紹介してくれた。貴山面と自分の出身地の東谷里と道川里の同族の盧氏と上西里の呉吉榮氏を挙げた。お蔭で 6 日（月）に本調査をする準備が出来た。盧校長は階下の食堂で自慢のカルククスをおごってくれた。後で分かったが、呉吉榮氏程の地域の物知りは珍しい。最適任者を紹介してくれたことになる。

図6　鶏龍面

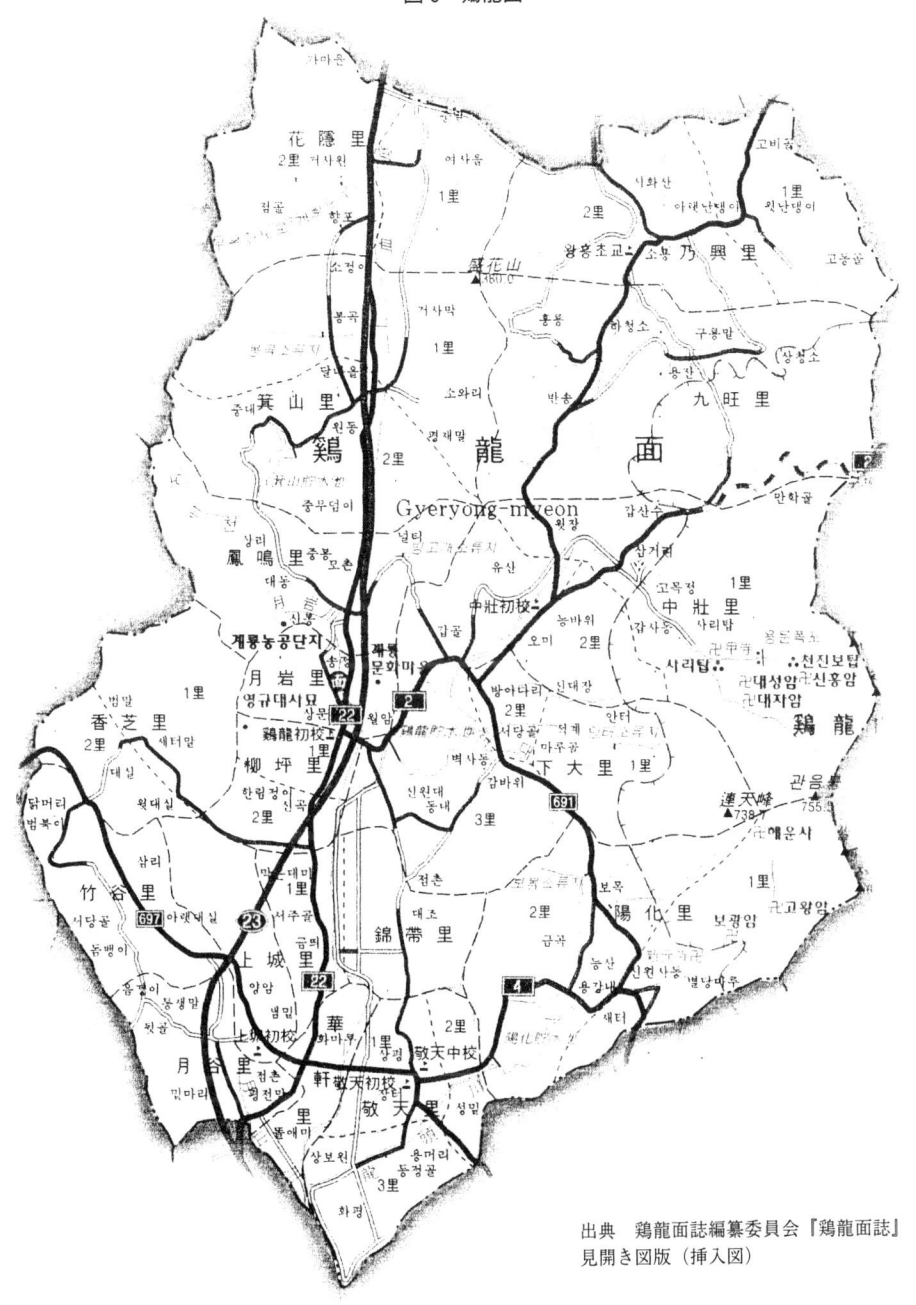

出典　鶏龍面誌編纂委員会『鶏龍面誌』
見開き図版（挿入図）

3　鶏龍面の調査—中壮里の長老たちから

（1）前日（移動日）

　ソウルで林憲ギョン氏と会った後、次の土曜日に再び公州を訪れた。宿は何時もの木賃宿を取る。夜は「百済祭」の夜景を見る。賑やかな道端で無料の「桓檀古記」いう本を新興宗教団体の様な人から貰った。

（2）鶏龍面と「中壮里」の位置—戦時動員名簿より

鶏龍面里別戦時動員者数分布　　　　　　　　　　　　　　　単位人

里名	敬天	箕山	中壮	陽化	香芝	上城	竹谷	○好	花隠
人数	49	26	23	21	20	19	17	16	12
里名	下大	月岩	九旺	月谷	錦帯	乃興	柳坪	○○	上旺
人数	12	10	9	8	8	5	5	3	1
里名	○○	合計							
人数	1	265							

「日政時名簿」から龍田が作成（○○は原本のママ）

　やや不正確な数字であるが参考資料としていただきたい。「日政時名簿」の各面の末尾に記された動員数の合計では 264 人になっており、上表とは異なる。なお、同上資料では死亡者 6 人。行方不明者 14 人となっている。

①「公州郡戦時動員名簿」から見た中壮と敬天の位置づけ

　—被動員者 15 人と 6 人の内訳

i 中壮

　日鉄釜石 5 人、羽田精機 6 人、宇久須興業 1 人、三菱生野鉱山 2 人、宝珠山工業 1人　計 15 人

ii 敬天

　羽田精機 2 人、住友鴻之舞 3 人、三井三池万田坑 1 人　計 6 人

②「日政時名簿」の中壮里・敬天里の動員時別人数

中壮里の年次別動員数　　　　　　　　　　　　　単位人

1941	1942	1943	1944	1945	計
3	6	8	6	0	23

1943 年がピークである。

敬天里の年次別動員数　　　　　　　　　　　　　単位人

1941	1942	1943	1944	1945	計
2	9	6	26	6	49

1944 年に集中している理由は分からない。

敬天里 1944 年月別動員内訳　　　　　　単位人

1	2	3	4	5	6	7	8	9	10	11	12
0	1	4	2	5	4	1	0	6	3	0	0

徴用令の適用が始まった 9 月が最多であるが、年間を通じばらつきがある。

（3）当日の経緯

　日曜日にもかかわらず、鶏龍面事務所に出勤していた 2 人の職員に挨拶をした。その内、4 人の中壮里の長老達が到着した。事務所の一角での聞き取りとなった。

（4）4 人の紹介

氏名	年令	部落名	職業	備考
蘇ジェイン氏	88 歳	カップゴル	農業	最高齢、里長
陳ジュンヨン氏	87 歳	ウイジャン	農業	長年里長
蘇インソップ氏	80 歳	カップゴル	農業	元老人会長
朴ヨンイル氏	81 歳	オミ	農業	会をリード

（5）学校の思い出

　朴ヨンイル　学校へ行っても毎日山へ登り、松の根を掘って、近くの工場で油を作る仕事をさせられた。工場は面事務所のすぐそばにもあった。

　蘇ジェイン　数ヵ所にあった。

　朴　解放時、私は 3 年生だったが、1 年生からそんなことをさせられ一度も勉強をしたことはなかった。校庭を掘ってイモを植えたりもした。鶏龍国民学校には当時

600 人程の生徒がいて（今より多かった）、クラスは各学年 2、3 クラスあった。先生は 12 人程いた。校長は日本人で、他に日本人の先生は 4〜5 人いた。女の先生もいた。1 年生の時から担任は江口先生といい、創氏改名した韓国人だった。日本人の先生が差別的な言動をして、生徒や父兄から非難の的となるような事件はなかった。生徒は殆どが韓国人で、日本人は校長の子供と駐在所の子供だけだった。

　蘇ジェイン　学校では近くにあった神社に参拝させられ、神符を配り拝ませた。「皇国臣民の誓い」は大人で、子供は「国民の誓い」を言わされた。「私は日本の国民です。……」と。大麻奉戴殿には 1 日 2 回礼をさせられた。面職員らは月に一度学校のそばの神社に参拝していた。

（6）陳ジュンヨン氏の思いで—供出、動員

　父親の職業は農業で、小作農であった。戦争中は供出で厳しく取りたてられた。父は会社にも務め、近くに日本の鉱山があって勤めていた。それで解放後も、殆ど農業は私がして、父はしなかった。

　この鉱山には多くの人が勤労報国隊で動員された。私は勤労報国隊の隊長だったが、途中で逃亡したこともあった。

　戦時中は 1939 年と 42 年以後は凶作だったことを、大人の人達が話していたので分かった。

　戦時中の厳しい供出に対して抵抗する方法はいっぱいあった。錦江に船を浮かべて、そこに隠すこともあった。

（7）寺の金属供出や労働動員について

　朴ヨンイル　供出といえば、寺の鐘まで供出させられたことがあった。この地域には有名な寺が多い。カプサー（甲寺）トンサー（東寺）、マンサーなど。特にカプサーは全国に有名で、一番多くの文一僧（僧の位?）を出している。そのためこの辺りには信徒が多い。その寺の鐘や「ソック」(?) まで供出した。

　陳ジュンヨン　鶏龍山には新興宗教の「カンミ教」などあり、大道教など戦時中弾圧された話も聞いている。

　朴　労働動員は何時の時期も強制だった。動員の割り当ては、郡役所や面長や面の職員であるかもしれないが、実際は区長がやっていたのだと思う。労働動員の人

中壮里の長老蘇ジェイ
ン氏

左より陳ジュンヨン氏、蘇インソップ氏、朴ヨンイル氏

数が多くなったり少なかったりするのは、やはり面長や区長の協力の仕方が影響したと思う。夜も昼も動員され、同じ民族の中で対立を引き起こし、しこりを残した。

　朴　賃金が送金されていたという話は、私の部落では聞いたことがない。特別な場合があるのかもしれない。私の妻の叔父も徴用され、戦後、帰国しないまま（船が転覆して）海で亡くなり、今も行方不明であり、従って、戸籍には死亡の原因も場所も分からないままになっている。それで被害申告の仕様もなく、できなかった。

　朴　中壮里では昔、小作争議が多かったことを聞いている。

（8）日本統治について
　朴　戦争中に日本語の使用を強要したのは、日本の会社に動員した時役に立つからだと思う。徴兵の時もそうだろう。日本統治期に日本に協力した人達は、そうしなければならない事情があった。仕方がない。しかし、それをさせたのは日本であり、酷いことをした日本人を韓国人が嫌うのは当然だと思う。強制して労働動員をして炭砿や飛行場で働かせたのは史実である。私の姉も挺身隊に行くように言われたが、家族が反対して行かなかった。行った人たちは、その後嫁にも行けず苦労した。慰安婦になった人達の心に添った言動をすべきだ。朝鮮人や中国人を連れて行ったのは史実である。日本人は考えられない行動をした。歴史の事実を曲げることが悪いのであり、史実を事実として認めるべきだ。

（9）最後に

　せっかく来てくれたのだから昼食を共にしたいとの申し出があり、次の敬天での予定もあるのでと断ったが、是非ということで近くの食堂に行き、美味しいソルロンタンを御馳走になった。日本人は辛いものがにが手なのでと配慮してくれたのだ。一緒に写真を撮り、名簿にある人たちの消息も調べて置いてくれるということだった。再会を約し、4人は車で中壮に帰って行った。

　その後、面事務所の職員にお礼を言い、地図と統計書と簡単な面案内書をお願いしたところ、快く公州の「行政地図」と『統計書2012年』、『鶏龍面誌』を頂いた。

　敬天の面会者について係の方に問い合わせたところ、敬天では見つからなかったとのこと。前回聞き取りした李鐘喜牧師に報告をしたいので行く旨を伝えると、若いもう1人の職員が敬天まで車で同行してくれた。車窓から中壮貯水池を見ながら、ファホンを経て敬天に着いた。

　李鐘喜牧師を訪ねたら、お孫さんがひ孫を連れて来ていた。氏は殆ど動けない状態になっていて、椅子に座ったままで話をした。冊子については一部不正確なところもあるがと感謝された。動員者名簿についても、敬天の分を見て貰ったが、途中あまりにも苦しそうなので作業を止めて貰った。それでも思想は健在で、人は必ず神の審判を受けなければならないこと、人間としてあるべき姿について話され、教会の長老らしい威厳を感じた。お孫さんに送られて別れた。

　4　　牛城面の調査—上西里長老の聞き取り

（1）牛城面と戦時動員の概要

「日政時名簿」の部落別動員数の内訳　　　　　　　　　　　　　　　　　　単位人

部落名	竹堂	方文	内山	鳳峴	宝陽	安興	上西	木泉
人数	7	15(5)	1(9)	4	1	5	48(6)	4(6)
部落名	道川	龍鳳	盤村	月尾	玉城	梧桐	丹芝	計
人数	6(8)	20(5)	3	7(10)	6	5	8(4)	140(53)

貴山等7つの動員ゼロ部落は省く。計が140になるのは統計ミスである。参考までに掲載する。

　龍田が整理した「公州動員名簿」では（　）内の動員数となる。この他、「日政時名簿」では動員数の無い部落は、「公州動員名簿」では貴山20、上平7、東谷6、双

新4、新熊2、韓川2、方興5、その他3の 計49人あり、全部で103人となる。この内、45人は重複していないので、少なくとも牛城面では180人以上の動員があったことが、名簿で確認出来る。

（2）面接に至る経緯

いよいよ公州調査の山場であり、最後の調査とあって、前日から用意万端、元気よく宿を出た。しかし、バスを乗り違え約束の8時半には間に合わず、約2時間遅れて、10時に面事務所に着いた。この日一日の計画と意気込みがガタガタになってしまった。

それにもかかわらず、前回の予備調査で蘆典校で紹介された3人の長老のメモを見て、面長が自ら連絡をしてくれた。連絡の取れた上西里の呉吉榮氏を訪ねるため車で送ってくれた。面長はなかなか洒脱な感じの方だが、既に20年間も面長を続けているだけあって、村の歴史にも精通し、1920年代末の木泉水利組合設置反対運動事件についても聞き及んでいた。

上西里は面事務所のある貴山を流れる錦江支流チョンアン川よりも下流にあるもう一つの支流の維鳩川流域の広大な平野を前にした部落である。上西2里に住む呉吉榮氏は老人会館の裏に住み、ちょうど会館の草取りをされていた。来意はよく分かっていたので、面長は挨拶して、引き返えされた。すぐに呉氏の家での面接となった。

（3）呉吉榮氏の経歴等

生年　1933年（現在、82歳）

父は農業をしており、200坪位の土地を持ち、他は全て小作をしていた。年長だったので徴用はされなかった。出来た作物は全て供出し、米だけでなく麦、木瓜（カリンの実）、梅実などもすべて供出した。

地主は日本人の「まるこん」（丸山?）と言い、不在地主だった。公州邑に住んでいた。

上西里は200戸程あり、当時は多かったが今は老人ばかりだ。姓は呉氏が多く、創氏名では松本、松岩、松町などと名乗った。2里は150戸程あり、人口は平均1戸6人位なので1,000人を超えていた。

図7　牛城面

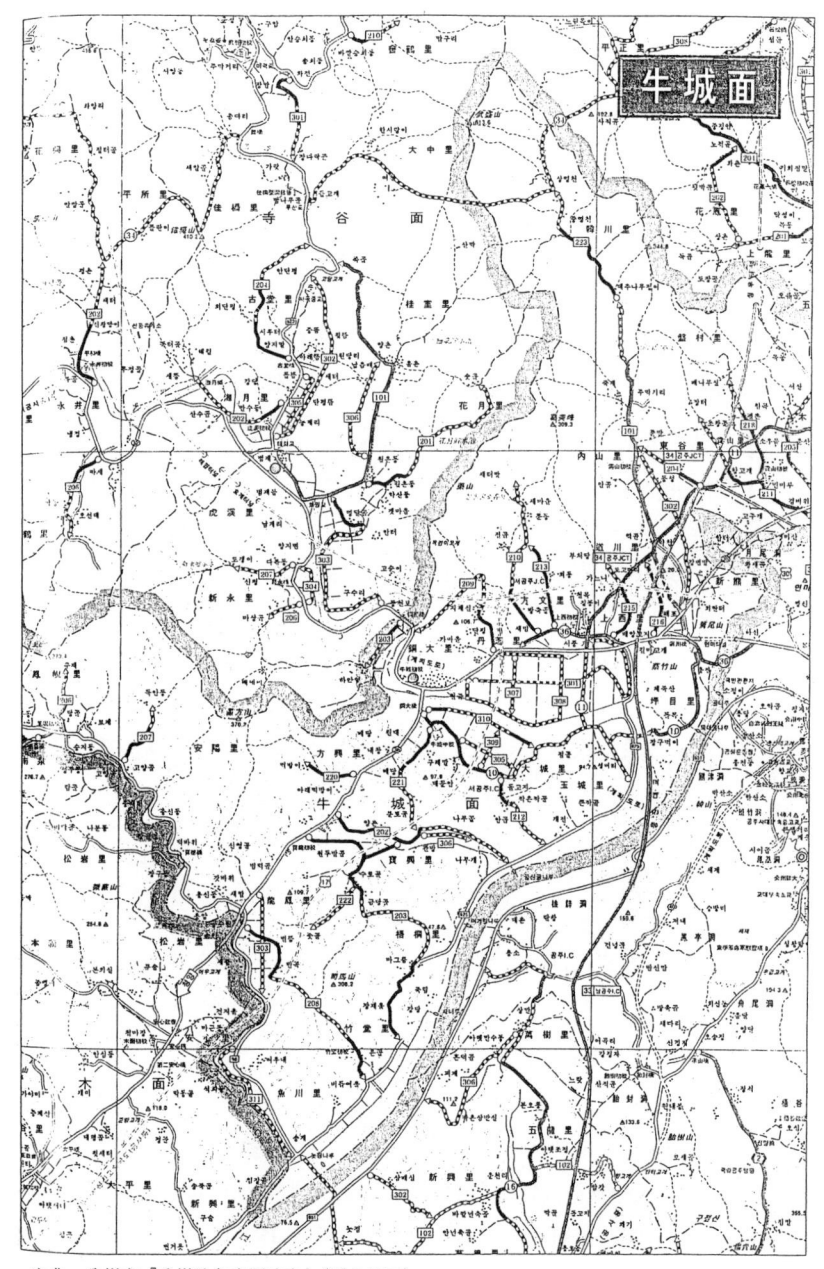

出典　公州市『公州地名変遷略史』（挿入地図）

呉吉榮氏（10 月 6 日、牛城面の自宅で）

　兄弟は 5 人で、男 3 人、女 2 人。長男は徴用に行く様に言われたが、馬車をひく仕事をして徴用を免れた。

　父は「農業指定員*」になっていたので徴用されなかった。当時の区長はイナムジェといい 80 歳を超えていた。部落で嫌う人はいなかった。徴用や徴兵、供出の責任者だったが、自分の息子も徴用され、シンガポールで捕虜になった。

　＊「農業要員」のことと思われる。

　供出はカマ（米のかますのこと）に入れた。1 人 10 ジャン（不明）ずつ供出しなければならなかった。

（4）国外への労働動員について

　まず、初めに「公州動員名簿」を見て貰う。上西は 6 人だけで、知っている人は見つけられなかった。次に「日政時名簿」を一人ひとり確認していった。呉姓の人が 49 名中 29 人を占め、結局 11 人が分かった。以下、コメントを付ける。

　呉徐榮、呉道榮についてはコメントなし

　呉千榮　どこに徴用されたかは聞かなかったが、多分北海道。既に死亡した。

　呉在萬　サハリンに行き帰国、その後行方不明。

　呉八榮　北海道に動員されたという。死亡した。

　呉信榮　日本に行き行方不明。

　呉榮三　既に死亡した。

　善信哲　フィリピンに行き捕虜となり 2 人で帰国した。既に死亡した。

吳碩源　ソウルへ移転した。既に死亡した。

吳乙榮と柳基鎬は既に死亡した。

（5）国内での労働動員について

油が不足して松の根を掘って、松根油を作らせた。1、2年生を除いて小学3年から6年までみな動員された*。

「勤労奉仕」と言って、大人は道路工事に出され、住民にどこからどこまでと仕事を割り当てた。

又、「勤労奉仕隊」といって、1人1ヵ月から3ヵ月、飛行場などを作るために動員された。父も行った。農閑期だが、ひどかったと言っていた。

＊中壮里の朴ヨンイル氏は1年生まで動員されたと言っている。日本では3年生から。

（6）徴用の強制

徴用はクジャンニム（区長様）が中心に人を集めた。強制的で、行かなければ刑務所に送られた。孫○○氏が拒否して、駐在所の警察官が来て連れて行かれ、刑務所に送られた。

（7）女性の動員

幼かったのでよく分からなかったが、「処女供出」というのがあり、泣きながら工場に送られたという話を聞いたことがある。紡績工場に行った。この部落でも行った人がいた。慰安婦とは違うということを知らず、後で分かった。

（8）印象に残る労働動員者

特に印象に残っているのは善ホビョンという人で、北海道へ動員されたが、足を怪我して仕方なく帰国した。キルジャン近くに息子が住んでいる。今回の政府調査で誰も証明出来ず、私が当時のことを証言して、補償を受けられることになった。今生きていれば96歳になっている。

先に挙げた吳在萬は、動員された時期が日本軍のシンガポール陥落祝いの後だったと聞いている。樺太で材木を切る仕事をしていたようだ。この時一緒に行ったのは2人だったが、名簿には載っていない。

（9）区長と上西里について

　区長はいい人だった。今は亡くなっている。公州の農業学校を出ていて、当時農学校を出た人は、ここには1人しかいなかった。地主ではないが土地は大きかった。皆を送り出したので、自分の息子もシンガポールに送り、捕虜になった。軍属かどうかは知らない。今、息子は近くに住んでいる。

　駐在所はここになく、銅大里にあった。一番大きい学校も銅大里にあった。1年から2年生までの学校が各所にあった。

（10）その他　自身のことなど

　牛城国民学校の3年生の時に解放になった。卒業しないまま農業をしていた。その後、再度学校に入り、燕岐に行って勉強していたので、6・25戦争の時は兵隊に取られなかった。

　盧載慶氏とは「檀君国祖大上殿奉亨会」の関係で、一緒に調査に参加して何時も会っている。盧氏はその会長で、ここの郷校の典校（儒林会の会長）をしている。

　妻は10年前から体を悪くして施設に入っている。私も数年前に大腸の手術をして酒は飲めなくなった。今はコーヒーを飲んでいる。息子は2人いて孫もいるが、今は1人暮らしをしている。

　この辺りの地主をしていた有名な金甲淳は、水利組合の組合長をしていて、日韓併合後、道庁で力を得て、富者になった。しかし、学校は一つも建てなかった。全羅南道では地主の有力者でも独立運動をして、国家功労者になった人もいる。戦後、息子が国会議員に立候補したが落ちた。徐憙淳については知らない。

　今、韓国と日本の関係では、首相の靖国神社問題や独島問題が起こっている。小学校の時、先生が「お前らも靖国神社に行ける」と言った。その時は意味が分からなかったが、後で分かった。

（11）最後に

　気が付くと既に12時を過ぎていた。腹もすくし、お疲れの様子だったので話を打ち切った。記憶は確かで、この地域のことはまるで生き字引の様に何でも知っていた。これ以上の聞き取りの適任者はいない。こうした史実を知っている人はいずれいなくなるので、今記録しておくことは大切だと励ましてくれた。バス停まで送っ

てくれ、再会を約束した時は 1 時近くになっていた。面事務所に戻り、お礼の挨拶をして洪城の調査予定。面長は不在で、「明日また」と言われた。2 人に連絡がついたのか確かめたかったが、ともかくこれ以上にない面談者を紹介してくれた面長と盧載慶氏に感謝したい。

Ⅶ　洪城調査

1　調査の目的と洪城概要

（1）調査の経緯

　実は今回調査の出発前には、洪城における生存者の調査と抵抗事件被告からの聞き取りに一番の期待をかけていた。日程も調査に馴れてくる最後を選び、そのため調査地の郡庁への連絡も万全を期したつもりであった。しかし、実際には郡庁に日本語の分かる職員がおらず、文書は全て会ってからの説明となった。後手々々に回り、結局は 1 人の生存者の聞き取りを何とかクリアーしたに過ぎなかった。にもかかわらず、現地の郡庁職員の努力と地域の研究者や人々の協力で、何とか調査らしきものにまとめることが出来た。

（2）洪城調査の意図

　郡庁への協力依頼書を一部引用して、調査の意図にかえたい。

記

　1、訪問調査日程（略）

　2、本調査についての依頼

　（1）戦時強制動員被害者の聞き取り（面談調査）

　　　　今回ソウルの「抗日戦期強制動員被害並びに国外強制動員犠牲者等支援委員会」の調査課のご協力により、お 2 人の被害認定者のご紹介を得ました。つきましてはこの方たちの面談調査を行いたい。

　　　①洪炳畯（1930 年生）　大日本炭砿

　　　　住所　忠南　洪城郡銀河面

連絡先　○○

②○○○（1926 年生）　日本曹達会津工場

住所　忠南　洪城郡廣川邑

連絡先　○○

(2) 抵抗事件一般調査

①日本九州筑豊炭田　嘉穂炭砿「集団暴力事件」裁判記録より

②事件の概略

1943 年 6 月 14 日発生

洪城郡関係者 8 名中 8 名（別紙）、内 6 名が亀項面出身者

（「日政時徴用者名簿」）

③地域古老、地域研究者、被害関係者からの調査を行いたい。

(3) 以上について、調査のための関係職員のご協力をお願いしたい。お忙しいとは存じますが日韓友好の一助になればと思い、絶大なるご高配とご協力をお願い申し上げます。

＊文中の○○は原本のママ

（3）洪城郡の概要

①地勢

　洪城郡の地理的、歴史的位置付け。忠清南道の西部に位置し、牙山湾に臨む金馬川と浅水湾に臨む臥龍川と広川の流域に平野部を持つが、多くは丘陵地帯からなっている。洪州には李朝期、洪州牧使や観察使が置かれ、忠洪道などといわれ、周辺の邑、郡を巡察する中心的な位置を占めたこともある。日韓併合時は洪城郡として 11 面、139 洞里を統括し、郡庁が設置された。邑制が取られる様になった1938 年代の洪城郡の概要を『洪城郡々勢一班』により記しておく。

②邑面別日本人・朝鮮人戸数と人口

邑面		洪州	洪北	金馬	洪東	長谷	広川
戸数	日本	117	14	4	3	14	76
	朝鮮	2,158	1,451	1,478	1,961	1,891	1,968
人	日本	504	36	22	5	38	356

口	朝鮮	10,588	7,912	8,623	11,262	10,839	10,224
邑面		銀河	結城	西部	高道	亀項	合計
戸	日本	4	10	10	5	2	259
数	朝鮮	1,202	1,312	1,050	1,173	1,331	16,975
人	日本	9	33	30	14	2	1,049
口	朝鮮	6,707	7,524	6,217	6,772	7,253	93,921

③職業別日本人・朝鮮人戸数比較　　　　　　　　　　　　　　　単位人

	農林牧	魚塩	工	商交通	公務自由	其他	無	合計
日本人	9	欠	24	63	118	43	2	259
朝鮮人	14,231	54	194	820	283	1,063	330	16,975

④教育関係

尋常小学校 10 校、尋常高等小学校 3 校、簡易学校 5 校

国語解得者（総人口比）　男 7,695（15.8%）、女 1,543（3.3%）、計 9,237（9%）

⑤農村振興関係

振興会、勧農共済組合、振興青年団、婦人会、共励組合、殖産契

⑥警察、衛生関係

消防組 3 組、消防手 173 人

病院 6、医師 9、医生 9、薬剤師 2、薬種商 2、産婆 5、看護婦 4

⑦農業関係

耕作別戸数と面積

		自作	自小作（自作）	自小作（小作）	小作	計
戸数（戸）		1,353	3,917		8,610	13,880
面積 （反）	沓	10,108	12,405	21,081	50,087	93,681
	田（畑）	7,672	15,249	9,037	30,003	61,961

⑧鉱区

日本人 21 区、朝鮮人 31 区、共同 41 区

⑨金融機関

株式会社東一銀行洪城支店、廣川出張所。洪州金融組合、高道金融組合

⑩市場数

5市場

⑪財政

郡予算—5,747円、面予算—141,801円、学校組合、郡農会など

日本人の具体的実態は今後の課題である。

（4）洪城郡の戦時動員の概要

「日政時名簿」による面毎の動員者数 　　　　　　　　　　単位人

邑面名	洪城	広川	洪北	金馬	洪東	長谷
動員者数	409	170	43	274	223	331
邑面名	銀河	結城	西部	葛山	亀項	合計
動員者数	149	186	233	307	333	2,658

なお、実際に龍田が数えた数は2,658人である。名簿は解放後の1953年に作成されたもの。

市街地の洪城邑はともかくとして、人数の多い長谷面、亀項面ともに山間部から
の動員が目立つ。

2　現地調査

（1）第1日　10月7日（火）　郡庁訪問と大日本炭砿被動員者洪炳畯の聞き取り
　　　　　—銀河面

①聞き取りの経緯

公州からバスで維鳩川を逆上り、維鳩を経て峠を越すと礼山市である。ここから
金馬川の下流名であるサンキョ川を逆上った所にある盆地が洪城である。洪城到着
するやバスターミナル近くのモーテルに宿を取り、郡庁に顔を出す。係官が待って
いるものと思い、予定を早めた。

来意はすぐに分かり、2人の生存者に連絡を取ってくれた。大日本炭砿被動員生存
者の洪炳畯氏は、明日から出掛ける予定があるので今なら大丈夫という。

郡庁職員の李哲洙氏がすぐに車を出しくれた。銀河面と大栗里の複雑な小道を伝
って氏の家に到着した。1人暮らしの自宅で早速、聞き取りとなった。

②証言者経歴

・氏　名　洪炳畯

・生　年　1928 年（85 歳）

・動員期間　1945 年 6 月～12 月（6 ヵ月間）

・聞き取り日時・場所　10 月 7 日、2 時半～4 時・炳畯氏自宅

③動員当時のこと

　まず、第 1 次洪城隊 60 人の入山記念写真を見てもらったが、知る人はいなかった。この後の最後の徴用による動員（第 2 次洪城隊）と考えられる。

　父は農業をしていて、10 マジキ位の土地を持つ自作農だった。徴用はされなかった。私は国民学校卒業後、青年訓練隊に入った。

　動員時、令状を持って面職員が来た。自分が応じないと、父か叔父が取られるというので応じる以外になかった。

　動員の経路は、唐津から軍艦で下関まで行き、列車に乗って炭砿まで行った。炭砿は「大日本炭砿」と言った。

④炭砿での生活

　（当時の炭砿の朝鮮人寮の写真を見て）防空壕が近くにあったことは覚えている。食堂があったことも覚えているが、どこにあったかは分からない。

　一番苦しかったのは「腹が減った」ことだ。「弁当」は握り一つで、朝の内に食べてしまった。ジャガイモを 5 個位貰った事もあった

　年が若いので、仕事は狭い所で石炭を掘ったり、炭車に積んだりする仕事だった。危険な仕事だったが、死んだり大きな怪我をしたという話は聞かなかった。

　賃金は 10 円しかくれなかった。帰る時は 100 円受け取った。未払い金があるかどうかは分からない。

　日曜日が休日で、時々韓国人がやっている食堂に行くことはあった。又、休日に海岸まで歩いて行き、食べられるものを探して食べた思い出がある。徒歩なので、長い時間外にはいることが出来なかった。

　印象に残るのは韓国人の梅田という人のことだ。よくしてもらった。

　寮は畳で、10 人位が一つ部屋で生活していた。

　ひどい思いを今もしているのは皮膚病になったことだ。現在も病院に通い薬を貰っている。被害申告をしたが認められなかった。

　逃亡をしてひどく殴られた様な事は聞いていない。九州の炭砿で逃亡してひどく

洪○畯氏（10 月 7 日、全河面自宅で）

殴られた話は聞いている。又、日本人には若い人はいなかったので、交流をする様な事もなかった。

⑤解放後のこと

サイパンが陥落して、日本軍が玉砕したことは聞いていた。敗戦になっても嬉しいとも悲しいとも感じなかった。ただ、早く家に帰る事ばかり考えていた。

解放後は仕事をしなかったが、牛を殺して食ったという様な話は聞いていない。帰国の経路は、釜山から列車で帰った。一緒に行った人が 1 人いて、この人と一緒に帰って来た。名前は賈在喆という。今も近くに住んでいる。

帰国後は農業を続け、今は末の息子がイチゴのハウス栽培をしている。長男はソウルで生活している。末の息子には男女 2 人、長男には男女 1 人の孫がいる。妻は 3 年前に亡くなった。解放後、19 歳の時結婚した。

⑥日本の統治期を振り返り

日本語は仕事の上で必要なものは覚えた。タタミ、ベントウ、─今は殆ど忘れた。

大栗里には 100 戸位あったが、区長が誰だったかは知らない。駐在所も学校も同じ所にあった。

供出は何を作っても酷かった。配給は少ししかなかった。

学校の近くに神社があり、参拝したり、お札を貰ったりした。「国民の誓い」も覚えている。韓国語を話すと罰を受けたり、日本人の習慣を押しつけたりしたことは当時何も考えなかったが、酷いことをしたと思う。

担任の先生は松浦先生といい、日本人だった。日本人の生徒に校長の息子がいて、

日本語でいろいろ話をして親しかった。

　日本人の地主はいたが、名前は覚えていない。農業をしていて動員される人が多かった。

⑦最後に

　今日は大田にいるもう1人の息子の所に行く予定になっている、という。疲れる様子もなく1時間半ばかりの聞き取りに応じてくれた。3時頃、記念写真を撮り、送ることを約束して別れた。

　聞き取りの準備もあまりでよく出来ていなかったので、とりあえずの面接となった。地域的な把握もよく出来ていないままの調査であった。

　最後に、銀河面について補足しておく。浅水湾に臨む戸数1,206戸、人口は6,716人の比較的小さな面である。面のほぼ中央部にある部落である。「日政時名簿」によると、面での戦時動員者数は149人である。内、大栗里での動員者数は16人で、面内14里の中では、大川里の26人、銀菊里の19人に次ぐ3番目であるが、多くはない。

（2）第2日　10月8日（水）―図書館訪問と「抵抗事件」調査

　予定通り、図書館で郡誌等を調べた。例のごとくコピー機はない。10枚位なら事務所で取ってくれるという。正規の図書館でなく学習図書館という感じである。

　広川面出身で日曹会津の被動員関係者ついて、息子さんに面会を断られたので、明日の面接が出来なくなった事を市の係員から夕方知らされた。最も期待していた面接だったのでとてもがっかりした。諦めきれずもう一度確認のため夜、電話をしたが「昔のことを話してもどうにもならない。申し訳ないがお断りする」といって切られた。これ以上はどうすることも出来ないので諦めた。従って、日曹会津と広川面についての情報は省く。

①亀項面の戦時動員の概要―事前調査資料

「日政時名簿」による亀項面の里別戦時動員者数内訳　　　　　　　単位人

篁谷	五鳳	長楊	公	胎封	南山	内峴
35	50	5	32	26	11	32
支井	青光	麻温	新谷	大井	合計	

| 33 | 26 | 23 | 19 | 27 | 319 | |

五鳳、篁谷ともに南山川の最上流域の山村部である。

公里・五鳳里の戦時動員数の推移　　　　　　　　　　　単位人

	1936	1941	1942	1943	1944	合計
公　里	0	3	10	14	5	32
五鳳里	3	3	16	19	9	50

　注目されるのは 1942、43 年、特に 43 年が多く、今回調査の対象となった「集団暴力事件」の該当者達はこの期の被動員者達である。

②嘉穂炭砿「集団暴力事件」の概要

ⅰ嘉穂炭砿

　嘉穂郡上嘉穂村所在、日本製鉄系の炭砿で、朝鮮人総動員数 2,754 人、1944 年 1 月の在籍朝鮮人 1,245 人

ⅱ事件発生

　1943 年 10 月 11 日、三原合宿所

ⅲ事件経緯

　1943 年 8 月を中心に忠清南道洪城郡より同砿に動員された 80 余人は、洪城隊として 5 班に編成され、第 2 寮・三原合宿所に止宿し、訓練を受けていた。同月 22 日に 3 班の 4 人が逃亡して捕まった。尋問中に補導員が殴打した。それを見た 5 班の者が報告を受け、広場で争っているところに同寮の牙山隊も加わり、100 余人となり事務所に押し入った。被告の 8 人はその時、竹棒等にて電話機、窓硝子数十枚を破損したとして「暴力行為等処罰に関する法律違反」で懲役 4 ヵ月の刑を受けた。

ⅳ「被告」本籍

　金馬面 1 人、高道面 1 人、亀項面 6 人。亀項面の 6 人の内訳は公里 3 人、青光里 1 人、新谷里 1 人、五鳳里 1 人。この内青光里と新谷里の 2 人について戸籍の確認が出来た。

（3）第 3 日　10 月 9 日（木）—廣川邑金鐘憲氏の面接不可（公休日）。金佐鎮将軍生家
　　訪問と亀項面予備調査

①9 日の計画

　この日は本来なら廣川邑の日曹会津への被動員者金鐘憲氏に面接調査をする予定

日だったが、全くの空き日なってしまった。時間があれば廣川邑のオン岩里に行って見たかったが、街の入口に大きな銅像が立ち洪城の象徴的存在である金佐鎮将軍の生家に行くことにした。この偶像の実際を確かめるため、生家のある葛山面の杏山里を訪れ、帰りに亀項面公里の予備調査という計画を立てた。

②将軍の生家を訪ねて

　葛山里は洪城邑とは違い、西海に流れ込むワァヨン川の中流にあり、その最上流には亀項面がある。従ってバスはこの川に沿って下って行くことになる。生家は葛山の町から 2 キロほど離れた小さな支流の氾濫原の山の麓にある。町で尋ねると、皆即座に教えてくれた。

　入口に将軍の祠堂があり、「白冶」という将軍のあだ名に由来する公園がある。この道を少し行くと典型的な両班の邸宅がある。一時は無くなっていたのを、解放後、1991 年に地元の老人たちが再建したものだ。1920 年に青山里の闘いで日本軍を数回にわたり破った。この抗日パルチザンを率いた将軍の名は、小学生の 6 年の歴史教科書に絵入りで描かれている。韓国最高の栄誉を与えられている伝説的愛国者である。

　伝記によると、15 歳で自家の奴婢 30 人を解放して、土地を売って愛国啓蒙運動のために学校を建てたという早熟の子供であった様だ。3・1 運動後は合法的文化運動から武装闘争に入り、満洲で無政府主義者を含めた諸勢力を糾合して新民会をつくる。闘いの後、ソ連領内に移動して、1930 年に共産青年団の手によって倒れる。遺体は夫人の呉氏によって持ち帰られ、実家に合葬された。記念館には豊富な資料も展示されている。屋敷の前に広がる水田は全て金家の土地であったという。

　ちょうど公休日で観光方々の見学客が来る。生徒の集団見学も次々とあり、管理者兼ガイドの小父さんは忙しく私の質問にもそっけなく答える。販売する資料はなく、パンフさえ無くなるという始末。道を聞くと誇らしげに答える町の人々と共に、金佐鎮将軍の伝説はまだまだ健在のようだ。しかし、ある程度この伝説的将軍の実像が見えて来た気がする。

　洪城面における日本統治への抵抗闘争の歴史の中で、義兵戦争の折、閔宗植が条約締結に反対して官職を投げ打ち、洪州城を占領して日本軍と闘ったことは有名である。儒生・地域名望家達の動向が注目される。併合以後の民衆運動との関わりについては今後を期すこととする。

③亀項面公里の予備調査

　再び同じ系統のバスに乗り、途中、亀項面の手前の公里（コーンリ）で降りる。コンリでは通じない。

　公里は比較的まとまった部落である。嘉穂炭砿の 8 人の「集団暴力事件」被告の内 6 人が亀項面出身で、その内の 3 人が公里出身である。

　バスを降りて、ワァンソン川が南北に分かれた南山川支流の五鳳川に沿っての山の手に着くと、公里貯水池がある。この周辺が、公里で見たところ 50 戸位の戸数しかない。ここから「日政時名簿」によると、32 人が動員されている。部落に着くと里長の家を聞く。不在の様である。農家に殆ど人はいない。収穫前の農作業に忙しいからだろう。

　戦時動員された人がいるという白い屋根の家を訪ねる。30 歳位の男性が事情を聞いて、私の父は軍属で、南洋郡島に動員された。被害申告を出して支援金を受け取ったという。隣に戦時動員を経験したおじいちゃんがいるのでと案内してくれた。生憎出かけているようだった。そこへ来た友達のトラックに乗せてもらい、そのおじいさんの働いている所にまで行って見るという。探し回って家に戻って見ると、そのおじいさんが電動車に乗って帰って来た。庭先で捕まえて、聞き取りとなった。

④予備調査が本調査に

ⅰ 被動員者経歴

・氏　　名　金ヨンハン（91 歳）

・動員地　静岡県の鉱山に動員（宇玖津鉱山の可能性あり）

・動員期間　1945 年 5 月～8 月（「日政時名簿」には 1945 年はない）

・聞き取り日時・場所　10 月 8 日、12 時～1 時・ 亀項面公里自宅

ⅱ 動員の内容

　自分と一緒に動員された人はなく、最後の方の動員だった。それまで多くの人が動員された。命令は面長のもので、誰が来たかは覚えていない。飛行場を作りに行くと言った。父は農業をしていて、食べて行ける程度の農地だった。

　洪城から汽車で釜山まで行き、九州・名古屋を通って静岡に行った。腹は減った。ジャガイモや薩摩イモを食べた。食堂があったかどうか覚えていない。

　（賃金については聞き取れなかった。）帰国する時 150 円受け取った。帰る時の食費などは自分で出した。他の人と博多から小さな船で帰った。

<u>ⅲ嘉穂炭砿の集団暴力事件の3人の被告について</u>

　名簿を見せて確認したが知らないという。キンヨンソクもチャンイクハンもチョ
ナンヨクジャンも知らないという。同じ年代で小さな部落だから分かると思ったが
残念であった。

　食事もせず、お土産もないままの聞き取りであった。洪城郡のある村でこんな老
人の話を聞いた、と日本の市民に伝えると言うと、嬉しそうだった。中途半端だっ
たがここで切り上げた。

（4）第4日　10月10日（金）―市内と亀項面本調査

　いよいよ最後の日である。もうあまり期待できないことは解っていたが、郡庁の
係官李哲洙氏に里長と連絡を取ってもらい、亀項面の面事務所で6人の「集団暴力
事件」被告の消息を調べていただける様にお願いしておいた。午前中はその結果を
一応待つことにした。

①日本統治期の足跡を訪ねて

　結果を待つ間に洪城の日本統治期の足跡を訪ねて市内調査を試みた。

　まず、金佐鎮将軍の銅像のある町の総合バスターミナル近くのモーテルから出発。
将軍像の説明碑を読み、そのあと真すぐ公州城の東門（朝陽門）に通ずる道を西に向
かう。途中、洪城川が2つに分かれ。城を取り巻く流れにぶつかる。この川は既に
コンクリートで覆われ、南に向かう所から駐車場になってしまっている。ここから
南に折れ、再び朝陽門通りに沿った道路を西進すると、洪州城城壁と南門の見える
城内に入る。南門を見学して、城内の一角の吾妻屋で会話を楽しんでいた老人達に
西門と北門について尋ねる。すると、そこに見える歴史文化研究所で聞いて見ると
いいという。職員に案内され、所長を紹介された。

　所長の話によると日本統治期に城門はすべて壊されようとしたが、住民の反対で
何とか東門（朝陽門）だけ残ったことが分かった。南門は最近復元したものである。
元郡庁は日本が旧政庁を壊して建てたにも関わらず、解放後、火事で焼けた場所と
同じ所に郡庁を再建してしまった。それで今の郡庁は、日本統治期のままの位置に
あるという。1938年に総督府命令で作成されたと思われる『洪城郡々勢一班』とい
う貴重な本を複写してくれた。これほど嬉しい贈り物はない。今後の研究の交流を
約して事務所を退出した。

朝陽門（昔の東門）

洪城郡亀項面公里鳥観図

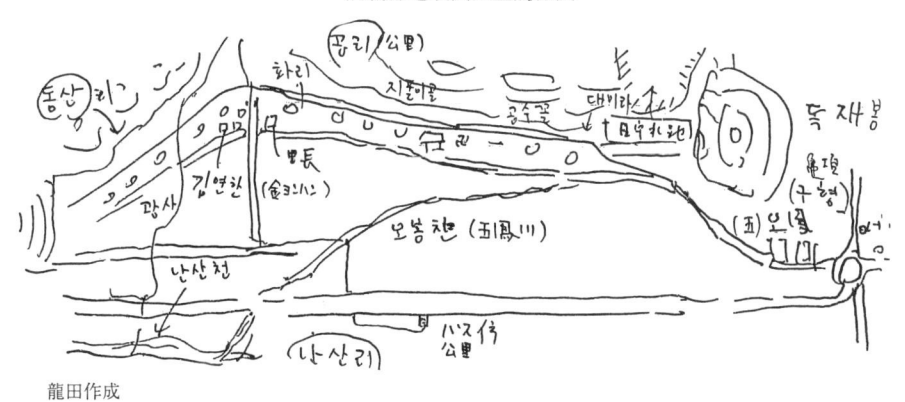

龍田作成

郡庁の正門はなるほど当時のままだった。更に北門を捜すために歩いている途中、日本建築風の漆喰の白い壁を持つ家屋に出会った。家主のおばあさんに聞くと、確かに日本建築で祖父が買ったのだという。同じ様な家屋が隣とその近くにもう一軒あった。後で『洪城郡々勢一班』を見ると、何とそれは、1938 年の洪城警察署の建物の写真とそっくりである。屋根はトタンになっているが、間違いなくその建物であることが分かった。この分野の調査は全く手つかずの様だ。

　更に歩いて城の北を流れる洪城川に出る。川に沿って公園があり、パリ講和条約に日韓併合の不当を訴えた高宗の特使の大きな記念碑が建っていた。

　連絡の結果は、やはり亀項面の里長との接触に失敗したこと、又、「被告」の戸籍の情報は得られなかったとのことであった。結果にかかわらず訪問調査をすることに決めていたので、午後は亀項面の本調査をすることにした。

②亀項面抵抗事件被告の故郷を訪ね本調査

　午後、再び葛山行きのバスに乗り、亀項面事務所のある五鳳サゴリ（四辻）で降りる。面事務所の民願担当官に来意を説明すると、積極的に協力してくれ、各被告の該当する里長に連絡してくれた。一方、戸籍係は個人情報保護のガードが固く一筋縄ではいかない。漸くこの名簿は既に日本では活字になり公開されていること、情報は関係者を探す事のみに使用すること、創氏名で分からぬ時は生年月日や名前だけでも分かることを説明し、そして、郡庁に出した調査依頼書をコピーした上、300 ウォンばかりの手数料を払ってやっと調べてくれた。

　その結果、3 人の公里出身者は不明であったが、青光里と新谷里出身の黄鐘烈と朴憲甲の 2 人は戸籍の確認が出来た。しかし、遺族はいないとのことであった。現地に行って里長に確認することも大切であるが、この日はここで調査を打ち切った。リュックが一つ無くなっていたからだ。すぐに折り返し午前中のコースをたどったが見つからなかった。ここまで追究出来たのはまあまあだと思って、調査の旅を終えることにした。

③戸籍が確認できた 2 人についての追加事項

　青光里と新谷里は亀項面の最南端部に位置し、南隣は広川面と接している。広川面の水系の上流に属し山村地域である。青光里の黄鐘烈は礼山郡の高徳面に移転し、子女がいたことが分かった。新谷里の朴憲甲は次男で一切不明であるが、長男が家督を継いだことまでは分かった。兄弟姉妹の消息も粘れば分かるかもしれない。

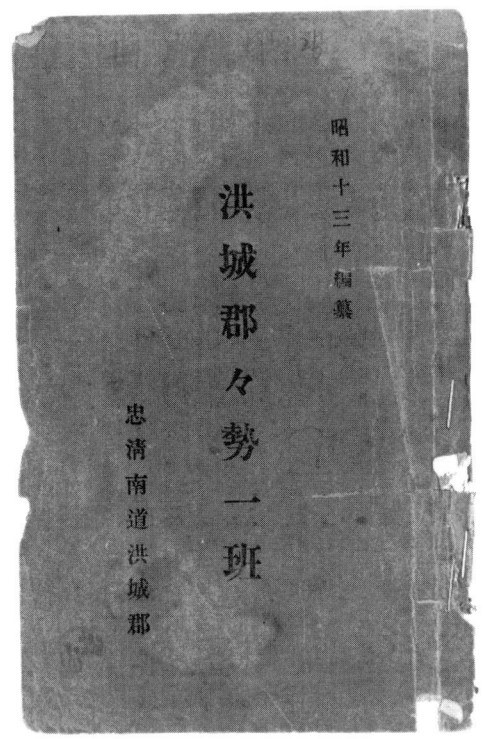

『洪城郡々勢一班』表紙

洪城郡庁近くにある旧洪城警察署（推定。現在は民家として使用）

④最後に

　抵抗事件の真相究明の調査であったが、8人の「被告」は最も過酷な動員時期の事件であり、炭砿到着後1ヵ月余の「逃亡事件」がきっかけであった。同郷者の強い繋がりと思い余った上での行動であることが、ある程度理解出来た。残念ながら公里での関係者からの聞き取りは出来なかった。小さい部落内で同世代の老人が動員者についての消息を知らず、戸籍上も確認出来なかったことは課題として残った。

　まとめ

　1ヵ月間の韓国訪問の旅を終え、今回の調査活動を振り返って見る。

　初期に目指したのは、邑面洞里から見た日本の植民地支配と戦時動員実態を名簿や地域のリーダー層からの聞き取りを手掛かりとして、何か新しく見えて来るものはないかを探ることにあった。それに対しては一定の手掛かりは得られた。

　即ち、新しく入手した「日政時名簿」が、面・里レベルの動員実態とその地域社会に及ぼす影響を数的に明らかにするのに役立ったこと。又、部分的（牛城面上西里）ではあるが、地域の動員の具体的様相を掴むのに有効であることが分かったことである。

　日本統治期の邑における日本人支配の実態把握の基礎的な資料として各道発展史や各郡勢一班などが利用出来ることも分かった。総督府の指示のもとに作られたとすれば、他の地域もあるはずである。

　里長の権限や実態を把握するための聞き取りは、さして深められなかったが、労働動員や農作物の供出における住民の視線・意識はある程度分かった。戦時労働動員や強制供出は、この時代を生きた人たちにとっては日常のことであり、なぜ事実を認めないのかといういらだちを感じた。

　女性動員については、話題となっていた時だけに反応が大きく、部落民の視線から見た証言があった。思っていたより政治的な思惑ではなく、被害者の心に添った解決の道を求めている方も少なからずいることが分かった。

　炭砿における戦時動員労働者の抵抗運動の実態と背景については、直接、生存者や遺族に会うことは出来なかったが、戸籍の確認は出来た。送出部落の背景を確かめ、動員時期の数的な記録と対照した時、動員先での抵抗を予感出来た。現地での

調査の重要性を確認出来た。

　「日曹会津」への「洪城」からの動員についての調査は、申告した被動員者の人数も多く、この地域としても初めての調査であるので、期待したが実現しなかった。

　又、今回唯一の常磐炭田への被動員者の聞き取りでは、戦争末期の5月、洪城から「大日本炭砿」への2度目の動員が、軍艦による「移送」であったことなどが分かった。しかし、地域調査としては深められなかった。

附属資料　『日政時名簿』被徴用者・帰還未帰還状況統計

表1　忠清南道戦時動員者数　　　　　　　　　　　　　　　　　単位人

	帰還者	国外在住者	行方不明者	死亡者	合計	備考
大田	377	―	4	7	388	
大徳	1,063	15	49	27	1,154	
燕岐	1,045	2	26	48	1,121	
公州	1,245	3	16	21	1,285	
論山	1,417	18	75	55	1,565	
扶余	1,748	16	57	90	1,911	④
舒川	1,312	2	34	41	1,389	⑤
保寧	1,640	2	28	61	1,731	
青陽	860	―	33	19	912	
洪城	2,530	2	46	86	2,664	①
礼山	2,238	14	28	44	2,324	②
瑞山	1,653	1	128	59	1,841	
唐津	1,959	8	56	116	2,139	③
牙山	1,382	8	19	71	1,480	
天安	476	―	17	18	511	
合計	20,945	91	616	763	22,415	
清原	2,577	13	67	100	2,757	
清州	232	6	4	11	253	

　清原・清州の数についてはかなりの齟齬があり、参考資料にとどめる。

備考①〜⑤は被動員数の多い順位を示す。

表2　燕岐郡「日政時名簿」被徴用者　　　　　単位人

	動員者数	参考	備考
南面	366	陽化里　51	
東面	11		
全義面	301		
全東面	152		
錦南面	8		
合計	838		鳥致院欠

燕岐郡について　不十分な資料であるが参考までに。

編纂者紹介

龍田　光司（たつた　こうじ）

1941年　和歌山県生まれ
1964年　早稲田大学第1文学部史学科卒
元福島県立高校教諭
常磐炭田戦時朝鮮人労働動員研究者
在日朝鮮人運動史研究会会員
〈主要論文〉
「炭鉱に『強制連行された朝鮮人』―いわきから韓国を訪ねる」
　いわき革新懇ブックレット3、2010年
「勿来地域における「朝鮮人飯場」と戦時労働動員についての
　調査メモ」『在日朝鮮人史研究』35号、緑蔭書房、2005年
「常磐炭田朝鮮人戦時動員被害者と遺族からの聞き取り調査」
　同上、39号、2009年
「常磐炭田朝鮮人戦時動員被害者を訪ねて―韓国での調査報告
　から」同上、42号、2012年

在日朝鮮人資料叢書13　〈在日朝鮮人運動史研究会監修〉

朝鮮人強制動員韓国調査報告　2

2016年11月15日　第1刷発行

編纂者……………龍田光司
発行者……………南里知樹

発行所……………株式会社 緑蔭書房
　　　　　　　〒173-0004 東京都板橋区板橋1-13-1
　　　　　　　電話 03(3579)5444／FAX 03(6915)5418
　　　　　　　振替 00140-8-56567

印刷所……………長野印刷商工株式会社
製本所……………ダンクセキ株式会社

Printed in Japan
落丁・乱丁はお取替えいたします。
　　　　　ISBN978-4-89774-172-7